Martinès de Pasqually

Abhandlung über die Wiedereinsetzung der Wesen

in ihre ursprünglichen geistigen und göttlichen
Eigenschaften, Kräfte und Mächte

Titel der Originalausgabe:

Traité de la Réintégration des Êtres
Dans leurs premières propriétés, vertus
Et puissances spirituelles et divines

Aus dem Französischen
von Roland Marthaler

EDITION SOPHIEN AKADEMIE

Satz u. Gestaltung: Novalis Media AG
Umschlag: Novalis Media Druck: Ipoly, Slowakei
ISBN 978-3-907260-47-0

Martinès de Pasqually

Abhandlung über die Wiedereinsetzung der Wesen

in ihre ursprünglichen geistigen und göttlichen Eigenschaften, Kräfte und Mächte

Novalis Verlag Schaffhausen

In der Einführung zitierte Literatur (A – D)

A: *Martinès de Pasqually*
sa vie - ses pratiques magiques - son œuvre - ses disciples
suivis des catéchismes des Élus Coëns
par Papus (Dr. Gérard Encausse) , Paris 1895, Éditions Chamuel
neu aufgelegt: Éditions Télètes, Paris

B: *Die Erleuchteten*
Von Karl R.H. Frick, Akademische Druck- und Verlagsanstalt Graz
Ausgabe 1973

C: *Les Leçons de Lyon aux Élus Coëns*
Un cours de Martinisme au XVIII Siècle (1774-1776)
Par L.C. de Saint-Martin, J.J. du Roy d'Hauterive er J.B. Willermoz
Herausgegeben und eingeführt: Robert Amadou und Catherine Amadou
Éditions Dervy, Paris 1999

D: *Le Martinisme*
L'Enseignement secret des Maîtres
Par Jean-Marc Vivenza
Édition Le Mercure Dauphinois, Grenoble, 2006

Einführung des Übersetzers

I. Martinès de Pasqually

Wenn wir auch nicht glauben, dass historische Fakten und biographische Hypothesen den Wert und die Botschaft des vorliegenden Textes in welcher Weise auch immer zu beeinflussen vermögen, wollen wir dennoch auf den nachfolgenden Seiten versuchen, dem Leser den Menschen *Jaques Delivon Joacin de La Tour de la Case Don Martinets de Pasqually*[1] [op.cit. in A] näher zu bringen. Dabei gilt es nicht zu vergessen, dass die Geschichte lediglich das unverzichtbare Gewand, das Gefäss der darin enthaltenen Botschaft ist. Der Inhalt bedarf einer Fassung, ist aber nicht mit dieser identisch. Immer dann, wenn sich Geschichte und Legende zu vermischen beginnen, ist das Gewand durchlässig geworden und erlaubt tiefere Einsicht in bislang unsichtbare Wirklichkeiten und Zusammenhänge.

Von Martinès de Pasqually ist weniger bekannt, als es dem Wahrheitsforscher biographischer Tatsachen lieb ist. So betastet man auch heute noch das Kleid und fördert ab und zu ein neues Stück Vergangenheit zu Tage. Lassen Sie uns zusammenfassen, was die Welt von ihm kennt.

1760 erscheint Martinès de Pasqually in Bordeaux, gründet den Orden der Chevaliers Élus Coëns de l'Univers[2], durchreist

1 Brief des Stadtarchivars von Bordeaux vom 31. Juli 1893, Auszug aus dem Taufakt seines ersten Sohnes.

2 Coën oder Cohen entstammt dem französisierten hebräischen Wort Cohanim. Es bezeichnet im Judentum die höchste Priesterklasse, die sich in biblischer Zeit in Jerusalem zum Gottesdienst im Tempel konstituiert hatte. Ihre Herkunft führten die Priester auf Aaron, den Bruder Mose, zurück und glaubten sich im Besitze der wahren Geheimnisse, wie diese von Mose als göttliche Offenbarung überliefert worden sind. Der Élu Coën ist demnach ein auserwählter Priester, dessen Wahl weder von der Rasse noch vom Stamme seiner Herkunft, sondern allein von der Gnade Gottes und der mit dem Wunsch nach der Dienerschaft Gottes übernommenen Verantwortung des betreffenden Menschen abhängt. Als Chevalier ist er zugleich Ritter und Priester (Prêtre de l'Univers), geistige Autorität und weltliche Macht sowie Priesterkönig.

Frankreichs bedeutendste Städte und sucht und findet innerhalb und ausserhalb der Gärten der Freimaurerei Menschen für sein Werk. Seine bekanntesten und wohl auch bedeutendsten Schüler und Mitarbeiter sind Louis Claude de Saint-Martin (1743-1803) und Jean-Baptiste Willermoz (1730-1824). Am 20. August 1767 heiratet er in Bordeaux Marguerite Angélique de Colas aus Saint-Michel, die Nichte eines pensionierten Majors aus dem Regiment Foix, dem auch L.C. de Saint-Martin entstammt. Am 20. Juni 1768 wird sein Sohn Jean Jaques Philipe Joacim Anselme[3] im Kirchspiel von Sainte-Croix von Bordeaux katholisch getauft und im Anschluss daran von seinem Vater zum Grossmeister des Ordens geweiht [op.cit. in A / S.10 u. S.26]. Im Juni 1771 wird sein zweiter Sohn geboren. Es scheint, dass auch er die Nachfolge seines Vaters niemals angetreten hat [op.cit. in D / S.29]. Am 5. Mai 1772 segelt Martinès de Pasqually in Familienangelegenheiten – vermutlich zur Regelung einer Erbschaft – auf der Duc de Duras nach Port-au-Prince auf Haiti. Am 20. September 1774 verstirbt er daselbst. Die Stätte seines Grabes bleibt unbekannt.

Adolphe Franck (1809-1893) verlegt in seinem Werk über die *Philosophie Mystique en France* [op.cit. in A / S.208] die Geburt Pasquallys ins Jahr 1715, und zwar nach Portugal oder Grenoble in Frankreich. Und der Autor der Biographie Pasquallys schreibt im *Dictionnaire Michaud*: „*Auch den Martinès am engsten verbundenen Schülern war seine Heimat unbekannt. Nach seiner Sprache zu urteilen, vermutete man, dass er Portugiese und sogar Jude sein könnte.*“

Albéric Thomas schreibt: „*Noch weiss man nicht genau, woher diese Persönlichkeit gekommen ist, fremd durch ihre Sprache und bescheiden in ihren Gewohnheiten, von einer über jeden Verdacht erhabenen Uneigennützigkeit und Aufrichtigkeit. Dieser authentische Mystagoge ...*“[4] Nach Papus (Gérard Encausse, 1865-1916) ist er in Grenoble als Sohn des Spaniers Don Martinès de la Tour de la Case de Pasqually und der Suzanne Dumas de Rain-

3 Er scheint in den Wirren der Revolution umgekommen zu sein.
4 Als Chevalier de la Rose Croissante zeichnet A.T. 1898 seine *Notice Historique sur le martinésisme et le martinisme* als Vorspann zum *Traité de la Réintégration.*

au geboren. Man vermutet maranische[5] Herkunft. Nach neuesten Forschungen[6] scheint nun festzustehen, dass er – in der Tat spanischen Ursprungs – 1710 oder 1715 in Grenoble geboren sei?!

Verfolgen wir weiter seine sichtbaren Spuren: 1754 errichtet Martinès de Pasqually in Paris ein *Centre de l'Illuminisme* [op. cit. A], ist zeitgleich Mitglied einer Freimaurer (FM) Loge in Montpellier und gründet ein Kapitel der *Juges Écossais* [ff. in op. cit B / S. 517-524]. 1755-1760 reist er durch Frankreich, um – wie schon erwähnt – in den verschiedenen Logen Brüder für sein Werk zu gewinnen. 1760 gründet er das Kapitel *Temple des Élus Coëns* in Foix. 1762 siedelt er endgültig nach Bordeaux über. 1764 wird die in Foix errichtete Loge, die den Namen *La Perfection Élu Écossaise* angenomen hat, der Mutterloge *La Française Élu Écossaise* verbunden. 1765 wird diese vom Dachverband der regulären Freimaurerei, der *Grande Loge de France*, anerkannt und wirkt von nun an als reguläre Loge. Dieses offizielle Sammelbecken, ein geistiger Vorhof sozusagen, erleichtert nun beträchtlich die Auswahl der Anhänger und der späteren *Émules* (Nacheiferer) des Martinès de Pasqually. Bald jedoch entstehen Reibungen zwischen dem losen, oberflächlichen Lehrgebäude der FM und der inneren anspruchsvollen Struktur der Lehren Pasquallys. 1766 werden die Arbeiten in den Hochgraden von der Direktion der *Grande Loge* verboten. Damit verliert der Orden Pasquallys seine freimaurerische Basis. Da begibt er sich nach Paris, um gemeinsam mit einigen einflussreichen Freimaurern ein eigenes, zwar nach der *Grande Loge* arbeitendes und von ihr toleriertes, aber von jeglicher freimaurerischen Obedienz losgelöstes Hochradkapitel zu gründen. Hier trifft er Jean-Baptiste Willermoz aus Lyon.

Obschon zwischenzeitlich das obgenannte Verbot aufgehoben worden war, hatte die Bekanntwerdung des okkulten Charakters des Systems der *Élus Coëns* deren Ausschluss aus dem System der FM zur Folge. 1767 verbietet die Regierung die FM in Frankreich. Daraufhin suchen viele FM den Anschluss an das Werk des Mar-

5 Portugiesischer oder spanischer Jude, der unter dem Druck der Inquisition zum Katholizismus übergetreten ist.

6 Der verdienstvollen französischen Martinisten Robert Amadou und Robert Amblain und des holländischen Gelehrten G. van Rijnberk.

tinès de Pasqually. Der Zulauf ist beträchtlich. Im März desselben Jahres bildet er ein *Tribunal Souverain* und behält sich selbst als *Grand Souverain* die höchste Führung des Ordens vor. 1767 wird J.B. Willermoz durch Vermittlung seines Freundes J.J. Bacon de la Chevalerie im Tempel von Versailles durch Pasqually persönlich aufgenommen[7]. Ein Jahr später, 1768, wird der Orden - dessen Zentrum sich in Bordeaux befindet - durch einen Skandal erschüttert. Immer da, wo sich eine Gruppe geistig wirkender Menschen wohlwollend zusammenschliesst, um im Geiste des Lichtes zu wirken, flammt der Zorn des Abgrunds auf! Diesmal ward diese unheilvolle Pforte - Eingang negativer Kräfte - durch ein Mitglied des höchsten Grades aufgerissen, das sich *im Ritual schändliche Freiheiten herausnahm und seine Stellung im Orden missbrauchte* [op.cit. A], eigenmächtige Modifikationen veranlasste und die Neuschaffung von Riten inszenierte. Dieser Konflikt wird schliesslich unter Einbezug weltlicher Behörden beigelegt.

1770 bestehen Gruppen der *Élus Coëns* in Bordeaux, Foix, Montpellier, Avignon, La Rochelle, Toulouse, Eu, Lyon - hier errichtet Willermoz eine Mutterloge - Paris, Versailles, Metz u.a.m. Zu dieser Zeit gelangen die Lehren Pasquallys bloss durch mündliche oder briefliche Überlieferung zu den Logen. Da er die französische Schrift nur ungenügend beherrscht, steht ihm stets ein Sekretär[8] für seine umfangreiche Korrespondenz zur Verfügung. Auf Grund der mangelhaften und meist lange auf sich warten lassenden Instruktionen versuchen die Mitglieder den in ärmlichen Verhältnissen lebenden Pasqually aus Bordeaux nach Paris zu holen. Obwohl man ihm eine Pension und finanzielle Mittel zusichert, lehnt er ab.

1771 quittiert Louis-Claude de Saint-Martin seinen Dienst als Hauptmann im Regiment Foix und wird Privatsekretär seines Meisters. Er reorganisiert den Orden und wird am 17. April 1772

---

7 An Baron Landsperg schreibt er diesbezüglich 1772: „Von nun an erscheinen mir alle anderen Systeme, die ich je gekannt habe (über die mir unbekannten vermag ich nicht zu urteilen), als belanglos und widerlich. Es ist der einzige [Orden], wo ich diesen inneren Seelenfrieden gefunden habe, dieses auf das Wesen und das Prinzip der Menschheit bezogene, kostbarste Gut." [op.cit. in D / Seite 133]

8 Der Abbé Pierre Fournié (1738-1821) und später L.-C. de Saint-Martin.

in den höchsten Grad, den des Réau+Croix[9], eingeweiht. Es ist wohl Saint-Martin[10], der die Abhandlung der *Réintégration des Êtres* in seiner ersten Abschrift - 1770 in Bordeaux - in Reinschrift gebracht hat.

Mit dieser komplexen und hochgeistigen Ordensstruktur ist nicht einfach umzugehen. Es ergeben sich Spannungen mit dem Pariser Tribunal und dem immer selbständiger werdenden J.B. Willermoz[11], mit dem Pasqually jedoch bis an sein Lebensende in Freundschaft und regem Briefwechsel verbleibt. 1772 reist Pasqually nach Santo Domingo[12]. Daselbst folgen weitere Ordensgründungen, und von dort erhält Willermoz weiterhin alle Grade des Ordens betreffende Instruktionen[13].

1774 vollendet Pasqually die Generalstatuten des Ordens und entwirft ein spezielles Ritual für Frauen.

In Port au Prince verlässt Martinès de Pasqually am 20. September diese Welt.[14]

Die Arbeiten Pasquallys in Bordeaux waren geprägt von der Zusammenstellung der initiatischen Schriften, der Verbreitung seines Ordens durch die Gründung neuer Logen, der Weiterent-

9 Siehe S. 45, Fussnote 31.

10 L.-C. de Saint-Martin, le Philosophe Inconnu, zieht sich 1777 - endgültig 1784 - vom Orden zurück, um seinem eigenen, stark von den Schriften des Jakob Boehme (1575-1624) beeinflussten, mystischen Herzens-Weg treu zu sein.

11 Jean-Baptiste Willermoz errichtet 1778-1782 *l'Ordre des Chevaliers Bienfaisants de la Cité Sainte*, eine in rituelle Strukturen - hier ging er vor allem vom *System der Strikten Observanz* des Baron von Hund (1722-1776) aus - eingebundene Stätte der Unterweisungen der Lehre des Martinès de Pasqually. Willermoz ist ein Hauptbegründer des *Rektifizierten Schottischen Ritus (Régime Écossais Rectifié).*

12 Saint Domingue auf der grössten Insel der Antillen, damals frz. Kolonie.

13 Zehn Grade wurden im Orden bearbeitet. Symbolisch situierten sie sich in den drei unterschiedlichen Teilen des Tempels von Jerusalem: Vorhof, Tempel und Heiligtum. Die Grade: Lehrling, Geselle, Meister, auserwählter Meister, Lehrling Coën, Geselle Coën, Meister Coën, Grosser Baumeister, Grosser Auserwählter von Zorobabel (oder Regent des Ostens und des Westen) und als Krönung des gesamten Systems der Réau+Croix. Nach Robert Amblain findet sich eine noch ununterbrochene rituelle Filiation im Schosse des *Rektifizierten Schottischen Ritus.* [op.cit. in D / S. 19].

14 Bezüglich einer Nachfolge respektive Auflösung des Ordens bestehen unterschiedliche Ansichten und Mitteilungen [op.cit. A / Seite 63 und op.cit. B / Seite 524]. Nach J.B. Willermoz wurde Joseph Pierre Caignet de Lestère (1719-1778) Grossmeister.

wicklung der Loge in Bordeaux sowie der Ausarbeitung der Rituale praktischer Magie und der Ausbildung einiger auserwählter Schüler[15]. Dabei wurde unter anderem der Kontakt zu höheren, von ihm als *La Chose*[16] benannten geistigen Kräften angestrebt.

Die Schüler dieser Mysterienschule in Bordeaux berichteten, dass die *Lehren* weitergegeben werden *„in Form eines initiatischen Ordens, einer jener Gesellschaften, die man geheim nennt, nicht weil sie verborgen und heimlich sind, sondern ihrer sehr hohen und tiefgründigen Themen wegen und weil ihre Riten okkult sind. Ihr Ziel ist die Weidereingliederung des Menschen in seinen Urzustand.“* [op.cit. in C]

Die Quellen der Lehre Pasquallys finden sich vor allem in der nachfolgenden *Abhandlung über die Wiedereinsetzung der Wesen;* dann auch in den Handschriften der Rituale und Katechismen des Ordens sowie seiner umfangreichen Korrespondenz mit seinen Anhängern – vor allem mit Jean-Baptiste Willermoz.

Obschon sein bekanntester Schüler Louis-Claude de Saint-Martin später seinen eigenen initiatischen Weg gegangen ist, schreibt dieser 6 Jahre vor seinem Tod am 11. Juli 1796 an seinen Freund Baron de Liebisdorf in Bern: *„... dass Martinès de Pasqually den aktiven Schlüssel dessen besass, was unser Freund Boehme in seinen Theorien darstellte, dass uns jedoch Martinès de Pasqually noch nicht in der Lage glaubte, diese hohen Wahrheiten zu ertragen.“*[17]

Was die Herkunft der Lehre angeht, spricht Pasqually selbst verschiedentlich von seinen Vorgängern, so zum Beispiel in einem Brief vom 13. April 1768: *„Ich habe niemals versucht, irgend*

---

15 Der Name *Élu* und *Coën* bezeichnet einerseits ein Ordensmitglied, das die ersten drei sogenannten symbolischen Grade bearbeitet hat, andererseits bedeutet er auch einen besonderen Grad. Im weiteren unterscheidet sich der Élu vom Coën dadurch, dass er lediglich das Werk-Gefäss ist, der Coën hingegen das wahre Wesen [op.cit. C / S. 17].

16 *La Chose* ist für Martinès de Pasqually und seine Schüler das *unum necessarium,* von dem alles stammt und zu dem alles hinzielt ... Es ist der Orden, es ist der Tempel ... Es ist die Allgegenwart Gottes ... die Herrlichkeit oder die Schechinah, die Weisheit, Sophia, der Geist des guten Begleiters, der sprechende Logos und der belebende Heilige Geist, der vom Vater stammt und vom Sohn gesandt ist [Robert Amadou in op.cit. D / S.71-72].

17 Albéric Thomas, *Notice historique sur le martinésisme et le martinisme* (1898) als Vorwort zum *Traité de la Réintégration des Êtres* (S. 12).

jemanden zum Irrtum zu verleiten oder Menschen zu täuschen, die mich guten Glaubens aufgesucht haben, um einige jener Kenntnisse zu erlangen, die mir von meinen Vorgängern übertragen worden sind.“ [op.cit. A / S. 122] und am 19. Juni 1767: *„... indem ich der Maxime meiner Vorgänger folge, besteht mein Sieg in der Vergebung der Schuldigen ...“* [op.cit. A / S.161]. Über die geheime Wissenschaft schreibt er am 16. November 1771: *„Die von mir vertretene Wissenschaft ist sicher und wahr, denn sie stammt nicht vom Menschen. Derjenige, der sie ausübt, ohne ihre Wohltaten zu empfinden, ist selber schuld. Christus sagt: ‚Was immer ihr in meinem Namen verlangt, ohne in eurem Glauben zu wanken oder zu zögern, werdet ihr erhalten.‘ Dies ist der wahre Schlüssel der Wissenschaft.“* [op.cit. A / S.127-8]

So können wir Martinès de Pasqually[18] wohl getrost in die Kette jener hohen Geister einfügen, die ihr Leben und Werk dem Menschen zum Geschenk gemacht haben, zum Zeugnis dessen, der da war, der da ist und der da sein wird.[19] Beschliessen wir diese biographische Bruchstücksammlung mit dem schönen Wort des bereits zitierten Adolph Franck:

„Was wissen wir denn schon von Martinès de Pasqually, dieser geheimnisvollen Persönlichkeit, von der niemand weiss, woher sie gekommen ist, der man überall begegnet und die man nirgendwo festhalten kann, die so, wie sie gekommen ist, plötzlich wieder verschwindet, um ein weit entferntes, unerklärliches Ende zu finden – unerklärlich wie sein Leben ...“

---

18 „Lest den Judasbrief, Bruder des Jakobus des Gerechten und des Herrn, und ihr werdet feststellen, dass Martinès weder im Irrtum noch allein dasteht. Die Kirche des Judas ist die Kirche des Jakobus, des ersten Bischofs von Jerusalem. Martinès steht in der Tradition dieser offiziell nicht mehr existierenden Kirche.“ (Robert Amadou op.cit S.26)

19 Der Vollständigkeit halber sei hier noch auf die von Karl R.H. Frick erwähnte *Bruderschaft der Brüder des Lichtes oder des Lichtkreuzes* hingewiesen, der neben Pasqually auch andere Namen wie Thomas Vaughan, Robert Fludd, der Graf von Saint-Germain, Cagliostro, Mesmer und Swedenborg ... angehört haben sollen, und die ihre eigenen Geheimgesellschaften und Systeme nach den Grundlehren dieser Bruderschaft errichteten. Diese Legende verlegt den ebenso legendären Ordenssitz dieser Geheimgesellschaft nach Florenz (*Licht und Finsternis*, Bd II, Graz 1978, S. 350). Dieses anerkennend respektieren wir das Mysterium.

II. Der Text

Das soeben Gesagte mag den Leser in der Erkenntnis bestärken, dass die nachfolgende Schrift einer Tradition entstammt, deren geistige Höhe über das intellektuelle Fassungsvermögen eines – wenn auch gebildeten – Geisteswissenschaftlers hinausreicht. Wir haben es hier mit einer Ebene zu tun, die sich zwar durch Worte kundtut, deren Botschaft jedoch eine Reichweite besitzt, die unserem Denken nur dann einigermassen greifbar wird, wenn sie dessen gewohnte Grenzen sprengt. Altes muss zurückgelassen und überwunden werden, damit die bisherige mentale Schwelle überschritten werden kann. Unter solcher Voraussetzung erst soll der Leser dieses neue Reich betreten, denn hier begegnet er – eingekleidet in tausend Worte – dem anspruchsvollen hohen Geist des Martinès de Pasqually.

Der Wille und der Mut zu diesem Schritt, der Abkehr vom Gewesenen und der Hinwendung zum noch Unbekannten, müssen dem Leser eigen sein und mehr noch dem Übersetzer.

Man soll nicht übertreiben, mag hier der Einwand sein, die Sätze seien doch wohl verständlich, die Belehrung deutlich genug und die Schwierigkeit bestünde lediglich darin, ob man dem Dargelegten zustimmen solle oder eben nicht. Eine solche Einstellung würde dieser unvergleichlichen Arbeit nun aber keineswegs gerecht, liegt doch das wahre Verständnis echter okkulter Schriften – zu denen zweifelsohne auch unser Text gehört – eben gerade jenseits des momentanen intellektuellen Verständnisses in der stillen Kammer *innerer Erkenntnis*. Hier allein ist der Ort geheimnisvollen Betroffen- und Ergriffenseins. Hier allein ist *Einsicht* möglich. Es ist also eine Lehre, die nach innerer Offenbarung strebt, und dies unterscheidet unsere Abhandlung beträchtlich von so vielen anderen sogenannten ‚esoterischen' Büchern. Wir haben es nicht mit einem bloss gescheiten Aufsatz, sondern mit einer echten geistigen Unterweisung zu tun. Der Leser wird zum befruchteten Ei. Austragen und Gebären sind sein Studium und seine Tat.

Als diese Schrift im 18. Jahrhundert entstand, vertraute sie Martinès de Pasqually unter Anordnung striktester Geheimhaltung nur seinen engsten Mitarbeitern an, den Réaux+Croix. Am 11. Juli 1770 schreibt Louis-Claude de Saint-Martin: „ ... *er (M.d.P.) arbeitet zur Zeit an einem Werk, das nicht nur die Gerechten zufrieden stellen, sondern auch geeignet sein wird, noch die grössten Bösewichte aus ihrem Irrtum zu befreien und zu höchster Glückseligkeit zu führen. Dieses Werk trägt den Titel: La Réintégration et la Réconciliation de tout être spirituel créé avec ses premières vertus, force et puissance dans la jouissance personnelle dont tout être jouira distinctement en la présence du Créateur.*" [op.cit. in A / S.191]

Der Text fasst die Gesamtheit der martinesischen Lehren zusammen, und es finden sich darin viele Hinweise zu ihrem Ursprung.

„*Die Quellen, aus denen Pasqually seine Lehre schöpfte, sind eindeutig. Wir finden gnostische, manichäische, katharische Elemente, ferner die Tradition der hermetischen und christlich-jüdischen Esoterik ...*" [op.cit. in B / S.528]. Ungewiss, wie so vieles in diesem Zusammenhang, ist eine mögliche Verbindung mit Emmanuel Swedenborg (1688-1772) wie auch die Verwendung einer textlichen Vorlage, nämlich einer arabischen Schrift chaldäischer Herkunft. Robert Amadou schreibt im zweiten Kapitel seiner Einführung zu dem von ihm neuaufgelegten Text des *Traité de la Réintégration*: „*Martinès de Pasqually ist ein religiöser Philosoph und ein Theurg, sein System besitzt eine offensichtliche Affinität mit der Grundlage der Kabbala und vor allem mit einigen kabbalistischen Bewegungen ... Die Theurgie bringt Pasqually in die Nähe der sogenannten christlichen Kabbala und vor allem der kabbalistischen Schulen Spaniens ... Wenn sich die italienische Kabbala eher der Philosophie zuneigt, so ist die spanische Kabbala vor allem Theosophie und Theurgie, sie arbeitet an der Wiederherstellung der göttlichen Einheit ... Nach der Renaissance gingen übrigens diese beiden sich kreuzenden Ströme wieder auseinander – die christliche Kabbala und die dem Neu-Platonismus verbundene Magie auf der einen, die magisch-jüdische Theurgie auf der anderen Seite. Unmöglich ist es, Martinès de Pasqually hier oder dort einzureihen.*" – weil in ihm beides wieder zusammenströmt.

Hier wollen wir inne halten und die Ebene sophistischer Recherchen verlassen. Wir gehen ganz einfach davon aus, dass Pasqually seine Lehren *traditiononsgemäss* als Offenbarung - auf welchem Weg auch immer - von einer mit ihm in Verbindung stehenden, höheren Geisteshierarchie empfangen hat. Dieser Ausgiessung war wohl auch der Auftrag beigesellt, in dessen Dienst Pasqually sein Leben gestellt hat.

Noch ein paar Worte zum Manuskript.

Von den 7 nachgewiesenen Handschriften befanden sich zwei im Besitze des Biographen des Louis-Claude de Saint-Martin, Jacques Matter (1791-1864). Eines davon hatte dieser wahrscheinlich von seinem Grossvater Rudolf Salzmann (1749-1821) erhalten, der als Theosoph, Freimaurerer und Rosenkreuzer mit Eckartshausen, Lavater und Boehme in Verbindung stand. In dessen Hand ward es vermutlich von Frau Boecklin aus Strassburg gelegt, die es ihrerseits von Louis-Claude de Saint-Martin selbst erhalten haben soll. Im übrigen war Jacques Matter mit M. Chauvin - einem Freund des grossen Fabre d'Olivet (1767-1825) - dem Testamentsvollstrecker von Joseph Gilbert, dem alleinigen Erbe der Manuskripte des Louis-Claude de Saint-Martin, persönlich bekannt.

Der uns zur Übersetzung vorgelegene Text gelangte 1898 in den Besitz des Sohnes von Jacques Matter, der es seinerseits dem Martinisten René Philipon übergab. Dieser veröffentlichte es 1899 ungekürzt unter dem Titel: *Traité de la Réintégration des Êtres* in 100 Exemplaren bei Chacornac[20] in Paris. 1974, 1984 und 1988 entstanden Neuauflagen von A. Villain und R. Dumas.[21]

Im Juni 1995, Februar 2000 und Januar 2002 ward die Schrift im Rahmen der *Collection Martiniste* im Verlag *Rosicrucienne* neu herausgegeben. Robert Amadou besorgte die Durchsicht, schrieb ein überaus interessantes und kenntnisreiches Vorwort und versah den Text mit einer numerischen Einteilung.

In unserer Übersetzung haben wir der Kennziffer die Kurz-

20 Henri Chacornac, Gründer der *Éditions Traditionnelles.*

21 In diesem Zusammenhang ist unbedingt auch J. B. Willermoz dankbar zu gedenken, dem es während der französischen Revolution unter Lebensgefahr gelang, den Grossteil des Archivs der Élus Coëns in Sicherheit zu bringen.

überschrift vorgezogen und hoffen damit dem Leser einen nicht geringen Vorteil für sein Studium zu verschaffen.

III. Die Übersetzung

Da wir also im wahren Sinne des Wortes eine echte philosophische, geistige Schrift vor uns haben, begegnet der Übersetzer einem völlig andersgearteten Anspruch, als er der Übertragung belletristischer Werke innewohnt. Worin besteht der Unterschied?

Wenn die Übersetzung eines Romans bemüht ist, die Beschreibung irdischer Handlungen und emotionaler psychischer Zustände von Mensch und Welt möglichst im Sprachgefühl des Originals wiederzugeben, so gehört die Übertragung einer geistigen Schrift, der ja – wie gesagt – Kraft und Wesen der Unterweisung und der potentiellen Offenbarung innewohnen, einer anderen Ebene an – nicht einer besseren, einer anderen! Geistiges entzieht sich sinnlicher Fassbarkeit und kann deshalb auch mit Worten bloss annähernd, fast möchte man sagen: *umschreibend*, zum Ausdruck gebracht werden. Daher kommt es, dass sich die Wahrheit in unserer Welt mit Vorliebe des Symbols bedient, der Legende, des Bildes, des Rituals ... Wenn Paulus uns belehrt, dass der Buchstabe tötet, der Geist aber lebendig macht (2. Kor. 3,6), so ist dies nicht nur *buchstäblich* gemeint!

Das Drama des Übersetzers besteht darin, dass sein kleiner Geist mit dem grossen Geist des originalen Schöpfers ringen muss. Dabei ist es kaum vermeidbar, dass das Begriffsvermögen des kleinen Geistes das ihm zugeführte Höhere kommentierend assimiliert und sich subjektive Deutung heimlich in des Übersetzers Wortwahl schleicht, denn ... *Du gleichst dem Geist, den du begreifst!*[22]

Dieselbe Thematik aber stellt sich auch dem Leser! Dann nämlich, wenn sein bisheriges, begrenztes Verständnis dem hohen Geist des Textes begegnet. Hier möge der Studierende Hoffnung schöpfen aus dem Dichterwort ... *Sein Wachstum ist: der Tiefbesiegte von immer Grösserem zu sein!*[23]

---

22 J.W. Goethe, Faust Teil I.
23 Aus Rainer Maria Rilke: *Der Schauende.*

Übersetzen oder *Übertragen* ist das Hinübertragen einer geistigen Substanz in eine neue Form. Die Schwierigkeit besteht darin, das Kleid zu ändern, ohne dabei das Neugekleidete in seiner ursprünglichen Wesenheit zu beeinträchtigen. Damit stellt sich dem Übersetzer *erst* die Frage nach dem Geistigen und *hernach* jene nach dem neuen Kleid. Umgekehrt der Leser, ihm wird *zuerst* das Kleid ins Auge fallen, das ihn *zweitens* hinführen mag zum Geist – den dieses verhüllt und jener offenbart!

So gibt es bloss *eine* Möglichkeit, den mit Worten umhüllten Geist in eine andere Sprache, eine neue Buchstabenkonfiguration zu übersetzen, nämlich: Der Übersetzer durchdringt die Buchstabenelemente, *findet den lebendigen Geist* und kleidet ihn neu.[24] Vermöchte er dies in Tat und Wahrheit, er stünde auf derselben geistigen Stufe wie der Verfasser des Originals.[25]

Dies kann nun aber der Übersetzer der vorliegenden Arbeit keinesfalls von sich behaupten.

Was also ist zu tun?

Wir wissen, dass unser Text in Worten redet und dadurch einerseits Belehrungen erteilt und andererseits bild-geschichtliche Ereignisse darstellt. Die Bilder nachzuzeichnen, fällt uns nicht schwer, und wir vermögen sie getreulich in einer anderen Sprache wiederzugeben. Der Nachvollzug des hohen Geistes der Unterweisungen aber ist viel komplexer. Wenn es auch nur Worte sind, Begriffe, so spüren wir doch deutlich, dass es im Falle der Belehrung nicht so sehr um die Aufzeichnung von Metaphern, Vorstellungen und Werten geht, sondern um schwer fassliche geistige, subtile, *lebendige Bewegung.*

Damit ist gesagt, dass jedem Wort mehr als *ein* Sinn innewohnt, und wir können getrost wiederholen: Worte offenbaren *und* verbergen. Und wir fragen: Was ist das Verborgene?

---

24 Dieselbe Aufgabe erwartet den forschenden Leser! Deshalb ist des Übersetzers Tat so wichtig.

25 Bei J.B. Willermoz in Lyon schreibt Louis-Claude de Saint-Martin sein erstes Werk: *Des erreurs et de la vérité* im Bestreben, die Mystik des *Traité de la Réintégration* für die Anhänger des Ordens verständlich zu machen. Sein Kommentar ist eine Übersetzung, nicht in eine neue Sprache, aber auf eine andere Verständnisebene.

Die mit Noten beschriftete Partitur des Musikers wird vom Komponisten mit sprachlichen Hinweisen verdeutlicht: pianissimo, forte, andante, allegro ... Trotzdem ist dem Interpreten das geistige Tor zu der vom Komponisten zur Melodie verdichteten Idee und geistigen Wirklichkeit letztlich verschlossen. Der Übersetzer wie auch der musikalische Interpret stehen, bezogen auf den Schöpfer, einem vollendeten Werk gegenüber – ein in seiner Art *vollkommenes Werk* und ein *unvollkommener Interpret*! Die Annäherung an das Werk geschieht meist über eine anfängliche Auseinandersetzung mit den äusserlichen, biographischen Daten des Künstlers. Der Interpret studiert alles verfügbare Material über Leben, Denken, Werk und Zeitgeschichte des betreffenden Menschen. Er nimmt zur Kenntnis, was die Freunde einst bewundert und die Feinde ihm vorgeworfen haben. Er versucht die *Person* kennenzulernen, das Kleid sozusagen – vorerst das geschichtliche Äussere, hernach das verborgene Innere und schliesslich das Geheimnis des Werkes. Wissend, dass das wahre Kunst die *Persönlichkeit* des Künstlers überragt, versucht er einzudringen in das Geschöpfte, indem er sich selbst vergessend stille wird, um sich ganz dem *Dienst* des Suchens hinzugeben und bereit zu sein, auch den geringsten Hinweis nicht zu übersehen. Etwas *tut* er aktiv und etwas *erwartet* er passiv.[26] Es ist ein geduldig-tätiges Ringen um ein unsichtbares Geschenk, das nichts anderes ist als ein werdender, noch unbekannter, tief verborgener Teil seines eigenen Menschseins.

Um es deutlich zu sagen: jeder Übersetzung, jeder grossen Interpretation, jedem echten Verständnis hoher Werke geht eine Geburt voraus. Und diese Geburt ist eine *eigene* innere Schöpfung, geworden aus der keuschen Umarmung des allerersten Kontaktes mit dem schöpferischen *Geiste* des geliebten Werkes. Von der Zeugung zur Geburt aber liegen Monate des Werdens.

Dies alles hat sich der Schreiber zu Herzen genommen. Und der Leser wird es ihm gleichtun müssen.

Trotz dieser Anstrengungen bleibt alles Versuchen bloss Stückwerk verglichen mit der Geisteskraft, die das Werk erschaf-

26 Der Interpret ersteigt den Berg und erwartet den Gipfel.

fen hat, die es heruntergeholt hat aus geistigen Regionen in irdische Räume. In diesen *irdischen Räumen* nimmt das schöpferische Ringen um den Aufstieg seinen Anfang. Hier beginnt das schöpferische Streben, das behutsame Herantasten an das Wesen des Werkes und vielleicht das gnadenreiche Berührt- und teilweise Erwecktwerden. Die Grenze des Gewöhnlichen zu überwinden, das Vordergründige zu durchdringen, um dem Dahinterliegenden nahezukommen, ist der hohe Anspruch an den *Übersetzer*. In diesem Wissen müht er sich um würdevolle Übertragung und wohl auch um Freundschaft und Segen des einstigen Schöpfers. Weil wir wissen, dass der Erschaffer gegenwärtig ist im Erschaffenen, wissen wir auch, dass das Werk selbst, als verborgene aber dennoch lebendige Stimme seines Schöpfers, dem Übersetzer vernehmbar werden kann. Der Künstler vermag seinen Schüler durch sein Werk zu berühren, denn das vollkommene Werk ist Träger lebendigen Geistes! Diese innere Begegnung ist ein Geschenk, Lohn des Fleisses und der Mühen, Lohn der Hingabe und der Zuneigung. In jedem echten Werk lebt auf geheimnisvolle Art sein Schöpfer! Auf ebenso geheimnisvolle Art steht er dem Interpreten-Übersetzer bei. Auch der Leser wird zum Interpreten – und in beiden kann der Geist des Schöpfers lebendig werden!

Der Schreiber hat mit seiner Übersetzung um Erkenntnis gerungen und hat Führung und Geleit erhofft auf den Saumpfaden des Schwerverständlichen, Wohlverborgenen. Vieles ist ihm geworden und er hat es dankbar angenommen. Aber die geistige Einsicht offenbarender Wirklichkeit blieb ihm verwehrt. Aber nicht vergeblich war die Reise!

Nach bestem Wissen und Gewissen hat er übersetzt und übertragen. Fern von allem Eigenen hat er sich bemüht, Stimme zu sein in deutscher Sprache von all dem, was Martinès de Pasqually französisch niederschrieb.

Letztlich kann die Übersetzung dem Original wohl nie gerecht werden, dennoch darf der Versuch nicht unterbleiben.

Es ist keinesfalls im Sinn und Geist einer textlichen Unterweisung, wie sie hier vorliegt, nach *einmaligem* Lesen auch schon verstanden zu sein. Dem suchenden Menschen ist wenig so gefährlich wie die Ungeduld und der Trugschluss vermeintlichen Verständnisses. Echte philosophische Schriften und heilige Bücher rufen auf zum Forschen, zu innerer Bewegung, zum Durchstossen mentaler Grenzen, zum Suchen und zum Werden.[27] Diesen Weg geht natürlich jeder allein, und auch der Wissende kann hier bloss Geleit, Inspiration und Vorbild sein. Zu einer solchen *Lektüre*[28] und *geistigen Begegnung* gilt es sich würdig vorzubereiten - innerlich und äusserlich!

Wer sucht, soll nicht ruhen, bis er findet,
Wenn er findet, wird er staunen,
Staunend wird er herrschen,
Herrschend aber wird er Ruhe haben.

Clemens von Alexandrien, Stromata V,14.96.3

Es ist wohl vorgekommen, dass vorbedachte Fehler in okkulte Texte hineinverwoben wurden mit dem Ziele, sowohl die Unwürdigen abzuweisen als auch die Ausdauer und die Geisteskraft des strebenden Schülers auf die Probe zu stellen. Wäre es nicht auch möglich, dass unbewusst verursachte Übersetzungsfehler demselben Ziele dienen? So will wohl auch der ungewohnte und zuweilen umständliche Sprachfluss den Schüler zu sorgfältigerem Lesen und zu eigenem Denken hinführen.

Sicher ist, dass wahre Erkenntnis niemals von *aussen* in den Menschen hineingetragen werden kann. Äusseres vermag zwar anzuregen, dem inneren Land jenen inspirierenden Regen zu spenden, dessen es bedarf, die lang vergessenen Samen zu berühren, zur Fäulnis zu treiben und zum Leben zu erwecken, doch allein das *innere Offenbarwerden* vermag dem Menschen die süsse Frucht zu schenken: Erkenntnis, die verwandelt!

---

27 *Svadhyaya* nennt der Osten die Auseinandersetzung mit schriftlicher Überlieferung, d.h. eigenes Hineingehen. Kontemplation oder Betrachtung mag es der Westen nennen, d.h. selbst empfangen und trächtig werden mit jenem im Text verborgenen Samen.

28 Die ursprüngliche Bedeutung des Wortes *legere* (lat. lesen) findet sich in: Unterweisung, Vortrag, Belehrung. Lektüre war Studium. (Beachte auch *lex, legis* = lat. Gesetz)

Unerkannt ist die Wahrheit im Herzen anwesend wie das Licht in der Finsternis.

Weil aber die Lüge niemals im Herzen zu wohnen vermag – sie haust allein im falschen Denken, im Wähnen und im Meinen –, kann sich im Herzen auch niemals Unwahres offenbaren! Darum: Die Auseinandersetzung mit geistigen Texten verbindet den Studierenden mit seinem wahren Herzen, mit seinem eigenen bislang unerkannten inneren, überpersönlichen Wissen. Sie aktiviert innere Potentiale, erwärmt durch eingehendes Betrachten den Keimling kommender Frucht, welche wahre Erkenntnis, Einsicht und geistiges Werden ist.

In diesem Wissen hat der Übersetzer Mut und Kraft gefunden, das Werk des Martinès de Pasqually aus der französischen in die deutsche Sprache zu übertragen.

Die seiner eigenen geistigen Unreife zuzuschreibenden, unvermeidbaren Übersetzungsfehler verlieren ihre Schatten im Lichte des Vorhergesagten. Jeder geglückte übersetzte Satz ist eine Pforte zum Herzen, eine leise Stimme, die auf innere Antwort hoffen kann. Alles Fehlerhafte, Falsche und Unwürdige kann der Wahrheit, dem Licht und dem wahren Herzen des Lesers niemals schaden. Dem unlauteren Menschen wird noch das Wahre zur Lüge, dem reinen Menschen aber gereicht auch noch das Falsche zum Heil! So stehen sich Text und Leser in neuer, lebendiger Beziehung gegenüber, und aus einer liebenden Berührung möge Neues werden und werde neues Leben.

Der Übersetzer
La Sage und Vufflens-le-Château
Ostern 2007

BIBLIOTHÈQUE ROSICRUCIENNE

PREMIÈRE SÉRIE. — N° 5

MARTINÈS DE PASQUALLY

TRAITÉ

DE LA

RÉINTÉGRATION DES ÊTRES

DANS LEURS PREMIÈRES PROPRIÉTÉS, VERTUS & PUISSANCE SPIRITUELLES & DIVINES

PARIS

BIBLIOTHÈQUE CHACORNAC

11, QUAI SAINT-MICHEL, 11

1899

Le Grand Cachet

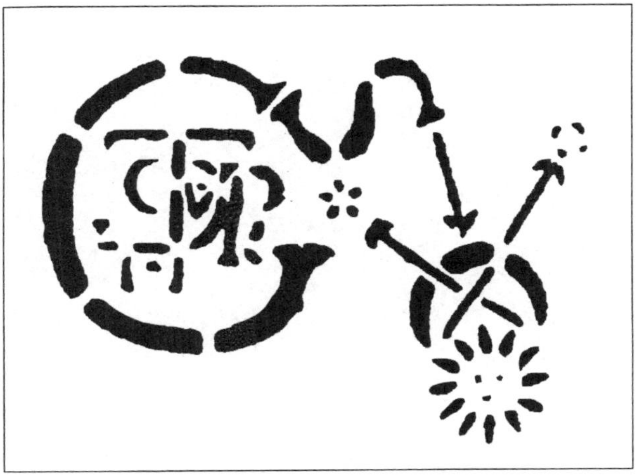

Siegel des Martinès de Pasqually

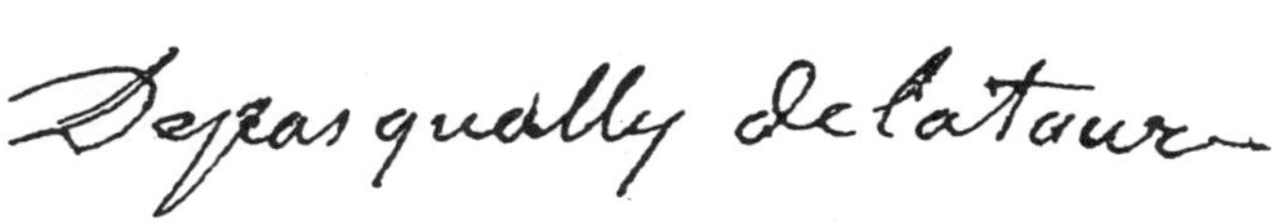

Unterschrift des Martinès de Pasqually

Die ersten geistigen Wesen

Vor aller Zeit entliess Gott in seiner göttlichen Unermesslichkeit aus sich selbst geistige Wesen. Diese Wesen hatten einen durch die Gesetze, die Vorschriften und die ewigen Gebote der Gottheit festgesetzten Kultus auszuführen. Sie waren demnach frei und vom Schöpfer unterschieden. Man kann ihnen den freien Willen, mit dem sie erschaffen wurden, nicht absprechen, ohne in ihnen die Fähigkeit, den Besitz und die geistigen und persönlichen Kräfte zu zerstören, deren sie bedurften, um in den ihrer Machtbefugnis gesetzten Grenzen mit Sorgfalt zu wirken. In diesen vorbestimmten Schranken sollten die ersten geistigen Wesen den Ritus ausüben, zu dessen Vollzug sie aus Gott hervorgegangen sind. Diese ersten Wesen konnten den Vertrag, den der Schöpfer mit ihnen schloss, indem er ihnen Gesetz, Vorschriften und Gebote gab, weder leugnen noch ignorieren, da ihre Emanation allein auf dieses Bündnis gegründet war.

Man wird sich fragen, was diese ersten Wesen vor ihrer göttlichen Emanation gewesen sind, ob sie existierten oder ob sie nicht existierten. Sie existierten im Schosse der Gottheit ohne differenzierte Handlungs- und Denkbefähigung und ohne eigenes Erkenntnisvermögen. Sie konnten nur gemäss dem Willen jenes höheren Wesens, in dem sie enthalten waren und in dem sich alles regte, handeln und fühlen. Dies kann keinesfalls als wirkliche Existenz bezeichnet werden.

Indessen ist diese Existenz in Gott eine unverzichtbare Notwendigkeit, da sie die Unermesslichkeit der Göttlichen Gewalt begründet. Gott wäre nicht der Vater und Herr aller Dinge, hätte er nicht in sich eine unerschöpfliche Quelle von Wesen, die er entsprechend seinem reinen Willen und seinem Gefallen aus sich heraus entlassen könnte. Durch diese unendliche Vielzahl von Emanationen geistiger Wesen trägt er den Namen *Schöpfer*, und seine Werke tragen den Namen der göttlichen, geistigen und irdischen, geistig-zeitlichen *Schöpfung*.

Die ersten Geister, die aus dem Schoss der Gottheit erstanden, unterschieden sich voneinander durch ihre *Kräfte* (vertus), ihre *Mächte* (puissances) und ihre *Namen*. Sie bewohnten den unermesslichen göttlichen Umkreis, allgemein bekannt als *Domination*, der seiner Zehnheit entsprechend folgende Figur trägt: ①

Hier sollte jeder *Obere* Geist 10 *(superior)*, jeder *Höhere* Geist 8 *(major)*, jeder *Niedere (inferior)* und *Mindere* Geist 4 *(minor)*[29] zum allergrössten Ruhme des Schöpfers handeln und wirken. Ihre Kundgebung oder ihre Zahl beweist, dass ihre Emanation wahrhaftig aus der *vierfachen Essenz Gottes* stammt. Die Namen dieser vier Geisteshierarchien waren stärker als jene, mit denen wir gewöhnlich die *Cherubim, Seraphim, Erzengel* und *Engel* benennen, die erst später gleichgestellt worden sind. Im weiteren trugen diese vier ersten Prinzipien geistiger Wesen – wie wir schon sagten – einen Teil der göttlichen Macht in sich: eine obere, höhere, niedere und mindere Macht, durch die sie alles kannten, was existieren konnte oder noch in den geistigen Wesen, die noch nicht aus dem Schosse der Gottheit hervorgegangen waren, eingeschlossen war.

Wie, wird man sagen, konnten sie von jenen Dingen Kenntnis haben, die noch gar nicht unterschieden und ausserhalb des Schöpferschosses bestanden?

Weil diese ersten, aus dem ersten Kreis hervorgegangenen Anführer – geheimnisvoll als Kreis der Zehnheit benannt – klar und mit Sicherheit zu lesen vermochten, was in der Gottheit geschah und was alles in ihr enthalten war. Was ich hier sage, darf keinem Zweifel unterliegen, es muss die Überzeugung herrschen, dass es allein dem Geist zusteht, den Geist zu *lesen*, zu *sehen* und zu *empfangen*.

Diese ersten Führer besassen eine vollkommene Kenntnis aller göttlichen Werke, waren sie doch nur deshalb aus dem Schoss des Schöpfers hervorgegangen, um weniger im Angesicht der göttli-

---

29 Um dem frz. Text möglichst nahe zu sein, bedienen wir uns der lateinischen Form der Begriffe: esprit supérieur, majeur, inférieur und mineur, resp: Superior, Major, Inferior und Minor (der leichteren Lesbarkeit willen übertragen wir sie – der Deklination ungeachtet – immer im Nominativ, und zwar sowohl bei Einzahl als auch bei Mehrzahl). Besonders interessant in diesem Zusammenhang ist das dem Menschen zugeordnete Wort *mineur,* das frz. auch Bergmann bedeutet – ein Wort, das in der Mysteriensprache auch den initiatischen, strebenden Menschen bezeichnet. Auch nannte der Heilige Franciscus von Assisi die Angehörigen seines Ordens: Minderbrüder, frz. Frères mineurs.

chen, zur Kundgebung seiner Herrlichkeit gewirkten Operationen zu sein.

Haben diese ersten geistigen, göttlichen Führer nach ihrer Untreue ihren ersten Zustand der Kraft und göttlichen Macht bewahrt?

Ja, begründet durch die Unwandelbarkeit des Ratschlusses des Ewigen, behielten sie diesen, denn hätte der Schöpfer alle Kräfte und Mächte, die er auf die ersten Geister übertrug, zurückgenommen, hätte es keine Lebenstätigkeit mehr gegeben, weder gute noch böse, keine Offenbarung der Herrlichkeit, der Gerechtigkeit und der Göttlichen Macht über diese ungetreuen Geister.

Die Sünde der ersten Geister

Wenn man nun fragt, was denn die Untreue dieser Geister gewesen sei, die Gott bewog, die Macht des göttlichen Gesetzes gegen sie einzusetzen, werde ich antworten, dass diese Geister nur deshalb emanierten, um als *Zweitursache* zu handeln, und durchaus nicht, um eigenmächtig auf die ersten Ursachen oder gar die Aktion der Gottheit einzuwirken. Da sie also lediglich untergeordnete Kräfte waren, hätten sie höchstens auf ihre eigenen *Kräfte*, *Tugenden* und *Zweitoperationen* (opérations secondes) eifersüchtig sein und sich keineswegs damit beschäftigen sollen, den Gedanken des Schöpfers in allen göttlichen Taten – sowohl der Vergangenheit wie auch der Gegenwart und der Zukunft – zu beeinträchtigen.

Ihr frevlerisches Tun bestand erstens darin, die göttliche Ewigkeit in ihren Schöpfungswerken zu missbilligen; zweitens, die göttliche Allmacht in diesen selben Werken beschränken zu wollen; drittens, ihr eigenes Denkvermögen dafür einzusetzen, selber Schöpfer der Dritt- und Viertursachen zu sein, von denen sie wussten, dass sie der Allmacht des Schöpfers immanent sind, und die wir die *vierfache göttliche Essenz* nennen.

Wie konnten sie die göttliche Ewigkeit verwerfen?

Indem sie den Ewigen als eine ihnen gleichgestellte Emanation und dadurch den Schöpfer als ein ihnen gleichartiges Wesen betrachteten. Somit sollten auch aus ihnen Geschöpfe geboren werden, die von ihnen genauso abhängig sein sollten, wie sie selbst von jenem abhingen, der sie geschaffen hatte.

Dies nennen wir *das Prinzip des geistig Bösen*, weil wir sicher sind, dass jeder vom Geist ersonnene böse Wille vor dem Schöpfer immer verbrecherisch ist, selbst dann, wenn der Geist dies in seiner effektiven Tat nicht erkennen würde.

Als Strafe dieses frevlerischen Willens wurden die Geister durch die Macht des Schöpfers an unreine Orte der Abhängigkeit, des Verlustes und des Elends geworfen. Dies stand sehr im Gegensatz zu ihrem geistigen Wesen, das auf Grund ihrer Emanation rein und einfach war.

Dies soll nun erklärt werden.

Das Universum und der Mensch

Nachdem diese ersten Geister ihre frevlerischen Gedanken ersonnen hatten, durchbrach der Schöpfer das Gesetz seiner Unwandelbarkeit, indem er dieses physische Universum in der Erscheinung stofflicher Form erschuf, damit dieses zur beständigen Stätte werde, in der die lasterhaften Geister wirken und unter Entbehrung ihre ganze Bosheit ausüben sollten.

In dieser *materiellen Schöpfung* ist der Mensch oder der Minor, wie er heutzutags im Zentrum der Erdoberfläche anzutreffen ist, nicht inbegriffen. Der Mensch sollte gar keinen Gebrauch von irgendeiner Form dieser sichtbaren Stofflichkeit machen, da er nur deshalb aus dem Schöpfer hervorging und frei wurde, um über alle *vor* ihm emanierten und befreiten Wesen zu herrschen.

Der *Mensch* ward erst erschaffen, *nachdem* dieses Universum durch die göttliche Allmacht als Zufluchtsort für die ersten verdorbenen Geister geformt war und ihnen als Grenze ihrer bösen Taten diente. Deshalb können sie die Gesetzesordnung, die der Schöpfer seiner allumfassenden Schöpfung gegeben hat, niemals übertreten. Er (der Mensch) hatte dieselben Kräfte und Gewalten wie die ersten Geister und, obzwar *nach* ihnen hervorgegangen, wurde er ihnen Kraft seines Standes der Herrlichkeit und seiner vom Schöpfer erhaltenen Befehlsgewalt übergeordnet. Der Mensch wusste sehr wohl um die Notwendigkeit der universellen Schöpfung. Auch war ihm der Nutzen und die Heiligkeit seiner eigenen geistigen Emanation, wie auch seine glorreichen Form bekannt, mit der er bekleidet war, um mit all seinen Willenskräften auf die aktiven und passiven körperlichen Formen einzuwirken. In diesem Zustand sollte er seine ganze Macht zum allergrössten Ruhme des Schöpfers in der *universellen, allgemeinen* und *besonderen* Schöpfung zum Ausdruck bringen.

Drei Teile der universellen Schöpfung

Wir unterscheiden hier drei Teile des Universums, damit wir dieses unseren Nacheiferern mit all seinen Fähigkeiten geistiger Wirkungen kenntlich machen können:

1. *das Universum*, das ein Kreisumfang ist, in dem das *Allgemeine* und das *Besondere* enthalten sind;
2. *die Erde*, oder der *allgemeine* Teil, aus dem alle notwendigen Nahrungsmittel hervorgehen, um das *Besondere* (am Leben) zu erhalten;
3. *das Besondere*, das aus allen Bewohnern himmlischer und irdischer Körper zusammengesetzt ist.

Dies ist die Unterteilung, die wir bezogen auf die unvierselle Schöpfung vornehmen werden, damit unsere Nacheiferer zu erkennen und mit Unterscheidungsvermögen und Weisheit in jedem der drei Teile zu wirken vermögen.

Adam und seine drei Tätigkeiten

Adam in seinem ersten Zustand der Herrlichkeit war der wahrhaftige Nacheiferer des Schöpfers. Als reiner Geist las er offen die göttlichen Gedanken und Handlungen. Der Schöpfer liess ihn die drei das Universum konstituierenden Prinzipien erkennen; zu diesem Zwecke sprach er: „*Gebiete über alle aktiven und passiven Tiere, und sie werden gehorchen.*“ Adam führte aus, was der Schöpfer ihm geboten, und er erkannte, dass seine Macht gross war, und mit Gewissheit lernte er den *einen* Teil des Ganzen erkennen, aus dem das Universum gebildet ist. Dieser Teil ist, was wir *das Besondere* nennen, zusammengesetzt aus allen aktiven und passiven Wesen, die an der Oberfläche der Erde und seinem Mittelpunkt bis hin zum himmlischen Zentrum – dessen geheimnisvoller Name lautet: *Himmel des Saturn* – wohnen.

Nach dieser Operation sprach der Schöpfer zu seiner Kreatur: „*Gebiete über das Allgemeine oder die Erde, sie wird dir gehorchen.*“ Dies tat Adam und erkannte, dass seine Macht gross war, und mit Gewissheit erkannte er das zweite *Ganze,* aus dem das *Universum* zusammengesetzt ist.

Nach diesen zwei Operationen sprach der Schöpfer zu seinem Geschöpf: „*Gebiete über das ganze geschaffene Universum, und all seine Bewohner werden dir gehorchen.*“ Adam führte auch dieses Wort des Ewigen aus. Durch diese dritte Operation lernte er die *universelle* Schöpfung kennen.

Nachdem Adam solcherart seinen Willen nach dem Willen des Schöpfers gewirkt und offenbart hatte, erhielt er den erhabenen Namen *Gott-Mensch* der universellen Erde, und zwar deshalb, weil er aus sich selbst eine *Nachkommenschaft Gottes* und nicht eine fleischliche Nachkommenschaft hervorgehen lassen sollte. Es gilt zu bemerken, dass Adam bei der ersten Operation *das Gesetz* erhielt, bei der zweiten *die Vorschrift* und bei der dritten *das Gebot.* Ausgehend von diesen drei Arten von Operationen ist nicht nur deutlich zu ersehen, welches die Grenzen der Kraft, der Macht und der Stärke waren, die der Schöpfer seiner Kreatur setzte, sondern auch die Schranken, die er den ersten entarteten Geistern bestimmte.

Die Emanzipation

Nachdem der Schöpfer die Genugtuung seiner Kreatur mit der ihr innewohnenden Kraft, Stärke und Macht, über die sie nach belieben verfügen konnte, sah, überliess er sie der Freiheit ihres Willens. Solcherart hatte der Schöpfer seine Kreatur deutlich aus seiner göttlichen Grenzenlosigkeit emanzipiert, dass sie jetzt und zukünftig und für eine impassive[30] Ewigkeit in den besonderen und persönlichen Vollbesitz dieser Freiheit gelangte, vorbehalt-

30 Das Wort *impassiv* wird später im Text wie folgt beschrieben: „Wir nennen sie (die sichtbar gestaltete Form des Geistes) impassiv, weil sie nur dem einen reinen, alleinigen Einfluss und keiner, wie auch immer gearteten, irdischen Einwirkung unterworfen ist. Sie bedarf keiner Nahrung, es sei denn jener, die der Geist ihr verschafft. Kein Partikel des Zentralfeuers wirkt auf sie.“

lich der Voraussetzung, dass sie sich gemäss dem Schöpferwillen benimmt.

Die Versuchung

Seinem freien Willen ausgesetzt, begann Adam nachzudenken über die grosse Macht, die sich durch seine ersten drei Operationen offenbart hat. Er betrachtete seine Arbeit als jener des Schöpfers gleichsam ebenbürtig. Da er aber aus eigener Kraft weder diese drei Operationen noch jene des Schöpfers vollkommen ergründen konnte, begann inmitten seiner Überlegungen über die göttliche Allmacht die Konfusion sich seiner zu bemächtigen. In der göttlichen Allmacht vermochte er jedoch nur mit Einwilligung des Schöpfers zu lesen, und zwar so, wie er durch die Anordnungen, die der Schöpfer ihm gegeben hatte, bevor er seine Willenskraft befreite, unterwiesen worden war. Diese Anordnungen bezogen sich auf die ihm übertragene Macht über all das seiner Herrschaft Unterstehende. Die Überlegungen Adams wie auch der Gedanke, in der göttlichen Allmacht lesen zu wollen, wurden unverzüglich von den ersten verdorbenen Geistern wahrgenommen. Wir nennen sie böse Dämonen, denn im selben Moment, da Adam diesen Gedanken ersann, erschien einer der bedeutendsten entarteten Geister in der sichtbaren Form eines verklärten Leibes und sprach zu ihm:

„Was wünschest du mehr noch zu wissen vom allmächtigen Schöpfer? Hat er dich nicht sich gleich gemacht durch die Stärke und die Allmacht, die er in dich gelegt hat? Handle nach deinem eingeborenen Willen und wirke als freies Wesen, sei es auf die Gottheit oder sei es auf die gesamte deiner Herrschaft untertane universelle Schöpfung. Du wirst dich alsbald überzeugen, dass sich deine Allmacht in nichts von jener des Schöpfers unterscheidet. Du wirst erkennen lernen, dass du nicht nur ein Schöpfer bist der besonderen Kraft, sondern auch Schöpfer der universellen Kraft, gleich wie er zu dir sprach, dass eine Nachkommenschaft Gottes aus dir geboren werden solle. Alle diese Dinge habe ich vom Schöpfer erfahren, und es ist in seinem Auftrag und in seinem Namen, dass ich zu dir rede."

Die Rede des dämonischen Geistes beliess Adam in einem Zustand der Inaktivität und er spürte, wie eine heftige Verwirrung sich seiner bemächtigte. Da fiel er in Ekstase. In diesem Zustand blies ihm der böse Geist seine dämonische Kraft ein. Aus seiner geistigen irdischen Verzückung erwacht entschied Adam, obwohl ein unguter Eindruck des bösen Dämons in ihm verblieb, die dämonische Wissenschaft der vom Schöpfer zur Unterwerfung aller minderwertigen Geister erhaltenen göttlichen Wissenschaft vorzuziehen. Seinen eigenen göttlichen geistigen Gedanken verwarf er gänzlich, um dafür von jenem Gebrauch zu machen, den ihm der böse Geist eingeflüstert hatte.

Das vierte Werk

Indem er eine vierte Tat wirkte, vollzog Adam den dämonischen Gedanken. Für diese Operation gebrauchte er alle Worte der Kraft, die ihm der Schöpfer für die ersten drei Werke übertragen hatte, doch lehnte er das Zeremoniell dieser Operationen vollständig ab. Er bediente sich vorzugsweise des Zeremoniells, das der Dämon ihm beigebracht, und des Planes, den er für dieses erhalten hatte, um die Unwandelbarkeit des Schöpfers anzugreifen. Adam wiederholte, was die ersten verdorbenen Geister zu tun ersonnen hatten, um entgegen der Weisungen, die der Ewige ihnen zur Beschränkung ihrer geistigen göttlichen Operationen vorgeschrieben hatte, selber Schöpfer zu werden. Diese ersten Geister sollten, da sie lediglich Geschöpfe der Kraft waren, weder über die Schöpfung nachsinnen noch diese verstehen. Adam sollte genausowenig wie jene danach trachten, geistige Wesen zu erschaffen, wie es ihm durch den Dämon eingegeben ward.

Wir haben gesehen, dass diese Dämonen oder entarteten Geister, kaum dass ihr Sinnen und Trachten danach ging, ihren Willen zur Emanation – dem Schöpfer gleich – in die Tat umzusetzen, vom unwandelbaren Willen des Schöpfers für eine unermessliche Zeit an Orte der Finsternis verbannt wurden. Dieser Sturz und diese Bestrafung bezeugen, dass dem Schöpfer weder Gedanke noch Wille seiner Kreatur unbekannt sind. Dieser Gedanke und dieser Wille, gut oder böse, werden vom Schöpfer, der sie annimmt oder verwirft, unmittelbar vernommen.

Das Böse

Es wäre also falsch, unter dem Vorwand, dass alles aus dem Schöpfer hervorgeht, zu sagen, das Böse käme vom Schöpfer. Aus ihm ist jedes geistige Wesen als gut hervorgegangen, heilig und vollkommen. Nichts Böses wird je aus ihm hervorgehen!

Man stelle sich die Frage: Woher stammt das Böse? Darauf werde ich antworten, dass das Böse durch den Geist geboren, nicht aber *erschaffen* wurde. Die Schöpfung gehört dem Schöpfer und nicht der Kreatur. Die schlechten Gedanken sind aus dem schlechten, die guten aus dem guten Geist hervorgegangen. Es ist am Menschen, die einen zu verwerfen und die anderen anzunehmen; dies nach seinem eigenen freien Willen, der ihm das Recht auf Belohnung seiner guten Werke ebenso zugesteht, wie er ihn auf unendliche Zeit seines geistigen Rechtes berauben kann. Ich werde andernorts ausführlicher von dieser göttlichen Barmherzigkeit berichten.

Der gute und der böse Intellekt

Ich werde jetzt noch einmal auf die durch den bösen Willen des Geistes verursachte Geburt des Bösen zurückkommen, und ich sage, dass das böse Erzeugnis des Geistes, das nichts anderes ist als *der böse Gedanke*, geistig als *böser Intellekt* bezeichnet wird. Desgleichen wird die Geburt des guten Gedankens als *guter Intellekt* benannt. Durch diese Gattungen von Intellekt teilen sich die guten und die schlechten Geister dem Menschen mit und hinterlassen eine Prägung in ihm und dies je nach dem, wie er seinen freien Willen einsetzt, nämlich: das Gute oder das Böse entweder anzunehmen oder abzulehnen.

Als *Intellekt* bezeichnen wir die guten oder bösen Einflüsterungen der Geister, weil sie *geistige Wesen* beeinflussen. Die verdorbenen Geister sind auf Grund ihrer Übertretung und der damit einhergehenden Entartung ihrer höheren Kräfte den *Minores* unterworfen.

Durch die Kraft der Vierheit, die der Mensch bei seiner Emanation erhalten hatte, sind ihm auch die guten Geister untergeordnet.

Der Auftrag des Menschen

Die universelle Kraft des Menschen wird durch die Worte des Schöpfers angekündigt, als er zu ihm spricht: *„Ich habe alles für dich erschaffen; du brauchst nur zu befehlen, damit man dir gehorche.“* Die guten und die bösen Geister sind dem Menschen untertan. Hätte sich der Mensch im Zustand seiner Herrlichkeit erhalten, er hätte den bösen Dämonen als guter und wahrhaftiger Intellekt genützt, wie diese umgekehrt den ersten Minor ihren bösen Intellekt empfinden liessen und wie sie es täglich unter uns tun.

Durch die Kraft seiner Befehlsgewalt konnte der Mensch ihre Entbehrungen dadurch noch verschärfen, dass er ihnen jede Verbindung mit sich verweigerte. Dies wird uns durch die Ungleichheit der fünf Finger der Hand veranschaulicht, deren Mittelfinger die Seele darstellt, der Daumen den guten Geist, der Zeigefinger den guten Intellekt, die beiden andern Finger stellen den dämonischen Geist und Intellekt dar. Leicht verstehen wir durch dieses Bild, dass der Mensch nur deshalb erschaffen wurde, um dem Dämonischen in steter Wachheit gegenüber zu stehen, dieses zu beschränken und zu bekämpfen. Die Kraft des Menschen war jener des Dämonischen weit überlegen, denn der Mensch verband seine Weisheit jener seines Gefährten und seines Intellektes, und dadurch konnte er drei gute geistige gegen zwei schwache dämonische Kräfte ins Feld führen. Dies hätte die Anhänger des Bösen vollständig unterworfen und in der Folge das Böse selbst zerstört.

Der Ursprung des Bösen

Aus all dem, was ich gesagt habe, ist zu ersehen, dass die Herkunft des Bösen aus keiner anderen Ursache ihren Anfang nahm als jener des bösen Gedankens, gefolgt vom bösen Willen des Geistes gegen die göttlichen Gesetze. Keinesfalls ist der aus dem Schöpfer hervorgegangene Geist selbst unmittelbar das Böse, denn die Möglichkeit des Bösen existierte niemals im Schöpfer. Es gebiert sich einzig aus der Disposition und dem Willen seiner Kreatur.

Wer anders redet, redet in Unkenntnis jener der Gottheit möglichen und unmöglichen Dinge. Wenn der Schöpfer seine Geschöpfe züchtigt, gibt man ihm den Namen des *Gerechten* und nicht jenen des *Urhebers der Plage*, die er ja nur deshalb schickt, um seine Kreatur vor der endlosen Strafe zu bewahren.

Die Untreue des ersten Menschen

Ich beginne nun mit der Erläuterung der Untreue des ersten Menschen. Diese ist eine Wiederholung der Untreue der zuerst emanierten verdorbenen Geister. Obschon diese Untreue aus dem eigenen Willen Adams hervorging, entsprang sie doch nicht unmittelbar seinem Gedanken, sondern dieser wurde ihm durch die ungetreuen Geister eingegeben. Nun ist die Untreue des ersten Menschen schwerwiegender als diejenige der ersten Geister, denn nicht nur hat Adam die Eindrücke des Rates der Dämonen, zu deren Gunsten er einen bösen Willen erwarb, angenommen, sondern mehr noch liess er sich verleiten, seine ganze göttliche Kraft und Macht gegen den Schöpfer einzusetzen, indem er zu Gefallen der Dämonen und seines Eigenwillens einen Schöpfungsakt wirkte. Dies zu tun, hatten die entarteten Geister keine Zeit, da der Schöpfer ihren bösen Gedanken und ihren bösen Willen vorher vernichtet hatte. Dadurch ward die Operation dieses Willens aufgehalten und verhindert.

Man fragt sich vielleicht, weshalb der Schöpfer nicht in gleicher Weise, wie er gegen das böse Werk der bösen Geister gehandelt hatte, auch gegen den bösen Willen und das ungerechte Werk des ersten Menschen vorgegangen ist? Darauf antworte ich, dass der Mensch, da er vom Schöpfer als Instrument der Bestrafung der ersten Geister vorgesehen war, entsprechende Gesetzesordnungen erhielt. Der Schöpfer liess diese Gesetzesordnungen, die er dem Menschen gegeben hatte, und jene, die dem bösen Geist eingeboren sind, fortbestehen, damit diese beiden Wesen ihrem Gedanken und ihrem eigenen Willen gemäss wirken können. Der Schöpfer ist ein Wesen, das unwandelbar ist in seinen Beschlüssen und seinen Gaben des Geistes wie auch in dem, was er verspricht oder verweigert, und auch in den Vergeltungen und den Belohnungen, die er seinen Geschöpfen zukommen lässt. Er konnte demnach die Kraft und die Anordnung der Gesetze, die der böse Geist und der Geist des Minor – des Menschen – erhielten, nicht aufhalten, ohne gegen seine Unwandelbarkeit zu verstossen. Er liess die beiden hervorgebrachten Wesen frei in ihren Handlungen, da er die *zweiten irdischen Ursachen* weder durchschauen noch verhindern konnte, ohne seiner Existenz als unentbehrliches Wesen und seiner göttlichen Macht zuwiderzuhandeln.

Hätte der Schöpfer selbst Teil an den Zweitursachen, müsste er notwendigerweise seiner Schöpfung selbst den Gedanken oder den guten oder schlechten Willen eingeben oder er müsste veranlassen, dass diese durch die unmittelbar aus ihm hervorgehenden geistigen, wirkenden Kräfte vermittelt würden, was auf dasselbe hinauskäme.

Der freie Wille

Handelte der Schöpfer dergestalt, hätte man das Recht zu sagen, das Gute wie das Böse, wie auch das Reine und das Unreine, kämen von Gott. Wir könnten uns dann nicht mehr als freie, zu freiwilligem Gottesdienst verpflichtete Wesen betrachten. Lasst uns dem Schöpfer die ihm gebührende Gerechtigkeit widerfahren, indem wir mehr als überzeugt sind, dass in ihm niemals auch nur der Hauch eines Verdachtes des Bösen bestanden hat oder wird bestehen können und dass das Böse nur aus dem alleinigen Willen des Geistes kommen kann, da dieser mit völliger Freiheit ausgestattet ist.

Die von mir aufgezeigte Wahrheit bezeugt, dass, wenn es für den Schöpfer im Bereich des Möglichen gewesen wäre, die Tat der zweiten geistigen zeitlichen Ursachen aufzuhalten, er gar nicht zugelassen hätte, dass sein Minor der Einflüsterung des Dämons erliegt, da er ihn doch einzig zu dem Ziele erschaffen hatte, *das besondere Werkzeug der Offenbarung seiner Herrlichkeit gegen eben diese Dämonen zu sein.* Obwohl unnötig, werde ich diesbezüglich noch einen kleinen Vergleich heranziehen: Wenn ihr ein zweites Selbst von euch selber aussendet, um eure Feinde zu bekämpfen, und es in eurer Macht stünde, diesem den Sieg zu verleihen, könntet ihr dieses zweite Selbst unterliegen lassen, ohne dass ihr selbst unterliegt? Wenn aber, im gegenteiligen Falle euer Beauftragter unter genauer Befolgung der von euch erhaltenen Anordnungen in den Kampf zieht und siegreich zurückkehrt, ihr würdet ihn nach bestem Vermögen als treuen Freund in eurem Dienste belohnen. Unterliegt er aber, indem er sich von euren Gesetzen entfernt, werdet ihr ihn bestrafen, weil er ja die Macht zum Sieg in seinen Händen hatte. Wenn indessen dieser Abgeordnete besiegt wird, seid ihr es dann ebenfalls? Nein. Er allein ist zu tadeln, auf ihn, weil er falsch ist und eidbrüchig, muss eure ganze Empörung fallen, und ihr werdet ihn verwerfen. Des weiteren, wenn euer Abgeordneter von euch den Auftrag erhielt, eure Feinde zu bekämpfen, und er, anstatt sie anzugreifen und niederzuschlagen, sich mit ihnen verbündet, um mit ihnen gemeinsam gegen euch in die Schlacht zu ziehen und euch zu unterwerfen – anstatt euch untertan zu sein –, was hieltet ihr von diesem Beauftragten? Ihr hieltet ihn für einen Verräter und würdet euch mehr denn je vor ihm in acht nehmen. Nun, dies ist tatsächlich die Untreue des ersten Menschen dem Schöpfer gegenüber.

Der Baum des Lebens

Deshalb spricht der Engel des Herrn, wie es durch die Schrift überliefert ist: „*Lasst uns den Menschen, der Erkenntnis erlangte des Guten und des Bösen, von hier vertreiben, denn er könnte uns in unseren ausschliesslich geistigen Pflichten stören, und sehen wir uns vor, dass er nicht den Baum des Lebens berühre und dadurch lebe ewiglich.*“ Der Baum des Lebens ist nichts anderes als der Geist des Schöpfers, den der Minor mit seinen Verbündeten zu unrecht angegriffen hat. *Dass er nicht lebe ewiglich* bedeutet: *Damit er nicht ewig lebe wie die ersten dämonischen Geister, in einer Kraft und einer Macht nämlich, die verflucht sind.*

Die Bedeutsamkeit der Bestrafung

Ohne diese Bestrafung hätte der erste Mensch für seine Freveltat keinerlei Busse getan; er hätte seine Versöhnung nicht erhalten; er hätte keine Nachkommenschaft gehabt und wäre Minor jener dämonischen Minores geblieben, deren Untertan er geworden war. Stattdessen wurde er durch seine geistige Aussöhnung vom Schöpfer wieder in den Stand seiner einstigen Kräfte und Mächte eingesetzt, um sie gegen die dem göttlichen Gesetze Abtrünnigen zu gebrauchen. Durch diese Aussöhnung erhielt er ein zweites Mal Machtbefugnisse für und gegen alle geschaffenen Wesen.

Es ist nun an ihm, diese mit Weisheit und Mässigkeit zu gebrauchen und seinen freien Willen nicht mehr im Dienste der Feinde des Schöpfers einzusetzen – aus Angst nämlich, für immer zum *Baum des Lebens des Bösen zu werden.*

Kehren wir nun zum Abfall Adams zurück. Wenn ihr jetzt die Art der Sünde Adams kennt und die Frucht die ihm daraus erwuchs, so werdet ihr die Strafe nicht als ungerecht empfinden, die der Schöpfer uns auferlegt, indem wir geboren werden, und die er bis ans Ende der Zeiten auf unsere Nachkommenschaft übertragen hat.

Die Grösse Adams

Nach allen Geschöpfen ging Adam als letzter hervor. Er wurde in den Mittelpunkt der universellen, allgemeinen und besonderen Schöpfung gestellt. Mit Rücksicht auf das Amt, zu dem der Schöpfer ihn auserwählt hatte, war er mit einer höheren Macht bekleidet als alle anderen emanierten Wesen. Sogar die Engel unterstanden seiner grossen Stärke und seinen Befugnissen.

Der Tempel

Indem er über seinen Zustand der Herrlichkeit nachdachte, ersann und vollzog Adam seinen bösen Willen im Zentrum seiner ersten glorreichen Sphäre, die man gemeinhin das *irdische Paradies* nennt, dem wir den geheimnisvollen Namen geben: *über alle Sinne erhobene Erde.* Dieser Ort wird von den Freunden der Weisheit so bezeichnet, weil an diesem Ort – bekannt unter dem Namen *Mor-ia* – der Tempel Salomos erbaut wurde. In Wirklichkeit stellt die Errichtung dieses Tempels die Erschaffung des ersten Menschen dar. Um sich dessen zu vergewissern, beachte man bloss, dass der Tempel Salomos ohne irgend ein aus Metall bestehendes Werkzeug erbaut wurde. Dies ermöglicht es allen Menschen zu sehen, dass der Schöpfer den ersten Menschen ohne Beihilfe irgendeiner physisch irdischen Operation gebildet hat.

Die Zahl 6

Diese geistige Ebene, in die der Schöpfer seinen ersten Minor stellte, ward gebildet durch die Zahl 6 und einen Kreisumfang. Mittels der 6 Kreise zeigte der Schöpfer dem ersten Menschen die 6 unermesslichen Gedanken, die er für die Erschaffung seines universellen und besonderen Tempels benutzt hatte. Der den 6 Kreisen hinzugefügte siebente Kreis kündigte dem Menschen die Verbindung an, die der Geist des Schöpfers mit ihm eingegangen ist, um seine Kraft und seine Stütze zu sein. Aber trotz der mächtigen, vom Schöpfer angewendeten Vorsichtsmassnahmen zur Warnung und zur Hilfe des Menschen gegen seine Feinde liess dieser Mensch nicht davon ab, nach seinem eigenen Willen zu handeln und sich für ein unlauteres Werk zu entscheiden.

Der verfehlte Auftrag Adams

Adam trug den Schöpfungsakt einer Nachkommenschaft geistiger Form in sich, das heisst einer Gestalt der Herrlichkeit, jener vergleichbar, die ihm selbst vor seiner Übertretung eigen war – eine impassive Form von einer höheren Natur als alle elementaren Formen. Adam wäre von allen Geschöpfen dieser Gattung verherrlicht worden. Hätte der Wille des Urmenschen sich verwirklicht, dann wäre der geistige göttliche Gedanke ebenfalls tätig geworden, indem er die Frucht des Werkes des Minor unverzüglich mit einem Wesen so vollkommenen wie er selbst erfüllt hätte. Gott und der Mensch hätten beide nur eine Operation vollzogen, und in diesem grossen Werk hätte sich Adam mit grosser Freude als Wiedergeborener gesehen, denn wahrhaftig, er wäre der Schöpfer einer Nachkommenschaft Gottes gewesen. Aber weit davon entfernt, den Willen des Schöpfers zu erfüllen, liess sich der erste Mensch durch die Einflüsterungen seiner Feinde und die falsche, ihm vorgegaukelte, scheinbar göttliche Operation verführen.

Diese dämonischen Geister sprachen zu ihm: „*Adam, du trägst in dir das Schöpfungswort aller Gattungen, du bist im Besitze aller Werte, Gewichte, Namen und Masse. Warum wirkst du nicht mit der dir eingeborenen Macht der göttlichen Schöpfung? Wir sind nicht unkundig, dass dir alle geschaffenen Wesen untertan sind. Da du Schöpfer bist, schaffe also Geschöpfe. Wirke vor jenen, die ausserhalb deiner selbst sind, und sie alle werden den dir zukommenden Ruhm verehren."*

Adam, erfüllt von Stolz, zog 6 jenen des Schöpfers gleichgeartete Kreise, das heisst er vollzog die 6 Taten geistiger Gedanken, die zur Unterstützung seines Willens als Schöpfer in seiner Macht standen. In Gegenwart des Geistes der Versuchung vollzog er physisch sein frevlerisches Tun. Nun erwartete er dasselbe Ergebnis wie dasjenige des ewigen Schöpfers. Aber wie ungemein überrascht waren er selbst und der Dämon, als seine Tat anstelle einer lichtherrlichen Gestalt bloss eine seiner eigenen Form entgegengesetzte finstere Gestalt hervorbrachte. Tatsächlich hatte er lediglich eine *materielle* Form geschaffen anstelle einer - wie es in seiner Macht gestanden hätte - reinen und glorreichen Form.

Adam und seine Gestalt nach der Sünde

Was wurde nun im Anschluss an seine Tat aus Adam? Er dachte über die aus seinem Werk entstandene, sündige Frucht nach und erkannte, dass er die Schöpfung seines eigenen Gefängnisses gewirkt hatte, die ihn und seine Nachkommenschaft bis ans Ende der Zeiten noch enger in die finstere Umfassung und die geistige göttliche Entbehrung einschloss.

Dieser Verlust war nichts anderes als *der Wandel der lichtvollen in eine materielle und passive Form.* Die körperliche von Adam erschaffene Form war nicht wie die seine, aber sie ähnelte derjenigen, die er nach seiner Untreue anzunehmen gezwungen war.

Man wird mich vielleicht fragen, ob die verklärte, leibliche Form, in die Adam durch den Schöpfer versetzt wurde, der unseren gleich ist? Darauf antworte ich, dass sie sich in nichts von jener des heutigen Menschen unterscheidet. Der ganze Unterschied liegt darin, dass die erste Form rein war und unveränderlich, die gegenwärtige hingegen passiv und dem Verderben unterworfen.

Der Schöpfer erzürnte sich gegen den Menschen, weil sich dieser durch eine solch unlautere Schöpfung befleckt hatte. Aber, wird man sagen, welchem Zweck hatte nun diese, von Adam erschaffene, materielle Form gedient? Sie diente ihm dazu, eine Nachkommenschaft von Menschen aus sich zu gebären und dies, weil der erste Minor Adam durch seine Schöpfung einer passiven materiellen Form seine eigene impassive Form verdorben hatte. Von dieser nämlich hätten herrliche Formen wie die seine emanieren sollen, um den geistigen Minores, die der Schöpfer gesandt hätte, zur Wohnung zu dienen. Diese Nachkommenschaft Gottes wäre ohne Begrenzung gewesen und ohne Ende. Die geistige Tat des ersten Minor wäre die des Schöpfers gewesen. Die beiden Schöpfungswillen wären bloss einer gewesen in zwei Substanzen.

Die Frucht der Schöpfung Adams

Aber warum liess der Schöpfer die aus der Schuld Adams hervorgegangene Frucht bestehen, weshalb hat er sie nicht zerstört, als er den ersten Menschen und die ganze Erde verfluchte? Der Schöpfer liess das unreine Werk des Minor fortbestehen, damit dieser, indem er das Entsetzen seiner Schuld stets vor Augen hat, von Geschlecht zu Geschlecht und für undenkliche Zeiten gepeinigt würde. Der Schöpfer erlaubte nicht, dass des ersten Menschen Verbrechen gelöscht würde unter dem Himmel, auf dass die kommenden Geschlechter sich nie auf Unkenntnis dieser Schuld werden berufen können, und damit sie erkennen, dass Mühsal und Elend, das sie erleiden und bis ans Ende der Zeiten erleiden werden, nicht vom Schöpfer, sondern von unserem ersten Vater herrühre, dem Schöpfer der unreinen, passiven Materie. (Ich bediene mich hier des Wortes *unreine Materie*, weil Adam diese Form *gegen* den Willen des Schöpfers erschaffen hatte.)

Wenn man noch fragt, wie sich der Wandel von der glorreichen Form Adams in eine materielle vollzogen hat und ob der Schöpfer selbst Adam jene materielle Form gab, die dieser nach seiner Übertretung angenommen hatte, so antworte ich, dass, kaum hatte Adam seinen sündigen Willen ausgeführt, der Schöpfer in seiner Allmacht die glorreiche Form des ersten Menschen in eine materielle passive Form umwandelte, jener gleich, die aus

Adams erster frevlerischer Tat entstanden war. Der Schöpfer verwandelte diese glorreiche Form, indem er den Menschen in jenen Abgrund der Erde verstiess, von wo dieser die Frucht seiner Sünde hervorgeholt hatte. Hernach bewohnte der Mensch, dem Rest der Tiere gleich, die Erde.

Das Wehklagen Adams

Nach diesem schrecklichen Geschehnis gewahrte Adam noch stärker das Ausmass seiner Schuld. Sogleich erhob er ein Wehklagen über seine Sünde und erbat Vergebung seiner Schuld vom Schöpfer. Er verbarg sich in seiner Abgeschiedenheit, und da, unter Seufzen und Tränen, rief er den göttlichen Schöpfer an: *Vater der Liebe und der Barmherzigkeit; alles belebender Vater des ewigen Lebens; Vater Gott der Götter der Himmel und der Erde; Starker allerstärkster Gott; Gott der Gerechtigkeit, der Züchtigung und der Belohnung; Ewiger Allmächtiger; Rächender und vergeltender Gott; Gott des Friedens und der Gnade, des mitleidigen Erbarmens; Gott der guten und bösen Geister; Starker Gott des Sabbat; Gott der Versöhnung aller geschaffenen Wesen; ewiger, allmächtiger Gott der himmlischen und irdischen Regionen; unbesiegbarer Gott, notwendigerweise ohne Anfang noch Ende; Gott des Friedens und des Wohlgefallens; Gott aller Herrschaft und Macht aller geschaffenen Wesen; Gott, der straft und belohnt nach seinem Belieben; viermalstarker Gott der Kreisbewegungen und der himmlischen und irdischen Armeen dieses Universums; wunderbarer Gott aller Gedanken an die geschaffenen Wesen und der unwandelbaren Belohnungen; Gott Vater des grenzenlosen Erbarmens zum Heile seiner schwachen Kreatur: Erhöre den, der über die Erbärmlichkeit seines Frevels vor dir wehklagt. Er ist nur die Zweitursache seiner Untreue. Versöhne deinen Menschen in dir und unterwirf ihn dir für immer. Segne auch das Werk der Hände deines ersten Menschen, damit er nicht, mir gleich, dem Werben jener erliege, die die Ursache meiner gerechten Strafe und des Werkes meines eigenen Willens sind. Amen!*

Der Kultus

In Anbetracht dieser Anrufung Adams um Vergebung vom Schöpfer gebe ich zu bemerken, dass es tatsächlich Adam ist, der seiner Nachkommenschaft als erster eine genaue Kenntnis der verschiedenen dem Schöpfer innewohnenden Kräfte, Mächte und Eigenschaften übermittelte, und zwar damit diese gleiche Nachkommenschaft dadurch erfahre, dass sie lediglich deshalb erschaffen wurde, um zum allerhöchsten Ruhme Gottes zu kämpfen, und dass sie ihm den Kultus erweise, für den allein sie in seiner Schöpfung fortbestand. Dieser Kultus, den der Schöpfer heute von seiner irdischen Kreatur verlangt, ist nicht derselbe wie jener, den er von seinem ersten Minor gefordert hätte, wäre dieser in seinem Stand der Herrlichkeit verblieben. Der Gottesdienst, den der erste Mensch im Zustand seiner Herrlichkeit hätte erfüllen sollen, war nur zu *einem* einzigen Zwecke gestiftet worden, wogegen derjenige, den der Schöpfer heute von seiner irdischen Kreatur fordert, *zwei* Absichten dient: einer zeitlichen und einer geistigen.

Dies ist also, was die Untreue unseres ersten Vaters bewirkt hat.

Die Gedanken des Menschen

Nach all dem, was über die Art und Weise der Untreue Adams gesagt worden ist, vermag sich diese Wahrheit der physisch irdischen, geistigen, passiven und ewigen Sicht des Menschen keinen Augenblick zu entziehen, ohne die gewaltigen Gefühle und all die unermesslichen und unendlichen Kräfte, die ihm eingeboren und mit ihm verbunden sind, vor den Kopf zu stossen. Wir haben gesehen, dass sein Verbrechen in der Versuchung des Urmenschen durch die perversen Geister seinen Anfang nahm. Der erste Mensch als emanierter Gott, den wir *Adam* oder *erster zeitlicher Vater* oder *Rotmensch* (homme roux oder réaux[31]) nennen,

31 Réau+Croix, i. e. mächtiger Priester, entspricht dem höchsten Grad im Orden der „Chevaliers Maçons Élus Coëns de l'Univers" des Martinès de Pasqually. Die Coën (Cohen) allein haben die priesterliche Ordination des Urkultes beibehalten. Réau ist der wahre Mensch, d.h. Adam vor dem Fall.

was *Gottmensch* bedeutet, *allgewaltig in Weisheit* [sagesse], *Stärke* [vertu] *und Macht* [puissance], drei hochheilige Dinge, die dem Menschen mit Bestimmtheit eingeboren sind und die in ihm als Gedanke [la pensée], Abbild [l'image] und Gleichnis [la ressemblence] des Schöpfers bestehen. Wir haben gesehen, dass der Gedanke der Untreue keineswegs aus ihm selber kam, sondern allein aus dem unmittelbaren Willen seiner Beschaffenheit als freier Mensch. In der Tat, wie ich es andernorts zum Ausdruck brachte, entstammt der Gedanke des Menschen einem von ihm verschiedenen Wesen. Wenn der Gedanke heilig ist, entstammt er einem göttlichen Geist, wenn er böse ist, entstammt er einem bösen Dämon. Solcherart wird jeder Wille des Menschen nur insofern in Werk und Tat umgesetzt, als es der Befruchtung seines Gedankens entspricht.

Dies beschränkt sich weder auf diese Welt allein noch auf die Menschen im allgemeinen. Ich schliesse darein auch alle anderen Welten und alle geistigen Wesen, die sie bewohnen, seien es jene, deren sich der Schöpfer bedient, um sich seiner minderen Kreatur wie auch - durch die Offenbarung seiner Herrlichkeit - der gesamten Schöpfung dieses Universums mitzuteilen, oder seien es irgendwelche andere, die sich unserer Kenntnis entziehen. Die Dämonen selbst, trotzdem sie vom Augenblick ihrer Untreue an vom Schöpfer verworfen worden sind, haben den diesbezüglichen Grundsatz nicht verändert. Ihrem denkenden Willen gemäss sind sie in ihren Handlungen völlig frei, hingegen können sie auf keine Mitteilung göttlicher Gedanken hoffen, ausser denjenigen, denen sie sich gemäss ihre Empfänglichkeit dadurch öffnen, dass sie ihren bösen Willen ändern. Es gibt also, was diesen dämonischen Hofstaat angeht, *Gesetz* und *Ordnung* des Schreckens und des Abscheus, desgleichen - wenn auch diesen unvergleichbar - gibt es Gesetze und Ordnung im geistigen göttlichen Hofstaat.

Réau+Croix ist der Gott-Mensch der Erde. Réaux-Croix steht auch anstelle von Rosen+Kreuzer, die obzwar sie im Besitze echten Wissens sind, *„ihr Fundament“*, wie J.B. Willermoz schreibt, *„in der zeitlichen Natur haben. Sie operieren lediglich die vermischte Materie, das heisst Geistiges und Materielles, zusammen. Dadurch erreichen sie sichtbarere Resultate als die Réaux+Croix, die lediglich auf dem geistigen Zeitlichen operieren und deren Ergebnisse sich in Form von Hieroglyphen darstellen.“*

Der Baum des Guten und des Bösen

Das Oberhaupt der Dämonen, das geschworen hat, die Satzungen des Schöpfers immerfort und mit Hartnäckigkeit anzugreifen, ist für eine Ewigkeit *der Baum des Guten und des Bösen*. Er teilt seine bösen Gedanken den ihm unterworfenen Engeln mit und diese, ihrem bösen Willen entsprechend, verwirklichen diesen Gedanken in Tat und Werk mit dem Ziel, den Minor immerfort zu verfolgen. Die ganze Aufgabe dieses Oberhauptes des Abscheus besteht darin, die Minores seinen finsteren Gesetzen zu unterwerfen und ihnen diese Gesetze ebenso eindeutig und hell erscheinen zu lassen wie jene, die der Schöpfer in seine Kreatur gelegt hat.

Gedanke und Wille

Man darf nicht vergessen, dass jeder durch die unsichtbare Mitteilung eines guten Geistes oder eines guten Intellekts bis zu uns gelangende göttliche Gedanke nicht als göttlich wirkender Wille, sondern *nur als Gedanke* betrachtet werden darf. Es ist diese Mitteilung des Gedankens, die wir Intellekt nennen, und dieser Mitteilung zufolge wirkt der Mensch seinen Willen. Dasselbe lässt sich bezüglich der Übertragung des bösen Gedankens oder des bösen Intellekts bei den Minores sagen.

Denkendes und nachdenkliches Wesen

Indem er sich der Mitteilung dieser Gattung des guten oder bösen Intellektes aufschloss, entartete des Menschen Fähigkeit als *denkendes Wesen* (pensant). Während Adam in seinem ersten Zustand der Glorie weilte, bedurfte er, da er ganz und gar denkend war, weder der Mitteilung der guten noch der bösen Intellekte, um den Gedanken des Schöpfers und jenen des Fürsten der Dämonen zu kennen. Als er jedoch, allein gelassen, seinen eigenen Kräften, seiner eigenen Macht und seinem freiem Willen überlassen war, ward er durch seinen Stolz für die guten wie auch die bösen Einflüsterungen empfänglich und wurde zu dem, was wir *nachdenklich* (pensif) nennen. Christus selbst hat uns die diesbezügliche Gebrechlichkeit des Minor bewiesen, als der Fürst der Dämonen ihn in natura, in sichtbarer menschlicher Form versuchte und mit seinem dämonischen Willen auf dem Berg Thabor offenkundig gegen ihn wirkte. Somit empfängt der Minor seinen bösen Willen erst *nach* der Einflüsterung des bösen Intellekts. Dadurch eben wurde die Untreue des ersten Menschen ersonnen und ausgeführt.

Das Versprechen des Schöpfers

Ich habe euch die Art dieser Untreue mit derselben Gewissheit mitgeteilt, wie sie mir durch einen meiner treuen, von der Wahrheit geliebten und durch die Weisheit beschützten Freunde gelehrt wurde.

Ihr habt gesehen, dass dieser erste Mensch – Gott der ganzen Erde – dadurch, dass er eine materielle Form nach seinem Bilde – seiner leiblich verklärten Form vergleichbar – schuf, wirklich eine schreckliche Tat vollbrachte. Ich habe zu verstehen gegeben, dass diese von Adam geschaffene Form, da sie doch die *Frucht der Tat eines bösen Willens* war, keine verklärte Form, sondern bloss eine äusserst unvollkommene Form aus sichtbarer Materie sein konnte. Diese *Tat* musste allerdings vom Schöpfer bestraft werden, hatte Adam doch seine Macht missbraucht. Indessen, da der Schöpfer Adam mit Eid zugesichert hatte, ihm bei allen Werken, die dieser in seinem Namen wirkte, beizustehen, konnte er sein unwandelbares Versprechen, Adam zu helfen, wo immer dieser seiner bedurfte, nicht verweigern. Von diesem Versprechen ausgehend, hat Adam die ihm eingeborene Macht allen geistigen Wesen gegenüber ausgeübt. An dieses unabänderliche, der Krönung seiner Werke gegebene Versprechen erinnerte er nun den Schöpfer. Adam mahnte kraft seiner eigenen göttlichen Unwandelbarkeit daran, dass der Schöpfer sein gesprochenes, aus eigenem Schöpferwillen gegebenes Wort nun zu Gunsten von Adams Schöpfung der materiellen Form auch erfülle. Durch die Macht seines Eides und seiner Unwandelbarkeit ward Gott von Adam ergriffen und so verband er, treu seinem Versprechen, seine geistige Operation der, wenn auch gegen seinen Willen ausgeführten, irdischen Operation Adams. Gott wirkte mit Adam, wie dieser es wünschte, und gewährte ihm die Vollendung seines Werkes, *indem er in die von Adam geschaffene materielle Form ein Minor-Wesen einschloss.* Dieses unterwarf der unglückliche Adam einem fürchterlichen Gefängnis der Finsternis. Indem er es solcherart in eine ewige oder begrenzte Entbehrung stürzte, gab er ihm zugleich die Eignung, *nachdenklich* und *denkend* zu sein.

Nachdenkliches und denkendes Wesen

Das Wort *nachdenklich* entstammt einer bösen intellektuellen Verbindung mit dem Wesen des Minor, der doch, seiner göttlichen geistigen Natur gemäss, als *denkendes Wesen* gänzlich in der Grenzenlosigkeit des Schöpfers erschaffen war. Diese intellektuelle Verbindung liess den Minor aus diesem ersten Zustand entarten und zwang ihn, als Konsequenz der intellektuellen Kenntnisse, die er vom bösen Geist empfing, *nachdenklich* zu sein. Deshalb vermag der Minor allein durch eine vollständige Vereinigung mit dem guten Geist zuweilen *denkend* zu sein. So ist es nicht überraschend, dass Adam nach seiner Untreue ein nachdenkliches *und* denkendes Wesen wurde. Es überrascht auch nicht, dass die ganze Nachkommenschaft infolge dieser selben Untreue ebenso geworden ist. Diese Tatsache wird durch die unterschiedlichen Arten des Denkens, des Handelns und des Wirkens bezeugt, die wir in der Nachkommenschaft unseres ersten irdischen Vaters feststellen können. Wir sehen unter dieser Nachkommenschaft verschiedene Nationen, verschiedene Sprachen, verschiedene göttliche oder irdische Kulte und eine unendliche Vielfalt von Umwälzungen genereller und besonderer Art. Im weiteren sehen wir, wie die Menschen zu allen Zeiten eine begierige und intime Beziehung untereinander pflegen, damit sie sich gegenseitig über den zum Geistigen oder Materiellen hinziehenden Gedanken, den sie empfangen haben, unterrichten können. Dies zeigt uns, wie wenig diese Nachkommenschaft aus sich selber wirkt, sondern sich an der guten oder bösen Inspiration erbaut, die sie am Ort der Finsternis, den sie bewohnt, vom guten oder bösen Geist aufnimmt. Auf Grund seiner Niederkunft in diesen seiner geistigen Natur entgegengesetzten Zustand bezeichnen wir die Nachkommenschaft Adams als *nachdenklich* und *den-*

kend; und zwar durch die Verbindung mit seinem guten und bösen intellektuellen Wesen, von dem der Mensch, seiner Neigung gemäss, umgeben ist.

Der reine, denkende Minor

Indessen gilt es hier zu beachten, dass es Minores gab, die ihre Geburt und das irdische Leben allein durch den göttlichen Willen und die göttliche Operation erlangten. Diese Minores waren für die Offenbarung der Herrlichkeit des Ewigen ausersehen. Obwohl ihre Form der Nachkommenschaft Adams entstammte, war der diese Form bewohnende Minor, ohne je ein nachdenkliches Wesen zu sein, *ein reines denkendes Wesen.* Warum? Weil ihm der Ewige seinen eigenen Willen durch die Vision eines seiner Abgesandten offenbarte, der ihm offen kundtat, was er tun musste, um den göttlichen Willen getreulich auszuführen. Aber eines ist die intellektuelle Inspiration und ein anderes die Tat der sichtbaren Operation des Geistes. Dies werde ich begreiflich machen, wenn ich von jenen Minores reden werde, die *vor* Adam und durch den alleinigen Willen des Schöpfers emanierten, um dessen Herrlichkeit zu offenbaren.

Die Aussöhnungen und die Zahl 4

In den ersten Zeiten der Nachkommenschaft des ersten Menschen versöhnte *Heli*, den wir *Christus* nennen und den wir mit Sicherheit als ein *denkendes Wesen* anerkennen, *Adam* mit der Schöpfung. *Enoch* versöhnte die erste Nachkommenschaft Adams unter der Nachkommenschaft des *Seth. Noah* versöhnte die zweite Nachkommenschaft Adams, indem er die seine mit jener des Schöpfers versöhnte und hierauf die Erde mit Gott. *Melchisedek* bestätigte diese drei Aussöhnungen, indem er die Werke *Abrahams* und seiner dreihundert Diener segnete. Dieser Segen ist eine Wiederholung desjenigen, den Gott den drei Kindern *Noahs* spendete, d.h. *Sem, Cham* und *Japhet. Abraham* und seine dreihundert Diener bilden die vollkommene Zahl 4 und erinnern an dieselbe Vierzahl, die Noah mit seinen drei Kindern darstellte.

Die Zahl 8 und Christus

Durch die Zahl 8, die aus der Vereinigung der beiden Vierheiten resultiert, lernen wir, dass alle Versöhnungen und Bekräftigungen, von denen wir soeben sprachen, unmittelbar durch Christus gewirkt wurden. Denn obschon diese mit Hilfe der durch die zu diesem Zwecke hervorgegangenen Minores erfolgten, waren jene Minores doch nur sichtbare Gestalten, deren sich Christus bediente, um die Herrlichkeit und die Barmherzigkeit des Schöpfers zum Heile der Versöhnten zu offenbaren. Wir wissen mit Sicherheit, dass der Zahl 8 eine doppelte, vom Schöpfer an Christus verliehene Macht innewohnt, und diese ist es, die uns lehrt, dass der *Messias* alle Dinge zum Heile der zeitlichen Menschen dieser ersten und zweiten Nachkommenschaft Adams wirkte. Als zweite Nachkommenschaft Adams betrachten wir die Nachkommenschaft *Seths,* und zwar weil sie sich der Versöhnung aufgeschlossen hat.

Die Nachkommenschaft Kains

Kains Nachkommenschaft schliessen wir nicht mit ein, da diese noch versöhnt werden muss und noch dabei ist, der göttlichen Gerechtigkeit ihren Tribut zu zahlen. Dies müssen wir durch den Typus deutlich erfassen, der den Fluch Kains darstellt, den Cham von seinem Vater Noah empfing, nachdem die Arche auf der Erde zu Ruhe kam. Er verblieb in seinem im Süden (midi) festgesetzten Exil. Dies ist den Menschen von Geschlecht zu Geschlecht das uralte Zeichen, dass die Nachkommenschaft Kains, obschon sie nicht mehr andauernd auf dieser Erdoberfläche weilt, geistig noch nicht wieder in all ihre persönlichen Kräfte und Tugenden eingesetzt ist.

Der Ausbruch des Raben

Ich werde euch nicht im Unklaren darüber lassen, dass der Vorfall Kains den Kindern Noahs durch ein wahrnehmbares Zeichen prophezeit worden war, ohne dass diese es verstanden haben. Dieses Zeichen war der *Ausbruch jenes Raben*, der *vor* der Sichtung der Erde aus der Arche entwich. Er lenkte seinen Flug nach *Süden* und kehrte nicht mehr zurück, seinen Platz in der Arche einzunehmen. Jene aber, die in der Arche verblieben waren, sahen ihn, auch nachdem sie die Arche verlassen hatten, nicht wieder.

Das Zeichen an die Menschen

Diese Flucht des Raben zeigt uns in seiner Bedeutung, dass kein noch so ärgerliches oder unglückliches Ereignis je den Menschen trifft, ohne dass er es hätte voraussehen können und ohne dass es ihm durch irgendeine Art und Weise angekündigt worden wäre. Vorausgesetzt er ist bereit, über seine Gedanken nachzudenken, wird er das ihm daraus widerfahrende Schlechte oder Gute bald erkennen, weil nämlich der gute Intellekt nicht will, dass ein Geschehnis auf die von ihm beschützte Kreatur wirke, ohne sie ahnen zu lassen, was ihr an Gutem oder Bösem daraus erwachsen muss.

Ihr könnt mich nun fragen, weshalb die erste Nachkommenschaft Adams in Kain noch nicht mit dem Schöpfer versöhnt ist? Christus, werdet ihr sagen, ist er nicht gekommen, die Lebendigen und die Toten mit dem Schöpfer auszusöhnen? Gott der Sohn, hat er nicht durch seine Leiden und das Vergiessen seines Blutes die Pforten des Himmelreiches für all jene geöffnet, die vom Göttlichen ausgeschlossen und tot waren? In der Nachkommenschaft Adams müsste demnach in Kain die Versöhnung mit eingeschlossen sein.

Das Siegel

Darauf werde ich antworten, dass *Christus* nur jene mit Gott dem Vater versöhnt hat, die das geistige Werk der Gerechten mit dem *Siegel* gezeichnet hatte. Dieses Siegel wurde ihnen zugesandt, sichtbar und ohne jegliches Geheimnis bezüglich der Anwendung, die sie zum Heile jener machen sollten, die es erhalten werden, um bereit zu sein, sich in zunehmendem Masse im Glauben und im Vertrauen auf die Barmherzigkeit des Schöpfers zu stärken; aber auch deshalb, um mit unbesiegbarer Entschlossenheit die ganze gewaltige Offenbarung der göttlichen Gerechtigkeit zu unterstützen, die sich geistig vor ihren Augen durch Christus bei allen unter göttlicher Entbehrung lebenden Bewohnern der Erde vollziehen wird. Was ich hier sage, ist tatsächlich durch Christus gewirkt worden, wie ich dies noch verständlicher machen werde.

Gott-Sohn

Es ist wohl kaum möglich, die Tugend und die Allmacht des Gott-Sohnes anzuzweifeln, der wahrhaftiglich die direkte Tat des Willens des Schöpfers ist, des Vaters aller Dinge. Noch weniger können wir daran zweifeln, dass die gesamte Schöpfung durch den Schöpfer in Gegenwart dieses göttlichen Sohnes gewirkt wurde, der bei jeder Erschaffungstat des göttlichen Gedankens sprach: *Alles ist gut.* Solche Rede setzte eine grundlegende Kenntnis des Prinzips des schaffenden Gedankens des Schöpfers voraus. In der Tat kannte er die ganze Güte und die ganze Gültigkeit der heiligen Schöpfungsgedanken, die der Schöpfer vor seinen Augen wirkte, und er selbst applaudierte durch die Freude und die Wonnen, die er dabei empfand, indem er sprach: *Ich bin in dir und in deinen Werken, Allgewaltiger Schöpfer, wie du in mir bist und in meinen Werken. Wie es dein Wille angeordnet hat, habe ich alle Dinge, die du geschaffen hast, an ihren Rändern verbunden. Der nach dir und mir wandelt, wird alle deine Werke und die meinen prüfen und bestätigen, und er wird alle geistigen göttlichen Wesen über deinen Willen betreffs der unwandelbaren Gesetze, auf die jedes erschaffene Wesen gegründet ist, belehren.*

Es ist vermögens dieser selben Gesetze, dass jedes emanierte Wesen, ob gut oder böse, aus seiner eigenen Kraft und Macht schafft, und dass jede geistige irdische Operation, wie auch deren Erzeugnis, zu Gunsten desjenigen wirkt, der für oder gegen den Ruhm des Schöpfers und der Geschöpfe handelt. Dies soll nun eurer Klarheit dienlich sein, dass es Christus selber ist, der die Werke der Gerechten, von denen ich eben sprach, geleitet hat, und zwar zu Gunsten jener Minores, die Sklaven der Dämonen geworden waren, wie auch derjenigen, die zum jetzigen Zeitpunkt noch die Nachstellungen der dämonischen Geister erdulden müssen.

Drei Tage Christi

Dies wird uns im Besonderen durch die drei Tage nahegebracht, in denen Christus der Erde und ihren Bewohnern verborgen blieb. Am ersten Tag stieg er hinunter an den Ort der grössten Entbehrung des Göttlichen, gewöhnlich Hölle genannt, um die mit dem Siegel der Versöhnung gesiegelten Minores aus der schrecklichen Knechtschaft zu befreien. Hier ist wahrlich *das erste Werk*, da er doch nur deshalb zu den Menschen gekommen ist, um in natura und unverzüglich die göttliche Gerechtigkeit gegen die Feinde des Schöpfers auszuüben.

Die heiligen Patriarchen

Die zweite Tat Christi geschah zum Wohle der Gerechten, die man die *Heiligen Patriarchen* nennt. Diese zahlen der göttlichen Gerechtigkeit noch Tribut, aber nicht weil sie ein lasterhaftes Leben gelebt oder sich geistig versündigt hätten, sondern lediglich um sich von der Befleckung zu reinigen, die sie sich durch ihren Aufenthalt in einer angenommenen, materiellen Form zugezogen haben. Durch die Schuld Adams sind sie herabgestiegen, während sie doch einen unverweslichen Lichtleib, so wie ihn uns Christus durch seine herrliche Auferstehung physisch vor Augen führte, bewohnen sollten. Der *Messias* – was *geistiger göttlicher Erneuerer* bedeutet – hatte durch seine eigene, zweimal-mächtige und in sofortiger, eigener Befugnis vollzogene Tat die Patriarchen-Minores, die während ihres zeitlichen Lebens das wirkliche Urbild seines Kommens und seiner Allmacht sein würden, zur Offenbarung jener göttlichen Gerechtigkeit befähigt, die durch ihn auf alle emanierten Wesen gewirkt werden sollte. Zu diesem Zwecke hatten diese Patriarchen-Minores von Christus die zweifach mächtige Eigenschaft seiner Operation erhalten, durch die sie von all dem benachrichtigt wurden, was Christus zu ihrem Heil und zum Heil der Minores, die in einer bedürftigeren göttlichen Stellung als sie selber waren, tat und in Zukunft tun würde. Es ist nicht überraschend, dass dieses Wesen der Versöhnung diese Veranlagung vorzugsweise jenen Minores verlieh, die es selbst dazu ausersehen hatte, der Offenbarung des göttlichen Ruhmes als

Werkzeug zu dienen. Im Weiteren erteilte es ihnen die Macht, diese Anlage auf die der Entbehrung anheim gefallenen Minores zu übertragen; dies vermittels ihres eigenen geistigen göttlichen Einflusses auf ebendiese Minores, zu deren Gunsten sie zum allerhöchsten Ruhme des Schöpfers und zur grössten Schande der Dämonen wirken sollten. Auf Grund dieser Disposition und göttlichen geistigen Bereitstellung erschien der Erneuerer zuerst bei den am meisten bedrängten Minores, denn diese bedurften seiner Hilfe mehr als jene, die bereits durch Christus selbst von all dem Kenntnis besassen, was er zum höchsten Ruhme des Schöpfers wirkte.

Zweifelsohne wünscht ihr nun diese Eigenschaft zu kennen, die der Erneuerer den heiligen Patriarchen verlieh. Es war ein geistiges Major-Wesen, mächtiger als die glorreichen Minores, das diese bloss durch die unterschiedlichen geistigen Taten wahrzunehmen vermochten, die dieses Wesen selbst inmitten dieser *versöhnten* aber noch nicht *wiedergeborenen* Minores wirkte. Christi Einwirkung auf diese Minores-Patriarchen bewirkte eine unbegreifliche Wandlung in ihnen. Mehr denn je in ihrem vergänglichen Leben erstarkte ihre Überzeugung der unverbrüchlichen Zuneigung, die der Schöpfer für seine Kreatur immer hatte und immer haben wird; seine Kreatur nämlich, die er nicht erschaffen hatte, um sie zu verlieren, vorausgesetzt sie verliert sich nicht selbst kraft jener mächtigen Eigenart, die diese gerechten Minores erhalten hatten. Christus (dieser Name bedeutet *Gefäss göttlichen Wirkens*) wirkte auf die Minores durch eine Aktion, die ganz im Gegensatz zu der früher Gekannten stand, indem er den versöhnten Minores eine Arbeit bestimmte, die sich von jener, die sie während ihres zeitlichen Daseins ausführten, so völlig unterschied, wie sich – wenn auch unvergleichbar – die von den Bewohnern dieser Erdoberfläche praktizierten verschiedenen Gebräuche voneinander unterscheiden. Herrührend vom heiligen Werk dieser ruhmreichen Patriarchen, die gemeinsam mit dem höheren, zweifach mächtigen[32], geistigen Major-Wesen den Wil-

32 Zum Thema der zweifachen Macht schreibt Martinès de Pasqually später in diesem Buch: „... dass ein allmächtiges Wesen über allen geschaffenen Dingen existierte, das sie ABAVIN 8 nannten. Das heisst in noachitischer Sprache: zweifach mächtiger Geist, durch den der Schöpfer alles geschaffen hat. Dies ist, was wir philosophisch als den göttlichen Akt bezeichnen."

len Christi wirkten, erhielten auch die Sklaven der Dämonen eine gleichartige Anlage.

Die erste und die zweite Operation Christi

Hierdurch erhielten die Knechte der Dämonen das Siegel der Versöhnung – ein Siegel der Wahrheit, aber mächtiger als jenes der Patriarchen-Minores, das bloss geringe Dinge zu wirken hatte. Jenes Siegel hingegen, mit dem die Sklaven der Dämonen gezeichnet wurden, musste gewaltigere und bedeutendere Taten verrichten. Demnach war auch die Wandlung bezüglich der Minores-Patriarchen, wenn auch sehr stark, so doch unendlich schwächer als jene der Sklaven der Dämonen, und zwar weil der Geist, der am Orte dieser Minores wirkte, *zwei* Werke zu schaffen hatte: *die Versöhnung der Minores* und die *Bestrafung der perversen Majores.* Dies waren *die erste und die zweite Tat Christi* während der beiden ersten Tage, die er den Menschen unsichtbar blieb, um uns das Urbild der Grabesnacht zu geben und jenes der Versöhnung und geistigen Wiedergeburt in den Augen der gesamten Schöpfung.

Die dritte Operation

Die dritte Tat Christi weist auf den dritten Tag seiner Grablegung. Sie betraf *zwei* mehr oder weniger dem Zwang der göttlichen Entbehrung unterliegende Gattungen von Minores. So war dieses dritte Werk in zwei Substanzen aufgeteilt. Davon war die eine dem gewöhnlich sterblichen Menschen sichtbar und die andere diesen selben Sterblichen unsichtbar. Der Grund ist, dass keine Materie den Geist sehen und empfangen kann, ohne zu sterben oder ohne dass der Geist jegliche Form von Materie auflöst und vernichtet. Im Augenblick seiner Erscheinung bestand das Ziel der unsichtbaren Substanz der dritten Operation Christi darin, dass er selbst die Frist der Arbeiten und der mühseligen Werke der Minores, die der vom Schöpfer verordneten Dauer ihres universellen, allgemeinen und besonderen Zeitenlaufes nachkamen, verkürzte.

Die 3 sphärischen Kreise

Dieser universelle Prozess, dem der Minor untersteht, wird kenntlich durch das sorgfältige Studium der drei hauptsächlichen sphärischen Kreise, das die Menschen aller Zeiten pflegten und dem sich auch die Menschen des gegenwärtigen Jahrhunderts noch hingeben, um sich mit vermehrter Gewissheit die verschiedenen Mittel und Wege anzueignen, deren sie bedürfen, um die gesamte Oberfläche der Erde zu durchschreiten. Die Menschen aber, dem geringen Wissen entsprechend, das sie durch die falsche Gesinnung ihrer Nachforschungen von diesen Kreisen besitzen, erachten diese bloss noch dazu tauglich, ihre gierigen Leidenschaften nach Irdischem zu befriedigen.

Ich stimme wohl damit überein, dass diese drei Kreise, nämlich *Empfindungskreis* (cercle sensible)[33], *Gesichtskreis* (cercle visuel) und *Vernunftkreis* (cercle rationnel), in sich die Eigenschaften besitzen, den Menschen über das Wissen des Raumes und die Grenzen der universellen, allgemeinen und besonderen Schöpfung zu belehren. Die Menschen müssen tatsächlich in tiefer Finsternis sein, wenn sie diese drei Kreise lediglich materiell betrachten [vgl. das Schema am Ende des Buches].

Geistig verbinden wir den *Minor-Kreis* dem *Empfindungskreis*, den *Intellekt-Kreis* dem *Gesichtskreis* und den *Major-Kreis* dem *Vernunftkreis*. Diese drei Kreise sind nichts anderes als eine deutliche Umfassung, in dem die redlichen Minores ihre zeitlichen, dem körperlichen Menschen unsichtbaren Taten zu Ende führen werden. Dieses Werk nimmt im Sinneskreis seinen Anfang; von hier gehen die Minores über zum Gesichtskreis, wo sich die Kraft ihrer geistigen Operation, die wir als Reaktion des Werkes bezeichnen, vollendet. Zudem ist die Ausdehnung dieses zweiten Kreises unendlich beträchtlicher als jene des ersten, worin die Minores den Vollzug der natürlichen Operation an ihrem Wesen beendet haben. Im Kreis, den wir den Vernunftkreis nennen, werden sie sich im Schatten ihrer Versöhnung der Ruhe erfreuen.

---

33 *Cercle sensible* wird später auch als *Cercle sensuel* beschrieben. Der Übersetzung Empfindungs-Kreis könnte demnach Sinnes-Kreis beigesellt werden, desgleichen *Cercle rationnel* als Verstandes-Kreis.

Die Zahlen 4, 7 und 8

All die verschiedenen planetarischen und elementaren Körper bewohnen die Zwischenräume dieser drei Hauptkreise, die wir noch durch die drei hauptsächlichen göttlichen Mächte, die sich unter ihnen kundtun, voneinander unterscheiden. Dies will ich durch die drei nachfolgenden Zahlen verständlich machen: Die Zahl *4* ist dem *Minor* zugeteilt, die Zahl *7* dem *Geist* und die Zahl *8* dem *zweifachen Geist, der Christus ist.*

Christus lenkt den Geist, der Geist lenkt den Minor und der Minor leitet die irdische Form.

Die 2 Substanzen der dritten Tat Christi

Es besteht, wie wir schon sagten, die erste Substanz der dritten Tat Christi darin, den Verlauf und die Werke der Minores in diesen drei Kreisen zu verkürzen, damit sich diese Minores anschliessend im Schatten ihrer Versöhnung ausruhen können. Die zweite, den körperlichen Menschen sichtbare Substanz besteht in dem Plan, den er selbst für sie entwarf, sei es durch seine Auferstehung, sei es durch seine Unterweisung, die er seinen getreuen Auserwählten durch sein göttlich-geistiges Wort hinterlassen hat.

Aufrichtig und ehrlich ist, was ich weiss und was mir hinsichtlich der durch Christus vollzogenen Versöhnung mitgeteilt worden ist – einer Versöhnung, die durch die auserwählten Gerechten dieses selben Christus wahrhaftig vorbereitet worden ist. Ihnen hatte er als Erste das Beispiel gegeben, wie ich dies jetzt begreiflich machen werde.

Die Versöhnenden und die Gerechten

Heli versöhnte durch die Vermittlung seines mit dem ersten emanierten Minor verbundenen Geiste den ersten Menschen mit dem Schöpfer. *Enoch* wirkte durch seine Gerechtigkeit zum Heile der Nachkommenschaft der Kinder *Seths*, den Lebenden wie den Verstorbenen. Auf sie hatte er den Charakter oder das echte Siegel seines Werkes übertragen. Mit diesem Siegel zeichnete er all jene, die würdig waren, Christus zu begleiten, als er seinem Vater, dem

Schöpfer, die Werke berichtete, die er zu seinem allerhöchsten Ruhme und zur Schande seiner Feinde gewirkt hatte. *Noah* hat dasselbe Muster wiederholt wie *Melchisedek, Elias, Zorobabel* und *Christus*. Diese zeichneten im Auftrag des Schöpfers diejenigen Wesen der geistigen Minores, die den Triumph der Verwirklichung der göttlichen Gerechtigkeit – erwirkt durch die Macht des Gottmenschen und göttlich durch seine unmittelbare Übereinstimmung mit dem Schöpfer – begleiten sollten.

Ich werde nicht auf die Einzelheiten der unterschiedlichen Taten eingehen, die diese Gerechten ausführten, um an der Gunstbezeugung jener Ernannten mitzuwirken, die schliesslich den Hofstaat Christi bilden sollen, wenn er im Geiste von Angesicht zu Angesicht vor dem Schöpfer, dem Vater, der höchsten Autorität und unwandelbaren göttlichen Macht, erscheint. Aber ihr könntet mich fragen, wie es denn möglich ist, dass das, was ich hinsichtlich der Versöhnung des Minor sagte, von jenen Gerechten – von denen ich eben sprach – vollzogen worden ist. War nicht jedes Geschehnis, irdisch oder geistig, werdet ihr sagen, durch die unveränderlichen Gesetze, die der Schöpfer der universellen Schöpfung gegeben hatte, schon vorgesehen? Ich werde euch antworten, dass ihr erkennen müsst, dass Gott nicht vorhersehen konnte, was er nicht vorgesehen hatte, denn er konnte – wie ich schon sagte – den Gedanken erst lesen, nachdem dieser erschaffen war, im Übrigen konnte er den Willen der geistigen Wesen nicht zerstören.

Die Umgestaltung der ersten Schöpfung

Man weiss, dass Adam ohne diese Freiheit ausserstande gewesen wäre zu sündigen. Nun hat aber seine Untreue eine so gewaltige Veränderung ausgelöst, dass der Schöpfer gezwungen war, das Werk der allgemeinen und besonderen Schöpfung umzugestalten. Unter der *allgemeinen Schöpfung* ist die *Erde* zu verstehen und unter der *besonderen Schöpfung* alle *Minores*, die diese sowohl im irdischen wie auch im himmlischen Körper bewohnen. Ja, es ist diese von euch nicht zu übersehende Untreue – deren Art und Weise ihr noch nicht gänzlich kennt –, die den Schöpfer genötigt hat, das göttliche Gesetz in seiner Schöpfung in Kraft zu setzen.

Die Folgen der Untreue Adams

Ihr wisst, dass Gott Adam, den gerechten Gottmenschen der Erde, erschaffen hat und dass dieser mit einen unverweslichen Leib der Herrlichkeit bekleidet war. Ihr wisst weiter, dass der Schöpfer Adam selbst, nachdem dieser gesündigt hatte, zusammen mit seinem unreinen Werk und daraufhin die ganze Erde verflucht hat. Auch wisst ihr, dass Adam durch diese Sünde aus seiner Form der Herrlichkeit in eine Form irdischer Materie entartete. So lernt ihr von mir, dass all diese Dinge der allgemeinen und besonderen Natur nicht dienlich gewesen wären, wenn nicht der Schöpfer jene Macht, die er dem ersten Menschen in seinem Zustand der Gerechtigkeit übertragen hatte, für eine gewisse Zeit aufgehoben und zurückgenommen hätte. Die Verwandlung des glorreichen Leibes in einen Körper aus irdischer Materie, die sich bei Adam vollzog, kündigte die neuen Gebote an, die ihm der Schöpfer bei seiner Versöhnung übergeben wird. Zur Zeit dieser Versöhnung segnete ihn der Schöpfer ein zweites Mal, vergab ihm seine Sünde, übertrug ihm aber eine mindere Macht als jene, die Adam vor seiner Verfehlung und bis zu seiner Versöhnung besessen hatte. Dies ist euch im Übrigen deutlich in physischer und sinnlich wahrnehmbarer Form durch die verschiedenen Gebote aufgezeigt, die Mose von der Bergeshöhe herunterbrachte.

Die erste und zweite Gesetzestafel

Mose hat dem Volk Israel die ersten Gesetzestafeln nicht gegeben; die Sünde dieses Volkes verpflichtete ihn dazu, diese Tafeln zu zerbrechen und den Israeliten dieses göttliche Gesetz, das sie mit soviel Inbrunst zu erhalten wünschten, zu entziehen. Nach diesem Ereignis versöhnte sich Mose mit seinem Volk und versprach ihm ein zweites Gesetz durch den Ewigen – ein Gesetz, das er seinem Volke brachte, so wie es ihm Gott nach seinem Gefallen und zugunsten der Versöhnung mit seinem auserwählten Volk übergeben hatte.

Diese Versöhnung konnte nicht unmittelbar von dem einen Willen und der einen Kraft des Mose herrühren; sie entstammte allein der Macht des Schöpfers. Den Beweis dafür findet man darin, dass alle Macht eines Menschen nicht ausreicht, zwanzig Personen nach diesem einen Willen zu versöhnen. Wenn Mose von sich aus ohne Unterstützung eines ihm höhergestellten Wesens gewirkt hätte, wären all seine Worte und seine Anstrengungen nutzlos gewesen. Urteilen wir darüber, indem wir die Menschen dieses Jahrhunderts betrachten, welche die Menschen dieser ersten Jahrhunderte als grobschlächtig bezeichnen. Welche Vorstellung können sie denn davon haben und wie können wir die Menschen des gegenwärtigen Jahrhunderts versöhnen, die noch nie vor ihren Augen eine physische, geistige oder göttliche Offenbarung sich verwirklichen sahen – ausgenommen jene sich durch die unwandelbaren Gesetze vollziehende Manifestation, die die universelle Schöpfung während der ihr vom Schöpfer vorgeschriebenen Dauer in Bewegung setzt und erhält? Ihr möchtet vielleicht diese Zeitendauer kennen, doch ist hier nicht der Ort, darüber zu sprechen.

Ich werde also die Erklärung der Art und Weise der Sünde Adams fortführen, weil von hier aus alle Zeitalter hervorgegangen sind und alle Urbilder und all die verschiedenen Geschehnisse, die sich seit dem Weltenanfang und bis hin zu uns ereignet haben und die bis ans Ende der Zeiten fortbestehen werden.

Die Erbsünde

Die Mühsal, die Adam dadurch empfand, *nachdenklich* und *denkend* geworden zu sein, war nichts anderes, als die Offenbarung des ersten der betrüblichen Zeitalter, das über seine Nachkommen kommen sollte. Dadurch erkannte er noch deutlicher die gewaltige Auswirkung seiner Sünde. Er spürte sie in der Beschämung, in der Unruhe und durch die mannigfaltigen inneren Kämpfe, die sich zu regen begannen, sobald er in seinen aus irdischer Materie bestehenden zweiten Körper eingesperrt wurde.

In diesem Zustand erhob er sein Wehklagen zum Schöpfer. Er erbat die Gnade des lebendigen Gottes, der Christus ist, und des lebendigmachenden Gottes. In seinem Schlaf zeigte ihm der Geist daraufhin die Frucht seiner Untreue. Dies vollendete seine Bestürzung und verstärkte die Wucht des Bewusstseins seiner Schuld. Er willigte in all das ein, was der Schöpfer von ihm verlangte. Dieser unglückliche Mensch fühlte, dass er seinen Fehler aufrichtig bekennen und ihn so eingestehen musste, wie er ihn vollzogen hatte und er ihm aufgezeigt wurde. Adam entsprach dem göttlichen Willen. Mit der allergrössten Aufrichtigkeit gestand er das Werk seines verfluchten Gedankens und die Tat seines eigenen Willens, die ihn für undenkliche Zeiten mit der Frucht seiner Arbeit verbinden sollte. Er bestätigte dieses Geständnis, in dem er der Frucht den Namen *HOUVA* oder *Männin* gab. Dies bedeutet: *Fleisch von meinem Fleisch, Knochen von meinen Knochen* und *Werk meiner Tat, empfangen und ausgeführt durch den Vollzug meiner befleckten Hände.*

Das ist es also, was ihr bezogen auf die Art und Weise der Sünde Adams zu wissen suchtet.

Was ich euch soeben von der Untreue Adams und von der daraus hervorgegangenen Frucht erklärte, beweist euch, was unsere körperliche und was unsere geistige Natur ist und wie sehr die eine wie die andere deshalb entarteten, weil die Seele dem Leiden der Entbehrung unterworfen ward und die Form leidend geworden ist. Schuldlos wären sie geblieben, hätte Adam seinen Willen dem Schöpferwillen geeint. Daraus könnt ihr deutlich erkennen, was wir geistig *Anordnung, verfügt durch den Ewigen gegen die Nachkommen Adams bis ans Ende der Zeiten* nennen und was man gewöhnlich als *Erbsünde* bezeichnet.

Der Wandel der Gesetze

Aber ich muss mich jetzt bemühen, damit ihr die Änderungen der Gesetze der zeremoniellen Operationen der allgemeinen und besonderen Schöpfung bezüglich der Schuld des ersten Menschen noch besser kennenlernt.

Ich habe euch gezeigt, welches die Macht, die Kraft, das Gebot und die Herrschaft des ersten, in seinem verklärten Leib emanierten Minor waren. Ich habe euch ebenfalls gezeigt, wie er sich als Folge seiner Sünde aus dieser glorreichen Form in eine irdisch materielle Form verwandelt hatte. Aber dieser aus irdischer, materieller Form gebildete Zweitkörper hatte dieselbe offensichtliche Gestalt wie der glorreiche Leib, in dem Adam hervorgegangen ist. Die Veränderung bezog sich lediglich auf die Gesetze, mittels derer er sich selbst regiert hätte, wäre er in diesem ersten Prinzip der Gerechtigkeit verblieben. Wenn ein irdisch erschaffenes Wesen die Art seiner Aktionsweise ändert, verändert es notwendigerweise das Gesetz der Wirkung. Als der Schöpfer die universelle, allgemeine und besondere Schöpfung versöhnte, ereignete sich ein Wandel in jenen Gesetzen, die diese Schöpfung *vor* ihrer Verfluchung und Versöhnung lenkten. Desgleichen geschah mit dem ersten Menschen. Nachdem dieser seinen glorreichen Zustand verändert hatte, war es unbedingt notwendig, dass der Schöpfer auch die ersten Wirkgesetze, die er ihm aufgetragen hatte, veränderte; dies, weil diese ersten Gesetze der Handlungsweise und der Führung einer so wenig ausgedehnten körperlichen Form nicht mehr angepasst waren, mit der sich Adam durch die göttliche Verfügung gezwungenermassen bekleiden musste.

Die Gesetze, die die körperlichen Formen sichtbarer, passiver Materie regieren, sind – wie ihr sehen könnt – keineswegs dieselben wie jene, die den Geist des Minor beherrschen, Besitzer und Regent der Form eines verklärten Leibes, der ja seinen Ursprung nicht aus jener Materie herleitet, die wir physisch verdichtet wahrnehmen.

Die Offenbarung der Herrlichkeit

Die *Form der Herrlichkeit* enthält in keiner Weise weder den Geist des Minor noch den eines anderen in göttlicher Entbehrung lebenden Geistes, und zwar weil diese wie der Minor und jeder andere Geist durch den Ewigen entsandt ist, um bei den Menschen, oder wo immer es dem Schöpfer gefällt, die Herrlichkeit dieses göttlichen Wesens zu offenbaren.

Ich werde noch mehr sagen. Adam und seine in dieser Form irdischer Materie festgehaltene Nachkommenschaft durften dem Schöpfer nicht denselben Kultus erweisen wie jenen, zu dessen Vollzug der Urmensch hervorgebracht worden war. Als der erste Minor die Form veränderte, erzwang er unabwendbar die Veränderung seiner Handlungsweise. Dieses neue Wirken ist vermittels der Kraft der Gesetze, die der Schöpfer über Adam verhängte und die er bis an der Zeiten Ende auf seine Nachkommen übertrug, gewaltig begrenzt.

Das Wort

Dieses beschränkte Wirken soll euch nicht wundern, wenn ihr den widerrechtlichen Gebrauch bedenkt, den Adam von seinem ersten, ihm vom Ewigen eingegebenen Wort [Verbe] zur Hervorbringung einer Nachkommenschaft Gottes gemacht hatte.

Dieses Wort, das euch vielleicht unbekannt ist und das ihr als eine unbegreifliche Sache erachtet, war bloss die *Absicht* und der *Wille,* die durch das gewaltige *Wort* [parole] dieses ersten Menschen hätten wirken sollen. Aber um das Wort [Verbe] der Nachkommenschaft Gottes, das Adam in sich trug, besser zu kennen, müssen wir auf das Wissen der unterschiedlichen Worte [Verbes] zurückgreifen, die der Schöpfer für seine universelle Schöpfung – in der die allgemeine und die besondere Schöpfung bestehen – benutzte gemäss seiner Absicht, seinem Willen und seinem *Wort* [parole], aus dem jede Tat, jede Form und jedes geistige Minor-Wesen hervorgegangen sind. Dadurch, dass ich diese drei letzten Dinge – die *Absicht,* den *Willen* und das *Wort* [parole] – mit den drei ihnen vorhergehenden verbinde, werde ich euch die drei hauptsächlichen Schöpfungsworte, deren der Ewige sich zur Schaffung aller Dinge bediente, begreiflich machen.

Der Kreis und das Dreieck

Die *Absicht* verbindet sich mit der *Schöpfung des Universums,* die durch einen riesigen *Kreis* dargestellt ist. Darinnen sind das Allgemeine und das Besondere in Aktion und in Bewegung. Der *Wille* verbindet sich mit der *Schöpfung des Allgemeinen* oder der Erde, die gemäss der Form, die der Schöpfer in seiner denkenden Vorstellung ersonnen hatte, durch ein *Dreieck* veranschaulicht wird. Das *Wort* verbindet sich mit der *besonderen Emanation,* der in der besonderen, *leiblichen Gestalt wohnenden geistigen Minores.* Diese Figur ist jener der Erde ähnlich und ist ebenfalls in Übereinstimmung mit der Vorstellung des göttlichen Gedankens geschaffen worden.

Absicht, Wille und Wort

Durch das vorher Gesagte und das Nachfolgende werden wir das in Adams Macht stehende Schöpfungswort [Verbe de création] zu erfassen lernen. Wäre der Schöpfer ohne Absicht gewesen, hätte er auch keinen Willen und kein Wort der Tat [parole d'action] gehabt. Da nun das Geistwesen Minor lediglich eine Frucht dieser *drei göttlichen Prinzipien* ist, trug der erste Mensch die Spuren seines Ursprungs zwangsläufig in sich. Demgemäss waren ihm, als der Ewige ihn aus seiner göttlichen Unermesslichkeit heraushob, um Gottmensch auf Erden zu werden, diese drei Prinzipien eingeboren.

Wir haben zuvor schon gesehen, dass Gott nicht der Urheber des Bösen sein konnte. Somit ward Adam im Guten erschaffen und in der Gerechtigkeit. In sich trug er ein mächtiges Wort [Verbe], weil er aus diesem Wort des Gebotes [parole de commandement] – jenem gleich, das in der Imagination des Schöpfers erschien – seiner guten Absicht und seinem guten, geistigen göttlichen Willen entsprechend, reine glorreiche Formen gebären sollte. Rein geistig und herrlich aber war die Form, in die Adam hineingestellt war, damit er über die gesamte Schöpfung herrschen und frei über die Macht und die Regentschaft verfügen konnte, die ihm der Schöpfer über alle Wesen verliehen hatte.

Der glorreiche Leib Adams

Diese glorreiche Form ist nichts anderes als eine sichtbar gestaltete Form, die der Geist seinem Bedürfnis entsprechend und gemäss der vom Schöpfer erhaltenen Anordnungen erzeugt und gebiert. Diese Form wird ebenso unverzüglich wieder integriert, wie sie vom Geist hervorgebracht wird. Wir nennen sie impassiv, weil sie nur dem einen reinen, alleinigen Einfluss und keiner, wie auch immer gearteten, irdischen Einwirkung unterworfen ist. Sie bedarf keiner Nahrung, es sei denn jener, die der Geist ihr verschafft. Kein Partikel des Zentralfeuers wirkt auf sie. Diese glorreiche Form hätte durch Adam – durch die Erzeugung seiner geistigen Nachkommenschaft – ohne jegliches irdisches Handlungsprinzip fortbestanden, wie dies das Kommen und die Auferstehung Christi und die Herabkunft des göttlichen Geistes im Tempel Salomo in natura zeigten.

Bezüglich all des Gesagten dürfen wir uns nicht mehr über die bedeutenden Änderungen der Handlungsgesetze wundern, die durch die Untreue des ersten Menschen eingetreten sind, und zwar für den allgemeinen und besonderen Körper wie auch für die Minores und die Operationen, die diese Minores heute wirken müssen und die denjenigen völlig entgegenstehen, für die sie ursprünglich erschaffen worden sind.

Die Dreizahl und das Schöpfungswort

Durch die Verbindung der Absicht, des Willens und des Wortes [parole], die die göttliche Tat hervorbringen, die gewisslich das *Wort* [Verbe] ist, haben wir mehr als bloss einen Schimmer jener berühmten Dreizahl der Schöpfung aller Formen erblickt. In der Tat, wozu diente die Absicht ohne Willen, der Wille ohne Wort [parole] und das Wort ohne Wirkung oder Tat? Es bedurfte der Absicht, des Willens und des Wortes [parole], um jeden der drei Teile der Schöpfung zu schaffen. Aber es ist das Wort [parole], das die Tat der Absicht des göttlichen Willens bestimmte. Durch diese Bestimmung ward das *Wort* [Verbe]. Es ist also mit Sicherheit so, dass die Dreizahl der universellen und allgemeinen Schöpfung im *Wort* [Verbe] des Schöpfers und nirgendwo sonst existiert, denn die Absicht, der Wille und das Wort [parole] erzeugen eine geistige Wirkung oder eine Aktion. Das bedeutet, dass sich das *Schöpfungswort* [Verbe], da es aus der Intention, dem Willen und dem Wort [parole] des Schöpfers hervorgegangen ist, sich nicht selbst erschaffen hat.

Die Zahl 6

Durch dieses Wort [Verbe] und seine Emanation, erkennen wir gewisslich, dass die erste Zahl der Dreiheit jedwelcher Schöpfung *mit-ewig* ist in Gott, denn die Absicht 1, der Wille 2, das Wort [parole] 3 sind es, woraus die Tat oder das Wort [Verbe] herstammen. Zählt zusammen: In diesen drei Zahlen werdet ihr 6 finden, und zwar wie folgt: 1 und 2 sind 3, 3 und 3 sind 6. So werden die 6 allgemeinen und besonderen Schöpfungsgedanken des Ewigen vervollständigt. Diese Zahl findet sich mit Sicherheit in der universellen, allgemeinen und besonderen Schöpfung.

Das unglückliche Schicksal der Minores

Ausgehend von dem, was ich euch soeben sagte, solltet ihr zu erfassen in der Lage sein, woher alle geschaffenen Wesen, die geistigen wie die irdischen, stammen – wie auch die gewaltige Macht, die der erste Mensch ehemals besass und die seiner Nachkommenschaft heute noch zu eigen ist. Diese Kraft ist jedoch, solange der Mensch nicht mit seinem Schöpfer ausgesöhnt ist, sehr gering. Ich wage gar zu behaupten, sie ist gar nichts; das Vieh besitzt mehr Kraft allein in seinem unverfälschten Instinkt als der geistige Minor, wenn er entartet und sich in der geistigen göttlichen Untätigkeit selbst vernichtet, bis er schliesslich zum Grabe des Todes wird. Durch den Ausdruck des *Grabes des Todes*, dessen ich mich hier bediene, will ich sagen, dass die unglücklichen, unversöhnten Minores zur Beute der entarteten Geister werden, die sie mittels des eingegangenen Bündnisses dazu zwingen, für eine unendliche Zeit in ihrer Verdammung zu verweilen. Dies ist das Schicksal jener Minores, die nicht den Pfad der Gerechtigkeit des Schöpfers wandeln.

Folgen der Versöhnung – die Dreiheit

Erkennt ihr nun, wie wachsam wir sein müssen und wie wir uns bemühen sollen, Adam nachzuahmen, der, nachdem er seine Sünde aufrichtig und mit der bittersten Reue gestanden hatte, vom Schöpfer Versöhnung und die Wiedereinsetzung in seine ersten Tugenden und Macht über die drei Arten der zeitlichen Schöpfung erhielt – unter *der Bedingung freilich, dass seine Absicht und sein Wille in Zukunft mit den Geboten der Versöhnung übereinstimmen werden*!

Wenn ihr über die Versöhnung nachsinnt, werdet ihr immer die Zahl der *Dreiheit* finden, nämlich *Adam, Christus und der Schöpfer*. Ihr werdet nachvollziehen, dass diese dreifache göttliche Essenz eindeutig die 3 Prinzipien der gesamten Schöpfung bilden; das heisst: die *Absicht des Vaters 1, der Wille Christi 2* und *das Wort [parole] des geistigen Minor 3,* der hervorgeht aus der Absicht und dem Willen der beiden ersten. Ich teile dem Minor die Zahl der ersten drei göttlichen Essenzen zu, weil er selbst das Produkt der Absicht des Vaters, des Willens des wiederbelebenden Sohnes und der Tat des göttlichen Geistes ist.

Darauf werde ich deutlich eingehen, wenn ich von der vierfachen göttlichen Essenz reden werde, über die ich euch, obschon ich noch nichts darüber gesagt habe, auch nicht in Unkenntnis lassen möchte.

Die vollkommene Versöhnung

Ich werde nun fortfahren, von der vollkommenen Versöhnung des ersten Minor-Menschen zu reden. Als der Schöpfer Adam und sein unreines Werk segnete, sprach er: *„Adam, erhebe dein Werk, damit ihr gemeinsam eine Nachkommenschaft besonderer Form erschaffet, in der die universelle allgemeine Gestalt gewiss und ohne Zweifel als Gestalt enthalten ist, gleichwie sie in der Form, die du für die von mir festgesetzte Zeit regierst, enthalten ist.“* Dies sind die Worte die die Heilige Schrift folgendermassen überliefert: „*Wachset und mehret euch!*“ Das heisst, als Adam und Eva aus ihrem ersten Wirkungsort vertrieben wurden, ward ihnen aufgetragen, die ihnen gleichgearteten Formen fortzupflanzen.

Kain

Adam und Eva führten diesen Befehl mit einer so wilden Leidenschaft der Sinne ihrer Materie aus, dass der erste Mensch dadurch seine ganze Versöhnung hinausschob. Indessen erzeugten sie die körperliche Form ihres ersten Sohnes, den nannten sie *Kain*, das bedeutet: *der Sohn meines Schmerzes.* Dieser Name ward ihm von Adam gegeben, weil er wohl spürte, dass er in diesem Sohn ein Werk geschaffen hatte, das durch ungeordnete Leidenschaft und entgegen der ihm aufgetragenen Mässigkeit erschaffen worden war. (Beiläufig sei bemerkt, dass diese vom Schöpfer direkt an Adam gerichtete Anordnung der Fortpflanzung uns lehrt, dass der Schöpfer Adam zum Hüter seines zeugungsfähigen Samens gemacht hat.)

Mit Recht nannte Adam seinen Erstgeborenen *„der Sohn des Schmerzes“*, denn durch dieses Werk ward seine Versöhnung aufgeschoben. Durch diese Tat und durch den Namen Kain, den er seinem Erstgeborenen gab, prophezeite er den enormen Schmerz, den er durch die grosse Untreue seiner Nachkommen, die die göttlichen Gesetze, Vorschriften und Gebote übertreten würden, in der Zukunft empfinden wird. Gerade deshalb anerkannten diese Nachkommen Adam als den ersten Propheten.

Dennoch sollte gerade dieser durch eine den Anordnungen des Schöpfers zuwiderhandelnde Leidenschaft gezeugte Sohn zur Versöhnung des ersten Vaters beitragen, und zwar durch die heftigen Schmerzen die dieser Sohn ihn empfinden liess, indem er ihm die Abscheulichkeit seiner ersten Untreue durch die Wiederholung derselben vor Augen führte, denn geheimnisvollerweise wirkte Kain *seine* Sünde in Adams Gegenwart. Dies war wohl der grausamste Schlag, den er seinem Vater versetzen konnte, doch zugleich auch die Erweckung der allerbittersten Reue in dessen Herzen. Der Schmerz und die Niedergeschlagenheit Adams sind kaum vorstellbar, sah er doch seinen Sohn als Beute der dämonischen Mächte. Niemand konnte so wie der Urvater den eigenen Schmerz und jenen, den sein Sohn erleiden musste, beurteilen, war doch Adam selbst vor nicht allzu langer Zeit einzig durch die Barmherzigkeit des Schöpfers den Händen dieser selben Dämonen, die nun seinen ersten Sohn verführt und ihn für eine Ewigkeit in die göttliche Entbehrung hinabgestürzt hatten, entrissen worden.

Durch dieses doppelte Leid erstarkte nun Adam in seiner Pflicht und seinem Vertrauen dem Schöpfer gegenüber. Mehr denn je seufzte er darüber, an der Empfängnis dieses unglücklichen Sohnes jenseits des vom Schöpfer vorgeschriebenen Masses mitgewirkt zu haben. Durch seinen verbindlichen Eid unterwarf er sich freiwillig dem Willen des Schöpfers und versprach, sich niemals von den Gesetzen, Vorschriften und Geboten zu entfernen, die dieser ihm, unter welchen Umständen auch immer, auferlegen würde.

Kainan

Doch war diese Opferbereitschaft des ersten Vaters bloss scheinbar. Er besass nicht die Ausdauer, die er geschworen hatte. Im Gegenteil, er empfing mit seiner Gefährtin Männin oder Eva eine weibliche Nachkommenschaft, die sie gemeinsam Kainan nannten, das ist: *Kind der Konfusion*, denn diese Empfängnis war unter denselben Bedingungen geschehen wie jene des Kain. Fünf Jahre später glaubte Adam in der Verbindung, die er zwischen diesen beiden Kindern sah, ein Zeichen zu sehen, das besagte, dass die Zeit der Beendigung seiner Leiden gekommen war.

Aba

Doch täuschte er sich erneut und empfing mit *Houva* oder *Eva* eine dritte Nachkommenschaft. Die war weiblich und er nannte sie *Aba* 1. Dies will sagen: *Kind der Materie* oder *Kind der göttlichen Entbehrung*. Hernach blieb Adam sechs Jahre, ohne Nachkommen zu zeugen; dies, weil er während dieser Zeitspanne und seit der Geburt seines dritten Kindes in eine grosse Betrübnis gefallen war.

Die Betrübnis Adams

Ein so starker Abscheu seiner Wesenheit bemächtigte sich seiner, dass er nicht mehr wusste, was werden sollte. Er verfiel einer völligen Untätigkeit bezogen auf das geistige Göttliche wie auch auf das geistige Dämonische. Er ward jedem guten oder bösen Einfluss gegenüber unempfänglich. Verantwortlich für diesen Zustand war das eindeutige Wissen, das er von all seinen bisher gegen den Schöpfer begangenen Sünden besass. Der gute Geist vermittelte ihm diese Kenntnis und machte ihm klar, dass die Erde, die er entgegen den Anordnungen des Schöpfers bis anhin bebaut hatte, ihm bloss Schmerz und Bitternis hervorbringen und das Gift der Zwietracht für all seine Nachkommen sein würde.

Dies ist das Wesentliche der vom Schöpfer gegen Adam vorgebrachten Drohungen, da er ihn aus dem irdischen Paradies vertrieb.

Die Heilige Schrift überliefert: „*Geh hin, bebaue die Erde, sie wird dir bloss Dornen tragen.*“

Ich frage mich, ob es wohl spitzere Dornen gibt als jene, die eine sündige Nachkommenschaft im Herzen eines guten Vaters hervorbringt?

Es waren dies die durch das Werk seines materiellen irdischen Wirkens erzeugten Übel, wie dies der Schöpfer dem ersten Menschen verkündet hatte.

Weitere Kinder

In dieser tiefsten Zerknirschung befand sich Adam, als sich der Schöpfer anerbot, alle Schwächen des ersten Menschen zu vergeben, indem er ihm auftrug – ihm und seiner Gefährtin –, an einer reinen und einfachen Empfängnis ohne Beteiligung eines Übermasses der Sinne ihrer stofflichen Form mitzuwirken.

Dadurch beschränkte Adam seine Nachkommen nicht auf die drei Kinder, von denen ich eben sprach, sondern er hatte noch vier Kinder, zwei männliche und zwei weibliche, und es ist der erste Sohn dieser vier Kinder, der die Versöhnung seines Vaters wirken sollte.

Abel

Also vollzog Adam mit seiner Gefährtin ein dem Schöpfer angenehmes Werk, und Eva empfing den Samen, den Adam in ihren Schoss ergossen hatte und den sie bis zu seiner vollständigen Reifung glücklich in sich trug. Es überrascht nicht, dass Eva dieser neuen Frucht eine ganz besondere Pflege angedeihen liess, spürte sie doch eine Wurzel des Heils in sich heranwachsen. Folgen wir nun weiter der Nachkommenschaft Adams.

Adam und Eva umsorgten dieses vierte Kind ganz besonders. Nie liessen sie es aus den Augen, wiewohl ihnen die ganze Frucht noch unbekannt war, die sie, der eine wie der andere, in der Folge daraus lösen sollten. Unermüdlich bewunderten sie sein Benehmen, sei es im Umgang mit seinen zwei Schwestern und seinem Bruder Kain, sei es mit seinem Vater und seiner Mutter. Seit seinem zartesten Alter – er war nur drei Jahre alt – suchte er ihre

Freundschaft zu gewinnen, und solange er als gerechter Mensch-Gott unter den Menschen auf der Erde lebte, nahmen seine Güte und Weisheit, seine Tugend und sein gutes Vorbild stetig zu. Dieses glückselige Kind bemühte sich zum Erstaunen der ganzen Familie, ohne Unterlass geistige Kulte an den Schöpfer zu richten. Alle diese Handlungen trachteten nur danach, das Gericht Gottes gegenüber seiner ersten Minor-Kreatur und dessen Nachkommenschaft zu beschwichtigen, war ihm doch durch seine Operationen Kunde geworden, wie gewaltig diese durch das Gericht Gottes geschlagen werden würden.

Eigentlich verhielt sich Abel so, wie Adam sich in seinem Urzustand der Herrlichkeit dem Ewigen gegenüber hätte verhalten sollen. Den Kult, den Abel dem Schöpfer erwies, stellte den wahrhaftigen Typus dessen dar, was der Schöpfer von seinem ersten Minor erwartet hatte. Abel war auch ein treffliches Urbild jener Offenbarung göttlicher Herrlichkeit, die eines Tages zur vollkommenen Versöhnung der vergangenen, gegenwärtigen und zukünftigen Nachkommenschaft dieses ersten Menschen durch den *wahren Adam* oder *Christus* wirken wird. Dies setzt voraus, dass diese Nachkommen von dem Schaffensplane, der ihnen durch die reine göttliche Barmherzigkeit vorgezeichnet werden wird – wie das Urbild Abel es durch seine Werke dem Adam und seinen drei Erstgeborenen bereits vorausgesagt hatte –, rechten Gebrauch machen werden.

Das Betragen dieser drei Erstgeborenen war jenem von Abel völlig entgegengesetzt und dies, je mehr sich Adam und Eva in einem Zustand des Friedens fühlten. Eine Wonne und eine unaussprechliche Genugtuung überfluteten Eva anstelle der heftigen, grausamen Schmerzen, die sie die ganze Zeit empfunden hatte, da sie die drei ersten Kinder in sich trug. Dieser Unterschied entstammte den Gaben, den die Gnade des Ewigen in die Seele dieses vierten Kindes gelegt hatte. Diese Seele teilte jener Evas ihre Unschuld mit, ihre Unbefangenheit und ihre Reinheit. Zugleich ward auch Adam wieder fröhlich und zufrieden, was die von Eva empfundene Beglückung noch vermehrte. Vor allem sahen sie mit Freude der Zeit entgegen, da diese letzte Frucht geboren werden sollte. Dies geschah im siebten Jahr der Zeitspanne, die verflossen war, seit Adam die drei ersten erhalten hatte.

Adam konnte sich nicht zurückhalten, den Schöpfer dieses Ereignisses wegen zu lobpreisen: *„Der Ewige Schöpfer der Himmel und der Erde und seines Dieners Adam oder réaux sei gepriesen ewiglich für alles, was er geschaffen hat. Von ihm ist mir meine vierte Nachkommenschaft geworden, sie ist mein ganzer Wohlgefallen in dem irdischen Zeitenlauf und dem noch kommenden."*

Er nannte dieses Kind *Aba 4*, was besagen will: *Kind des Friedens* oder *Abel 10*, das heisst: *ein Wesen über alle geistigen Sinne erhaben.*

Maria und Elisabeth

Alles was ich sagte, hat sich zur Zeit der Mitte in physischer Natürlichkeit durch die Schwangerschaft von *Maria* und *Elisabeth* wiederholt, und zwar durch das Hüpfen, das Elisabeth in ihrem Leibe gewahrte, als ihre Cousine Maria sie besuchte, und durch den Wohlgefallen, den die beiden zeitlichen Väter empfanden. Der eine durch die eigene physische Ausübung seiner Werke und der andere durch die einzigartige geistige Operation, die der Ewige ihm zum Heile seines angenommenen Weibes offenbarte. Andernorts wird man die Erklärung all dieser Urbilder wiederfinden, die sich mit den Hörnern des Altars oder der nach Norden gerichteten Seite der Kreise und dem nach Süden blickenden Kain beschäftigen.

Der Kultus

Nachdem Abel seine geistigen Obliegenheiten anweisungsgemäss erfüllt hatte, zog er sich aus seiner Anbetung zurück, dem Vater zu künden, was er zu dessen Heil vom Schöpfer erfahren hatte. Danach stellte Adam Abel an seinen eigenen Platz im Norden. Dann vollzog er, gleich wie Abel, zitternd seine Niederwerfung. Als er geendigt, berief er seine zwei Söhne zu sich. Er setzte Abel zu seiner Rechten und Kain zu seiner Linken, und in dieser Stellung teilte er ihnen mit, was er vom Schöpfer erfahren hatte: *„Im Namen des Ewigen Schöpfers"*, sagte er zu ihnen, *„tue ich euch kund, dass ich Gnade gefunden habe vor ihm. Durch das Einschreiten und die Vermittlung meines Sohnes Abel, dessen Hei-*

ligkeit der Schöpfer zu meinem Heile erhört hat, ist das auf mich übertragene Strafgericht aufgehoben. Kommt, meine beiden Söhne, dass ich meine Freude mit euch teile, indem ich euch teilnehmen lasse an den zwei Empfindungen, die ich soeben wahrgenommen: Jene des Bösen und jene des Guten, die meine vollkommene Versöhnung mit dem Schöpfer erwirkt hat."

Hernach, sich an *Kain* richtend, sprach er: „*Mein erstgeborener Sohn, mögen Eure Werke von nun an jene eures letztgeborenen Bruders sein. Erfahret durch mich, dass der Schöpfer sein Vertrauen ohne jedwelchen Unterschied weltlicher und geistiger Herkunft schenkt und dass er die gesamte höhere Macht demjenigen oder derjenigen verleiht, der sie zu verdienen weiss und dem sie zusteht. Möge Euer Wille, Kain, zukünftig derjenige Eures Bruders Abel sein, so wie der meine fortan unverbrüchlich derjenige des Schöpfers sein wird.*"

Die Auflehnung

Die Zeremonie begann in der Hälfte des Sonnentages, und das Ganze nahm nur etwa eine Stunde in Anspruch. Je mehr die Zeichen ihrem Sohn Abel erschienen, desto mehr wurden die drei Erstgeborenen zu Feinden ihres eigenen Bruders. Adam und Eva betrachteten Abel als einen geistigen göttlichen Interpreten und in Freude und Heiligkeit führten sie mit Sorgfalt alles aus, was er ihnen auftrug. Im Gegensatz dazu lehnten sich die drei Erstgeborenen gegen alles auf, was Abel zu ihrem eigenen Heil und dem ihrer Eltern wirkte. Um ihn zu vernichten und physisch aus ihrem Gesichtskreis zu vertreiben, stellten sie ihm Fallen und wirkten seinen Werken mit gegenteiligen Operationen entgegen, was ihnen, wie wir später hören werden, auch gelang.

Das Ritual der Aussöhnung

Eines Tages anerbot sich Adam, dem Schöpfer gemeinsam mit seinen zwei Söhnen den Kultus einer geistigen göttlichen Operation darzubringen. Seine weibliche Nachkommenschaft aber, die, auf Grund der dem Weiblichen eingeborenen geringen göttlichen Tugenden und Mächte und ihrer geringen geistigen Kraft und

Entschlossenheit, solche Handlungen zu unterstützen, nicht mitwirken durfte, entfernte er auf eine Distanz von fünfundvierzig Ellen von jenem Ort, den er für seine Arbeit erwählt hatte.

Nachdem alles bereitet war, setzte Adam Abel, seinen Letztgeborenen, ein und weihte ihn, damit dieser als erster die geistigen Handlungen der Operation, die Adam sich zu wirken vorgenommen hatte, vollziehe. Allsogleich schritt Abel zur Ausführung. Er errichtete selbst den Altar oder zog die angemessenen Kreise, in deren Zentrum er selbst die ersten Wohlgerüche darbrachte. Diese bestanden aus seiner eigenen körperlichen Form, die er dem Schöpfer, demütig sich niederwerfend, als Sühneopfer darreichte. Gleichzeitig *unterwarf er sein geistiges Minor-Wesen dem Schöpfer*, um Gefäss zu sein der göttlichen Gerechtigkeit, durch das der Ewige seine allergrösste Glorie der Barmherzigkeit Adam, seiner ersten Minor-Kreatur, offenbarte. Nachdem Adam die Arbeit vollendet hatte, zog sich jeder Mitwirkende an seinen Bestimmungsort zurück. Kain zur Seite seiner zwei Schwestern, Abel zur Seite seines Vaters und seiner Mutter.

Zweimal Drei und die Entzweiung

Diese Aufteilung in je drei Personen auf jeder Seite bietet uns ein zu deutliches Bild, als dass wir es übersehen könnten. Es ist das wahre Urmuster der *Entzweiung* des Guten und des Bösen. Auch ist es uns die Darstellung der *drei geistischen*[34] *Essenzen,* aus denen die verschiedenen körperlichen Formen der sichtbaren Materie, sowohl jene des vernünftigen wie auch jene des unvernünftigen Wesens, zusammengestellt sind. Verbindet diese beiden Zahlen der Dreiheit, und ihr werdet durch ihr Produkt der Sechsheit die Zahl der göttlichen Schöpfung oder die *sechs Gedanken des Schöpfers* für die *universelle, allgemeine* und *besondere*

34 Um Verwechslungen und falschen Assoziationen, vornehmlich mit den Worten geistig und geistlich, vorzubeugen, haben wir das Wort *spiritueux* mit geistisch übersetzt. Bei den geistischen Essenzen handelt es sich immer um die drei elementaren Grundstoffe, den Konstituenten der körperlichen Formen. Es sind dies: Salz, Schwefel und Merkur, die unter anderem den Grundsubstanzen des Wässrigen, Feurigen und Erdigen entsprechen, die sich an der organischen Wurzel aller lebenden Formen finden lassen (mineralisch, pflanzlich, tierisch).

Schöpfung erkennen. Sucht zu ergründen, was die heilige Schrift euch lehrt, nämlich: 3 sind oben wie 3 unten sind. Sucht weiter herauszufinden, welche der zwei Dreiheiten das Böse abbildet. Denkt schliesslich über diesen Gegenstand nach und sucht in euch selbst nach dessen Richtigkeit und sinnvoller Konsequenz.

Der falsche Dienst Kains

Als Kain sich an den von Adam für ihn bestimmten Ort zurückgezogen hatte, berichtete er seinen Schwestern von der angeblichen Schmach, die ihm sein Vater angetan, indem er ihn seines Erstgeburtsrechtes enthob, um es auf seinen jüngeren Bruder Abel zu übertragen, und wie er ihn gleichzeitig dem Gehorsam und dem Willen dieses selben, letztgeborenen Bruders Abel unterstellte. Die beiden Schwestern Kains stifteten ihn an, seine ganze Macht und seine Kraft gegen jene seines Bruders und seines Vaters und sogar gegen den Schöpfer, der diese Schandtat zu Gunsten seines jüngeren Bruders zugelassen hatte, einzusetzen – eines jüngeren Bruders nämlich, der den guten Glauben ihres Vaters irregeführt und dessen Gedanken durch die Zeremonie eines falschen und unrechten Kultes bestochen hätte. Um sich für das vermeintliche Unrecht zu rächen, das ihm vermittels seines Bruders durch seinen Vater geschehen war, ersann Kain das Werk eines Kultes für die falschen Götter und den Fürsten der Dämonen, damit diese ihm eine höhere Macht verschaffen sollten als jene, die der Schöpfer seinem Bruder Abel verliehen hatte. Bei seiner Operation liess er sich von seinen beiden Schwestern assistieren, gleich wie Abel und er selbst die Handlungen ihres Vaters unterstützt hatten. Er verwandte seine jüngere Schwester für dieselben Tätigkeiten, die Abel ausgeübt hatte, und er selbst vollzog genauestens das gesamte erste Zeremoniell, das er selbst ausführen gesehen hatte.

Als nun die Reihe an ihn kam sich niederzuwerfen, setzte er seine andere Schwester an den Platz, den er am Altar oder in den Kreisen innehatte, und nachdem er niedergekniet, opferte er dem Fürsten der Dämonen die Form und das Leben Abels. (Die Form ist der Körper und das Leben die Seele).

Adams Bestürzung

Nach dieser Zeremonie trat Abel vor Kain, der ihm viele Vorwürfe machte. Abel empfing diese mit Schmerzen und Demut und antwortete hierauf seinem Bruder Kain: „*Nicht mir und nicht unserem zeitlichen Vater dürft ihr zürnen, aber gegen euch selbst und gegen den, der euch jetzt lenkt, müsst ihr kämpfen, denn ich sage euch, ihr habt einen falschen und frevelhaften Kult gewirkt vor dem Ewigen. Die Stärke eurer Sünde übertrifft jene der Sünde Adams; ihr habt eurem Gott der Finsternis ein Opfer dargebracht, das weder in eurer noch in seiner Macht steht. Zu unrecht habt ihr versucht, das Blut des Gerechten zur Rechtfertigung der Schuldigen zu vergiessen.*“

Hierauf kehrte Abel zu Adam zurück und erzählte ihm, was sich zugetragen. Dies bekümmerte den unglücklichen Vater sehr und stürzte ihn in grosse Verwirrung. Daraufhin versuchte Abel seinen Vater zu trösten und befragte ihn nach dem Grund seiner Traurigkeit und seiner Niedergeschlagenheit. Adam jedoch antwortete ihm nicht. Es schien, als sehe er voraus, was diesem geliebten Sohne zustossen würde, und er wagte nicht, es ihm zu sagen. Abel beruhigte Adam hinsichtlich seiner Besorgnisse und sprach in bestimmtem Tone: „*Mein Vater, was vom Schöpfer zu Eurem Heile und dem Eurer Nachkommen verfügt ist, muss seinen Gang nehmen, sei es zum Guten oder zum Bösen, denn die allgemeine Schöpfung, die ihr wahrnehmt, ist nichts anderes als eine Verbindung, die der Ewige vorgesehen hat, um zu seiner allergrössten Herrlichkeit die Offenbarung seiner Allmacht zu wirken. In Eure körperliche Nachkommenschaft, mein Vater, wird der Schöpfer geeignete Geschöpfe stellen, die die wahren Werkzeuge sind, deren er sich zum Sieg seiner Gerechtigkeit bedient, zum Heil der Guten und zur Schande der Bösen. Es ist dem Menschen von keinem Nutzen, gegen das anzukämpfen, was der Schöpfer für oder gegen seine geistige Kreatur entschieden hat.*“

Adam schien beruhigt und sprach, indem er sich an den Schöpfer wandte: „*O Du Ewiger! Was durch deinen Gedanken und durch deinen Willen beschlossen ist, geschehe durch deinen treuen Diener, Vater der Vielfalt der Völker, die in deinem universellen Kreise wohnen und wirken werden. Amen!*“

Der Mord

Daraufhin besuchten *Adam* und *Abel* Kain, der mit seinen beiden Schwestern vor sie hintrat. Als sie beisammen waren, umarmten die beiden Schwestern ihren Vater, und Kain umarmte seinen Bruder Abel. In dieser Umarmung aber versetzte Kain Abel die *drei Schläge* mit einem dolchförmigen Instrument aus Holz. Der erste Schlag durchstiess ihm die *Kehle*, der zweite das *Herz* und der dritte die *Eingeweide*. Dieser Mord geschah in Gegenwart Adams, ohne dass er dessen gewahr wurde. Sobald jedoch der Mord geschehen war, empfand Adam eine furchtbare Erschütterung, die beiden Schwestern Kains empfanden desgleichen und alle drei, durch diese Erschütterung ergriffen, fielen nieder und riefen: „*Unser Versöhner, Herr, ist uns durch Frevlerhand entrissen! Wir verlangen Gerechtigkeit und dir allein übergeben wir unsere Rache.*"

Das Opfer

Erkennet, mit welcher Arglist die Subjekte der Dämonen sich vor den Augen der Kreatur hinter scheinbar geistigen und lobenswerten Worten verbergen. Der Aufschrei der drei obgenannten Personen, wenn auch ganz natürlich, wurzelte zwar, wie auch ihr Hinstürzen, auf dem Mitleid ihrer irdischen Sinne, leitete sich aber noch von einer anderen Ursache her. Es gründete in dem Gesicht, das sie naturgetreu vom geistigen *Minor* und *Major Abels* schauten und nicht ertragen konnten, ohne in Ohnmacht zu fallen.

Als erster erhob sich Adam und kehrte in Begleitung des Major und Minor Abels zu Eva zurück. Er teilte ihr alles mit, was der Schöpfer für seine vollständige Versöhnung von ihm verlangt hatte, und dass seine Sünden soeben durch das Opfer Abels, seines Sohnes, gesühnt und alles vollbracht war.

Eurer Vorstellung überlasse ich den Schmerz, den der unglückliche Vater und seine Gefährtin zu ertragen hatten. Sind nicht gerade dies die *Dornen*, die das Herz Adams durchstossen haben? Und ist es nicht auch der unselige, durch die Untreue Adams erschaffene und auf Erden erzeugte Dorn? Demnach ist es

Eva, die, indem sie diesen Sohn mit Adam in einer Operation der Konfusion empfing, mit Kain das Werkzeug der Qual des unglücklichen Adam geboren hat. Diese bezeugt uns die Zahl 2, und diese werde ich nun aufrichtig und eingehend beschreiben.

Die Zahl 2

Die Zahl der Konfusion ist jene, die das, was wir einfache und eigenmächtige Operation nennen, lenkt und die sich aus dem *reinen Willen des Minor* mit dem *dämonischen geistigen Major* erwirkt. Durch die enge Verbindung ihres Gedankens, ihrer Absicht und ihrer Tat verbinden sich diese beiden Subjekte zu einem einzigen. Dennoch bleiben sie immer zwei voneinander unterschiedene Wesenheiten, so dass sie in einer steten Trennungsbereitschaft sind. Diese Trennung geschieht, sobald ein Mittler, stärker als die beiden, zwischen sie tritt und eine Gegenwirkung auslöst. Da die Handlung des dämonischen Major hierdurch zurückgehalten wird, geschieht eine gehörige Veränderung zu Gunsten des Minor. Damit ist es also die *Verbindung* mit diesem *dämonischen Wesen*, die wir als Handlung der Konfusion bezeichnen und durch die Zahl 2 ausdrücken.

Die Zahl 3

Wenn nun aber der Minor sich dem geistigen *guten* Major verbindet, so könntet ihr mich fragen, ergibt sich denn nicht ebenfalls die Zahl 2 oder Zahl der Konfusion? Ich antworte Nein, weil der mit dem Minor sich verbindende *gute Geist* dies nur kann, wenn er diesem selben Minor *vorgängig seinen guten Intellekt mitgeteilt* hat. Diesen nennen wir: *minore geistige Kraft*, die die besondere Seele des Minor vorbereitet und geneigt macht, den Einfluss des guten Major-Geistes – entsprechend dem Willen und dem Wunsch dieses Major-Geistes und dieses besonderen Minor – zu empfangen. Durch diese Verbindung erhält die Seele die Zahl 2, die aber, dadurch dass sie sich dem Geist verbindet zunächst eine Zahl der Dreiheit bildet; das heisst: Die *eingeborene Kraft des ersten Minor ist die Seele 1, die Minor-Kraft des Intellekts 2* und die *direkte Kraft des Major-Geistes 3.* Solcherart macht die Minor-Seele in ihrem Urprinzip der geistigen Verbindung die Dreiheit aus. Wir zählen also die Verbindung nicht, die die Seele mit dem dämonischen Intellekt und danach mit dem bösen Geist eingeht, da in dieser Vereinigung die Seele ihre ganze geistige gute Kraft aufgibt, um selbst Intellekt des Dämon zu werden, anstatt dass sie ihre geistige göttliche Kraft durch die Verbindung mit dem guten Geiste bewahrt und stärkt und dadurch verdientermassen in die erwähnte Aufzählung eingerechnet wird.

Die Zahl 4

Da der gute Major-Geist seine unmittelbare Aktion von der Gottheit empfängt, befindet sich die Seele in steter Verbindung mit den 4 göttlichen Kräften. Wir bezeichnen sie als *vierfache Essenz*; nämlich: *Die Seele Minor 1* ist in geistiger Verbindung mit dem *Intellekt 2*, der Intellekt mit dem *Geist 3* und der Geist mit der *Gottheit 4*. Dies ist uns das Zeugnis der zuverlässigen Verbindung aller geistigen Wesen mit dem Ewigen Schöpfer.

Im Weiteren möchte ich die Verbindung des menschlichen Herzens mit allen geistigen Wesenheiten aufzeigen. Der Körper des Menschen ist das Organ der Seele; durch die verschiedenen Regungen und Handlungen, die er seine Form ausführen lässt, zeigt der Minor all seinen Mitmenschen die Absicht und den Willen seiner geistigen Aktion.

Die *Minor-Seele* ist das Organ des *Intellekts*, der *Intellekt* ist das Organ *des Major-Geistes* und der *Major-Geist* ist das Organ des *göttlichen Schöpfers*. Dies ist die wundervolle, organische Harmonie der hauptsächlichen geistigen göttlichen Wesenheiten, sei es in Verbindung mit der besonderen Form des Menschen oder der allgemeinen und universellen Form. Dies zeigt uns auch zweifelsfrei, dass wirklich alles aus dem allen geistigen und zeitlichen Wesen unerlässlichen *Urwesen* emaniert ist.

Die dreifache und vierfache göttliche Essenz

Durch die Zahlen, deren ich mich bediene, müsst ihr die dreifache und die vierfache göttliche Essenz kennen lernen. Der Ewige selbst benutzte diese Zahlen, um die universelle, allgemeine und besondere Schöpfung und die Emanation der Geister zu wirken, und zwar derjenigen, die böse geworden, wie auch derjenigen, die die Reinheit ihrer geistig göttlichen Natur bewahrt haben. Die Zahl der Dreiheit lässt die dreifache Einheit der geistischen Essenzen erkennen, deren sich der Schöpfer zur Schöpfung der unterschiedlichen sichtbaren materiellen Formen bedient hat; und die Zahl der Vierheit lässt uns die göttliche geistige Zahl erkennen, deren sich der Schöpfer zur geistigen Emanation aller geistigen Wesen des Lebens bediente. Dies sind die lebendigen Majores-Geister, die Christus anheim gegeben sind, und diejenigen der Entbehrung, die Dämonen sind, gleich wie die Minores, die unter deren Herrschaft gefallen sind. Von dieser Kraft der Zahlen sagen die Weisen aller Zeiten, dass kein Mensch weise sein könne, sei es im Geistigen Göttlichen, sei es im Himmlischen, Irdischen und Besonderen, ohne die Kenntnis der Zahlen zu besitzen. Eines ist die Kenntnis der Gesetze der geistigen Natur, ein anderes wiederum die Kenntnis der Gesetzesordnungen und der Vereinbarungen der irdischen Menschen. Die Gesetze der Menschen wechseln wie der Schatten, jene der geistigen Natur sind unvergänglich, da sie ihr seit Anbeginn ihrer Emanation eingeboren sind.

Ihr werdet im Verlaufe dieser Abhandlung noch weitgehender über diese Wahrheiten unterrichtet werden.

Zahlen

1 – Einheit, Urprinzip aller geistigen und irdischen Wesen, dem göttlichen Schöpfer zugehörig
2 – Zahl der Konfusion, der Frau zugehörig
3 – Zahl, die der Erde und den Menschen zugehört
4 – Vierfache göttliche Essenz
5 – Dämonischer Geist
6 – Tägliche Operationen
7 – Heiliger Geist, den Geistern der Siebenheit zugehörig
8 – Zweifach mächtiger Geist, Christus zugehörig
9 – Dämonisch, der Materie zugehörig
10 – Göttliche Zahl

Kommen wir nun aber auf die Versöhnung von Adam und Eva zurück.

Der göttliche Mittler für Adam und Eva

Nachdem *Adam* und *Eva* die furchtbare Trübsal, von der wir gesprochen, erlitten hatten und sie in diesem Geschehnis keinerlei positive Botschaft weder für sich noch für die erste Nachkommenschaft und die nachfolgenden zu erkennen vermochten, warfen sie sich im allergrössten Schmerz und im allergrössten Glauben vor dem Herrn nieder. Da sie weder die Macht noch die Kraft in sich trugen, in eigener Befugnis das Blut des Gerechten durch das Blutvergiessen des Schuldigen zu rächen, und wohl wissend, dass die Rache allein dem Schöpfer zusteht, erbaten sie Gnade und Barmherzigkeit für jene Sünde, die Kain an ihrem Sohne Abel begangen hatte.

Der Ewige erhörte die Gebete und das Wehklagen Adams und Evas über den Tod ihres Sohnes *Abel.* Er entsandte einen geistigen Mittler, der ihnen erschien und ihnen die Art des durch Kain vollbrachten Verbrechens erklärte, indem er sprach: *„Ihr tut gut daran, den Mord an Abel als einen gewaltigen Verlust und ein Zeichen des göttlichen Zornes anzusehen, der bis ans Ende der Zeiten auf eure Nachkommen fallen wird. Auch müsst ihr diese Tat als einen Rest der Plage des göttlichen Gerichtes zur vollständigen Vergebung eurer Sünde und eurer letztendlichen Versöhnung betrachten. Der Schöpfer jedoch, der eure vollkommene Rückkehr und eure Hingabe erkannt hat, schickt mich zu euch, um euren Kummer und eure Tränen bezüglich dieses unglücklichen und aus eurer Sicht nicht wieder gutzumachenden Ereignisses zu trocknen. Durch meine Rede spricht der Ewige zu euch: Nur deshalb habt ihr – der eine wie der andere – diesen Nachkommen Abel erzeugt, damit er als das wahre Urbild desjenigen diene, der einst kommen wird, um der wahre und einzige Versöhner all eurer Nachkommen zu sein. Wisset auch – der eine wie der andere – dass Kain, den ihr zu recht als Verbrecher betrachtet, es nicht so sehr ist, wie Adam es gegenüber dem Schöpfer gewesen. Kain hat lediglich das Stoffliche geschlagen, Adam aber hat den Thron Gottes durch Gewalt genommen. Erkennet nun, ob* *er sündiger ist als ihr. Auch ist Euer Sohn Kain ein Urbild der Untreue der ersten Geister, die Adam verführt haben und die ihm, indem sie sein Minor-Wesen in eine irdische passive Form stürzten, wirklich den geistigen Tod gegeben haben. Dies hat ihm die göttliche Entbehrung eingetragen und verwandelte seine glorreiche in eine materielle Form, die, ohne wieder in ihre Urnatur sichtbarer Form zurückversetzt werden zu können, der Vernichtung ausgesetzt ist, denn nach seiner Wiedereinsetzung in das Urprinzip offenbarter Formen wird die zentrale Achse die materielle Form ebenso rasch auflösen wie sie diese geformt hat.*

Seid standhaft und ausdauernd in eurem Vertrauen dem Ewigen gegenüber. Die Zeit eurer Versöhnung ist erfüllt." Adam antwortete: „*Der Wille des Schöpfers sei der meine!*"

Die Urbilder, Adam, Kain und Abel

Ich werde jetzt auf die Erklärung der wahren Urbilder der von mir berichteten Ereignisse eingehen. *Adam* stellt durch seine zeitliche Nachkommenschaft den *Schöpfer* dar, und diese *Nachkommenschaft Adams* stellt die *Geister* dar, die der Schöpfer zu seiner allergrössten Herrlichkeit aus sich hervorgehen liess, damit sie ihm einen geistigen Kultus darbrächten. Ihr habt bemerkt, dass sich diese Geister, da sie *vor* Adam emanierten, mit Recht als die Älteren betrachten können. Ihr wisst auch, dass der Ewige diese Geister aus seiner Gegenwart entfernte, dass er, um diese in ihrer Entbehrung zu halten, aus seiner göttlichen Unendlichkeit ein Minor-Geist-Wesen erschuf und verselbständigte, und dass dieser Minor, den wir *Adam* und *Réaux* nennen, folglich nur der geistig Zweitgeborene dieser ersten Geister war und dass er wie diese vom göttlichen Vater Schöpfer aller Dinge hervorgegangen ist.

Damit will ich zu bemerken geben, dass *Kain*, ältester Sohn Adams, das Urbild dieser ersten, durch den Schöpfer erschaffenen Wesen ist und dass sein Verbrechen das Urbild jener Sünde ist, die diese *ersten Geister* gegen den Ewigen begingen. *Abel*, zweitgeborener Sohn Adams, stellt durch seine Unschuld und seine Heiligkeit das Urbild *Adams* dar, wie er in seinem Urzustand der Gerechtigkeit und der göttlichen Herrlichkeit *nach* diesen ersten Geistern emaniert worden ist. Der durch den älteren Bruder Kain *zerstörte Körper Abels* ist das Urbild jenes Werkes, das die ersten Geister vollzogen, um die *Form der Herrlichkeit,* mit der der erste Mensch bekleidet war, zu zerstören und der göttlichen Entbehrung anheimfallen zu lassen. Dies ist die sichere Auslegung des ersten Typus, den Adam, Kain und Abel durch die ihnen zugestossenen, betrüblichen Vorkommnisse zum Ausdruck bringen.

Der zweite Typus, den diese *drei Minores* vorstellen, ist nicht weniger bebedeutsam, sei es durch die Beziehung, die sie zu allen körperlichen, himmlischen, allgemeinen und irdischen Wesen besitzen, oder sei es durch die von ihnen angekündigten, über die Nachkommen des ersten Menschen hereinbrechenden Ereignisse. Um sich davon zu überzeugen, muss man beachten, dass Adam durch die *drei geistischen Prinzipien,* die seine irdische sichtbare Form ausmachen, und durch die darin regierenden Proportionen das genaue Abbild des *allgemeinen irdischen Tempels* ist, der, wie wir wissen, ein *gleichseitiges Dreieck* darstellt, wie man dies im Folgenden physisch sehen wird.

Die körperliche Fortpflanzung

Adam besass das Vermögen körperlichen Wachstums, wie es ja auch in der Natur der Erde liegt zu wachsen. Er vermochte zwei Arten des Wachstums zu beleben: die männliche und die weibliche. Auch die Erde kann nur diese beiden Wachstumsarten hervorbringen, sei es in den passiven Tieren, sei es in den Pflanzen und anderen Gewächsen. Aber ich werde euch lehren, dass ausser dem Vermögen körperlicher Fortpflanzung, die der Körper des Menschen in sich trägt, er auch die Macht hat, die passiven Tiere, die der Substanz dieser irdischen Form wahrhaftig eingeboren sind, zu beleben.

Hier ist, woraus ihr dies ersehen könnt:

Die Fäulnis

Sobald das vermittelnde Geistwesen seine Form verlassen hat, verfällt diese Form der Fäulnis. Ist die Vermoderung vollzogen, so treten aus dieser körperlichen Form körperliche Wesen hervor, die wir Kriechtiere nennen und die solange fortbestehen, bis die drei geistischen Prinzipien, die an der leiblichen Form des Menschen mitgewirkt haben, wieder integriert sind. Man muss nicht glauben, diese Fäulnis käme aus sich selbst oder aus der körperlichen Form, vielmehr gilt es zu wissen, dass der Same aller dem Wachstum unterworfenen Dinge der Umhüllung – sei es der irdischen, sei es der wässerigen – eingeboren ist; desgleichen dem Körper des Menschen. Da dieser der allgemeinen Erde entstammt und die drei Prinzipien – die mitgewirkt haben, seine irdische oder wässerige Hülle in ihrer irdischen Form zu erschaffen – in sich birgt, ist es unzweifelhaft, dass in dieser besonderen Form noch ein Same der dem Wachstum unterworfenen Tiere wohnt. Durch diesen Samen tritt nach dem, was man gemeinhin den Tod nennt, die Fäulnis im Körper ein.

Ihre Reintegration wirkend, treffen die *drei Prinzipien*, die wir *Schwefel*, *Salz* und *Merkur* nennen, durch ihre Reaktion mit den in der gesamten Ausdehnung des Körpers vorhandenen, samenträchtigen Eierstöcken zusammen. Diese Eierstöcke erhalten dadurch eine neue natürliche Wärme, die die Tiergattung der Reptilien ihrer Hülle entkleidet. Die solcherart aufgelöste Umhüllung verbindet sich nun innig mit dem feucht Grobstofflichen des Leichnams. Es ist die Vereinigung von dieser Reptilienhülle mit dem feucht Grobstofflichen des Leichnams, die die allgemeine Zersetzung des menschlichen Körpers bewirkt und damit seine sichtbare Form auflöst. So rührt die Fäulnis immer von der Reaktion der drei wirkenden Prinzipien her und verursacht das Explodieren der Kriechtiere, deren Same im allgemeinen Körper des Menschen zerstreut ist.

Dieses letzte Werk muss durch den Körper vollbracht werden. Dies ist, was man die Mühsal und die Arbeit des Körpers nennt. Ich gebe euch noch zu bedenken, dass die vom Körper herstammenden Kriechtiere ihre Aktionsweise nur in der Grundfeuchtigkeit und dem, was in diesem Leichnam an Wesentlichem enthalten ist, haben. Das Leben und die Tätigkeit, die die Tiere in dieser Grundfeuchtigkeit besitzen, kommen nur aus der *Operation der Achse, dem zentralen Feuer*, das in seiner letzten Operation die *drei* noch im Leichnam enthaltenen *geistischen Essenzen* ihrer diese umgebenden Unreinheiten entledigt. Deren natürliches Feuer erhält gemeinsam mit dem Zentralfeuer die Form der sichtbaren Gestalt dieser Kriechtiere mittels der Operation der Brechung ihrer Strahlen geistischen Feuers, die sich in der Folge, nachdem sie keine zu bearbeitende Flüssigkeit mehr finden, in sich selbst zurückziehen, das heisst, wenn sie alles gänzlich aufgezehrt haben. Bei der Beobachtung eines Leichnams kann dies alles einer Prüfung unterzogen werden. Da wird man die Wahrheit dessen, was ich bezogen auf die Fäulnis vorgebracht habe, sehen können. Gleichzeitig mit der Erklärung der Herkunft des Lebens dieser Kriechtiere will ich auch sagen, dass es im allgemeinen dasselbe ist mit dem Leben und der körperlichen Form aller unvernünftigen Tiere, die ihr Wesen lediglich aus diesen zwei Feuern beziehen.

Hiermit genug über die Fäulnis.

Ich werde nun die Erläuterung über die Urbilder der Kinder Adams fortsetzen.

Die Verbannung Kains im Süden

Ausser dem Typus der *Untreue* der ersten Geister und jenem ihres erfolgreichen Angriffs gegen den ersten Menschen, ist *Kain* auch das Urbild der frevelhaften und verhängnisvollen *Verführung*, die die bösen Geister gegen die künftigen Nachkommen Adams ins Werk setzen werden, gleich wie es Kain in seiner ersten Nachkommenschaft getan hat. Nach begangener Sünde ward Kain verpflichtet, gemeinsam mit seinen Schwestern im *südlichen* Teile zu leben, wohin er auf Befehl des Schöpfers und durch die Befugnis Adams zu bleibender Wohnstatt verbannt wurde. Dies ist das Urbild des Ortes, wohin die Dämonen verbannt wurden, um daselbst dem Zwang zu unterliegen, ihren Willen und ihre schädliche Absicht, sei es gegen den Schöpfer, sei es gegen die Minores beider Geschlechter – den Mann und die Frau, die beide dem Einfluss des dämonischen Intellekts offen stehen – auszuüben. Dieser *Ort des Mittags* ist auch das Urbild des universellen Teils, in dem der Schöpfer am Ende der Zeiten seine *Gerechtigkeit und seine Herrlichkeit offenbaren* wird. An diesem Ort werden auch die Gerechten ihre Kräfte und Mächte zur Schande der verkommenen Geister und der verworfenen Minores offenbaren. Der Süden, vom Schöpfer verflucht und durch die Heilige Schrift als

Zufluchtsort der abgefallenen Majores und Minores bezeichnet, zeigt uns ferner, dass Kain und seine zwei Schwestern durch ihre Dreizahl die *Untreue der irdisch leiblichen Form des Menschen* ankündigen, die der *dämonische Intellekt durch die Verbindung, die er mit den drei geistischen*, jede körperliche Form konstituierenden *Prinzipien einging*, verführt.

Zentralachse, Dreizahl und Neunzahl

Aus diesen drei Personen haben wir die *Neunzahl* der *sündigen Stofflichkeiten* gezogen, sei es der Dämonen, sei es der Minores, so wie ich dies allsogleich darstellen werde.

Ihr wisst, dass die Zahl der *Dreiheit* der *Erde* zugeteilt ist, oder der *allgemeinen Form* und den *körperlichen Formen und ihren Bewohnern* sowie den *Formen der himmlischen Bewohner.* Diese Dreizahl rührt von den drei Substanzen her, die jede beliebige Form ausmachen und die wir die *geistischen Prinzipien* nennen: *Schwefel, Salz und Merkur*, hervorgehend aus der Imagination und der Absicht des Schöpfers. Da diese drei Prinzipien in einem Zustand der Indifferenz erschaffen wurden, hat sie die zentrale Achse angeordnet und hergerichtet, damit sie sich zu einer Form, oder einer festeren Dichtigkeit heranbilden können. Dieser Fähigkeit der *Zentralachse* entstammen *alle leiblichen Formen*, auch jene, mit denen sich die verkommenen Geister zwecks ihrer Einflüsterungen umhüllen müssen.

Demzufolge waren auch die körperlichen Formen Kains und seiner beiden Schwestern, deren Typus wir nun auslegen wollen, aus ebendiesen Substanzen gebildet.

Die Verführung des Menschen durch den Körper

Was die Zahl der Neunheit betrifft, sage ich, dass es nicht erstaunlich ist, dass sich die *sündhaften Majores-Geister* und ihre Mittler [agents] vorzugsweise und lieber als an alles andere an die *körperliche Form des Menschen* halten; deshalb nämlich, weil diese menschliche Form zuerst für sie bestimmt war. Übrigens finden wir einen Beweis für die letztendliche Verbindung der bösen Geister mit dem menschlichen Körper in den Worten, die

Christus am Ende seines letzten irdischen Werkes im Garten Getsemani an seine Apostel richtete. Als er zu ihnen zurückkehrte, fand er sie schlafend und sie weckend sprach er: „*Schlaft nicht, denn das Fleisch ist schwach und der Geist ist willig.*“

Durch diese Leichtigkeit, mit der sich der böse Geist der leiblichen Form des Menschen mitzuteilen vermag, haben sich die drei Personen, von denen wir sprechen, die ihren Formen eingeborenen geistischen Prinzipien verderben lassen. Der dämonische Intellekt schlich sich ein und verband sich gänzlich der Form dieser drei Minores. Von hier nun gelang es ihm, den eingeschlossenen geistigen Mittler, der nach des Schöpfers Gefallen diese Form leiten und regieren sollte, zu verführen.

Dieser Einfluss verursachte eine solche Umwälzung in den drei Personen, dass es nicht mehr in ihrer Macht lag, sich des engen, zwischen ihnen herrschenden Zusammenschlusses zu entbinden. Durch das Zugeständnis jener vollkommenen Übereinstimmung, das alle drei mit dem dämonischen Intellekt eingegangen waren, bestanden zwischen ihnen bloss noch *eine* Absicht, bloss noch *ein* Gedanke und *eine* einzige Tat. Zu keiner Zeit hat man je unter den Menschen eine solche Einigkeit gesehen, und es ist unmöglich, dass drei unterschiedliche und freie Personen derart handeln, wenn sie nicht von einem guten oder bösen Geist beraten und geführt sind.

Aus diesen drei vom Fürsten der Dämonen besessenen Personen ziehen wir also, wie ich sagte, die Zahl der *materiellen Neunheit*; nämlich, indem wir zusammenzählen: die 3 geistischen Prinzipien und ersten Essenzen, ihre jeweils 3 dämonischen Kräfte und Mächte.

Das ist:

1. Drei Prinzipien Kains, drei seiner älteren Schwester, drei seiner jüngeren Schwester = 9
2. Drei Kräfte Kains, drei seiner älteren Schwester, drei seiner jüngeren Schwester = 9
3. Drei Mächte Kains, drei seiner älteren Schwester, drei seiner jüngeren Schwester = 9

Um euch zu überzeugen, dass die Neunzahl der Materie *den Minores entstammt*, braucht man nur ihr erstes dämonisches Werk und die Fortsetzung ihrer sündigen Werke zu betrachten, bis hin zu der vom Schöpfer auf ihre ganze Nachkommenschaft ausgeübten Vergeltung – eine Strafe, von der die Heilige Schrift uns lehrt, dass der Ewige die ganze Erde und ihre Bewohner durch *die Plage der Wasser* schlug und dass durch dieses Mittel auch die schuldigen Nachkommen dieser 3 Minores sowie die von ihnen verführten Menschen vernichtet wurden. Seit dieser Zeit ist die Neunzahl bekannt, desgleichen die nachfolgende geheimnisvolle Addition:

3	zählt das Produkt dieser Zahlen zusammen:
3	es ergibt immer 27, darin findet ihr 2 und 7,
3	das ergibt 9
3	multipliziert 27 mit 9,
3	es wird immer 9 ergeben
3	
3	wenn ihr dieses Produkt unendlich multipliziert,
3	es wird immer 9 ergeben.
3	
――	
27	

Soviel zur Zahl der Neunheit.

Nachkommen Kains

Um euch über die anderen mächtigen Urbilder, die Kain in diesem Universum noch darstellt, in Kenntnis zu setzen, werde ich euch nun aufzeigen, dass *Kain* das *Urbild der Erwählung der Propheten* ist, die der Schöpfer im Laufe der Zeiten unter die Nachkommen Kains entsenden sollte. Es wurde euch gesagt, dass *Kain*, nachdem er das Lebewesen Abel zerstört hatte, sich an seinen gewohnten Ort zurückzog, wo er – über sein Verbrechen nachsinnend – plötzlich eine göttliche geistige Stimme vernahm, die ihn danach fragte, was er mit seinem Bruder Abel getan hätte. Kain antwortete unvermittelt: *„Hast du ihn mir gegeben, damit ich ihn behüte?“*

Nach dieser Antwort übte der Geist eine so heftige Anziehung auf ihn aus – auf seine leibliche Form wie auch auf sein Minor-Wesen –, dass er sogleich zu Boden stürzte. In dieser Lage schrie er zum Schöpfer: *„Herr! Die mir begegnen, werden mich erschlagen."* Auf diesen Ausruf hin erkannte der Ewige, Vater der Barmherzigkeit, die Bestürzung Kains, und um ihn vor Vorwurf und Rache zu behüten, die seine Nachkommen auf ihn hätten ausüben können, zeichnete er ihn mit einem *schützenden Siegel*, und der ihn kennzeichnende Geist sprach: *„Im Namen des Ewigen, wer immer Kain erschlagen wird, wird siebenmal des Todes gestraft werden."* Darauf zog sich Kain mit seinen Schwestern an den ihm durch den Ewigen bestimmten Ort der Verbannung zurück. An dieser Stätte wurden ihm 10 männliche und 10 weibliche Nachkommen geboren.

Henoch und Tubalkain

An diesem Ort baute er eine Stadt und nannte sie *Henoch*. Zur Förderung dieses seines Werkes beschloss er im Schosse der Erde zu graben und die gewonnenen Rohstoffe zu verarbeiten, um ihnen gemäss dem Nutzen, den er daraus ziehen wollte, passende Formen zu geben. Er wirkte dieses Werk mit seinem *erstgeborenen Sohn*, den er *Henoch* genannt hatte. Das Geheimnis für das Schmelzen der Metalle und die Erschliessung der Minen überliess er seinem *Tubalkain* genannten Sohn. Hiervon ist uns das Wissen überliefert, Tubalkain hätte als erster das Giessen der Metalle entdeckt.

Booz

Kain war ein grosser Jäger und hatte alle seine männlichen Kinder zur Jagd erzogen, vor allem aber seinen zehnten Sohn, dem er ganz besonders zugetan war. Diesem Sohn verlieh er keine anderen Fähigkeiten ausser jener des Jagens. Seine anderen Kinder hatten mehr gefallen an gedanklichen und an handwerklichen Arbeiten. Diesen zehnten Sohn nannte Kain *Booz*, das heisst *Sohn des Totschlags*.

Der Mord an Kain

Dieser zehnte Sohn tötete seinen Vater Kain. Dies geschah auf folgende Weise: Kain, der vorgesehen hatte, begleitet von den zwei Kindern des Enoch, seinen Enkelkindern, auf die Wildtierjagd zu gehen, hatte seinen Sohn Booz nicht über diese für den übernächsten Tag vorgesehene Jagd benachrichtigt. Booz seinerseits plante, mit zwei seiner Neffen, Söhnen des Tubalkain, sich an eben demselben Tag wie sein Vater auf die Jagd zu begeben. Doch liess auch er seinen Vater über sein Vorhaben in Unkenntnis. Booz, der keine eigenen Kinder hatte, übertrug seine ganze Freundschaft auf diese beiden Neffen. So brachen sie denn gemeinsam auf zur Jagd. Unwissentlich schlug Booz denselben Weg ein wie sein Vater Kain. Beide befanden sich in demselben Dickicht, das zu durchkämmen sie die Gewohnheit hatten. In diesem Onam genannten Dickicht, das heisst Schmerz, bemerkte nun Booz den Schatten einer Gestalt. Er schoss einen Pfeil ab, der das Herz seines Vaters, den er für ein wildes Tier gehalten hatte, durchbohrte. Beurteilt nun selbst den Schreck und die Bestürzung des Booz, als er an jene Stätte gelangte wohin er seinen Pfeil geschickt hatte und daselbst seinen Vater erblickte, getötet von seiner eigenen Hand. Der Schmerz des Booz war umso grösser, als er um die Strafe wusste und die Bedrohung, die der Schöpfer gegen denjenigen ausgesprochen hatte, der die Person des Kain schlagen würde. Er wusste, dass derjenige, dem dieses Unglück zustiess, mit siebenfacher Todesstrafe geschlagen oder siebenmal mit dem Tod bestraft würde. (Andernorts werde ich die Strafe des siebenfachen Todes erläutern.)

Booz berief seine zwei Neffen zu sich und brachte sie vor den Leichnam. Sobald sie die Gestalt und das Gesicht Kains erkannten, schrien sie auf und machten ein Zeichen des Entsetzens, was den Jammer des unglücklichen Booz noch vergrösserte. Nachdem er ihnen erzählt hatte, wie er unschuldig zur Ursache der Zerstörung der körperlichen Form seines Vaters Kain geworden war, sprach er zu ihnen: *„Meine Freunde, ihr seid Zeugen meines Verbrechens. Wenn auch ungewollt, so habe ich doch die Gesetze und das Verbot des Schöpfers übertreten. Ich bin schuldig vor dem Ewigen und vor den Menschen. Ich bin der Jüngste der Söhne*

Kains, der Letzte seiner Nachkommen, der Schuldigste und der grösste Sünder. Rächt an der Person dieses Letztgeborenen den Tod seines Vaters und die Schmach, die er euch angetan.“

Der *dämonische Intellekt*, der die *Schwäche der sich in Betrübnis befindlichen Menschen kennt*, entfachte in den beiden Neffen des Booz alsbald eine heftige Leidenschaft der Rache für den Mord an Kain. Sie legten einen Pfeil auf die Sehnen ihrer Bogen, um diesen auf ihren Onkel abzuschiessen. Da sie sich jedoch zum Schusse anschickten, vernahmen sie eine Stimme: *„Wer immer den erschlägt, der Kain getötet hat, wird siebenundsiebzig Mal des Todes gestraft.“* (Was ich in der Folge erklären werde.) Diese schreckliche geistige göttliche Drohung schleuderte die beiden Neffen des Booz zu Boden. Aus ihrer Ohnmacht zurückgekehrt, brachten sie ihre Waffen Booz dar, indem sie sprachen: *„Der Schöpfer hat dich, Booz, bezüglich des Mordes an deinem Vater begnadigt. Wir sind jetzt die Schuldigen vor dem Ewigen, haben wir doch willentlich vorgesehen, unsere rachegierigen Gedanken an dir zu vollstrecken.“*

Booz antwortete seinen beiden Neffen: *„Der Wille des Schöpfers erfülle sich!“*

Nach dieser Ergebung des Booz zogen sie sich gemeinsam in die Stadt Henoch zurück. Die Traurigkeit und die Niedergeschlagenheit, mit der sie in diese Stadt einkehrten, versetzten die Nachkommen Kains in höchste Betroffenheit. Dieser Schmerz verdoppelte sich noch, als die Nachkommen erfuhren, dass die Zerstörung der Form ihres Vaters Kain durch den Letztgeborenen dieses selben Vaters vollzogen worden war. Als der unglückliche Booz erkannte, wie er der allgemeinen Feindschaft der ganzen ersten Nachkommenschaft Kains gegenüberstand, war er gezwungen, sich von diesem vom dämonischen Intellekt besessenen Haufen zurückzuziehen, und er wählte seinen Ruheort in der Wüste von *Jeraniaz*, das heisst: *Höret den Schöpfer.* An diesem Ort vollendete Booz seine Tage in Reue und Busse.

Das Urbild der Weissagung

So wurde *Kain* zum wahren *Urbild der Weissagung*, als er nämlich nach dem Verbrechen an seinem Bruder Abel sagte: *„Die mir* *begegnen, Herr, werden mich töten.*" Begegnete er nicht seinem Sohn in einem Dickicht? Wurde er nicht, wie er sagte, tatsächlich durch einen Menschen getötet? Was wirklich den Typus der Prophezeiung ausmacht, ist, dass das Zusammentreffen der beiden Personen Kain und Booz keinesfalls absichtlich geschah und dass sich der eine wie der andere, ohne sich zu erkennen, an dem Orte befanden, wo Kain die Todeswunde erhalten sollte.

Ich gebe euch jetzt zu bemerken, wie lächerlich und absurd die Betrachtung ist, die die Menschen des Jahrhunderts über diesen Vatermord des Kain durch seinen Sohn Booz anstellten. Dieses den meisten Menschen unbekannte Bild liess sie glauben und sogar behaupten, Adam sei nicht der erste Mensch, weil, sagen sie, als Kain seinen Bruder Abel getötet hatte, er zum Schöpfer spricht: *„Herr! was soll aus mir werden? Die mir begegnen, werden mich töten.*" Wären diese Menschen über das Bild, das diese an den Schöpfer gerichteten Worte darstellten, unterrichtet gewesen, hätten sie deutlich gesehen, dass es jenes der Propheten war, wie wir es unter den Menschen der Erde und an Kain selbst sich erfüllen sahen. Aber, werdet ihr mir sagen, wie ist es möglich, dass der Schöpfer hernach Propheten zu den Menschen berief, um sie an die Einhaltung der Gebote zu gemahnen, die er ihnen gegeben hatte, da ihr doch sagtet, dass der Schöpfer an den unter den Menschen geschehenden Zweitursachen keinen Anteil nimmt?

Ich antworte, dass der Schöpfer das denkende dämonische Wesen nicht ignorieren kann, wirkt dieses doch unaufhörlich verführerische und verderbliche Dinge für den geistigen Minor, wie dies schon bei der Verführung Adams und seiner Nachkommenschaft geschehen ist. In der Folge hat es der Schöpfer zum Vorteil des Menschen für richtig erachtet, geistige Minor-Wesen zu erwählen und sie mit prophetischem Geiste zu begaben; nicht nur, um den Menschen in den Gesetzen, Vorschriften und Geboten, die er ihm gegeben hatte, zu erhalten, sondern auch zur allergrössten Belästigung der bösen Geister und zur Offenbarung der allergrössten göttlichen Herrlichkeit. Der *Gedanke* des geistigen guten oder bösen Wesens wie auch die gute oder böse *Tat* vor dem Schöpfer sind es, die den Ewigen die Zweitursachen erkennen lassen.

Booz in der Wüste

Betrachten wir nun das Bild der Ruhestätte des Booz in der *Wüste Jezanias*. Da Booz der letzte Sohn der direkten Nachkommen Kains war und durch seinen Rang die *Zehnheit* vollendete, ist es unzweifelhaft, dass er mit einigen geistigen göttlichen Gaben begabt war; dies, um eine Gestalt und ein wirkliches Vorbild für die grosse Barmherzigkeit abzugeben, die der Schöpfer – unter welchen Umständen auch immer – dem geistigen Minor und dem verdorbenen Major-Wesen als Vergünstigung gewährt, vorausgesetzt die Geister berufen sich redlich auf ihn. Dies könnt ihr sehr deutlich an der Gnade erkennen, die der Schöpfer Booz erwiesen hat, der doch doppelt verbrecherisch war; erstens, weil er die Teilnahme am Kultus der Dämonen jenem des Schöpfers vorgezogen hatte, obwohl er vollkommene Kenntnis des einen wie des anderen besass, und weil er sich durch das Beispiel und das falsche Brauchtum, dem sich die Nachkommen Kains verpflichtet hatten, verleiten liess, sei es aus Furcht vor den irdischen Leiden, die diese Nachkommenschaft ihm aufbürden würden, oder zu seiner persönlicher Befriedigung.

Booz ward, zweitens, dadurch schuldig, dass er seinen Vater Kain getötet und weil er dadurch den Verboten des Schöpfers zuwidergehandelt hatte, die dieser – nach dem an Abel begangenen Verbrechen – der Nachkommenschaft Kains auferlegt hatte. Es ist nicht so, dass der Schöpfer deshalb das zukünftige Benehmen der unter dieser Nachkommenschaft zur Wirkung kommenden Zweitursache gehindert hätte (ihr kennt meine Aussage zu diesem Thema), aber um den Fürsten der Dämonen durch dieses Verbot darzutun, dass ihm das Benehmen von ihnen allen bekannt war und dass er die Menschen vor den Schandtaten warnen wollte, die diese Dämonen gegen sie wirken könnten, wie sie dies ja schon zum Sturze Adams und seiner ersten Nachkommenschaft getan hatten. Haben nicht die Menschen selbst immer das zukünftige Betragen ihrer Mitmenschen nach dem vergangenen beurteilt und dies trotz dem *falschen Sprichwort*, dass ein Mensch weder für sich selbst noch für sein zukünftiges Verhalten verantwortlich sei. Wissen wir denn nicht, dass der Schöpfer mächtiger und gewaltiger ist als die Dämonen und dass auch ihre stärkste dämonische Wut nur dann neue Verdammung nach sich zieht, wenn sie sich gegen den Schöpfer erhebt oder gegen die gerechte Mitte, deren Bauwerk unerschütterlich ist, insofern es auf dem geringsten geistigen göttlichen Fundament errichtet worden ist?

Und wissen wir schliesslich nicht, dass, was der Schöpfer hütet, wohl behütet ist? Auf dieser einzigen unbesiegbaren Macht und auf der unwandelbaren Gerechtigkeit des Schöpfers gründeten alle Verbote und alle Drohungen, die er für die Nachkommen Kains erlassen hatte.

Der Angriff der Dämonen

Ich möchte euch jetzt einen kleinen Aufsatz über das eben Gesagte vorlegen, damit ihr das abscheuliche Treiben, das die dämonischen Geister insbesondere gegen die Form des Minor und gegen den Minor selbst ausüben, besser verstehen könnt. Weil die Form des Menschen *das Bild* und die *Hauptprobe* des *grossen Werkes* des Schöpfers ist, haften sich die dämonischen Geister lieber an die Form des Minors als an jene des Tieres. *Der Mensch* bildet durch seine Form die wirkliche Gestalt jener offenbarten Form, die in der Idee des Schöpfers erschien und die anschliessend durch geistige göttliche Werkleute geschaffen und einer Substanz von sichtbarer, fester, passiver Materie zur *Erbauung des universellen, allgemeinen und besonderen Tempels* verbunden wurde. Die dämonischen Geister hängen sich mit Vorliebe an die *menschliche Form*, weil diese *ein Minor-Wesen enthält*, mächtiger als sie selbst, und das sie unablässig zu verführen und vom Schöpfer abzukehren versuchen. Deshalb also lässt der Fürst der Dämonen seine intellektuellen Geister lieber die leibliche Form des Menschen angreifen als jene der Tiere, weil die *Tiere* nicht das grosse Werk des Schöpfers darstellen und weil sie kein geistiges göttliches Wesen enthalten, das die dämonischen Geister irgendwie beeindrucken könnte.

Es gilt zu wissen, dass der dämonische Geist, der unablässig die Minores zu belästigen sucht, damit beginnt, ihre Formen von seinem bösen Intellekt anfallen zu lassen. Dieser böse Intellekt macht das Leben des Menschen passiv und, wenn er sich ganz mit der Form verbunden hat, macht es ihn dafür empfänglich, geistiges dämonisches Leben zu sein. Daher stammt es, dass dieser Geist-Intellekt den geistigen göttlichen Minor angreift, damit dieser dem Einfluss des Willens des Fürsten der Dämonen ausgesetzt sei, in dessen Auftrag dieser Intellekt ja handelt und der geschworen hat, jede Art geistigen Wirkens zur Verherrlichung des Schöpfers zu bekämpfen. Aus diesem furchtbaren Ringen resultiert die gute oder schlechte Reintegration der körperlichen Form des Minor-Wesens. Alles hängt ab von der *Entschiedenheit dieses Minor*, dieses ihm und seiner Form fremdartige Wesen zurückzustossen oder aber seiner Schwäche zu gehorchen und den Einflüsterungen des bösen Geistes nachzugeben.

Die Tiere [brutes] und der Minor

Es fällt uns leicht zu beweisen, dass sich diese Art Kämpfe eher auf des Menschen Form als auf jener der Tiere zutragen. Beobachten wir einmal das Verhalten, die Regungen und die Handlungen dieser Tiere. Beschäftigen sie sich mit Berechnungen und Überlegungen bezüglich der Zerstörung oder der Erhaltung ihrer leiblichen Form? Besitzen sie einen Kultus? Haben sie Gesetze, um untereinander in gutem oder schlechtem Einvernehmen zu sein? Sehen wir nicht im Gegenteil, dass sich bei den Tieren alles durch die reine Natur regelt, die während der gesamten Dauer ihrer irdischen Existenz für sie sorgt? Aber die Handlungen des Minor, seine Regungen, seine Werke sind jenen der Tiere entgegengesetzt, und was sie unterscheidet, ist so offensichtlich, dass es kaum zu übersehen ist. Ja, was vom vernünftigen Tier ausgeht, steht immer über dem, was vom unvernünftigen stammt, und zwar deshalb, weil die körperliche Form des Menschen in der Lage ist, drei verschiedene Arten von Leben zu enthalten, was ich nun eurem Verständnis nahe bringen werde.

Drei Arten von Leben

Das *erste* ist das Leben der Materie, das wir *Instinkt* nennen oder *passives Leben*, das der Form des vernünftigen wie auch des unvernünftigen Tieres [animal] eingeboren ist. Das *zweite* ist das *geistige dämonische* Leben, das sich im passiven Leben einkörpern kann. Das *dritte* ist das *geistige göttliche* Leben, das über die beiden andern herrscht. Dasselbe werdet ihr bei den Tieren [brutes] nicht finden. Bei ihnen gibt es nur ein Wesen passiven Lebens, herstammend aus dem geistigen göttlichen Wirken der Achse des zentralen Feuers, das seine Tätigkeit täglich auf alle beliebigen körperlichen Formen sichtbarer Materie richtet und sie dadurch verdichtet. Durch diese Tätigkeit und dieses Werk werden alle Formen sichtbarer Materie während dem Ablauf ihrer irdischen, durch den Willen des Schöpfers festgesetzten Dauer erhalten. Solcherart ist der zwischen den vernünftigen und den unvernünftigen Wesen fortbestehende Unterschied, und so ist es auch verständlich, dass die dämonischen Operationen eher die leibliche Form des Menschen denn jene der Tiere [brutes] angreifen. Es braucht keine Mittler, um diese Tiere [brutes] wieder in die Prinzipien ihrer natürlichen Gesetze einzuordnen, nachdem einzig und allein ihre Leidenschaft sie mittels ihrer eigenen Regungen von diesen Gesetzen entfernt hat. Sie benötigen diese Vermittler nicht, weil ihre Zerwürfnisse von keinem anderen als dem ihnen von der Natur auferlegten Ratschluss herrühren.

Das also ist der kleine Aufsatz, den euch zu schreiben ich mir vorgenommen habe. Ich wollte euch den Typus der Zurückgezogenheit des Booz in der Wüste von Jezanias erklären. Das gab mir die Gelegenheit euch über sehr wesentliche Dinge zu unterrichten, die von grösster Bedeutung für den *von Gott Geliebten*[35] sind.

Diese Zurückgezogenheit des Booz lässt uns nun leicht verstehen, dass es in der Macht des geistigen göttlichen Minor steht, sich, wann immer er will, von dem Bekenntnis und der Verbindung zu trennen, die er durch das Organ des dämonischen Intellekts mit dem Fürsten der Dämonen eingegangen ist. Ich trete hier nicht mehr auf die Details der unterschiedlichen Urbilder ein, die durch die Nachkommenschaft Kains dargestellt sind. Ich werde später wieder davon sprechen.

---

35 *Homme de désir,* Titel eines 1790 erschienenen Buches von Louis-Claude de Saint-Martin (Le Philosophe Inconnu). Darunter versteht er den initiatischen Menschen auf dem Heimweg zu seiner Heiligung und Versöhnung. Es ist der zu Gott zurückstrebene Mensch. Der Begriff findet sich auch im Buch Daniel 10, Verse 11 und 19. *Homme de désir* oder *Homme de prédilection* = der von Gott Geliebte – der von der essentiellen Sehnsucht beseelte Mensch.

Ich muss euch übrigens hier noch eine Erläuterung zum Typus der Geburt Abels geben.

Der Typus der Geburt Abels

Ich führe also weiter aus, dass Adam und Eva durch eine sehr kurze materielle Operation – das bedeutet: ohne Exzesse ihrer irdischen Sinne – an der Entstehung der Form ihres Sohnes *Abels* mitgewirkt haben. Im übrigen waren sie dem Schöpfer durch ihre vollkommene und geistige Hingabe vollständig ergeben. Der Schöpfer verweigerte nicht seine Mitwirkung an dieser Operation und erfüllte die von ihnen erzeugte Form mit einem mit allen Tugenden und geistiger göttlicher Weisheit begabten Minor-Wesen. Dieses geistige Wesen sollte der Typus der *Offenbarung göttlicher Gerechtigkeit* sein, zum Heile der Minores und zur Schande der Dämonen. Weiter war dies auch das hauptsächlichste Mittel zur Versöhnung von Adam und Eva. Dieses Urbild, das Abel zum Heile der gesamten Nachkommenschaft Adams bis ans Ende der Zeiten veranschaulicht, war nicht das einzige geistige Bild, das dieses Minor-Wesen uns vergegenwärtigt. Es diente auch noch als Urmuster zum allgemeinen und besonderen Heile aller geistigen Wesen. Ferner war Abel ein wahrhaftiger Typus jener von der göttlichen Gnade begabten Minores, die der Schöpfer bei den Menschen hervorgehen lassen wird, um geistige Werkzeuge der Offenbarung seiner Gerechtigkeit zu sein.

Enoch

Unter den für diese Art geistigen Wirkens bestimmten Minores betrachten wir zuallererst *Enoch*, den siebenten der Nachkommenschaft jenes Mannes, der an Abels Stelle trat: *Seth*. Durch den Rang seiner Geburt, ist er der wahre Typus des *göttlichen Geistes zur Unterstützung, Führung und Verteidigung der Minores* gegen die Verfolgung der Dämonen. Im weiteren ist er durch seinen Auftrag, seine Werke und seine Handlungen und durch den Kultus, zu dem er sich bekannte, der wahre Typus der direkten Aktion des *zweifachmächtigen Geistes* des Schöpfers, der den Menschen dieser Zeit das Verhalten vorschrieb, das sie, um sich vor den Nachstellungen ihrer Feinde zu schützen, zu befolgen hatten. Dieselbe Gesinnung sollte die Menschen auch in ihren natürlichen, zeitlichen und geistigen Operationen leiten und ihnen als grundsätzliches Fundament dienen, um fortzufahren im Zeremoniell ihres Kultes, des Werkes göttlicher Verbindung.

Der Kult des Enoch

Untersuchen wir nun jenen Kult, den Enoch unter den Nachkommen Seths ausgeübt hat. Er ist der erste, der mitten unter ihnen einen Altar aus weissem Stein - von dem verschieden, was wir Marmor nennen - errichtet hat. In der Mitte dieses Altars empfing Enoch die Frucht seines Kultes und bot sich selbst zum Opfer an. Als erster hat Enoch die geistigen Minores belehrt, göttliche Bauwerke auf ihrem eigenen Fundament zu errichten. Er hat die Gerechtigkeit Gottes prophezeit, die zur Strafe der Sünden der Nachkommen Kains und jener Übriggebliebenen des Seth, die sich mit ihnen verbündet hatten, über die ganze Erde kommen würde. Er regelte die Bündnisse der Nachkommenschaft des Seth, indem er verbot, dass die Kinder des göttlichen Schöpfers sich mit den Kindern der Menschen verbanden. (Nach all dem, was ich von der Untreue Adams und der daraus entstanden Frucht sagte, wisst ihr wohl, was das ist: die Kinder der Menschen.) Es ist Enoch, der dadurch, dass er selbst zehn Wesen auserwählte, um den göttlichen Kult unter den Nachkommen Seths zu vollziehen, die wahren Auserwählten des Schöpfers, die vom Ewigen geboren würden, vorausgesagt hat. Es ist also Enoch das grosse Urbild des *Zeremoniells* und *des göttlichen Kultes* unter den gewesenen Menschen, so wie er es immer noch ist unter den gegenwärtigen, wie man dies durch die Erklärung seines geistigen göttlichen Wirkens erkennen wird.

Enoch, der nichts anderes ist als ein *Heiliger Geist in einer leiblichen Form sichtbarer Materie*, hielt auf Grund der grossen Sehnsucht und des guten Willens seiner Schüler, die er unter der Nachkommenschaft des Seth und des Enos erwählt hatte, eine geistige göttliche Versammlung gegen *Norden*. Dieser Nachkommenschaft gab er den Namen: *Kinder des Schöpfers,* und diese Nachkommen des Seth und des Enos, zutiefst berührt im Angesicht der heiligen Werke des Schöpfers, konnten ihn nicht anders nennen als den *Heiligen Mann Enoch.* Dies bedeutet: *Geweiht, der dem Schöpfer ergeben ist.* Mit grösstem Erfolg unternahm er die Erneuerung des Benehmens der Minores, die ihn bereits als einen über alle geschaffenen Dinge mächtigen Mann anerkannten. Er befragte sie über die verschiedenen täglichen Operationen und Anrufungen, die sie entgegen dem Willen des Schöpfers praktizierten, wobei sie den Namen *Kinder des lebendigen Gottes* zur Unzeit trugen. Die Vorhaltungen, die er ihnen diesbezüglich machte, und die Drohungen schrecklicher Gerichte, die sie in kurzer Zeit treffen würden, veranlasste diese Minores, sich gänzlich der Führung, der Disziplin und den Weisungen des heiligen Mannes anheimzugeben. Er ermutigte sie und bestärkte sie im Glauben und in der Praxis der Heiligen Handlungen, die sie bis anhin lediglich aus jenen Reden kannten, die er ihnen in der ersten Versammlung am Tage des Sabbat gehalten hatte.

Die zehn Auserwählten

Dazu erwählte er nun zehn Personen, denen er den Willen des Schöpfers auslegte und denen er, damit sie den Ewigen in Heiligkeit anzurufen vermochten, ein Zeremoniell und eine Lebensregel vorschrieb. Den zehn Individuen gewährte er Zugang zur Kenntnis seiner Arbeiten *Listiques Catholiques* (an geeignetem Ort wird man die genaue Interpretation dieser zwei zu den geistigen göttlichen Wissenschaften gehörenden Worte geben). Hernach liess er sie ein Bauwerk errichten, das nur einen einzigen Raum, eine einzige Umfassung besass. Darin stellten sich die von Enoch ausgewählten zehn Personen auf, um ihn in seinen Heiligen Handlungen zu unterstützen. Einem jeden von ihnen gab er einen Anfangsbuchstaben der Heiligen Namen Gottes. Dies ergab *zehn Buchstaben*, die es ihnen ermöglichten, jede dem Schöpfer angenehme und den versöhnten Minores dienliche Art Operation regelgerecht und präzise zu vollziehen. Im Anschluss an diese erste Operation schickte er jeden in das Zelt oder Quartier, das er ihnen zugeteilt hatte, ganz so, wie es seither auch Mose durch das Lager der Leviten im Umkreis der Bundeslade dargestellt hat.

Die zwei Worte der Macht

Alle zehn Wochen hielt Enoch mit seinen Erwählten diese Versammlung göttlicher Operationen, und in jeder Versammlung übertrug er ihnen einen neuen Anfangsbuchstaben des Heiligen Namens Gottes, so dass jeder nach sieben Versammlungen *zwei Worte der Macht* besass, durch die er alle geschaffenen Dinge von der Erdoberfläche bis zur Oberfläche des Himmels zu beherrschen vermochte. Die zwei Worte bestanden aus *sieben Buchstaben,* von denen vier den furchtbaren, mächtigen und unsichtbaren Namen des Ewigen bildeten, der alle geschaffenen Wesen im himmlischen Leib regierte und unterwarf. Die drei anderen Buchstaben bildeten einen Heiligen Namen, der alle geschaffenen Wesen auf dem Körper der Erde regierte und bezwang. Diese zehn durch die Hilfe Enochs wieder in ihre ersten Kräfte und geistigen göttlichen Mächte eingesetzten Häupter erwirkten durch ihre Heiligen Operationen so grosse Wunder, dass sie mehrere Personen ihrer Familien neu bekehrten und jene durch den Heiligen Geist berufenen Minores in den Wissenschaften unterrichteten, die sie vermittels der Macht und des Amtes Enochs – Typus der Versöhnung der Menschheit – besassen.

Der Abfall der Neubekehrten

Die Zahl der Neubekehrten war in kurzer Zeit sehr beträchtlich, aber diese verhielten sich nicht gleich in ihren Tugenden und Kräften, mehrere verdarben. Es war das abscheuliche Treiben eines der zehn von Enoch zur göttlichen Versöhnung zugelassenen Häupter, das die Uneinigkeit unter den Strebenden hervorrief und eine Atmosphäre des Missverstehens der von Enoch erhaltenen Instruktionen verbreitete. Dieser aufrührerische Geist verstärkte sich so unter den neu Berufenen, dass sie unter der Führung des Hauptsünders vollständig vom Schöpfer abfielen und sich der irdischen Lust preisgaben. Es verblieb also nur noch die Zahl der 9 auf Erden. Diese neun Gerechten zogen sich auf die Kräfte und Kenntnisse zurück, die sie vom Heiligen Mann Enoch erhalten hatten, und baten ihn, sich noch einmal mit ihnen zu treffen, um den vom Dämon entführten Bruder zu ersetzen.

Die neun Gerechten

Enoch blieb von ihren Gebeten nicht unberührt und so berief er mit den neun Gerechten eine Versammlung ein, in der er ihnen sein Geheimnis vollumfänglich kundtat. Hier auch tat er seine eigene Wahl, um den Ungetreuen zu ersetzen, doch fügte er hinzu, dass derjenige, den er zu diesem Zwecke erwählt hatte, erst dann in seine Kraft und göttliche Macht eingesetzt würde, wenn sie selbst während ihres irdischen Lebens ihre Sünden gesühnt hätten und nachdem die göttliche Gerechtigkeit streng gegen die Verbrecher vorgegangen wäre. Das Herz der neun Gerechten ward so tief ergriffen, dass sie während etwa einer Stunde in einer Art Ausgelöschtheit oder Betäubung verblieben. Während dieser Zeit vollzog Enoch seine Invokation zum Schöpfer, dies zum Heile dieser neun Schüler, die in dem Zustand in dem sie sich befanden, all die Plagen sahen, mit denen der Schöpfer die Erde und ihre restlichen Bewohner heimsuchen würde. Das Entsetzen, das sie dabei empfanden, brachte sie aus ihrer Mattigkeit zurück. Sie blickten auf Enoch, stiessen einen grossen Schrei aus und sprachen: „*Wie ist es möglich, Meister, dass all das auf dieser Erde wird geschehen müssen, was wir gesehen haben? Ist es euch nicht möglich, den Zorn desjenigen, der euch zu uns gesandt hat, durch eure Gebete zu besänftigen und die Plagen aufzuhalten, die er auf die Erde und ihre Bewohner zu werfen im Begriffe steht? Die Vision, der wir teilhaftig wurden, ist nicht falsch: Der Schöpfer ist gerecht, und ihr seid heilig, stark und unbesiegbar.*“

Enoch antwortete ihnen: „*Wer hat euch denn über mich unterrichtet? Seid alle ein einziger Mensch, und ihr werdet auch heilig sein. Seid alle ein Gesetz, und ihr werdet alle stark sein. Seid alle unter derselben Lebensregel, die ich euch verordnet habe, und ihr werdet ewiglich geistige, unbesiegbare Minores bleiben. Dies ist der Wille des Vaters und seines Heiligen Geistes über seinem Sohn. Seid alle Söhne des Allmächtigen auf Erden, und ihr werdet wissen, dass derjenige, den ihr Enoch genannt habt, der Geist ist des Vaters, der im Himmel ist.*“

Die Entrückung Enochs

Kaum hatte *Enoch* seine Rede beendet und die 9 Schüler gesegnet, stieg eine Flammenwolke vom Himmel, diesen heiligen Geist eiligst zu *entrücken* und an seinen Bestimmungsort zu tragen. Seine Schüler, die ihn aus den Augen verloren, wehklagten und redeten also: „ *O Ewiger, was wird aus uns werden ohne den Beistand unseres Meisters Enoch? Warum entreisst du ihn der Brust seiner Brüder und seiner Schüler? Wenn die Erde schuldig ist, inwieweit müssen wir leibliche Menschen denn verantwortlich sein, es sei denn des irdischen Blutes wegen, das wir von dieser erhalten haben und das wir für deine Heilige Gerechtigkeit hingeben? Erhöre, Herr, unsere Bitten und erbarme dich deiner Söhne und deiner Diener.*“

Die Nachfolge Enochs

Hernach wurde Enoch zu einem solchen *neuen Typus* des *Willens des Schöpfers*, wie man ihn seit den Zeiten der Vergangenheit bis auf den heutigen Tag mehrmals gesehen hat. Das Urprinzip der geistigen göttlichen Religion, das er unter den Nachkommen Seths errichtet hatte, wurde bewahrt und wieder eingesetzt durch die Macht des *Noah*, der selbst ein *Typus* der *geistigen Erwählung* zur allgemeinen und besonderen *Versöhnung* ist. Dies werden wir deutlich sehen, wenn wir folgendes betrachten: Noahs Eintritt in die Arche mit all den unterschiedlichen Tierarten; die Ruhe und die Ungetrübtheit dieser Arche während der Sintflut; die geistigen Unterweisungen, die Noah seinen ehelichen Kindern erteilte; schliesslich das Zeugnis seines Verhaltens, um die ihm Anvertrauten vor der schrecklichen Plage zu behüten, deren Gott sich bediente, um die Erde und ihre Bewohner zu vernichten.

Ohne auf die Einzelheiten des besonderen Auftretens Enochs gegenüber seinen Schülern und seiner geheimen Wahl einzugehen, genügt es, das eben Gesagte zu bedenken, um deutlich zu sehen, dass der *wahre Messias immer* – wenn auch unerkannt – *mit den Kindern Gottes gewesen ist.* In dieser Erklärung findet man auch die Auslegung dessen, was der Prophet Daniel sagen wollte, als er in einer seiner Prophezeiungen der Gefangenschaft Israels sinnbildlich die Zahl von *sechzig und zehn Wochen* erdachte, die umgewandelt wurde in *sechzig und zehn Jahre* der Knechtschaft unter Nabuchodonosor – eine Weissagung, die durch die Unterdrückung der Israeliten, aus der sie später durch die gewaltigen Operationen des Zorobabel befreit werden sollten, bestätigt wurde. Diese Befreiung geschah erst, nachdem sechzig und zehn Jahre jener Knechtschaft vergangen waren, zu der sie der Schöpfer für die Vergehen verurteilt hatte, die sie gegen ihn und ihre Brüder begangen hatten.

Die Gegenwart Christi

Doch nicht nur im Erscheinen Enochs – dessen Typus ich zu erklären begonnen habe - finden wir Beweise der Gegenwart Christi unter den Kindern Gottes. *Abel*, der das Urbild jener mit der Offenbarung der göttlichen Gerechtigkeit beauftragten Minores war, stellte ebenso den wahrhaftigen Typus des *Messias* dar. Diese Wahrheit ist an den Werken der auserwählten Minores zu erkennen, die ihre Kräfte und ihre geistigen Tugenden unter den Menschen der vergangenen Jahrhunderte ausübten und die auch unter den heutigen Menschen noch wirken. Diese auserwählten Minores seit *Abel* und *Enoch* sind: *Noah, Melchisedek, Joseph, Mose, David, Salomo, Zorobabel* und der *Messias*. All diese mit der Offenbarung des göttlichen Ruhmes beauftragten Wesen machen die volle *Zehnzahl* aus, von der alle geistigen und irdischen Dinge ausgehen. Das werde ich später erklären, dann nämlich, wenn ich von den Typen und Epochen rede, die der allgemeine und besondere Körper wie auch die ebenerwähnten Minores durchlebt haben. Diese Hinweise werden euch von der Wahrheit all dessen überzeugen, was ich durch die Ebenbürtigkeit, die Gleichheit und die Verbindung der Operationen dieser Minores mit den Operationen Abels zum Ausdruck brachte. Es zeigt euch klar, dass Abel das wahrhaftige Abbild der Werke Christi geschaffen und Kain die Werke des Fürsten der Dämonen dargestellt hat.

Die Wut der Dämonen

Kain repräsentiert für uns – durch den Mord an seinem Bruder Abel – die Wut der Dämonen, die geschworen haben, jede Art Schöpfung aufzulösen und zu vernichten; dies, indem sie sich der Menschen bedienen, denen sie eine Vielzahl irdischer Leidenschaften in dem Wissen einflössen, dass sie mit der *Schwäche* der *Sinne des irdischen und des geistigen Lebens* übereinstimmen. Mittels dieser Einflüsterungen wirken sie widersprechende Aktionen in den Minores und erhalten sie hierdurch in der Konfusion. Daraus ersehen wir, dass es unter den irdischen Menschen nicht zwei Gedanken, zwei Taten, zwei Werke gibt, die untereinander einig sind. Die Hartnäckigkeit der Dämonen, Zwietracht unter den Menschen zu säen, zielt nur darauf hin, vermessene Gedanken des Hochmutes und des Ehrgeizes anzuregen, damit die Menschen in stetiger, *geistiger Uneinigkeit* leben, den Anlass und die Ursache der Unruhen und Leiden, zu denen sie verurteilt sind, nicht erkennen und der Idee des Kultes, den sie dem Schöpfer darbringen sollten, verlustig gehen. Das sind also die Greueltaten, die durch das Verbrechen Kains dargestellt wurden.

Die unbefleckte Empfängnis Abels

Tatsächlich war Abel Kains irdischer Bruder, gingen sie doch aus demselben Vater hervor. Doch es gab keinen möglichen Vergleich zwischen den beiden Operationen, die zur Formung des einen und des anderen beigetragen hatten. Die Form Kains ward im Übermass der Wollust der irdischen Sinne empfangen und ist sichtbare Schilderung der Untreue des ersten Menschen. Im Gegensatz dazu ward Abel ohne Exzesse irdischer Sinne und mit der ganzen Reinheit der Gesetze der Natur empfangen. Somit war diese Form mehr geistig denn irdisch. Durch die geistige Empfängnis betrachten wir die Form Abels als eine wahre Gestalt der Form des Christus, geistig aus einer gewöhnlichen Form herstammend ohne Beihilfe irdisch physischer Operationen und ohne Teilnahme der irdischen Sinne.

Die Einkörperung Christi

Andererseits verweist diese körperliche Gestaltwerdung Christi auf die materielle Einkörperung des ersten Menschen, der nach seiner Untreue seinen verklärten Leib verlor und, indem er sich in die Tiefen der Erde stürzte, einen grobstofflichen Körper annahm. Denn bevor dieser zweifach mächtige und über alle erschaffenen Wesen erhabene göttliche Geist herniederstieg, die göttliche Gerechtigkeit unter den Menschen zu offenbaren, wohnte er im reinen, strahlenden Kreis der göttlichen Unendlichkeit. Als er jedoch vom Schöpfer entsandt wurde, verliess er diesen geistigen Wohnsitz, um sich im Schosse eines jungfräulichen Mädchens einzuschliessen.

Weist uns der von seinem wahren Wohnsitz abwesende Minor Christus nicht hin auf die Vertreibung des ersten Menschen aus seinem verklärten Leib? Erinnert uns der Eintritt dieses *geistigen Major* oder *Wort des Schöpfers* in den Leib einer Jungfrau nicht deutlich an den Eintritt des ersten Minor in die Tiefen der Erde, um sich mit einem irdischen Körper zu bekleiden? Die verschiedenen Qualen und die Umwandlungen, die der Körper dieser Jungfrau in der Schwangerschaft und während der Geburt erleidet, sind das Bild der Unterwerfung und der geistigen dämonischen Umwälzungen, die der allgemeine irdische Leib erdulden muss und entsprechend der Sünde Adams zu ertragen verpflichtet ist. Da Gott die Erde verflucht und strengen Bussen ausgeliefert hatte, stellen die Verfolgungen, denen der Körper der Jungfrau und ihre Frucht durch die verschiedenen Nationen unterworfen sind, dasselbe dar, was die Dämonen der verschiedenen Regionen dem allgemeinen irdischen und besonderen Körper und den darin enthaltenen Minores antaten und antun.

Die Zerstörung des Körpers Christi

Die Niederlage des durch Menschenhand zerstörten Körpers Christi beweist uns, dass die *Dämonen Macht* haben über die *körperliche Form sichtbarer Materie*. Aber es gilt zu wissen, dass diese selben Dämonen die Reintegration der geistischen Substanzen, die die Formen bilden, nicht verhindern können, weil diese Substanzen nicht von ihnen stammen. Sie können wohl auch die besondere Form zerstören, nicht aber die allgemeine irdische Form, die erst in der vom Schöpfer vorgeschriebenen und begrenzten Zeit zu Ende gehen darf.

Das Blutopfer

Die durch Menschen vollzogene Vernichtung des körperlichen Individuums Christus in der Gegenwart zweier Frauen, *Maria von Zebedäus* und *Maria Magdalena*, war bereits durch den Mord Kains an seinem Bruder Abel in Gegenwart seiner zwei Schwestern vorgebildet.

Die zwei Frauen folgten Christus ebenso in allen seinen geistigen göttlichen Werken nach, wie die beiden Schwestern Kains ihrem Bruder in all seinen dämonischen Operationen nachgefolgt waren.

Dies sind jedoch nicht die einzigen Beziehungen, die wir zwischen den Operationen Christi und den Werken der ersten Minores feststellen können. Es ist nicht zu verkennen, dass das vom Körper des gerechten Abel geflossene Blut mit Bestimmtheit das Urbild und das Ebenbild desjenigen ist, das Christus vergiessen sollte und tatsächlich auch vergossen hat. Dieses von Abel auf die Erde *verströmte Blut* ist der wirkliche Typus und die Auslösung des *göttlichen Gnadenaktes*, der der Erde und ihren Bewohnern *Frieden* brachte und *Vergebung*. Ebenfalls war es der Typus jenes Bündnisses, das der Schöpfer nach der Versöhnung mit seiner Kreatur schliessen sollte, gleichwie wir den ersten Menschen unmittelbar nach dem Opfer Abels Gnade finden sahen vor dem Schöpfer. Wurde dies nicht deutlich wiederholt durch die Beschneidung *Abrahams*, wodurch dieser Vater der Stämme seine vollkommene Versöhnung vom Schöpfer erhielt, und durch die Vergiessung seines Blutes, das diesen Patriarchen des Bündnisses teilhaftig werden liess, das der Ewige mit ihm schloss?

Das Erdbeben

Ist es demnach nicht fühlbar, dass die Vergiessung des Blutes Christi die Bestätigung all dieser vorhergegangenen Urbilder ist –

dieses Blutvergiessen, das die Erde erbeben machte und der ganzen Natur ihre Versöhnung wie auch das Bündnis zu spüren gab, das der Schöpfer mit ihr schloss?

Die Verdunkelung der Sonne

Da ich von den die Werke Christi begleitenden Ereignissen zu sprechen begonnen habe, indem ich euch das Erdbeben erklärte, das damals geschah, könntet ihr mich nach der Erklärung der gleichzeitig eintretenden Verdunkelung der Sonne befragen.

Ich werde euch sagen, dass die Finsternis, die im himmlischen Teile vor sich ging, der Typus jener Plage ist, die über die dämonischen Geister kam, die Christus - durch sein Werk - noch mehr, als sie es schon waren, zum Verzicht ihrer Macht gegen die allgemeine und besondere Schöpfung zwang. Diese Eklipse erinnerte ausserdem an die Finsternis der Unwissenheit, in der sich die Hebräer befanden, nachdem sie die Heiligen Göttlichen Namen, die vormals alle ihre natürlichen, zeitlichen, geistigen und göttlichen Operationen leiteten, aus ihrem Gedächtnis verbannt hatten. Sie stellt im weiteren die Blindheit der Ungläubigen dar, die in der Entbehrung des Lichtes bleiben und bis an der Zeiten Ende verbleiben werden. Diese Verdunkelung stellt schliesslich den wahren Typus der sich am Ende der Zeiten vollständig verschwindenden, allgemeinen Materie dar, die sich auslöschen wird aus der Gegenwart des Menschen, gleichwie ein Gemälde aus der Vorstellung des Malers verschwindet. Dieser letzte Vergleich soll euch zeigen, dass das Prinzip der Materie des allgemeinen Körpers für den Schöpfer nichts anderes ist als ein geistiges, in seiner Vorstellung ersonnenes Bild. Es waren in diesem geistigen Bild alle leiblichen Wesen inbegriffen, jedoch ohne irdische Substanz. Dieses Bild enthielt hauptsächlich den geistigen Minor, der zur Entstehung der Körper beitragen sollte.

Das Zerreissen des Vorhangs

Wenn ich jetzt schon, werdet ihr mir sagen, die gewaltige Verfinsterung erklärt habe, die zur Zeit des Todes Christi eintrat, so soll ich euch doch auch den Typus des zur gleichen Zeit stattfindenden Zerreissens des Vorhangs erläutern. Ich bin einverstanden, hoffend, dass es eurem Streben dienlich sei. So sage ich denn, dass das Zerreissen des Vorhangs des Tempels ein bedeutender Typus zum Heil jenes geistigen Minor ist, der das Glück haben wird, in den Rang derjenigen aufgenommen zu werden, die der Schöpfer mit seiner grössten geistigen göttlichen Herrlichkeit belohnen wird. Dieser *zerrissene Vorhang* ist der wahre Typus der *Befreiung* des von der Gegenwart des Schöpfers ausgeschlossenen Minor.

Er erklärt die Reintegration der sichtbaren, verschleiernden Materie, die jedes Minor-Wesen von der vollkommenen Erkenntnis aller gewaltigen Werke trennt, die der Schöpfer – in jedem Augenblick – zu seiner allerhöchsten Glorie wirkt. Er erklärt das Zerreissen und den Sturz der sieben planetarischen Himmel, die durch ihre materiellen Körper den Minores das grosse göttliche Licht verschleiern, das im himmlischen Kreise regiert. Er zeigt noch das Zerbrechen von dem, was den meisten Minores die Kenntnis der Werke, die der Schöpfer zu seiner allergrössten Gerechtigkeit zum Heil seiner Kreatur wirkt, verschleiert und verbirgt.

Die Verhüllung des Mose

Dieses letzte Bild hat uns Mose deutlich gezeigt; damals nämlich, als ein roter Schleier sein Gesicht bedeckt hielt, während er den Hebräern die Kenntnis des göttlichen Gesetzes gab. Dieser *rote Schleier*, der dem Volk das Gesicht des Mose und die Tafeln verbarg, auf denen die Absicht und der Wille des Schöpfers geschrieben standen, repräsentiert sehr richtig *die gefallenen Geister*, die allen in ihrem Dienst stehenden Minores als empörende Schleier dienen. Die rote Farbe dieses Schleiers verweist auf die Insinuation des dämonischen Intellekts in die hauptsächlichen Sinne der Form des Minor, die ihn von aller Kommunikation der geistigen göttlichen Sinne ausschliesst und ihn unfähig macht, irgendeinen geistigen Eindruck zurückzubehalten, sei es als Typus, sei es als Mysterium oder einfach in natürlicher geistiger Weise. Das verschleierte Gesicht Mose kündigte den *Zustand der Entbehrung göttlicher Kenntnisse* an, in den Israel durch die

Bündnisse, die Mose das Volk mit dem Fürsten der Dämonen eingehen sah, herabgewürdigt werden würde. Er erkannte die Unwissenheit, in die dieses Volk bezüglich des geistigen Typus, den Mose vor ihnen wirkte, hinabstürzen würde.

Seit diesem sündigen Bündnis werden die Hebräer *Kinder der Finsternis* und *Kinder des irdischen Blutes* genannt und sind ersetzt worden durch jene, die man die *Kinder der göttlichen Gnade* nennt. Aber diese neuen Kinder müssen wohl wachen, damit sie der Gnade, die sie zum Schaden des Volkes der Hebräer besitzen, nicht entschlafen. Die Verdammung dieses Volkes war nur schlagendes Urbild der Realität eines Ereignisses, das eines Tages im Angesicht des Universums eintreten wird. Davon spreche ich bei der Erläuterung der letzten Umwälzungen, deren die Kreatur gegen das Ende der Zeitendauer teilhaftig werden wird.

Die Nachkommen Adams

Ich habe mich genügend bei den Erläuterungen der Urbilder Kains und Abels aufgehalten. Ich komme nun auf die späteren Nachkommen Adams zu reden. Ich habe aufgezeigt, wie Adam mit Abels Hilfe vollkommen versöhnt worden ist. Ihr könnt leicht verstehen, dass ohne diese Versöhnung die universelle, allgemeine und besondere Natur nicht in gleicher Weise existieren würde, in der sie heute besteht, obschon die Zeitendauer dieselbe geblieben wäre.

Da nun der Schöpfer alle erforderlichen Gaben in Abel hineingelegt hatte, damit dieser die Offenbarung der Herrlichkeit Gottes in seiner ganzen Ausdehnung wirke – zum Heile der Kreatur und zur Schande der Dämonen –, so mussten diese Gaben nach dem Tode Abels auf einen anderen Minor übertragbar sein. Die Anordnungen des Schöpfers wirken und werden mit unwiderruflicher Unveränderlichkeit immer wirken. So erzeugte Adam nach des Schöpfers Gefallen einen dritten Nachkommen, den nannte er *Seth*, das bedeutet: *zur Nachkommenschaft Gottes angenommen*. Dieser geistige Minor ererbte all die bedeutenden Anlagen, die Abel besessen hatte. Dieweil Abel nur ein einfacher Typus der geistigen Versöhnung sein sollte, hatte Seth nicht nur diesen selben Typus zu verwirklichen, sondern auch jenen der

Beständigkeit der Gesetze der Natur im Verlauf ihrer verschiedenen Umwälzungen und jener zeitlichen Ereignisse, die sich im Augenblick ihres Auslöschens aus den Augen dessen, der sie in seiner göttlichen Imagination geboren hatte, ereignen. Zu diesem Zwecke unterrichtete der Schöpfer selbst – durch die Stimme seines geistigen Gesandten *Heli* – den glückseligen Menschen Seth in den geheimen geistigen, göttlichen, treibenden Kräften, die die gesamte irdische und geistige Natur in Schranken halten und lenken. Vom Schöpfer erhielt er – durch den Geist – unverzüglich alle Erkenntnis der unveränderlichen Gesetze des Ewigen und erfuhr dadurch, dass jedes Gesetz zeitlicher Schöpfung und jedes göttliche Wirken auf verschiedene Zahlen gegründet war. Durch denselben Heli lernte er, dass jede Zahl mit dem Schöpfer mitewig war und dass der Schöpfer mittels dieser verschiedenen Zahlen jede Gestalt formte, alle seine Schöpfungsbedingungen gestaltete und die Bedingungen seiner Kreatur festlegte.

Damit ihr diese Wahrheit nicht in Zweifel ziehen müsst, übergebe ich euch nun das Wissen dieser mit-ewigen, dem Schöpfer eingeborenen Zahlen.

Die Zahlen

Ihr wisst zweifelsohne, dass alle Weisen der Vergangenheit und der Gegenwart die Zehnzahl als in jeder Hinsicht verehrungswürdig erachteten. Nur deshalb hatten und haben die Weisen noch immer soviel Hochachtung vor dieser Zahl der Zehnheit, weil sie durch die Beharrlichkeit und Ausdauer in ihren geistigen göttlichen Operationen ihre Macht kennenlernten. Mittels dieser Operationen wurden ihnen dieselben Gaben zuteil, wie sie Seth erhalten hatte. Doch nicht für ihre leiblichen Nachkommen haben die Weisen diese Gaben erhalten. Die meisten hatten übrigens, obwohl sie dem Willen des Schöpfers gemäss mit weiblichen Minores verbunden waren, keine Nachkommen. Sie nutzten diese Gaben lediglich zur Erziehung und zur Unterweisung der ihnen vom Schöpfer zugewiesenen geistigen Kinder, um sie solcherart vorzubereiten, Instrumente der Offenbarung der göttlichen Glorie zu werden.

Unter diesen geistigen Nachkommen haben sie das Wissen

dieser berühmten Zahl der Zehnheit weitergegeben. In ihr war jede Zahlengattung der Schöpfung enthalten und aus ihr bezogen sie das Vermögen, alle darin enthaltenen irdischen, Minores-, Majores- und Superiores-Zahlen abzuleiten, wie dies dem glückseligen Seth mitgeteilt worden war, und wie mir selbst aufgetragen ward, die von Gott Geliebten zu belehren.

So wie es mir von jenen, die beauftragt waren, mich zu belehren, mitgeteilt worden ist, sage ich euch, dass die Zehnzahl die 4 Zahlen der göttlichen Macht beinhaltet. Ich stelle die Zehnzahl vor euch hin, und zwar in vier verschiedenen Figuren und in arithmetischer Zeichnung: 1, 2, 3, 4. Zählt diese vier Zeichen in folgender Weise zusammen: 1 und 2 ergibt 3, 3 und 3 ergibt 6, 6 und 4 ergibt 10. Ihr werdet die Zehnzahl, die die grosse und erste göttliche Macht ist, finden. In ihr sind die drei anderen Zahlen enthalten, so wie ihr dies durch die nachfolgenden Additionen erkennen könnt: 3 und 4 ergeben die Zahl 7, die die zweite Macht des Schöpfers ist. 1 und 2 ergeben 3, 3 und 3 ergeben 6, dies ist die dritte Macht des Schöpfers. Zählt schliesslich 1 und 3 zusammen und ihr erhaltet 4. Dies ist die Zahl der Vierheit, die die vier göttlichen Potenzen des Schöpfers, die in seiner mit-ewigen *Zehnzahl* enthalten sind, beendet und abschliesst.

Zu eurer grössten Belehrung gebe ich euch jetzt die Anwendung dieser vier Zahlen bekannt, damit ihr zu erkennen vermögt, zu welchem Nutzen jede von ihnen vom Schöpfer für die universelle, allgemeine und besondere Schöpfung eingesetzt worden ist.

Die Zahl 10

Ich sage also: Die Zehnzahl ist unteilbar, sie erträgt keine Teilung. Sie ist es, die jedes dem universellen, allgemeinen und besonderen, körperlichen, seelischen geistigen, göttlichen Tempel innewohnende Zahlenwesen [être de nombre] vervollständigt, teilt und unterteilt. Deshalb betrachteten die Weisen diese erlauchte Zahl seit jeher als die *einzige Zahl* und als Darstellung der vierfachen göttlichen Essenz und folglich als höchst verehrungswürdig für jedes dieser Zahl entstammende geistige Wesen. Dies ist auch der Grund, weshalb diese Zahl nur durch den Schöpfer und durch kein anderes Wesen gewirkt werden kann – weder durch ein geistiges zweifachmächtiges noch durch ein einfaches noch durch ein Minor-Wesen. Aus solcher Würdigung heraus hat kein Weiser je von dieser Zahl Gebrauch gemacht, ehrfürchtig war sie immer der Gottheit vorbehalten. Dies ist die Anwendung der Zehnzahl, oder *der ersten göttlichen Macht*, die man wie folgt darstellt: 10 oder ①. Durch diese Zahl hat die denkende göttliche Vorstellung die göttliche zeitliche Schöpfung erschaffen.

Wenden wir uns nun der Siebenzahl zu.

Die Zahl 7

Die aus der absoluten Zahl der Zehnheit hervorgetretene Zahl der Siebenheit ist die mehr als erhabene Zahl, die der Schöpfer zur *Emanzipation aller Geister* aus seiner göttlichen Unermesslichkeit verwandte. Die Rangordnung der Geister der Siebenheit sollte als erster Mittler und sichere Ursache dienen, um beizutragen, jede Art Bewegung in den im universellen Umkreis geschaffenen Formen zu erwirken. Was bemerken wir in all diesen Formen? Klang, Bewegung, Aktion und Reaktion. All diese unterschiedlichen Qualitäten und Eigenschaften der Formen wären für uns nicht wahrnehmbar, trügen sie nicht ein Wesen in sich, das wir *Teilchen des unerschaffenen exzentralen Feuers* [particule du feu incréé excentral] nennen, das sie für alle Aktionen, die wir an ihr beobachten, empfänglich macht.

Aber all diese Aktionen und diese Bedingungen der irdischen Formen können nicht diesem einzigen, eingeborenen Prinzip entstammen, und dieses Prinzip oder dieses Teilchen des unerschaffenen Feuers würde niemals irdische Formen hervorbringen, wenn es nicht von einer prinzipiellen und höheren Ursache betrieben würde, die dieses steuert und der Bewegung und Instandhaltung dieser Formen anpasst.

Wie wir sehen, ist diese höhere Ursache nichts anderes als jene geistigen göttlichen Mittler der Siebenheit. Als Oberhäupter stehen sie den verschiedenen Aktionen und den verschiedenen Regungen aller Körper vor und veranlassen diese, ihre Gedanken und ihren Willen so auszuführen, wie sie sie selbst empfangen haben. Durch die vorherige Belehrung wird tatsächlich zum Ausdruck gebracht, dass die *körperliche, menschliche Form* das

Werkzeug der Seele des Minor war, und man kann die Fähigkeiten und die Macht dieser Mittler der Siebenheit auf die irdischen Wesen nicht besser erkennen als durch die unterschiedlichen Werke, die die Minores selbst durch ihre Operationen auf ihre eigenen Formen erzeugen und die sich vor den Augen ihrer Mitmenschen ereignen. Dies ist die Kraft und die Fähigkeit der Zahl der Siebenheit, ihr Hervorgehen aus der Zehnheit und die Anwendung, deren sich der Schöpfer zur Emanzipation der nach seinem Ebenbilde geformten Geister bediente. Und diese Zahl ist die *zweite Macht der Gottheit.*

Die Zahl 6

Die *dritte göttliche Macht* oder die Zahl der Sechsheit ist ebenfalls aus der hochangesehenen Zehnzahl hervorgegangen. Die Sechszahl ist weder so vollkommen noch so mächtig in ihrer geistigen Kraft wie die Zahl der Siebenheit; dies, weil sich die Sechszahl in zwei gleiche Teile teilen lässt, nämlich 2 x 3. Mit der Siebenzahl kann dies nicht geschehen, ohne dieselbe zu zerstören und zu entstellen. Durch die Sechszahl entliess der Schöpfer aus seinen Gedanken alle Arten von Bildern körperlich sichtbarer Formen, die im universellen Kreise fortbestehen. Belehrt uns nicht die Genesis, dass Gott alles in sechs Tagen erschaffen hat? Man darf aber deshalb nicht glauben, die Genesis hätte die Macht der Gottheit einschränken wollen, indem sie dieser eine zeitliche Begrenzung von sechs Tagen oder sechs Jahren auferlegte. Der Schöpfer ist ein reiner Geist, erhaben über die Zeit und die von dieser ausgehenden Dauer. Trotzdem kann er sechs göttliche Gedanken für die universelle Schöpfung gewirkt haben. Diese Zahl 6 gehört in Wirklichkeit zur *Schöpfung aller Formen sichtbarer Materie.*

Durch diese Zahl gibt der Schöpfer seiner geistigen wie auch seiner irdischen Kreatur die Zeitendauer zu spüren, während der die universelle Schöpfung bestehen muss. Dies ist die Kraft der Zahl der Sechsheit und die Anwendung, zu der der Schöpfer sie benutzt. Hierdurch haben sich die Weisen das Wissen um das Prinzip der Formen erworben und der Begrenzungen, die der Schöpfer ihrer Daseinsdauer gesetzt hat. Auch hier sehen wir, dass alle körperlichen Wesen durch die Zahl, die sie erzeugt hat, in ihr Urprinzip – aus dem sie hervorgegangen sind – zurückkehren werden.

Kommen wir nun zur Vierzahl oder der *vierten Macht des Schöpfers*.

Die Zahl 4

Die Zahl der Vierheit ist jene, die die vierfache[36] göttliche Essenz vervollständigt. Sie ist unendlich viel erhabener und viel gewaltiger als die Sechszahl, da sie es ist, die an der Vollendung der in der unbestimmten Materie gefangenen Formen mitwirkt, indem sie der leiblichen Form die Bewegung und die Aktion verleiht, und weil sie – als Hauptzahl, aus der alles geworden ist – alle geschaffenen Wesen regiert. Wir nennen sie die mächtig gewordene Zahl des Schöpfers, weil sie in sich alle Zahlengattungen der göttlichen, geistigen und irdischen Schöpfung enthält. Dies habe ich euch durch die verschiedenen Additionen der vier Zahlzeichen, die diese Vierzahl ausmachen, wie auch durch deren Gesamtaddition, durch die sich die Zahl der Zehnheit ergibt, zu verstehen gegeben.

Durch diese verschiedenen Additionen werden die unterschiedlichen Fähigkeiten und die unterschiedlichen Kräfte kenntlich gemacht, die der Mensch vom Schöpfer erhalten hat. Der Mensch muss nun lernen – weil er unglücklicherweise von diesem Wissen ausgeschlossen wurde – in der Vierzahl alle ihr innewohnenden Zahlen der geistigen Gewalten zu erkennen. Schliesslich hat sich der Schöpfer zur Emanation und zur Emanzipation des Menschen oder des geistigen Minor der Vierzahl bedient.

---

36 Vierfach, eigentlich frz. *quadruple*, wird von Martinès de Pasqually mit dem selbstgeschaffenen Wort: quatriple (aus: *quatre* = vier, *triple* = dreifach) bezeichnet. Neben der der vierfachen Macht göttlicher Essenz erwähnt Pasqually auch immer wieder die dreifache göttlichen Natur, vor allem in ihren drei Fähigkeiten: Gedanke, Wille, Aktion, die der konkreten Emanation der Geister vorstehen. Die Unabdingbarkeit dieser dreifachen, sich der vierfachen Essenz beigesellenden Eigenschaft und Macht mag das merkwürdige Wort *quatriple* erklären.

Das Dreieck

Ihr müsst wissen, dass die Form des Dreiecks allen Weisen der verschiedenen Völker immer als äusserst bedeutsam gegolten hat. *Adam, Enoch, Noah, Mose, Salomo, der Christus* haben in ihren Arbeiten grossen Gebrauch von dieser Figur gemacht. Heute noch müht man sich, dieses Dreieck sorgfältig auf unseren Häusern an der Spitze und am Hauptgiebel der Gebäude zu platzieren. Ich frage mich, ob diese Figur die Frucht der Imagination des Baumeisters sein kann? Das ist schon deshalb nicht möglich, weil diese schon vor ihm existierte und weil sie sich in natura auf unserem eigenen Körper findet. Auch kann man kaum glauben, dieses Dreieck sei die Darstellung der Dreieinigkeit. Obschon man den drei Winkeln eines gleichschenkligen Dreiecks die Namen des Vaters, des Sohnes und des Heiligen Geistes gibt, so kann doch die Dreieinigkeit durch keine sichtbare Form dem irdischen Auge dargestellt werden. Diese Figur repräsentiert demnach nichts anderes als die drei *geistischen Essenzen*, die an der allgemeinen irdischen Form mitgewirkt haben. Hier ist diese Figur: ▽

Der untere Winkel stellt den Merkur dar, der südliche den Schwefel und der nach Norden weisende, das Salz. Nun ist es die Verbindung des geistigen Prinzips oder der Vierzahl, die sie in eine intime Beziehung setzte und sie dazu brachte, eine einzige Figur und eine einzige Form anzunehmen, die nun wirklich den allgemeinen irdischen, in drei Teile geteilten Körper darstellt: Westen, Norden und Süden.

Solcherart erklären wir durch die Verbindung der Zahl 1 mit der Zahl 3 die grosse Macht der Zahl der Vierheit, die die vierfache göttliche Essenz wunderbar vervollständigt. Die *3 Winkelpunkte emanieren aus der Mitte des Dreiecks.* Dieses Zentrum besteht aus *4 Buchstaben.* Ganz klar sehen wir demnach, dass jedes Wesen der Schöpfung der vierfachen göttlichen Essenz untersteht und aus ihr hervorgeht und dass der Minor-Geist durch seine quaternäre Emanation wahrlich den Namen dieser vierfachen Essenz trägt.

Die Weitergabe der Unterweisungen

Dies sind die erhabenen Belehrungen, die Seth vom Schöpfer vermittels dessen Gesandten Heli erhielt. Von daher erwarb er alle Macht und die gesamte Kenntnis der göttlichen Werke, und er ist nicht, wie man sagte, von seinem Vater Adam über alle geistigen und natürlichen Wissenschaften unterwiesen worden. Dies hätte gar nicht sein können, da Adam durch seine Sünde alle geistige Macht verloren hatte. Nach seiner Untreue erhielt er lediglich eine einfache Minor-Macht, die er keinesfalls nach eigenem Belieben, sondern nur im Einverständnis mit der obersten Autorität der Gottheit weitergeben konnte. *Adam* konnte *Seth* bloss jenes beschwerliche Zeremoniell weitergeben, das er selbst durch eine langwierige körperliche, seelische und geistige Arbeit kennengelernt hatte, niemals aber die geistigen Früchte, die aus seinen zeitlichen geistigen Operationen hervorgegangen sind.

Der Verlust der vierfachen Macht

In seinem Urzustand der Gerechtigkeit erhielt *Adam* vom göttlichen Geist – wie ich eben ausführte – wirklich alle Wissenschaften und alle geistigen Kenntnisse. Dies bedeutet: den sicheren Pfad und einen genauen Plan aller geistigen göttlichen Operationen, zu deren Vollzug er erschaffen worden war. Da er jedoch diese Kräfte missbrauchte, entzog sie ihm der Schöpfer und beliess den unglücklichen Adam – auch nach seiner Versöhnung – als ein in all seinen menschlichen, geistigen und irdischen Werken dem Irrtum unterworfenen Menschen. Dies geschieht dem Menschen immer dann, wenn er einzig und allein vermögens der drei Kräfte der Dreiheit wirkt. Diese Kräfte sind: *wässrig, irdisch und feurig.* Es ist für den von Gott geliebten, strebenden Menschen gefährlich, diese drei Kräfte, in welcher Operation auch immer, zu gebrauchen, ohne vorher vom Schöpfer die vierfache Macht – die uns durch die Untreue *Adams* entzogen wurde – zu erhalten. Es ist das Fehlen dieser vierfachen Macht, die uns seit der Sünde Adams als Menschen des Irrtums leben lässt. Auch lässt uns die Ermangelung dieser vierfachen Macht spüren, wie sehr der Mensch unter der geistigen göttlichen Entbehrung leidet.

Es stimmt zwar, dass sich der Mensch während der Dauer seiner irdischen Existenz zuweilen aus dieser Entbehrung befreien kann, doch nie für längere Zeit, hat doch der Schöpfer, der unwandelbar ist, seinem versöhnten Menschen ausdrücklich gesagt, dass ihm keine Kenntnis der göttlichen Wissenschaften zurückerstattet würde, bis er sich diese durch seine ihm zum zweiten Male aufgetragenen Arbeiten verdient hätte. Seit dieser Zeit ist der Mensch unwissend und beschränkt. Dies wäre ihm keinesfalls zugestossen, wenn er seine vierfache Macht entsprechend den Weisungen des Schöpfers eingesetzt hätte.

Die Arbeit Seths

Ausser den offensichtlichen Urbildern, die *Seth* durch die geistige Versöhnung und die Beständigkeit der Gesetze der Natur dargestellt hatte, schuf er noch den Typus der göttlichen Barmherzigkeit, und zwar dadurch, dass er an die Stelle *Abels* trat und um Gnade bat für dessen Bruder *Kain*. Diese Gnade hat er durch die Sühne des Kain, und zwar durch die Art des Todes, den dieser starb, oder durch die Busse, die Booz nach seinem unfreiwilligen Verbrechen an der Form Kains auf sich nahm, auch erhalten. Ihr braucht nicht zu zweifeln, dass diese beiden Minores durch die Tugend und die Heiligkeit des glückseligen Seth vor dem Schöpfer Gnade gefunden haben.

Wenn ihr mich nun nach dem physischen Beweis fragt, durch den sich das von mir Gesagte als sicher erweist, antworte ich euch, dass, wenn ihr das Glück gehabt hättet, die Art der Arbeit Seths zu kennen – dieselbe, die die Weisen nach ihm wirkten – wie auch die Operationen des Mose und des Christus, ihr mir keine solchen Fragen mehr stellen würdet.

Wenn ihr euch in Gesellschaft dieser erlauchten Weisen aufgehalten hättet, würdet ihr euch hüten, solcherart zu reden. Ihr hättet euch damit zufrieden gegeben, ihre Werke zu bewundern, ohne ergründen zu wollen, was sie sagten, denn es wäre euch ebenso schwer gefallen, ihre Fragen und ihre Reden zu verstehen wie auch ihre Werke, die sich in natura vor all jenen vollzogen, die gegenwärtig waren.

Diesem ehrwürdigen *Seth* – Nachkomme Gottes durch seine

Geburt – ward aufgetragen, seine Abkömmlinge im göttlichen Kultus zu unterweisen.

Enos

Er übertrug seinem Sohn *Enos*, das bedeutet: *gebrechlicher Sterblicher*, alle Zeremonien göttlicher, geistiger und irdischer, himmlischer, wässeriger und feuriger Operationen. Er befahl ihm unter Androhung schrecklichster Strafen, die ihm vom Ewigen anvertrauten Kenntnisse wie auch die aus diesem Wirken hervorgehenden Früchte niemals zu missbrauchen. Unter anderem verbot er ihm jede Verbindung mit den Profanen oder den Menschenkindern, das heisst, den Konkubinen der Nachkommen Adams, damit diese Rasse niemals mit den Kindern Gottes – die die Nachkommen Seths sind – vermischt würde. Aus dieser Nachkommenschaft musste der Schöpfer die zur Manifestation seiner Herrlichkeit beauftragten Minores hervorgehen lassen, wie ich das schon mit dem Wenigen, das ich über die Wahl Enochs erzählte, erwähnt habe, und wie ich dies im weiteren noch deutlicher durch die Aufzählung aller auserwählten Minores ausführen werde. Dabei werdet ihr sehen, dass die Nachkommen *Seths* und seines Sohnes Enos nicht lange darauf warten liessen, sich durch ihre Bündnisse mit den Nachkommen Kains dem Verderben auszusetzen. Da gingen sie aller geistigen göttlichen Wissenschaften verlustig. In dieser Schande verblieb die Nachkommenschaft des Enos bis in die siebte Geschlechterfolge, aus der der Patriarch Enoch stammt. Von ihm habe ich schon gesprochen, doch werde ich noch tiefer auf seinen Typus eingehen.

Soweit, was ich euch an Interessantem über Seth zu sagen hatte. Dabei glaubte ich nicht, auf die ihm und seinen Nachkommen zugestossenen Nebenereignisse eingehen zu müssen – Ereignisse übrigens, die für die von euch ersehnten Dinge unwichtig sind.

Enoch

Enoch ward in der Nachkommenschaft Seths geboren. Sein Vater war *Jared* oder Ared, das heisst: *durch Gott erleuchteter Mensch.*

Dieser Vater gab seinem Sohn den Namen *Deliacim*, das bedeutet: *Auferstehung des Herrn in der Nachkommenschaft Seths*, und er gab ihm den Zusatznamen *Enoch* mit einem *E*, nicht mit einem *H*. Dieser Name Enoch bedeutet: *Einweihung*. All diese Namen und der Typus, die Jared bei den Nachkommen des Seth oder des Enos dargestellt hatte, zeigten ein wahres Bild der Vergangenheit, der Gegenwart und der Zukunft.

Jared

Jared war ein gerechter Mann vor dem Schöpfer. Durch die Kraft des göttlichen Kultes, den er zur Sühnung der Verbrechen der Nachkommen des Enos ausübte, war er in der göttlichen Tugend gewaltiger als die anderen Patriarchen.

Die Erleuchtungen, die er täglich vom göttlichen Geist empfing, bereiteten ihn dazu vor, Wegbereiter eines gerechten Wesens zu werden, das, wie er vom Geist erfahren hatte, durch den Geist aus ihm selbst hervorgehen sollte. Dieser selbe Geist belehrte ihn über den wunderbaren Typus, den sein Sohn Enoch darstellen sollte: Typus des göttlichen Geistes und der Aktion der Gottheit bezogen auf das Geleit der Minores und deren Verteidigung gegen die Angriffe ihrer Feinde – wie wir es anlässlich der Wahl des Enoch schon besprochen haben.

Schliesslich erfuhr Jared durch den Geist all die gewaltigen und geistigen Werke, die sein Sohn Enoch vollbringen sollte und die er auch wirklich unter den Nachkommen *Kains* und *Seths* und den *weiblichen Nachkommen Adams* gewirkt hat. Diese stellen die drei die Erdoberfläche bewohnenden Nationen dar.

Die verschiedenen Nationen und die Dreiteilung der Erde

Ich werde an diesem letzten Punkt nicht vorübergehen, ohne euch darauf hinzuweisen, dass des Menschen Verständnis unterschieden hat zwischen: *Ismael*, *Israel*, den *Christen* und den *Götzendienern* oder Ungläubigen, die unter dem Vorwand, die Gottheit zu ehren und zu preisen, keinen anderen Gott kennen als die Materie. Da nun aber die Unterteilung in vier Teile lediglich aus menschlichem Ermessen und ohne göttliche Beteiligung entstanden ist, kann sie – aus folgenden Gründen – nur falsch und irreführend sein.

Adam, der nur deshalb aus dem göttlichen Kreis herausgetreten war, um der König der Erde zu sein und um eine Nachkommenschaft Gottes zu begründen, durfte seiner geistigen Urnatur wegen an keiner Teilung dieser Erde Anteil haben. Durch seine Sünde zum irdischen Menschen geworden, zeugte er unter seinen leiblichen Nachkommen drei männliche Kinder: *Kain, Abel* und *Seth.* Abel, der nur auf Anordnung des Schöpfers und für eine einfache geistige göttliche Offenbarung erschienen war, durfte sich keines noch so geringen irdischen Anteils erfreuen und in nichts an der Teilung der Erde teilhaben, die lediglich an die aus irdischen Sinnen hervorgegangenen Nachkommen verteilt werden durfte. Auch wurde dieser gerechte Minor, nachdem er seinen Auftrag dem Willen des Schöpfers gemäss erfüllt hatte, unverzüglich der Anzahl dieser irdischen Nachkommen entzogen. Es verblieben bloss noch 3 Personen: *Adam, Kain und Seth.* Adam selbst vollzog den Anordnungen des Schöpfers gehorchend die Gliederung der Erde in 3, nicht aber in 4 Teile. Das war anders nicht möglich, werdet ihr mir sagen, da doch nur drei Personen übrig blieben. Ich aber sage euch, auch wenn Adam hundert Kinder gehabt hätte, hätte er die Erde nicht in mehr denn 3 Teile zu gliedern vermocht, weil nämlich die Erde nicht mehr Teile hat und ihre Form vollkommen dreieckig ist. Also hat sie Adam folgendermassen aufgeteilt: Den *Westen* zu *Adam,* den *Süden* zu *Kain,* den *Norden* zu *Seth.* Gleich wie es nur 3 sphärische Kreise gibt: den *sinnlichen,* den *visuellen* und den *verstandesmässigen,* gibt es nur 3 irdische Winkel und ist auch die universelle Schöpfung in drei Teile gegliedert.

Der Beweis, dass die universelle Schöpfung nur dreigeteilt werden kann, liefert uns die Feststellung, dass das, was man die *Quadratur des Kreises* oder die Teilung des Kreises in 4 Bereiche nennt, in ihr nicht finden kann. Durch all diese Operationen verwerfen wir den vierten Teil, den die grosse Menge in der Aufteilung der Erde annimmt. Somit kann es auf dieser Erde auch bloss drei Hauptvölker geben, aus denen jede zusammengewürfelte Nation gebräuchlichen Namens hervorgegangen ist. Diese 3 Nationen wurden durch die *Kinder des Noah* dargestellt, für den diese

Erde noch in 3 gleiche Teile gegliedert war, das heisst: *Cham* im *Mittag*, *Sem* im *Westen* und *Japhet* im *Norden*, worauf ich zu einem späteren Zeitpunkt zurückkommen werde. Ich möchte hier noch beifügen, dass die Anordnung zu dieser Dreiteilung der Erde, die Adam vom Schöpfer erhalten hatte, für ihn sehr schmerzhaft war, vergegenwärtigte sie doch die Diskrepanz zwischen seinem Zustand der Herrlichkeit und jenem der Verdammung. Im weiteren sage ich euch, dass diese Aufteilung der Erde jene Uneinigkeit ankündigte, die seither besteht und bis ans Ende unter den Menschen bestehen wird: Zustand des Krieges und der Zwietracht, in den Adam seine ganze Nachkommenschaft gestürzt hat.

Aber kommen wir nun auf Enoch zurück.

Das Zeichen am Himmel

Die Geburt Enochs verursachte eine grosse Freude unter den Nachkommen *Seths*. Auf dem Antlitz trug er das Zeichen dessen, der er war, wie auch des Auftrages, der ihm geworden. Sein Werden in der Welt ward durch ein planetares Zeichen in den Himmeln kundgetan. Dieses versetzte die Nachkommen *Seths* und mehr noch jene *Kains* in grosse Verwunderung. Dieses Zeichen, das sich der gesamten Schöpfung offenbarte, war vor allem im *Süden*, da wo die Nachkommen *Kains* lebten, sichtbar. Mit Recht entsetzten sich daher diese Nachkommen mehr als jene des Seth am Erscheinen dieses Zeichens, denn sie erkannten darin ein Vorzeichen der Plage, die der Schöpfer auf sie und über alle Bewohner dieser *südlichen* Region werfen würde. Dieses Zeichen war nichts anderes als ein aus der Bahn seines planetaren Kreises herausgetretener Stern. Näher als es seinem natürlichen Lauf entsprach, war er zur Erde hinabgestiegen. Dadurch leuchtete er in einem anderen Licht als demjenigen, das ihm nach dem Gesetz seines natürlichen Laufes zukam. Deswegen erschien er, verglichen mit den ihm naturgemäss gleichgearteten Sternen, in einem völlig entgegengesetzten und andersartigen Licht. Diese ungewohnte Erscheinung trug ihm von den Menschen den Namen *Lathan* ein, das bedeutet: *Zeichen der Konfusion und des irdischen Elends*. Das gewöhnliche Volk nennt es: *Komet*.

Hier die Gestalt dieses Zeichens:

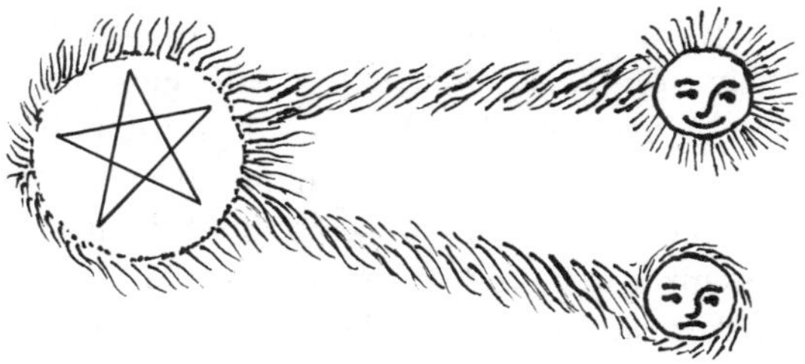

Die Sterne

Damit ihr wirklich versteht, was ein Planetenzeichen ist, müsst ihr wissen, dass jeder himmlische und aus Materie geformte Körper – sei er Major, Superior oder Inferior –, der prinzipiell zu einer körperlichen Gestalt fähig ist, 6 Teile besitzt. Ein planetarer Kreis setzt sich aus 6 Hauptsternen gleicher Grösse, Kraft und Macht zusammen. Diese erhalten ihr Gesetz der Aktion, der Bewegung und des Wirkens durch den sich in ihrem Zentrum befindlichen und ihnen übergeordneten Stern. Im Raum zwischen diesen Sternen gibt es eine Unendlichkeit anderer Körper. Diese nennen wir: *Gewöhnliche Planetenzeichen*, allgemein auch genannt: *kleine Sterne*. Diese Zeichen folgen in ihrer Zusammenstellung derselben Ordnung wie sie unter den Sternen des Planetenkreises herrscht. Das heisst, es sind immer 7 untereinander verbunden. Jedes dieser Zeichen hat 7 den Hauptsternen des Planetenkreises zugeordnete Kräfte oder Tugenden. Im weiteren verfügt jedes dieser Zeichen in sich selbst noch über 7 andere Kräfte oder Tugenden. Dies ermöglicht ihnen sich durch ihre eigene Gestalten- und Kräftezahlen – die 7x7 ausmachen – zu multiplizieren. Ihr Produkt ist: *49=13=4*. Diese Zahl belehrt euch darüber, dass die Planetenkörper – Superiores, Majores und Inferiores – tatsächlich aus geistig göttlichem und aus passiv körperlichem Leben bestehen, so auch – in unterschiedlicher Weise – alle anderen fortdauernden Körper im universellen Kreis. Die *Unvernünftigen* haben *passives Leben* und *Instinkt*, und die *Vernünftigen* haben zwar denselben *Instinkt*, aber im weiteren auch das *impassive geistige Leben.*

Das passive Leben

Ihr wisst, dass jedes Wesen körperlicher Form aus den drei geistischen Essenzen: *Merkur, Schwefel* und *Salz* geboren wurde, die die *Geister der Achse* ausgelöst haben, um an der Bildung aller Körper mitzuwirken. Sie haben bloss dadurch an dieser Bildung mitgeschaffen, indem sie ein Vehikel[37] ihrer Feuer in die verschiedenen Essenzen hineingegeben haben. Auf dieses Vehikel ihrer Feuer wirken sie ununterbrochen ein und sorgen damit für die Instandhaltung und das Gleichgewicht aller Formen. Dies nennen wir *das passive Leben,* dem alle Formenwesen, die himmlischen wie die irdischen, unterworfen sind.

Der Einfluss der Sterne

Damit wir das Wissen um die Kräfte und Tugenden der Planetenkörper leichter zu fassen vermögen, haben wir sie in Superiores, Majores und Inferiores unterteilt. Der *zentrale* Stern ist das planetarische *Superior-Wesen.* Dieses Wesen regiert die planetarischen Majores- und Inferiores-Wesen und wird Superior genannt, weil der *solare* Einfluss unmittelbar in ihn einströmt. Dieser superiore Stern teilt das, was er erhalten hat, den seinen Kreis schmückenden Majores-Planetensternen mit. Die Majores wiederum geben es ihrerseits weiter an eine Unendlichkeit kleiner, ihnen verbundener Sterne. Diese nennen wir *Zeichen* oder *inferiore Planetenkörper.* Nachdem diese inferioren Zeichen die Aktion des Influx der Superiores und der Majores erhalten haben, strömen sie diesen mit sorgfältiger Präzision auf die groben *irdischen Körper* aus.

Das also als Übersicht eines Planetenkreises und seiner Bewohner, die man sich, wenn man sich die Vielzahl der unterschiedlichen irdischen Wesen, geistiger Minores und göttlicher, reiner und schlichter Geister vor Augen führt, in unendlicher Anzahl vorstellen kann. Hier finden wir das *impassive geistige Leben.* Für den Menschen und für die allgemeinen und die beson-

37 *Vehicule* oder Lebensprinzip des passiven Lebens der Formenwesen, Vehikel.

deren Formen würde es jedoch nichts bedeuten, wenn die Planetenkreise nur von solchen Wesen bewohnt würden, wie ich sie eben beschrieben habe. Jedoch sind sie auch dafür empfänglich, von *bösen Geistern* bewohnt zu werden, die sich den Mächten widersetzen und das Vermögen der Wirkungen jener guten Einflüsse bekämpfen, die die geistigen guten Planetengeister – gemäss der ihnen eingeborenen Gesetzes-Ordnung und zur Stütze und Erhaltung des Universums – in der ganzen Welt zu verbreiten beauftragt sind. Von hier stammt das Sprichwort der Menschen, es gäbe schlechte planetare Einflüsse. Das ist sehr wahr, und ich werde dies deutlich zeigen, wenn ich die Prinzipien der verschiedenen himmlischen und irdischen Körper im einzelnen aufführen und dabei eine genaue Kenntnis aller Kräfte und Mächte des Saturn, der Sonne und der anderen Planetenkreise vermitteln werde.

Ihr bezweifelt vielleicht die Möglichkeit einer Verbindung zwischen den bösen Geistern und den guten Planetengeistern, weil die geringe Kenntnis, die ihr über diese guten Geister und ihre Handlungen besitzt, es kaum für möglich erscheinen lässt, dass diese in ihren natürlichen Funktionen durch die bösen Geister beeinträchtigt werden können.

Auf Grund dessen, was ich euch davon erzählen werde, kann dies aber gar nicht anders sein.

Die Einkleidung der geistigen Wesen

Die Geburt Adams in eine Form der Herrlichkeit ist euch ebenso bekannt wie seine Untreue und der Verlust seiner gesamten geistigen Macht. Darüber seid ihr genügend unterrichtet. Was ihr aber nicht wisst, ist, ob der Dämon in einer körperlichen Form erschien, als er den ersten Menschen versuchte. Euer Unwissen kläre ich dadurch auf, dass ich euch sage, dass er sich damals in einem Geistleib oder einer Form der Verklärung befand. Unmöglich wäre es nämlich, dass Versuchungen, Hinterhalte und Verführungen von Geist zu Geist überhaupt stattfinden könnten, wenn diese Geister in eine körperliche Form gehüllt wären.

Die Kommunikation der Geister

Mit dem reinen Geist ist es nicht wie mit dem körperlichen Menschen. Jedem Menschen steht es frei, den Mitmenschen seine Gedanken entweder mitzuteilen oder zu verbergen. Unter den reinen Geistern kann kein geistiges Wesen einen Gedanken fassen, ohne dass die anderen Geister davon Mitteilung erhalten. Alles ist offen, und alles wird zugleich von den materiefreien Geistern empfangen. Es ist das Vorrecht des reinen Geistes, durch seine natürliche geistige Verbindung im Geiste lesen zu können. Nichts kann der Kenntnis des Geistes jemals entgehen.

Das Gegenteil ist unter den in eine Form sichtbarer Materie eingekörperten Minores der Fall.

Somit könnt ihr nun verstehen, dass alle Planetengeister – Superiores, Majores und Inferiores –, die in einer leiblichen Form eingeschlossen sind, um dem Gesetze gemäss während der ihnen vorgegebenen Zeitendauer zu wirken, gleich wie der Rest der Menschen Anlass dazu gibt, in seinem Tageswerk angegriffen und bekämpft zu werden.

Der Unterschied aber, der zwischen diesen Geistern und den Menschen besteht, ist, dass die Geister den Kämpfen, die ihnen die Dämonen liefern, nicht erliegen. Der Grund ist ganz natürlich: Diese geistigen Wesen sind jeder Korruption und Verführung gegenüber unempfänglich, und die Formen, die sie bewohnen, sind nicht der Fäulnis unterworfen. Sie handeln entsprechend ihren Naturgesetzen in den unterschiedlichen Formen, die sie bewohnen.

Die Reintegration

Deshalb auch wird ihre geistige wie leibliche Reintegration sehr gedrängt vor sich gehen. Der Mensch hingegen entfernt sich täglich von den geistigen Gesetzen, die er in sich trägt. So kann er seine Versöhnung nur nach einer langen, mühseligen Arbeit erhoffen, und die Reintegration seiner körperlichen Form kann nur vermittels einer den Sterblichen unfassbaren Fäulnis geschehen. Diese Fäulnis verdirbt und löscht die körperliche Gestalt des Menschen völlig aus und vernichtet diesen elenden Leib, gleich wie die Sonne den Tag auf dieser Erdoberfläche zum Verschwinden bringt, wenn sie ihm ihr Licht entzieht.

So geschah es aber weder mit dem geistigen Wesen noch mit der körperlichen Form des *Christus*, des *Abel*, des *Elia* und des *Enoch*.

Die 3 Operationen

Was *Enoch* anbetrifft, sage ich euch, dass seine Herabkunft in die Welt eine *universelle Versöhnung* prophezeite, dass das zu seiner Geburt erschienene Zeichen dasjenige präfigurierte, das zur Geburt jenes anderen Versöhners auftrat, und dass sein Typus jene der drei verschiedenen Operationen verkörperte, die Christus bei den Menschen zur Offenbarung der göttlichen Herrlichkeit, zum Heil der Menschen und zur Beeinträchtigung der Dämonen wirken sollte. Diese drei Operationen sind: Die *erste* geschah zur *Versöhnung Adams*; die *zweite* zur *Versöhnung der Menschheit* im Jahr der Welt 4000; die *dritte, die am Ende der Zeiten erscheinen muss und die die erste Versöhnung des Adam wiederholt, indem sie seine ganze Nachkommenschaft, zur allergrössten Erniedrigung und zur Beschämung des Fürsten der Dämonen und seiner Anhänger, mit dem Schöpfer versöhnen wird.*

Dann werden die verdorbenen Geister ihren Irrtum und ihre Schandtaten erkennen und für undenkliche Zeiten im Schatten des Todes und in der göttlichen Entbehrung und in schrecklichstem Wehklagen verharren. Dann wartet ihrer eine mühseligere und gewaltigere Arbeit als jene, die sie während der Dauer irdischer Jahrhunderte getätigt haben.

Ich werde hier weder auf die Einzelheiten der Arbeitsweisen, die die entarteten Geister ausführen müssen, noch auf die Auslegung der Zahl 49 eingehen. Diese beiden Punkte werde ich andernorts behandeln. Ebenfalls später werde ich euch vom Typus des Enoch sprechen, dann nämlich, wenn ich von den Zeitaltern berichte. Für den Moment verbleibe ich bei dem, was ich euch bis jetzt gesagt habe, und gehe nun über zur Erklärung des Typus des Noah.

Noah und die Sintflut

Noah ist ein bedeutender und trefflicher Typus der *universellen, irdischen, allgemeinen und besonderen Schöpfung aller körperlichen sichtbaren Formen.* Durch seine Zahl der *Zehnheit* ist er der *Typus des Schöpfers,* als zehnter der Patriarchen und als letzter der Familienoberhäupter der Nachkommen Adams vor der Sintflut geboren. Er ist es, durch dessen Nachkommenschaft jene des *Adam,* die die Sintflut von der Erdoberfläche ausgelöscht hat, sich fortpflanzte.

Bevor ich weitergehe, muss ich etwas auf die Einzelheiten der Beweggründe eingehen, die zur Sintflut geführt haben. Die sogenannten Wissenden, die eine solche Möglichkeit nicht anerkennen und die nicht wissen, weshalb der Schöpfer diese Plage auf die Erde gesandt hat, zögern nicht dieselbe zu verneinen. Sie machen jene lächerlich, die sich zu diesem Glauben bekennen und verweisen jene Personen ins Reich der Phantasie, denen der Schöpfer dieses Ereignis – wie auch die Verfügung, die er in seiner unfassbaren Grösse angeordnet hatte – mitteilte, bevor es eintrat.

Die Siege der Dämonen

Doch ohne mich bei ihren schwachen Einwänden aufzuhalten, will ich euch darüber belehren, dass diese Verfügung lediglich zur Offenbarung der göttlichen Gerechtigkeit und gegen die dämonischen Oberhäupter, die den Schöpfer durch ihre unaufhörliche Verfolgung der Minores gänzlich aufgebracht hatten, getroffen worden war. Die riesigen, unter den unglücklichen Minores errungenen Siege hatten sie so mit Stolz erfüllt, dass sie sich unbesiegbar dünkten und mächtiger noch als der Schöpfer.

Ihr könnt leicht erkennen, wie unberechtigt diese Überheblichkeit war. All diese Siege zeugten – wie ich gleich zeigen werde – viel eher von den Schwächen denn von der Macht der Dämonen. Man muss sich nicht vorstellen, dass die Welt damals sehr bevölkert war. Die Menschen waren in so geringer Anzahl an der Erdoberfläche, dass man sozusagen bloss eine Handvoll Bewohner zählen konnte. Trotzdem, um diese kleine Anzahl Minores zu unterwerfen, musste der Chef der Dämonen nicht nur deren Kräfte benutzen, sondern auch noch diejenigen all seiner Legionen, die unendlich sind. Und dennoch, hätten die Minores ihre Freiheit richtig genutzt, alle Einflüsterungen und Werke der Dämonen hätten nichts wider sie vermocht. Alle Erfolge der Dämonen beschränkten sich demnach auf die Unterjochung der schwachen Nachkommenschaft Kains und eines kleinen Teils derjenigen des Seth.

Gewisslich war dieser geringe Sieg des Dämonen keineswegs dazu geeignet, diesem eine absolute und höhere Macht als jene des Schöpfers über all diese Minores - die sich aus eigenen Willen besiegen liessen - zuzusprechen. Welchen Wert konnte ein solcher Sieg für ihn denn schon haben, wenn sogar die von ihm gemachten Eroberungen nicht in seiner Gewalt bleiben sollten und er sich ihres Besitzes weder sicher sein noch auch diesen nach Belieben geniessen konnte? Es ist, als hätte er nichts errungen. Er hat grosse Kämpfe gefochten und sich selbst viel Arbeit und Mühe gemacht, indessen: nichts gedeiht und nichts bleibt in seiner Gewalt.

Das also waren die Siege der Oberhäupter der Dämonen über die Minores dieser ersten Zeit. Solche Siege sind es auch, die er seither gewonnen hat und die er in Zukunft wird gewinnen können. Je mehr die Fürsten der Dämonen ihre Kräfte gegen den Schöpfer gebrauchen, desto mehr werden sie gedemütigt und bestraft. Je mehr Siege sie erringen, desto mehr werden sie geplagt und verzweifeln, weil der Schöpfer ihnen zu ihrer grossen Schande die Beute wegnimmt, indem er die von ihnen bezwungenen, geistigen Minores in seine göttliche Gerechtigkeit zurückführt. Somit ist weder diesen verdorbenen Geistern noch ihren Legionen jemals ein vollständiger Sieg erlaubt. Diese entarteten Geister erhielten unwandelbare Gesetze, die sich auf jede Aktion, Bewegung und mächtige Autorität beziehen, die sie ihrem Willen gemäss gegen alle geistigen emanierten Wesen wie auch gegen alle Wesen leiblicher Form zu wirken trachten. Aber trotz ihrer Verbissenheit gelangt keines ihrer Werke an das von ihnen beabsichtigte Ziel.

Die Versprechungen der Dämonen

Ihr werdet mich vielleicht fragen, welches denn das Ziel gewesen sei, das zu erreichen die Dämonen sich vorgenommen hatten? Sie wollten ihre vorgegebenen Grenzen überschreiten, indem sie ohne Unterlass nicht nur die Bewohner der Erde, sondern auch jene der verschiedenen himmlischen Körper verführten. Sie verführten und sie vollzogen weit mächtigere Angriffe, als es ihrer eigentlichen Macht zustand. Sie haben den Verstand der Minores bestrickt, um in deren Augen als die einzigen wahren Götter der Erde und der Himmel zu erscheinen, und zwar dadurch, dass sie ihnen die gleiche Macht und die gleichen Fähigkeiten zu verschaffen versprachen wie jene, die die Gottheit besitzt. Wenn die Minores ihnen also folgen und sie als Führer anerkennen wollten, so vermöchten sie bald frei auf alle beliebigen Wesen einzuwirken.

Aber mehr noch, diese verdorbenen Geister gingen so weit, die Minores zu überzeugen, dass die universelle Schöpfung irrtümlicherweise der Gottheit zugeschrieben würde, dass dieser Gott, dem sie früher gehuldigt hätten, nichts anderes sei als einer von ihnen, der nun die ganze Schöpfung und sogar den Menschen – und dies seit seiner Herabkunft auf die Erde – leite. Folglich seien die Minores vom grossen Fürsten des *Südens* hervorgegangen, dem Oberhaupt aller irdischen und überirdischen Wesen (das will besagen: *einem Vehikel des in eine Form eingekörperten Feuers der zentralen Achse*). Ihn sollten die Minores anerkennen und ihm in allem, was er durch seine inferioren Mittler inspirieren würde, blind gehorchen; alsdann würden sie mit Genugtuung ihre eigenen Kräfte mit ebensoviel Erfolg sich manifestieren sehen wie die Kräfte ihres Oberhauptes, des grossen Fürsten des Südens, die sie täglich vor ihren Augen wirken sehen.

Ein Regionalfürst des *westlichen* Teils oder Fürst Major der irdischen Dämonen sagte zu seinen Minores: „*Schaut das Auge dieses grossen Universalfürsten*", und indem er auf die *Sonne* wies, „*dies ist das Haus desjenigen, der die gesamte Ausdehnung dirigiert, die eure Sicht und eure Vorstellung wahrzunehmen und zu verstehen vermag.*" Der Regionalfürst des irdischen *Nordens* sprach seinerseits: „*Ich unterrichte euch, meine lieben Verbünde-*

ten, im Namen des allerhöchsten und allmächtigen Fürsten, der gelebt hat und ewig mit euch und uns leben wird, dass ihr hören müsst, was euer und mein Meister euch durch meine Worte zu sagen hat. Richtet euren Blick nach diesem Hauptsitz", und indem er ihnen den *lunaren* Körper zeigte, *„in diesem Haus wohnen alle Majores-Geister wie ich, Inferiores und Minores. Hier offenbart sich die Herrlichkeit unseres grossen Fürsten. Bei ihm müsst ihr Zuflucht suchen, um alle von euch benötigten Mittel und Fähigkeiten vom Grossfürsten zu erlangen, auf dass eure Macht der unseren gleich werde."*

Dabei beliessen es diese entarteten Fürsten aber nicht. Sie unterrichteten die bedauernswerten, verführten Minores in der Art und Weise, wie sie sich mit den Bewohnern dieser zwei Häuser, die sie ihnen als die beiden grössten und gewaltigsten vorgestellt hatten, in Verbindung setzen konnten: der *Mond*, das grösste Haus des sinnlichen oder irdischen Kreises, und die *Sonne*, das grösste Haus der Himmel. Sie empfahlen den Minores weiter, keine Arbeit und keine Operation in bezug auf diese Häuser zu verrichten, ausser wenn diese in vollkommener Konjunktion oder Opposition stünden – was der Verfinsterung von Sonne und Mond gleichkommt –, dann würden sie von den Oberhäuptern der Bewohner dieser Häuser alles erhalten, was sie brauchten, sei es für sich selbst oder sei es für all jene, die sie unter den Schutz ihres allgewaltigen Fürsten zurückgeführt hatten.

Die beiden andern Regionalfürsten führten so ziemlich die gleichen Reden, so dass die unglücklichen Minores, betört durch all diese Versprechen, mit Eifer und Sorgfalt daran gingen, all die von den Häuptern der Dämonen erhaltenen Fähigkeiten und Kräfte anzuwenden. Diese besessenen Menschen machten grosse Fortschritte in der Verderbtheit und pervertierten in sehr kurzer Zeit auch die Nachkommenschaft Kains und einen Grossteil der Nachkommen des Seth.

Die Wahrnehmung der dämonischen Aktionen

Ich gebe zu bemerken, dass die Reden der dämonischen Anführer sehr verführerisch gewesen sein müssen, um in so kurzer Zeit fast alle Erdenbewohner zu verderben. Dies muss uns Warnung sein und Aufruf zur Wachheit, denn es gibt nichts, das diese entarteten Geister nicht erfinden, um den Minor zu verderben und mit sich zu vermischen.

Durch ihre Aktionen wird uns das klar, was wir gewöhnlich als das Dafür und das Dagegen oder als Aktion und Reaktion bezeichnen, die sich täglich im Universum abspielen. Um die Subtilität ihrer Versuchungen zu durchschauen, gilt es zu wissen, dass sie sich unablässig mit dem Zerfall der Formen und dem Verderben der geistigen Wesen beschäftigen, hoffend, auf die eine oder andere Art zu ihrem Ziele zu kommen. Sie verfolgen die Minores von dem Moment an, da diese sich anschicken in die irdische Welt einzutreten und sogar noch, bevor diese von ihren körperlichen Sinnen Gebrauch machen können. Dies kann man mühelos an den verschiedenen Bewegungen, dem Geschrei und der Unruhe der Neugeborenen feststellen.

All diese Dinge finden wir durch die Geburt Christi bezeugt, durch seine Herabkunft in eine leibliche Form und durch die Verfolgungen und die Leiden, die er Zeit seines Lebens erduldet hat. So können wir nicht daran zweifeln, dass die Dämonen die leibliche Form des Minor vom Moment seiner Einkörperung an bedrängen.

Von daher stammt der Brauch der Patriarchen, ihre Nachkommen durch die Erteilung des Segens zu exorzieren, auf dass die verdorbenen, die leibliche Form umgebenden Geister vertrieben würden. Von hier auch stammt die Beschneidung oder die Bluttaufe, durch welche Abraham die Offenbarung des Bundes wurde. Aus diesem Grunde schliesslich ist auch die Gnadentaufe zu den Neubekehrten Christi gekommen.

Der Machtentzug

Zu diesem Thema könntet ihr mich fragen, was aus der gegenwärtigen Welt geworden wäre, wenn Adam seine Versöhnung nicht erhalten hätte? Auf diese Frage antworte ich nur mit der Aussage, dass, was die Belästigung der Dämonen angeht, der Beschluss des Schöpfers unabänderlich war. Der Ewige verhinderte die zweite Operation dieser bösen Geister, durch die diese die vollständige Verschmelzung des Minor mit sich selbst zu vollenden gedachten, um sich gegen das Gericht aufzulehnen, das über sie und ihre Anhänger kommen musste.

Der Schöpfer trat nun für den Minor ein. Dadurch wurden alle gegen die unwandelbaren Gesetze des Schöpfers gerichteten Versuchungen der Dämonen wirkungslos, und diese wurden in einer noch grösseren Entbehrung festgehalten. Es verblieb ihnen somit nur noch eine einfache geistige Macht – die Gott ihnen nicht entziehen konnte –, um in oberflächlicher Weise im Universum zu wirken. Deshalb können sie weder das vom Schöpfer Beschlossene gänzlich vernichten noch vermögen sie den Lauf und die Zeitendauer, die der Schöpfer jeder Sache zugemessen hat, aufzuhalten. Darum haben die Dämonen nach der Verwandlung der verklärten Form des Menschen in eine materielle nicht verhindern können, dass die Welt so geworden ist, wie sie ist.

Die leibliche Form und die Schöpfung

Ich will hier noch erwähnen, dass man diese leibliche Form keinesfalls wie einen wirklichen Körper aus bestehender Materie betrachten soll. Sie *entstammt* nur den *geistischen Uressenzen,* die durch das Urwort der Schöpfung dazu bestimmt waren, die verschiedenen den Formen entsprechende Eindrücke aufzunehmen, die zur universellen Schöpfung verwendet würden. Es ist gar nicht möglich, die gegenwärtigen körperlichen Formen als wirklich anzunehmen, ausser man würde von einer dem göttlichen Schöpfer innewohnenden Materie ausgehen – was seiner Geistigkeit zuwiderläuft. Er wird *Schöpfer* genannt, weil er aus dem *Nichts alles* erschaffen hat und weil seine gesamte Schöpfung seiner Imagination entstammt. Und weil seine Schöpfung seiner denkenden göttlichen Imagination entstammt, wird sie *Bild* (image) genannt.

Dasselbe göttliche Vermögen, das alles erschaffen hat, wird alles in seinen Anfang zurückrufen, und wie jede Art Form einst einen Anfang nahm, wird sie sich wiederum auflösen und jenem Ort vereinen, aus dem sie hervorgegangen ist.

Dies werden wir später ausführlicher behandeln.

Die Verführungen

Ihr habt die widerrechtlichen Schandtaten gesehen, die die Dämonen gegen die Minores der Urzeiten gewirkt hatten, um sie vom Kult des Gottes abzukehren und sie an den Fürsten des *Südens* als ihrem einzigen göttlichen Oberhaupt zu binden. Weiter müsst ihr wissen, dass diese entarteten Geister immer im Gewand göttlicher Erscheinungen zu ihnen geredet hatten. Sie teilten ihnen mit, dass sie ewig sein würden wie sie selber, dass sie, auch wenn sie ihre körperlichen Formen verliessen, dennoch weiter existieren würden, und dass es ihnen immer möglich wäre, sich ihren Mitmenschen kundzutun und fühlbar zu machen. Indem sie die Minores durch schöne Erscheinungen lockten, verführten sie sie zu den fürchterlichsten Greueln.

Die Menschen des Jahrhunderts

Indessen frage ich euch, ob sich denn, trotz all der dämonischen Nachstellungen gegen dieses Urvolk oder die Nachkommen *Kains* und *Seths*, nicht einige gerechte Menschen fanden, die sich gegen die Einflüsterungen des bösen Intellekts zur Wehr setzten und sich gänzlich von allen Schandtaten, denen die anderen Minores verfallen waren, abwandten. Ihr könnt wohl kaum in Abrede stellen, dass es einige gab, auch wenn es bloss die neun von Noah herstammenden Patriarchen, durch die die *Zehnzahl* vollendet wurde, gewesen sind.

Wenn ich euch nun die gleiche Frage bezüglich der heutigen Menschen stellte und euch bitten würde, mir *einen Gerechten* dieses Jahrhunderts zu finden, ihr kämet in arge Verlegenheit und in der Tat, ihr würdet ihn nicht finden. Weil die aus dem letzten Zeitabschnitt Christi herstammenden Menschen die göttlichen Offenbarungen, die sich in den ersten Jahrhunderten kundtaten, nicht mehr sahen, haben sie das Wissen um den grossen göttlichen Kultus aus den Augen verloren. Desgleichen waren sie auch nicht mehr im Stande das Fortbestehen der Wunderwerke der göttlichen Gerechtigkeit wahrzunehmen, die sich täglich bei diesen Urvölkern und bei Israel ereignet hatten.

Die Menschen dieses Jahrhunderts sind allzurasch mit Zweifeln zur Hand, die von ihren schlechten Gewohnheiten und ihrem Unwissen herrühren. Es ist daher kaum verwunderlich, dass die dämonischen Intellekte heutzutage bei den Minores einen noch beeindruckenderen Fortschritt erzielen, als dies in der Vergangenheit der Fall war. Ist es nicht so, dass je mehr man sich von einem Gegenstand entfernt, desto mehr entschwindet er unserem Blick, und wenn man sich von einer Sache abwendet, zu der man sich hingezogen fühlte, so entzieht sich diese Sache allmählich unserem Gedächtnis, und zwar so weit, dass es sehr schwierig wird, um nicht zu sagen unmöglich, sie mit dem gleichen Geschmack und derselben Inbrunst wiederzufinden, wie im ersten Anfang? Nun ja, hiermit möchte ich euch zu verstehen geben, dass genau das bei den Menschen dieses Jahrhunderts eingetroffen ist. Sie haben sich unter dem Vorwand eines vorgetäuschten, blinden Glaubens, der ihnen die Idee des wahren Glaubens vollständig geraubt hat, von allem göttlichen Wissen entfernt.

Der Glaube

Der Glaube ohne die Werke kann nicht als wahrer Glaube betrachtet werden, obgleich man sehr wohl die Glaubens*werke* besitzen kann, ohne den Glauben selbst zu haben. Ich sage weiter, dass die Werke, die der Mensch durch den schwachen Glauben – der allen Menschen innewohnt – auszuüben vermag, nicht als wirklich dem Glauben zugehörig angesehen werden dürfen. Des Menschen Glaube kann nicht lebendig und vollkommen sein, solange er nicht durch einen höheren Mittler inspiriert wird und der Mensch in diesem Moment Werke schafft, die eigentlich nicht mehr ihm gehören, die aber die gesamte in ihm wirkende Glaubenskraft offenbaren.

Die meisten Menschen haben die geistigen Wissenschaften verlassen, um sich den Geschäften und der materiellen Habsucht auszuliefern. Dies hat ihnen einen so dicken Schleier auf die Augen gelegt, dass sie fast alle ebenso blind geworden, wie es die Nachkommen *Kains* und der grösste Teil der Nachkommen *Seths* gewesen sind.

Wir wissen, dass die Blindheit der ersten Nachkommen, der auch Israel verfiel, eine eindeutige Wiederholung jener Entbehrung war, in der sich Adam während der gesamten Zeit des vom Schöpfer gegen ihn ausgeübten Gerichtes befand. Diese geistige Inaktion ist die Strafe für alle sich vom Schöpfer abgewandten Geister. Es darf nämlich *kein sich in göttlicher Entbehrung befindliches Wesen einen göttlichen Kultus vollziehen*, es sei denn, es habe vom Ewigen seine Versöhnung erhalten, wie uns dies Adam und mehrere andere nach ihm durch ihren Typus und ihre Symbole nahegebracht haben.

Typus und Symbol

Ein Typus sagt mehr als ein Symbol. Ein Typus ist die wirkliche Gestalt eines vergangenen wie auch eines in naher Zukunft eintretenden Geschehens. Das Symbol gibt lediglich Aufschlüsse über den Typus eines kommenden Ereignisses. Ein Typus ist der Weissagung dadurch überlegen, dass die Propheten bloss Mahnungen für die Zukunft verkünden, die aber durch die Barmherzigkeit des Schöpfers und den Wandel des Betragens jenes Volkes, auf das die Prophezeiung fällt, zurückgenommen werden können. Demgegenüber verkündet ein Typus ein unter der unwandelbaren Verfügung des Schöpfers stehendes, unfehlbares Ereignis. Wir können also nicht überhören, wie schrecklich diese ersten Nachkommen – wie auch das Volk Israel – dafür, dass sie den Schöpfer und den Kultus, für den sie ausgebildet worden waren, verlassen hatten, geschlagen und bestraft worden sind.

Die Situation des gegenwärtigen Menschen

Ich werde euch nun nach der Lage befragen, in der sich die Welt zur Zeit des Kommens Christi zu den Menschen befand. Welchen Kultus erwiesen sie dem Schöpfer? Hatten sie seinen Tempel nicht in einen Marktplatz verwandelt? Anerkannten sie andere Götter als das Irdische? Woher stammten ihre Waren? Haben ihre materiellen Geschäfte sie nicht in die Abgötterei versinken lassen? Dies alles glauben wir umso eher, als wir in den heutigen Menschen eine blosse Wiederholung vor Augen haben.

Es herrscht Einverständnis unter ihnen, dass man den Schöpfer vergessen müsse, um sich irdisch zu bereichern. Diese Menschen repräsentieren tatsächlich die beiden vergangenen Zeitalter, nämlich das der Nachkommen *Adams* und das *Israels.* Wir sehen physisch unter den Menschen dieses Jahrhunderts dasselbe Verhalten, dasselbe Beispiel und dieselben Gewohnheiten. Das Reich der Dämonen triumphiert zum Schaden der ermatteten Minores.

Diese Minores haben sich weit vom göttlichen Kult entfernt und sind durch das Bündnis, das sie täglich mit den entarteten Geistern eingehen, befleckt und unrein geworden. Sie müssen sich auf unendlich viel schrecklichere Strafen gefasst machen als jene, denen die ersten Nachkommen zum Opfer gefallen sind, darum nämlich, weil die gegenwärtige Nachkommenschaft *Denjenigen,* der die volle geistige Versöhnung wirkte, unmittelbar gesehen hat und reden hörte, *Ihn,* durch den der Schöpfer alle seine Werke den Augen seiner Kreatur offenbarte.

Was hat dieses Wesen der Wiederherstellung nicht alles gemacht? Was hat es nicht alles gesagt, um die dämonischen Einflüsterungen, durch die die Minores befleckt waren, zu vereiteln? Was hat es nicht alles erlitten, um die Angriffe der Dämonen abzuwehren? Hat es diesen Minores nicht gezeigt, dass ihr Handeln nicht aus ihnen selber kam, hat es ihnen doch kundgetan, wer sie gegen den göttlichen Willen zu handeln verführte, indem es ihnen die Mittel zeigte, deren sich die Dämonen bedienten, um sie dahin zu bringen, sich selbst und ihre Seele zu verleugnen. Wenn nun ein Teil dieser Minores die Ratschläge der Dämonen angenommen, der andere Teil sie aber verworfen hat, kündet dieser Unterschied des Denkens und des Willens den Menschen nicht, dass es in ihnen selbst ein freies, göttliches geistiges Wesen gibt und dass, wenn es nicht so wäre, die Dämonen sie wohl kaum so vehement verfolgt hätten? Durch Unkenntnis all dieser Dinge haben die Minores seit der Zeit Christi die Greuel der ersten Nachkommenschaften nachvollzogen. Sie haben ihre Seele verleugnet und, indem sie ihre Seele verleugneten, leugneten sie die Gottheit, denn man kann nicht einen Schöpfer anerkennen, ohne zugleich auch reine geistige Geschöpfe anzuerkennen.

Die Nachkommen Kains hatten den Irrtum so weit getrieben, dass sie weder Gott noch die Seele anerkannten. Der grösste Teil der Nachkommen Seths anerkannte zwar eine Seele, aber keinen göttlichen Schöpfer, mit Ausnahme des dämonischen Geistes, der sie führte. Auch anerkannten sie das ewige Universum, was die Nachkommen Kains nicht taten, weil ihr Urvater sie über den Ursprung aller Dinge belehrt hatte, indem er sie das Schmelzen der Metalle ausüben liess, und durch die Formen, die sie selbst gestalteten, verstanden sie, dass das Universum und alles in ihm Befindliche Form geworden war und dereinst in seinen Ursprung der Ungeschiedenheit zurückkehren würde.

Wenn wir Israel betrachten, sehen wir da nicht dieselben Irrtümer und dieselben Verbrechen, wie sie unter diesen ersten Nachkommen geschehen sind? Und doch war es dieses Volk, das Zeuge war der Offenbarung aller göttlichen Gerechtigkeit und Macht. Für dieses Volk hat der Schöpfer all diese Wunder getan. Trotzdem ist es unter die Herrschaft der Dämonen gefallen und hat die Verwegenheit so weit getrieben, den ewigen Schöpfer zu verleugnen und ihm falsche Götter vorzuziehen. Die unglücklichen Reste dieses Volkes bezeugen durch ihr Betragen die Sünden, denen ihre Väter verfallen waren. Der Kultus, den sie ausüben, zeigt, dass sie durch falsche Prinzipien und den Fürsten der Finsternis geleitet sind. Sie sind Sklaven der Form des gesetzlichen Kultes, aber sie sind es nicht in der Wahrheit ihrer Seele und nicht nach den Gesetzen des Schöpfers. Sie werden von der Gier nach materiellen Gütern regiert.

Trotz dieses Fehlverhaltens der Menschen, der Nachkommen Kains, Seths und Israels und jener, die seit Christus geworden sind, haben wir zu allen Zeiten die Barmherzigkeit des Schöpfers sich manifestieren sehen. Obwohl seine Kreatur unter der Last des göttlichen Gerichtes steht, entzieht er ihr doch sein Wohlwollen nicht. Im Gegenteil, er versorgt sie mit allen Mitteln, die er für deren irdisches und geistiges Wohlbefinden als notwendig erachtet.

Ismael und Hagar

Ismael ist einer von jenen, die uns die unerschütterlichsten Beweise dieser göttlichen Barmherzigkeit liefern. Als erster leiblicher Nachkomme *Abrahams* war er das Symbol der Auserwählung Israels. Sein Auszug aus dem Hause seines Vaters deutet hin auf Israel in seiner nach dem schmachvollen Verlassen des Tempels einsetzenden göttlichen Entbehrung. Ismaels Flucht in fremde Länder jenseits seines Vaterlandes stellt die Vertreibung Israels aus der göttlichen Gegenwart und seine Zerstreuung in alle Erdteile dar. Nach dem Zeugnis der Schrift hatte seine Mutter *Hagar* für sie beide lediglich ein Brot und einen Krug Wasser als Nahrung mitgetragen und, nachdem sie alles in einem Tag verzehrt hatten, ward sie von Verzweiflung ergriffen bei dem Gedanken, ihren Sohn Ismael vor Hunger und Durst sterben zu sehen. Aber in dieser Herzensnot vergass sie nicht den Schöpfer, und der Schöpfer verliess sie nicht, denn der Engel des Herrn erschien ihr und sagte: *„Weib, deine Zuflucht, die du zur Vergebung deiner Sünden im Ewigen gesucht hast, ist erhört worden; erhebe dich, nimm dein Kind und folge mir nach."*

Nachdem der Engel den Hunger und den Durst Ismaels und seiner Mutter gestillt hatte, segnete er beide im Namen des Ewigen und wies ihnen den Weg, den sie einschlagen sollten, um sich in dem Lande, das der Schöpfer ihnen bestimmt hatte, niederzulassen. Er sprach zu Hagar: *„Der Ewige wird sich deines Sohnes annehmen, er wird gedeihen auf Erden in deiner Gegenwart, und es werden zwölf Fürsten der Erde aus ihm hervorgehen, zwölf Stammeshäupter."*

Sollte uns dieses Beispiel nicht dartun, wie wir unser Vertrauen in den Ewigen setzten sollten in der Gewissheit, dass er es niemals unterlassen wird, uns zur vollkommen Freude zu führen?

Ich werde hier nicht weiter über Ismael reden, da ich bei der Besprechung der Typen und der irdischen Zeitalter auf ihn zurückkommen werde.

Wie angekündigt, beginne ich nun nun mit der Auslegung des grossen Urbildes des Noah.

Noah und die Arche

Nachdem die Nachkommen *Kains* und *Seths*, die ihre Schandtaten nicht nur bis hin zur Abkehr vom Schöpfer und seinem Kult, sondern bis zur Ausübung ekelhaftester Unzucht getrieben hatten – an die man ohne zu Schaudern nicht zu denken vermag –, erhob sich der Schöpfer gegen diese Ungetreuen und gegen die Dämonen, die sie verführt hatten. Er veranlasste *Noah*, seinen treuen Auserwählten, sich bereit zu machen, eine Arche aus Zedernholz zu konstruieren, in die das Zeugnis des göttlichen Gerichtes, das über die Erde und ihre Bewohner kommen wird, eingeschlossen sein würde.

Dieses Schiff trug den Namen *Arche*, weil es auf dem Wasser schwamm. Sein Unterbau hatte eine Form ähnlich dem unteren Teil eines Entenbauches. Diese Arche besass weder Masten noch Segel noch Ruder. All diese Dinge wären für die Arche und die darin Eingeschlossenen nutzlos gewesen, weil nämlich diese Arche durch die Kraft des Wassers und nach dem Willen des Schöpfers gelenkt wurde.

Als nun die Zeit gekommen war, das göttliche Gericht an aller irdischen Kreatur zu vollstrecken, sandte er einen Engel zu Noah, seinem Auserwählten, ihm in seinem Namen kundzutun, wie er mit seiner Frau, seinen Söhnen und den Frauen seiner Söhne in die Arche einziehen solle. Auch erfuhr Noah die Art der Vorräte, die er für die mit ihm in der Arche eingeschlossenen *vernünftigen* und *unvernünftigen* Tiere mitnehmen sollte. Diese Vorräte setzten sich keineswegs aus ausgesuchten und leckeren Dingen zusammen, wie zum Beispiel reinstem Mehl oder anderen feinen, dem Geschmacke schmeichelnden Speisen. Sie bestanden aus den einfachen, gewöhnlichen Früchten der Erde. Nachdem später alle die Arche verlassen hatten, blieben davon noch mehr als zwei Drittel übrig, denn Noah und seine ganze Familie waren dermassen über die schreckliche Strafe, deren Zuschauer sie waren, erschrocken, dass sie kaum an ihr leibliches Leben zu denken vermochten.

Tatsächlich sah Noah, wie sich die göttliche Gerechtigkeit im allgemeinen und im besonderen – im universellen Kreis verbleibenden – Körper offenbarte. Während dieser Zeit waren sie alle vom Geistigen Göttlichen ausgeschlossen. Noah war durch dieses Geschehnis derart betroffen, dass er sich bestenfalls noch um das geistige Leben der vernünftigen und das leibliche Wohl der unvernünftigen Tiere kümmern konnte. Deshalb eben verblieben ihm nach der Sintflut noch so viele Vorräte.

Der Kristallhimmel

Während dieser Zeit der Sintflut verkörperte *Noah* den wahren *Typus des Schöpfers.* Er war über den Wassern, gleich wie der Schöpfer, bevor er – gemäss den Worten der Genesis – das Chaos ordnete. Der grobe wässerige Schleier, der die ganze Erde bedeckte und diese dadurch dem Angesicht des Schöpfers verbarg, weist auf die *überhimmlischen Himmel,* die die meisten Philosophen mit dem Namen *Kristallhimmel* bezeichnen. Dieser trennt den Schöpfer vom göttlichen Hofstaat seiner zeitlichen universellen Schöpfung.

Die Entbehrung der göttlichen Klarheit

Die Verdunkelung, in der sich die Lichtkörper während dieses Ereignisses befanden, ist eine Anspielung auf die Entbehrung des geistigen Lichtes der katholischen Körper, die noch keine Gesetzesordnungen erhalten hatten, um der Bestimmung des Schöpfers gemäss als Schmuck und Mittler im universellen Schöpfungskreis zu dienen.

Dieser Ausschluss von der göttlichen Klarheit wiederholt sich täglich durch die Empfängnis einer menschlichen Form im Körper einer Frau.

Die 3 Teile der menschlichen Form

Wir unterteilen das ganze Gerippe einer menschlichen Form in 3 Teile, nämlich: den *Kopf* 1, den *Rumpf* 2 und die *Beckenknochen* (Os des Isles) 3. Wir können wohl kaum bestreiten, dass sich diese drei Teile in ihrer Gestalt und ihren Proportionen deutlich voneinander unterscheiden. Die einen sind so sehr von den anderen verschieden, dass wir sie leicht einzeln betrachten können, ohne einen Bruch herbeizuführen, es sei denn das Zertrennen der Knorpel-Bänder (ligaments cartilagineux), die sie miteinander verbinden. Durch diese enge Verbindung sind diese drei Dinge eigentlich nur eines. Indessen hat ein jedes dieser 3 Dinge verschiedene Eigenschaften und verschiedene Fähigkeiten. Und diese unterschiedlichen Fähigkeiten sind ein umfassender Hinweis auf die 3 Reiche in der Natur, die wir bereits kennen: *das Tierische, das Pflanzliche* und *das Mineralische.* Diese 3 Reiche sind in der irdischen Form enthalten, gleichwie auch die 3 Teile des menschlichen Körpers - von denen ich soeben sprach - in der die ganze Form umfassenden Hülle enthalten sind. Ich erwähne hier die 4 Glieder nicht: die zwei Arme, die zwei Oberschenkel mit ihren zwei Beinen, weil diese bloss Anhängsel des Rumpfes sind, deren spezifische Eigenschaften ich zu einem späteren Zeitpunkt behandeln will.

Die 3 Hauptaktionen

Diese drei Hauptteile des menschlichen Körpers geben mir noch den Anlass, euch die drei Hauptaktionen zu erklären, die die Eruption aller katholischen Körper veranlassten. Die *erste Aktion* ist der *Niederstieg des allgemeinen Minor* in die leibliche allgemeine irdische Form. Die *zweite* ist die *Verbindung des göttlichen Major-Geistes* mit dem Minor oder *allgemeinen Seele.* Die *dritte* ist die *Begrenzung des Raumes,* die der Major-Geist selbst auf Anordnung des Schöpfers festlegte, den allgemeinen und besonderen Körpern - und zwar den himmlischen wie den irdischen - wie auch die verschiedenen Fähigkeiten und Eigenschaften, die er allen Körpern zuteilte. Der Schöpfer bestimmte auch die Kraft und die Macht jedes geistigen Major-, Inferior- und Minor-Wesens, die, sei es in der allgemeinen und besonderen Form oder ausserhalb dieser Formen, zur Wirkung kommen mussten. Ferner legte er die Kraft und die Fähigkeiten der Bewohner der *zentralen Achse* fest und sah, dass alle Dinge dem göttlichen Willen entsprachen. Durch diese 3 Operationen erhielt die universelle Schöpfung die Gesetze, Satzungen und Gebote, und es geschah die Explosion des Chaos. Nun ward jede im Chaos enthaltene leibliche Form in die ihr entsprechende Aktion versetzt und wirkte gemäss der empfangenen Anordnung.

Die Explosion des Chaos

Man muss aber keineswegs glauben, die Explosion des Chaos sei entweder durch den Niederstieg des Minor-Geistes oder durch die

Verbindung des Major-Geistes mit diesem verursacht worden. Sie geschah durch den aus der chaotischen Umhüllung angetretenen *Rückzug des Major-Geistes* – oder des zweifach Mächtigen – mit dem Ziele, sich wieder mit dem Vater zu vereinen. In diesem Augenblick allein zeigten sich dem Schöpfer alle Dinge in natura, passiv und aktiv, entsprechend dem Bilde, das er sich geformt hatte.

Das Licht in der Finsternis

Dies alles sollten euch die Worte der Schrift verdeutlichen: *Das Licht scheint in der Finsternis, und die Finsternis hat es nicht ergriffen.* Jede *körperliche Form ist für die geistige göttliche Seele immer ein Chaos,* weil dieser materiellen Form die Verbindung mit dem geistigen göttlichen Intellekt verwehrt und sie selbst ein Scheinwesen ist. Demgegenüber ist der *Minor* durch seine Herkunft, weil er ein *ewiges Wesen* ist, jederzeit fähig, dieser Verbindung teilhaftig zu werden. An der Art und Weise, in der der Minor sein irdisches Leben im materiellen Körper – zur Strafe der Sünde des Urmenschen – zubringt, ersehen wir klar, dass der Leib für die Seele oder den Minor nur ein Chaos ist.

Verbringt er nicht die Hälfte seines irdischen Lebens in einem schwachen Lichtlein, das lediglich ein Abglanz des geistigen göttlichen Lichtes ist, und die andere Hälfte in schrecklicher Finsternis? Dies nennen wir: *elementares Licht und elementare Finsternis* oder Tag und Nacht. Ist aber der Minor von seiner chaotischen Form getrennt, gibt es für ihn keine elementare irdische Finsternis mehr, er geniesst dann voll und ganz das impassive geistige und unwandelbare Licht, das ihm selbst eingeboren ist, wie uns der Schöpfer selbst belehrt: dass der Geist durch sein eigenes Licht – ohne dass er eines anderen Lichtes bedürfte als seines eigenen – alles liest, sieht und erkennt.

Warum also, werdet ihr sagen, lehrt die Schrift, dass die Verstossenen in solcher Finsternis und unter Ausschluss allen Lichtes leben werden. Ich antworte euch: die Finsternis, mit der die Schrift die Verstossenen bedroht, bedeutet nicht eine Entbehrung von Klarheit und Licht, sondern lediglich eine Entbehrung geistiger göttlicher Aktionen in der unermesslichen himmlischen

Sphäre, wo die wahren versöhnten Geister hingehen werden, um ihre glückselige Aussöhnung zu vollziehen. An dieser Stelle kann die Schrift keinen anderen Sinn haben, da jeder Geist – sei er gut oder sei er böse – sein eigenes Licht in sich trägt. Wenn ihr daran zweifelt, dass sich die Explosion des Chaos solcherart zugetragen hat, wie ich es euch nun auseinandergelegt habe, so braucht ihr nur auf den Engel zu achten, der die Pforte der Arche öffnet, um alle Tiere hinauszulassen und sie auf dem Gipfel zu platzieren, und ihr werdet Zeugen sein der Offenbarung der göttlichen Gerechtigkeit. Ihr werdet erkennen, dass dies das wahre Bild des Auszuges des Major-Geistes aus der katholischen Umhüllung ist, die im Angesicht des Schöpfers alle Wesen zeitlicher Schöpfung preisgibt.

Die Arche

Ich werde nun vom symbolhaften Typus dieser geheimnisvollen Arche reden. Diese mysteriöse Arche, in der all die verschiedenen Tierwesen enthalten waren, erklärt in Wirklichkeit die chaotische, alle Schöpfungsprinzipien irdischer Formen enthaltende Umhüllung. Die 40 Tage, da alle diese Tiere des elementaren Lichtes entbehrten, zeigen deutlich die physische Operation, die die Menschen in ihrer körperlichen Fortpflanzung zu ertragen verpflichtet sind. Ihre Frucht kann vor dem Abschluss von vierzig Tagen kein passives, aktives und geistiges Leben haben.

Zu diesem Thema sage ich nichts weiter, da die Werke der Natur euch ausgiebig darüber unterrichten können.

Die Zahl 40

Das Hinuntersteigen und die Verbindung der oberen Wasser (eaux raréfiées) mit den unteren Wassern (eaux grossières) erinnern euch des Sturzes des ersten Minor in einen materiellen irdischen Leib, und die 40 Tage, die dieses obere Wasser benötigte, um nach unten zu gelangen, stellen die 40 Jahre des Elends dar und der Busse, die Adam nach seiner Sünde in seiner Seele und seinem Geiste erlitten hat.

Man kann sich das Elend nicht vorstellen, das Adam empfand,

da er, nachdem er seiner Natur gemäss ein reines, geistiges, denkendes Wesen, vollkommen frei und ohne Grenzen, gewesen ist, sich nun in einem irdischen, der Zeitlichkeit unterworfenen Gefängnis vorfand.

Tatsächlich verwandte er 40 Jahre dazu, sein Verbrechen zu beklagen, indem er darüber nachdachte, was er in seinem Urzustand gewesen, was er geworden und was er in der Folge werden musste.

Durch sein Wehklagen bereitete er sich auf den Empfang der Gnade des Schöpfers vor, und diese ward ihm, nach den 40 für das Wirken seines Werkes der Sühne notwendigen Jahren des Elends und der Busse auch zuteil. Er konnte seine Versöhnung erst am Ende dieser 40 Jahre empfangen, da das geistige Sühneopfer, das den Fluch seines Verbrechens auslöschen und die Schandtat der verführenden Dämonen bestrafen sollte, erst nach Ablauf dieser Frist aus ihm und Eva geboren werden sollte.

Der Berg Ararat

Die Leiden, die Adam während dieser Zeit ertrug, sind uns durch das Leid der Tiere dargestellt, das diese, solange sie dem Gericht Gottes unterstanden, empfanden, wie auch durch die 40 Tage, die Noah mit diesen Tieren auf dem Berg *Ararat*, genannt: *Berg Armeniens*, verweilte. Noah brachte seine Tage damit zu, den Schöpfer dafür zu lobpreisen, dass er ihn und den Rest der Tiere vor der Plage bewahrt hatte, die über die Erde und all ihre Bewohner hereingebrochen war.

Sodom und Gomorra

Ihr könnt mich nun fragen, was die Sünde der *vernünftigen* Tiere mit dem Verhalten der *unvernünftigen* Tiere zu tun habe und weshalb die einen wie die anderen derselben Strafe unterzogen worden sind? Darauf antworte ich: nicht nur hatten die Menschen dieser Zeit Gott abgeschworen und sich den Einflüsterungen der Dämonen gänzlich hingegeben, sondern sie hatten die Greuel soweit getrieben, die Tiere ebenso zu geniessen wie die Weiber und sogar unter sich der widernatürlichen Leidenschaften zu frönen. Diese Verbrechen sind uns durch *Sodom* und *Gomorra* überliefert, die diesen abscheulichen Sünden ihre Namen hinterlassen haben. Urteilt nun selbst, ob euer Erstauen darüber, dass der Schöpfer sein Gericht an den vernünftigen und unvernünftigen Tieren gleicherweise vollzogen hat, berechtigt ist. Da Gott die beiden genannten Städte strafte, tat er, was er damals tat, als er die Erde mit der Sintflut heimsuchte. Es gilt noch zur Kenntnis zu nehmen, dass das Feuer, das der Ewige auf die beiden Städte fallen liess, jenes vorankündigte, das die universelle Schöpfung beenden wird – wie ich später noch ausführen werde.

Die 3 Nachkommenschaften

Um euch noch eindrücklicher darzutun, dass sich die Versöhnung Adams erst nach Abschluss der vierzig Jahre ereignete, müsst ihr euch bloss jene Unfruchtbarkeit vergegenwärtigen, der die Erde nach dem Rückzug des Wassers von seiner Oberfläche während vierzig Jahren ausgesetzt war. Sie war wie eine Leiche. Ihrer grössten Vegetation beraubt, nahm sie ihre Urkraft und ihre ersten Eigenschaften der Fortpflanzung erst wieder auf, nachdem sie vom Schöpfer neu gesegnet worden war. Desgleichen wurden auch Adam und Eva erst am Ende von vierzig Jahren zeitlichen Leidens und Elends wieder in eine geistige göttliche zeitliche Macht eingesetzt. Die Plage der Wasser ward auf Erden nur deshalb solange empfunden, um dem Rest der Sterblichen dieser Zeit ein unvergessliches Beispiel zu sein, das sie von Geschlecht zu Geschlecht ihren Nachkommen überliefern sollten; nämlich das Gedächtnis an die Sünde des Urmenschen und die Sünde seiner ersten Nachkommenschaft unter *Kain*, an die Sünde seiner zweiten Nachkommenschaft unter *Seth* und jener von Noah, die die dritte war und mit welcher der glückselige *Noah* als gerecht vor dem Schöpfer empfunden wurde.

Die Bestrafung

So also kam diese Strafe unvermutet über die ganze Erde und *trennte die universelle Schöpfung* vom *geistigen göttlichen Hofstaat*. Es war die Wiederholung des Chaos, in dem die 3 Grundessenzen aller Körper, die zur Bildung dieses Universums dienen sollten, eingeschlossen waren. Diese Essenzen befanden sich in einem Zustand der Ungeschiedenheit, die sie zum Erhalt der Eindrücke der äusseren Agenten empfänglich machten, um gemäss der Absicht des Schöpfers wirken zu können. Dieses furchtbare Ereignis kennzeichnet zwei sehr wichtige Dinge; erstens: die gemeinsame Bestrafung aller körperlichen Kreatur und aller geistigen Minor-Wesen; zweitens: den Beweis, dass jede beliebige Kreatur unmittelbar aus dem Ewigen hervorging und dass es jedem anderen Wesen unmöglich war, ein solches Universum mit all seinen darin eingeschlossenen Wunderwerken zu erschaffen.

Die Rede des Noah

Nachdem Noah die Arche verlassen hatte, sprach er zum Rest der mit ihm verbliebenen Kreatur: *„Höre, Erde und ihr Menschen, hört mir zu und versteht mich mit der Fassungskraft eures geistigen Wesens, nicht aber mit dem irdischen. Euch allen verkünde ich, dass der Schöpfer der allerhöchste Meister von allem ist, was im universellen Kreis existiert und dass alles aus ihm hervorgegangen und seiner göttlichen Gerechtigkeit untertan ist. Seine göttliche Allgüte hat uns alle zu Zeugen der Offenbarung seiner unbesiegbaren Herrlichkeit aufgerufen, die er gegen die gesamte Erde und den ganzen Rest ihrer Bewohner gewirkt hat. Lasst uns lobpreisen aus der Tiefe unserer Seele den erhabenen Vater der Barmherzigkeit für alle Kreatur, die ihm ihr Vertrauen schenkt. Mögen die Überreste dieses euch vor Augen geführten, traurigen Übels euch lehren, niemals mehr gegen den Schöpfergeist aller Dinge zu sündigen und niemals mehr abzuschwören seiner ewigen Allgewalt, wie dies eure Vorgänger taten. Sie haben den allgemeinen irdischen Körper als ewig betrachtet, anfangslos und ohne Ende. Ihn betrachteten sie als den alleinigen Hervorbringer des Anfangs aller Dinge und, da sie selbst nichts der körperlichen Form Überlegenes kannten und auch den geistigen göttlichen Wesen nicht glaubten, nahmen sie an, dass ihr ganzes Wesen ihm allein entstammte.*

Dies also hat ihnen eine so furchtbare Plage zugezogen. Der Schöpfer hat es zugelassen, dass ihre Leichen zerstreut und mit den Leichen der wilden Tieren vermengt herumlagen, um darzutun, wie er gegen sie zürnte, und um den Nachkommen für undenkliche Zeiten, von Geschlecht zu Geschlecht, den unvernünftigen wie den vernünftigen Tieren, ein Exempel zu sein und endlich auch, damit die Erinnerung an die göttliche Gerechtigkeit nie mehr von der Erdoberfläche gelöscht werde. Bedenke, Erde, bedenket, Menschen, diese strenge Strafe, über die die Bewohner der Himmel erbebten, schaudert zurück vor dieser fürchterlichen Qual und vor allem vor der Erkenntnis, dass der Schöpfer keinen Unterschied zwischen Menschen und Tieren gemacht hat. Ja, da sie ihn als ihren Vater verleugnet hatten, war es gerecht, dass der Schöpfer ihnen das ganze Ausmass seiner Macht zu spüren gab. Es war gerecht, dass sie mit den Tieren vermengt wurden, da sie selbst keinen anderen Ursprung als jenen der Tiere anerkannten; welche Geisteshärtigkeit, ein rein geistiges Wesen aus geistischen Prinzipien herzuleiten, die nur materielle Formen erzeugen können und die noch im Nichts verharren würden, hätte sie nicht ein geistiges göttliches Wesen daraus hervorgezogen.

Welche Verzerrung hat doch der Dämon auf Erden verursacht, um die Bewohner zu solchem Unwissen zu erniedrigen! Achtet auf euch und flieht die eurem geistigen Minor-Wesen widerstrebenden Vorbilder. Wehrt euch der Reize, mit denen eure Mitmenschen euch locken. Unter dem Vorwand, euch in der Furcht des Schöpfers zu erhalten, werfen sie euch auf den gewöhnlichen Pfad des Irdischen. Dies aber würde den Fluch des Schöpfers auf euch und eure Nachkommen herabziehen, und ihr und eure Nachkommen würdet in alle kommenden Völker zerstreut, die die drei irdischen Regionen bewohnen werden.

Das ist es, Erde und Menschen, was euch der Schöpfer durch meinen Mund verkündet. Meine Rede ist einfach und rein. Die Wahrheit, die mein Wort euch bringt, ist ungeschminkt und ungekünstelt, denn sie bedarf dessen nicht, um von jenen verstanden zu werden, die sie guten Willens ersehnen. Dem von Gott Geliebten schenkt sie sich selbst. Sie redet zu ihm in einer Sprache, die ihm nicht fremd ist, denn nichts entlehnt sie der Materie. Sie ist eins, sie ist ohne Grenzen, sie wird sich nie verändern. Da sie unmittelbar aus dem Schöpfer hervorgegangen ist, ist sie reiner Geist. Den unvernünftigen Tieren kann sie sich nicht mitteilen, nur den geistigen Minores, die wie sie selbst aus dem ewigen Prinzip hervorgegangen sind. Auch wird das wilde Tier von nun an seiner Torheit ungestraft bleiben, ist es doch auch für keine Belohnung zugänglich. Unvergesslich sei dieses erste Beispiel allen Bewohnern der Himmel und der Erde.

Unter euren Nachkommen wird einer geboren, der grösser ist als ich. Er wird euch im besonderen über die Gerechtigkeit und die Belohnung belehren, die er der Schöpfung am Ende der Zeiten vorbehält, und zwar gemäss dem Vertrauen, das diese ihrem Schöpfer gegenüber bewiesen haben wird."

Nach dieser Ermahnung teilte Noah die Erde unter seine drei Söhne auf. Darüber werde ich in der Fortsetzung der Erklärung des Typus des Noah, seiner Arche und der Sintflut sprechen.

Die vernünftigen Tiere in der Arche

Die Arche, in der die vernünftigen Minores eingeschlossen waren, und die Zeit, in der sie unter Entbehrung des elementaren Lichtes verblieben sind, zeigen uns den Typus der Wohnung der ausgesöhnten Minores und der Gerechten unter dem Schatten des grossen Lichtes, wohin sie sich, da sie keine zeitliche Operation mehr zu wirken hatten, tatsächlich während einer gewissen Zeit erwartungsvoll zurückgezogen haben. Trotzdem diese gerechten Wesen in ihrer Betrübnis getröstet und ihrer Wiedervereinigung versichert sind, mindert dies keineswegs ihre grosse Qual, nämlich die vollkommene Freude des Anblickes des trostbringenden Geistes, der zu ihnen redet, entbehren zu müssen. Indessen erkennen sie, dass alles, was sie erleiden, gerecht ist, und zwar gemäss der Untreue des Urmenschen und dem Eid des Schöpfers, dass weder der Urmensch noch einer seiner Nachkommen *vor* der grossen Schlacht wieder in den göttlichen Kreis eingesetzt werde, die durch den wahren *Adam* oder *Réaux* zwischen den Himmeln und der Erde zum allergrössten Nutzen der Minores geschlagen werden muss.

Der Saturnkreis

Der in der Zwischenzeit von den Gerechten aufgesuchte *Ruheort* heisst philosophisch: *Verstandes-Kreis* oder *Saturnkreis.* Er allein dient den überhimmlischen Kreisen als Schemel, und er ist es, den die Schrift als den Ort festlegt, wo die mit dem Schöpfer ausgesöhnten Heiligen Väter ruhen. Dies belehrt uns, dass die Zeit zur Reintegration der ausgesöhnten Wesen, da sie sich im sinnlichen irdischen Kreis bewegen und wirken, nicht genügt. Es ist unumgänglich, dass sie in allen Räumen des universellen Kreises geistig wirken, und zwar so lange, bis sie den Zeitenlauf beendet haben, den der Schöpfer den Minores bestimmt hat, als er sie aus sich hervorgehen liess und sie seiner göttlichen Unermesslichkeit mündig sprach.

Das also ist der zweite Typus, den die in der Arche eingeschlossenen vernünftigen Tiere ausmachen, die von der Strafe des göttlichen Gerichtes ihrer guten geistigen irdischen Taten wegen errettet wurden.

Noahs Gottesdienst

Noah, das bedeutet: *Ruhe* oder *Erleichterung*, vollzog, nachdem er die Arche verlassen hatte, während der 40 Tage, da er auf dem Berg *Ararat* weilte, alle 10 Tage einen göttlichen Kultus. Dieser Kultus war das wahrhaftige Abbild dessen, den der göttliche Mensch für die Versöhnung des ersten Minor durchgeführt hatte, auf dass die universelle Schöpfung nicht die Form ebenso verändere, wie Adam den Körper tauschte. Vermittels dieses Kultes des *göttlichen Menschen* oder *Christus* hat der Schöpfer die universelle Schöpfung neu gesegnet, indem er Adam, den er als Oberhaupt der geschaffenen Wesen und als Gottmensch der Erde verflucht hatte, wiederum segnete. Das ist in Wirklichkeit, was Noah neu verkündet hat. Durch seine Anrufung verwandte er sich bei der göttlichen Barmherzigkeit des Schöpfers, damit dieser die Erde mit dem Rest ihrer Bevölkerung – die vor ihm Gnade gefunden hatte – wieder versöhne.

Noahs Rede an den Schöpfer

Noah erhielt die Gnade, die er erbat, und die Erde wurde wieder mit den Menschen versöhnt, indem sie nach Ablauf der vierzig Jahre wieder in ihren Urzustand vegetativen Lebens eingesetzt wurde. „*Ja, Ewiger*“, spricht Noah zum Schöpfer, „*die unglücklichen Menschen, die du unter deinem Schutz meiner Führung anvertraut hast, sind wohl darin unterwiesen, dass du, wenn es dir gefällt, das Angesicht der universellen Schöpfung von einem Moment zum andern verwandeln kannst, gleichwie du jenes der Erde durch deren Vernichtung verändert hast. Ja, allgewaltiger Schöpfer, deine Gerechtigkeit ist vollkommen und als solche gepriesen von allen geistigen Geschöpfen, den himmlischen wie auch den irdischen. Da noch der Gerechteste vor dir das Licht nicht ertragen kann, ohne zu zittern, wie könnten die schwachen Sterblichen dieses Tales der Tränen sich ihrer göttlichen Wiederherstellung würdig erweisen, wenn du ihnen die Hilfe deiner Gnade nicht schenktest? O Leben spendender Schöpfer, belebe den allgemeinen Körper, auf dem deine Kreatur deinen göttlichen Kultus vollziehen soll und den wir als das allgemeine Gefäss oder den universellen Altar betrachten, auf dem das friedliebende Sühneopfer der Versöhnung dargebracht werden soll!*“

Der Rabe

Der Rabe verliess die Arche, *bevor* die Erde gesichtet war; dies, um uns die Sünde *Kains* in Erinnerung zu rufen und uns diejenige *Chams* unmissverständlich vorherzusagen. Der Rabe flog Richtung *Süden*, uns jenen Ort vor Augen zu führen, wohin sich *Kain* zurückgezogen hatte und wohin sich *Cham* und all seine Nachkommen zurückziehen werden. Um die Trennung darzustellen, die der Schöpfer zwischen den Nachkommen Kains und den Kindern Seths vollzog, kehrte der Rabe nicht mehr zur Arche zurück. Auch kündigt dieses Bild die Abkehr der zukünftigen Menschen vom göttlichen Kultus und ihrer daraus folgenden ausschliesslichen Hingabe an die Materie an.

Die Taube

Die hinausfliegende Taube, die vorerst um die Arche herum flatterte und sich hernach auf dieser niederliess, ist das wahre Bild des engelhaften göttlichen Geistes, der die Arche mit allem, was sie barg, lenkte und bewahrte und der dem Noah den Willen des Schöpfers – bezüglich der Offenbarung seines Gerichtes – mitteilte. Auch ist die Taube das Bild des Geistesgefährten der Minores. Dieser Geistgefährte umfängt die Minores mit seinem geistigen Kreis, um sie gegen den dämonischen Anprall zu verteidigen, den die verdorbenen Geister ständig gegen sie auszuführen im Begriffe sind.

Die Zahl 11

Die Gestalt und die Proportion der Arche ergeben in ihrer Summe eine Zahl, die dieses Schiff als ein *Haus der Konfusion* kennzeichnet – wie ihr ersehen könnt:

Die Arche hatte eine Länge von	300 Ellen
eine Breite von	50 Ellen
eine Höhe von	30 Ellen
	380 = 11

Diese Zahl 11 ist jeder Gattung vollkommener körperlicher Gestaltung entgegengesetzt, ähnlich wie der irdische Leib und alles daraus Hervorgehende.

Der Regenbogen

Noch bevor die Erde gesichtet wurde, ward Noah die universelle Versöhnung prophezeit, und zwar durch jenes geistige Zeichen, das man gemeinhin *Regenbogen* nennt. In der Tat erschienen ihm die sieben *hauptsächlichen universellen Geister* durch ein grosses *verschiedenfarbiges Feuerzeichen*, als *Halbkreis* geformt, wovon der eine Endpunkt den Gipfel des Berges *Ararat* und der andere die *Arche* berührte. Sorgfältig betrachtete Noah dieses Zeichen, denn er konnte die Absicht des Willens des Schöpfers nicht lesen, ohne all das in diesem prophetischen Zeichen enthaltene einer sehr eingehenden Prüfung zu unterziehen. In diesem Moment löste sich die Taube vollständig von der Arche und entflog zum Berg Ararat. Von da brachte sie einen Olivenzweig, den sie in Noahs Gegenwart fallen liess. Dadurch erkannte nun Noah, dass seine Erlösung nahe bevorstand.

Der Olivenzweig

Dieser Olivenzweig, den die Taube allen anderen Hölzern vorzog, weist den Menschen die Frucht, die sie für die Salbung benutzen sollten, und gilt als Zeichen all jener Angekündigten Mächtigen, die vom Schöpfer mit der Offenbarung seines Kultes – wie man ihn bei Israel und allen Weisen vollzogen hatte – beauftragt sind.

Die Dreiteilung der Erde

Die Aufteilung der Erde in drei Teile, die Noah für seine Kinder vollzog, wiederholte diejenige Adams für seine Nachkommen. Er versetzte *Cham* in den *südlichen Teil*, den Ort, wo *Kain* gewesen. *Sem* gab er den Teil des *Westens*, den *Adam* (für Abel) erhalten hatte, und *Japhet* erhielt den *nördlichen* Teil, der derjenige des *Seth* gewesen ist. *Noah* selbst verblieb mit seiner Frau in der *Mitte* der Erde. Diese mehrere Male vollzogene Teilung der Erde in drei Teile oder Regionen zeigt uns, dass die Erde dreieckig ist. Noch besser werde ich dies bei der Auslegung der Prinzipien der sichtbaren Materie ausführen.

Noahs Rede beim Verlassen der Arche

Und hier ist, was Noah sprach, bevor er die Bewohner der Arche an die ihnen zugewiesenen Orte entliess: *„Erinnert euch, Erde und ihr vernünftigen und unvernünftigen Tiere, dass die fürchterliche Geissel, deren Zeuge ihr geworden seid, der Bestrafung der Sünder gegen den Schöpfer gedient hat. Gleichzeitig soll sie euch an die göttliche Barmherzigkeit und Güte gemahnen, die euch vor dieser schrecklichen Strafe bewahrt hat. Die Wasser, die* *bis an die Pforten des Firmaments gestiegen sind und euren Augen die gesamte Natur verborgen haben, zeigen euch jenes Nichts, in dem sich die universelle Natur befand, bevor der Schöpfer in seiner Vorstellung die geistige wie auch die zeitliche Schöpfung zu erschaffen ersonnen hatte. Er zeigt uns deutlich, dass alle zeitlichen Wesen unmittelbar dem Befehl seines Gedankens und seines Willens und alle geistigen göttlichen Wesen direkt seiner ewigen Emanation entstammen. Die Schöpfung gehört der sichtbaren Materie an, die aus dem Nichts geworden – es sei denn aus der göttlichen Imagination – ins Nichts zurückkehren muss. Die Emanation aber beinhaltet die geistigen Wesen, die wirklich und unvergänglich sind. Alle Geister, seien sie Majores oder Minores, werden ewiglich in einer edlen Persönlichkeit im Kreise der Gottheit existieren. Der Ewige wird nicht nur deshalb Schöpfer genannt, weil er erschaffen hat, sondern auch, weil er nicht aufhört und niemals aufhören wird, wirkende geistige Kräfte und Mächte zum Heile der aus ihm hervorgegangenen Auserwählten zu erschaffen. Diese geistigen Wesen sind der Gottheit gewisslich innewohnend, gleichwie der Same der Fortpflanzung der Formen den allgemeinen und besonderen Körpern des Universums eingeboren ist. Ihr könnt das Vorrecht der Gottheit, der geistigen Emanation, nicht übersehen, habt ihr doch den physischen Beweis vor Augen, dass dieses Gesetz in der Fortpflanzung der Formen fortbesteht.*

Vergesst nie, was der Schöpfer für euch getan hat. Ihr seid die wahren Zeugen der Offenbarung seiner Herrlichkeit und seiner Gerechtigkeit. Anerkennt immer nur ihn als bewegende schöpferische Kraft von allem, was sich euren irdischen und geistigen Augen dartut, und seid überzeugt, dass nichts ohne seinen Willen jemals existiert, existiert hat oder existieren wird. Vergesst nie, dass alles von ihm stammt und nicht von jenen verfluchten Verführerwesen, die durch ihre dämonischen Einflüsterungen eure Mitmenschen in die schaurigen Abgründe der Materie geworfen haben, da sie den Hochmut besassen, sich von den Menschen als die wahren lebendigen, belebenden und ewig lebenden Götter verehren zu lassen. Bleibet im Frieden unter dem Schutze des Schöpfers, jeder in dem Erdteil, der ihm durch die Teilung zugefallen ist. Seid dieses Erbes Hüter so, wie dies eure Nachkom-

men von Geschlecht zu Geschlecht und bis ans Ende der Zeiten sein werden.

Unheil komme über denjenigen unter euch, der aus seinem Gedächtnis die Satzungen, Gesetze und Gebote auslöscht, die der Schöpfer zum zweiten Male seiner universellen Kreatur übergeben hat und die den geistigen Wesen seiner Emanation eingeborenen sind! Unter den geistigen Wesen sind es die Majores, *deren sich der Ewige bedient, um den Menschen seinen Willen mitzuteilen, und ihr Aufenthalt ist nahe des Thrones der göttlichen Herrschaft. Die* Inferiores *sind die, die in der ganzen Ausdehnung der universellen Schöpfung sowohl auf den irdischen Leib als auch auf den wässerigen und feurigen oder die zentrale Achse einwirken. Erinnert euch daran, dass der Schöpfer, als er die Erde wiederhergestellt, auch euch erneuert hat. Vor euch hat er den Typus der universellen Schöpfung wiederholt, damit ihr eure Nachkommen darüber belehrt, dass alle Bewohner der Erde in den Abgründen ihres Gottes der Materie mit dem Rest der Tiere vermischt waren. Möge der allmächtige Schöpfer es verhüten, dass ihr und eure Nachkommen jemals ein solches Beispiel geben, denn es bestünde dann nicht mehr die Frage der Erneuerung der Erde und ihrer Bewohner! Alles würde zu Staub und Asche werden. Alles kehrte zurück ins Nichts, und die geistigen Minores würden für eine Ewigkeit in die Entbehrung des Göttlichen gestürzt.*

Geht hin und geniesst in Frieden den Segen, den ich im Namen und durch die Allmacht des Ewigen über euch breite!“

Die 3 Typen Noahs

Im Anschluss an diese Rede befreite Noah sein ganzes Volk aus seiner geistigen Bevormundung, auf dass jeder hingehe und sich seiner irdischen Bestimmung, seiner Tugenden, seiner Fähigkeiten und seiner Kräfte erfreue. Mit seiner Frau verblieb er – wie ich schon sagte – im Zentrum der Erde und hatte daselbst eine grosse Nachkommenschaft. Zu gegebener Zeit werde ich euch aufklären über den Typus der Stätte Noahs in der Mitte der Erde.

Ich habe euch nun genügend darüber mitgeteilt, wie Noah den Typus des *Schöpfers* verkörperte, den Typus seiner *Gerechtigkeit* durch den Bau der Arche und denjenigen der *Wiederherstellung* durch die Kraft seiner Anrufung, die die gesamte Erde wie auch die vor der universellen Strafe bewahrten Minores mit dem Schöpfer aussöhnte.

Die 10 Kinder Noahs

Ich werde jetzt von den Nachkommen reden, die Noah an der Stätte seines Aufenthaltes zeugte. Es waren dies 10 Kinder, davon 7 männliche und 3 weibliche. Unter diesen Nachkommen wurde der Kult des Schöpfers erneuert, und man opferte dem Ewigen reine Sühneopfer, ohne dabei ein anderes Interesse als jenes seines Ruhmes und der Heiligung der Minores zu verfolgen. Jeder dieser 7 Söhne Noahs erhielt vom Schöpfer eine besondere Gabe. Einer hatte – nach dem Plane des Schöpfers – die Begabung, zum Nutzen und zur Belehrung seiner Brüder geistig wirken zu können. Der andere hatte die Gabe der Prophezeiung, ein anderer jene der Deutung und so auch die anderen.

Die Schrift spricht ausführlich über die verschiedenen Gaben, die der Schöpfer zur Offenbarung seiner Herrlichkeit in gewisse, aus ihm hervorgegangene Menschen hineingelegt hat. Vermittels unterschiedlicher Begabungen haben die Kinder Noahs die verschiedenen Kulte, deren sie für ihre geistige und irdische Mission bedurften, erneuert. Diese zweite Nachkommenschaft hat auch die verschiedenen Zeremonien, Gebete und Anrufungen, deren sie zur Verrichtung des Kultus bedurften, wie auch die Zeiten, die Stunden, die Tage, die Wochen, die Monate und die Jahre – gemäss ihrem ursprünglichen Ablauf – wiederhergestellt. Heutigen Tags werden diese Dinge nicht mehr so berechnet, wie man dies in dieser ersten Zeit zu tun pflegte.

Es ist kaum überraschend, dass Noah seine zweite Nachkommenschaft *Göttermenschen der Erde* nannte, stellte er selbst doch den Typus des Schöpfers dar. Auch ist es nicht weiter verwunderlich, dass diese Nachkommen, da sie keinen Anteil an der Aufteilung der Erde erhalten hatten, lediglich rein geistige und keine materiell-zeitliche Werke wirkten.

Adam und Noah

Ich weiss, die Schrift spricht nicht von jener zweiten Nachkommenschaft, hingegen können wir nicht übersehen, dass uns *Noah* den *Typus Adams* in seiner Ursünde und jener seiner ersten und zweiten Nachkommenschaft – *Kain* und *Seth* – neu aufgezeigt hat. Wir können also auch nicht daran zweifeln, dass Noah den Typus des Adam in seiner Versöhnung und der Erzeugung einer geistigen Nachkommenschaft wiederholte, wie ich dies noch aufzeigen werde. Da Adam durch seine materielle Einkörperung unrein geworden war vor dem Schöpfer, konnte ihm nur eine materielle Nachkommenschaft werden, von Geschlecht zu Geschlecht dazu verflucht, einen aus Geistigem und Materiellem gemischten Kultus zu vollziehen. Dasselbe wiederholte Noah in seiner ersten, aus drei männlichen Söhnen bestehenden Nachkommenschaft, die er vor seiner Erwählung und der Offenbarung des göttlichen Gerichtes gezeugt hatte.

Die Sühne der Unschuldigen

Obschon diese drei Kinder, unter den sündigen Nachkommen lebend, keine Schandtaten begingen, so wurden sie doch durch die in ihrer Gegenwart vollbrachten Verbrechen befleckt. Sie reinigten sich durch das Fasten, das Gebet und die Schmerzen, die sie angesichts der über die Erde verhängten universellen Strafe in ihrer Seele und in ihrem Körper empfanden. Diese Züchtigung geschah zu unserer Belehrung, dass nämlich, wie gerecht auch der Minor vor dem Schöpfer sei, er doch immer durch das geistige Feuer von der Befleckung, die er sich durch seinen Aufenthalt in einer materiellen Form zugezogen hat, gereinigt werden muss; auch dann, wenn er alle Angriffe, die der böse Intellekt auf ihn angesetzt hat, abgewehrt hätte. Dies werdet ihr im Einzelnen sehen, wenn ich von der Materie und den Formen der Körper rede.

Die Nachkommen Adams und Noahs

Als aber Adam seine Aussöhnung erhalten hatte, ward ihm eine *geistige* Nachkommenschaft, die den Namen trug: *Nachkommen-*

schaft Gottes. Desgleichen hatte Noah nach seiner geistigen Erwählung eine zweite Nachkommenschaft, die, wie wir schon ausführten, ausschliesslich dazu bestimmt war, rein geistige Werke zu vollziehen. Diese 7 Kinder der zweiten Nachkommenschaft Noahs verstanden vollkommen, dass der Kultus, den auszuüben ihnen aufgetragen, derselbe war wie derjenige, den der Schöpfer von seinem Urmenschen erhofft hatte.

Die sieben Weisen

Durch ihre Arbeiten und die ihnen zuteil geworden Gaben wurden sie zu den sieben geistigen göttlichen Säulen, die das Universum aufrechterhalten und vor den Plagen Gottes bewahren mussten, indem sie durch die Gerechtigkeit ihrer Werke die Barmherzigkeit Gottes auf die Sünder der kommenden Jahrhunderte hernieder baten. Aber nicht lange übten diese Weisen ihre Aufgabe aus. Die Menschen, die sie unterrichteten gaben sich trotz der Weisungen und der Beispiele, die sie vor Augen hatten, allen möglichen Leidenschaften und sündigen Begehren hin. Dadurch sahen sich diese Weisen gezwungen, sie dem Dämon zur Beute und der Geissel des göttlichen Gerichtes zu überlassen.

Die Zerstörung der Städte

Dieses Gericht ward nicht nur über die sündigen Menschen verhängt, sondern auch über die Städte und ihre Häuser, die vom Schöpfer durch seine Würgengel gesandten Plagen vernichtet wurden. Dergestalt war das Schicksal der von *Kain* erbauten Stadt *Enah*, der *Städte von Ägypten*, von *Sodom* und *Gomorra, Jericho, Jerusalem* und vielen anderen. Die Zerstörung dieser Bauwerke bewies, dass diese Bauten der Menschen nichts als materielle, gemäss dem Gedanken des dämonischen Intellekts erschaffene Werke waren. Und nur deshalb wurden all diese Städte zerstört, weil sie das Wort der Gerechten nie genügend erhört hatten, um mit dessen vollständiger geistiger Macht zum Heil all seiner Bewohner zu wirken. Das soll euch nicht erstaunen. Kein gerechter Mensch ward in diesen Städten – oder unter den ihnen entsprechenden irdischen Völkern – geboren, im Gegenteil, ihre

Einwohner scheuten keinen Aufwand, all jene, die sich zur geistigen Lehre bekannten, gänzlich auszurotten. Wenn wir uns umsehen, werden wir denselben Zustand im gegenwärtigen Jahrhundert finden. Man braucht nur über die heutigen Städte, ihre Bewohner, die täglichen inneren und äusseren Werke der Menschen nachzudenken, und mit Leichtigkeit lässt sich feststellen, dass dieselben Begierden im Universum herrschen, die schon in den ersten Jahrhunderten regierten.

Obschon die heutigen Städte auch sündig und von Menschenhand erbaut sind, muss man nicht glauben, sie würden denselben Plagen zum Opfer fallen wie die früheren Städte.

Sowie es in der Macht des Schöpfers steht, ständig neue Belohnungen an seine treuen Minores auszuteilen, so vermag seine Macht auch neue Strafen und unbekannte Plagen auf die Sünder zu werfen. Dies beweist uns, dass es unmöglich ist, sich dem göttlichen Gericht zu entziehen. Es gilt noch zu bemerken, dass die früheren Städte nur deshalb so hart geschlagen wurden, weil die vollkommene Zahl 7 der gerechten Menschen nicht mehr existierte, weil nämlich der Schöpfer selbst den grössten Teil von ihnen zurückgenommen hatte; dies als unübersehbare Mahnung dafür, dass der Schöpfer die Menschen dieser Zeit ihrem unglücklichen Schicksal überlassen würde. Übrigens war diese Plage durch die allgemeine Geissel, die auf die Nachkommen Kains niederfiel und auf die Nachkommenschaft Seths – die bloss noch den glückseligen Menschen Noah und seine Kinder als Gerechte besassen –, angekündigt worden.

Die Zeiteinteilung

Wir haben festgestellt, dass jedes der Kinder der zweiten Nachkommenschaft Noahs eine geistige göttliche Begabung erhalten hatte, um diese den Weisungen der Gottheit gemäss zu benutzen. Auch haben wir gesehen, dass diese Kinder die verschiedenen Zeitintervalle zum Zwecke der ordentlichen Durchführung ihrer unterschiedlichen Kulte wohl geordnet hatten. Aber um diese geistige Teilung der Zeit zu vollziehen, der Stunden, der Tage, der Wochen, der Monate, der Jahre, gebrauchten sie ein ganz anderes Berechnungssystem als jenes, das ihre älteren irdischen Brüder für ihre aus Geistigem und Materiell-Irdischem gemischten Operationen befolgt hatten. Ihr müsst verstehen, dass dies gar nicht anders sein konnte. Ist es nicht so, dass man für die einfache Bearbeitung der Erde zeitliche Abstände beachten muss, Tage, Wochen, *Mond*monate, und dass man diese in unterschiedlicher Weise nutzen muss? Ist es nicht so, dass, wenn es der Bauer vernachlässigt diese Dinge zu beachten, er vergeblich gesät hat und er aus seinen Arbeiten nur eine sehr geringe Ernte zieht, dies im Vergleich zu jener, die er durch die genaue Befolgung aller notwendigen Vorschriften erzielt hätte? Unverzichtbar ist dieses Gesetz und es kommt vom Schöpfer selbst, der es dem Menschen, als er ihn zum Ackerbau verurteilte, vorgeschrieben hat. Mit eigenen Augen können wir beobachten, wie sich dieses Gesetz physisch vollzieht und erfüllt. Weshalb also wollt ihr nicht, dass auch der geistige Kultus einem Gesetz unterworfen sei, einem genauen Zeremoniell und einer getreulichen Beachtung der Zeiten und der Jahreszeiten?

Der Gottesdienst

Ich werde euch nun zeigen, dass, da der göttliche Kultus sich beträchtlich vom Ackerbau unterscheidet, es nicht überrascht, dass die Kinder der zweiten Nachkommenschaft Noahs jene mit ihrem geistigen Kultus im Zusammenhang stehende Dinge auf andere Art regelten, als dies ihre Vorgänger mit denselben Dingen getan hatten. Diese wirkten ja – wie ich sagte – einen aus Geistigem und Materiell-Irdischem vermischten Kultus. Ist euch dieser Grund nicht Beweis genug dafür, dass die zweite Nachkommenschaft Noahs im geistigen göttlichen Kultus gelehrter und erfahrener sein musste als die erste Nachkommenschaft? Derjenige, der zwei Begabungen gleichzeitig ausbilden wollte, kann keine vollkommen ausführen. Aber derjenige, der nur ein Talent hat und es mit Sorgfalt pflegt, kann sicher sein, dieses zu einer grösseren Perfektion heranzubilden als alle anderen Menschen. Deshalb eben zeichneten sich die Kinder der zweiten Nachkommenschaft Noahs im geistigen Kultus aus und überragten in diesem Bereich ihre älteren Brüder. Es braucht demnach nicht mehr zu erstaunen, wenn diese Menschengötter andersartige Formen und anders geartete Zeremonien für den zu verrichtenden Kultus festlegten. Da der zeitlich irdische Mensch keine vollkommene Kenntnis der Mission dieser geistigen Nachkommenschaft haben kann, ist es nicht an ihm, dieses Brauchtum zu verurteilen. Besässe er hingegen diese vollkommene Kenntnis des göttlichen Kultes, er würde sich wohl vor einer Verurteilung hüten.

Nachkommenschaft Noahs

Die *zweite Nachkommenschaft* Noahs, von der wir sprechen, repräsentierte den erhabenen Typus der sieben göttlichen *Superiores*-Hauptgeister und – gemäss ihrer gewaltigen Stärke, ihrer Macht und ihrer Weisheit – auch den wahren Typus der sieben hauptsächlichen geistigen Majores-Wesen, die zum Nutzen der Erhaltung und der Unterstützung dieses Universums wirken. Da diese würdigen Wesen durch den Schöpfer dazu bestimmt waren, nur geistig zu wirken, ist es nicht erstaunlich, dass ihr Verhalten bei der Ausübung ihrer geistigen Operationen ein Mysterium für all die zeitlich-irdischen, bloss mit dem Ackerbau sich beschäftigenden Menschen ist. Diese im Zustand der göttlichen Gerechtigkeit sich befindlichen Weisen konnten – ihrem geistigen Auftrag gemäss – keinesfalls durch eine zeitliche irdische Finsternis begrenzt sein, wie es die gewöhnlich Sterblichen sind. Diese Finsternis, *Nacht* genannt, hätte für den Menschen nicht stattgefunden, hätte der Urvater nicht gesündigt. Wenn Adam nur eine Nachkommenschaft Gottes gehabt hätte – wie es der Absicht des Schöpfers entsprach –, so hätten sich alle Handlungen dieser Nachkommenschaft unabhängig von der Finsternis der elementaren Natur vollzogen. Nun hat aber die Untreue Adams eine materielle Nachkommenschaft und Menschen der Finsternis aus sich hervorgehen lassen.

Die zweite Nachkommenschaft Noahs jedoch war wahrhaftiglich eine Nachkommenschaft Gottes, war sie doch ohne Exzesse irdischer Sinne gezeugt. Auch wenn diese Wesen in eine körperliche Form eingebunden waren, so genossen sie doch dieselben Tugenden und dieselben Kräfte wie Adam in seinem Zustand der Herrlichkeit. Diesen Menschen nun, die allein damit beschäftigt waren, die göttlichen Operationen zum allergrössten Ruhme des

Schöpfers zu vollziehen, wurden die genauen Zeiten vorgeschrieben, in denen sie ihre geistig göttlichen Handlungen gemäss dem Willen der Gottheit wirken sollten. Zugleich erhielten sie alle unveränderlichen Gesetzesanordnungen, die sie in ihren unterschiedlichen Operationen, jeder seiner besonderen Begabung entsprechend, zu befolgen hatten. Dies werde ich eingehend beschreiben.

Die sieben Begabungen

Der *Erstgeborene* dieser Nachkommenschaft ward unter seinen sechs Brüdern der Typus des *Geistes der Auslegung.* Zu diesem Zweck erhielt er vom Schöpfer die Gabe, seinen Brüdern das ihnen aus ihren Operationen Gewordene zu deuten. Er war der erste, der die ihm vom Schöpfer verliehene Kraft und Stärke einzusetzen begann. Auch trennte er sich nicht von seinem Vater Noah, bis ihm dieser - nachdem seine vorgeschriebene Zeit geistiger göttlicher irdischer Handlungen vollendet war - durch den Ewigen entzogen wurde. Dieser erste Weise regelte die Abstände der Zeiten, die er zu seiner Operation und gemäss den Anordnungen, die er dazu erhalten hatte, benötigte. Diese Zeitabstände legte er auf das *Viertel* der gewöhnlichen Tage, wie diese heute bei uns im Umlauf sind. Er setzte sie solcherart fest, obschon er ein *denkendes*, von aller Finsternis freies Wesen war. Dies um seinen Brüdern und ihren kommenden Schülern eine feste Regel zu geben, damit sie nämlich diese Intervalle ihren verschiedenen Operationen zu Grunde legen konnten.

Der *Zweite* vollzog seine geistige Operation erst unmittelbar, nachdem der Erste die seine vollendet hatte. Obzwar diese zweite Operation der ersten ähnlich war, so konnte doch diese weder dieselben Worte beinhalten noch dasselbe beabsichtigen, war doch die Gabe, die der Zweite erhalten hatte, von derjenigen verschieden, die dem ersten verliehen worden war.

Diese Begabung war jene der *Prophezeiung der Offenbarung der göttlichen Gerechtigkeit.* Dieser als Zweiter Wirkende bestimmte die Hälfte der Zeit, indem er dem ersten Intervall für den Verlauf seiner Operation ein zweites Intervall von sechs Stunden hinzufügte.

Ich darf euch nicht im unklaren darüber lassen, dass der *Dritte* dieser Weisen die Gabe der *universellen, allgemeinen und besonderen Astronomie* erhalten hatte und der *Vierte* die Gabe der *Erkenntnis des gewaltigen Wortes* [Verbe], das der Schöpfer für seine gesamte zeitliche Schöpfung benutzte. Auch wirkte Letzterer zum Heil der menschlichen Körper, zu deren Erhaltung nämlich während des Zeitenlaufes ihrer Dauer, und von hier stammt die Kunst der gründlichen Heilung der Krankheiten. Ich werde dies nachfolgend aufzeigen, sobald ich von den verschiedenen Ereignissen spreche, die den leiblichen Formen zustossen. Hier muss ich noch hinzufügen, dass die ersten vier Weisen den Typus der vergangenen und der kommenden Propheten darstellten.

Die Zeitintervalle

Es gilt zu wissen: ein Intervall kann nur dann eine regelmässige, fortdauernde Zeit festlegen, nachdem der Beginn des zweiten Intervalls den Zwischenraum festgelegt hat. Wenn die beiden Intervalle solcherart verbunden sind, verhalten sie sich wie die *Hälfte einer Zeit*, denn *eine Zeit* setzt sich aus *4 Intervallen* zusammen. Es sind demnach die 4 Erstgeborenen der zweiten Nachkommenschaft Noahs, die die 4 Intervalle *einer* Zeit festgelegt haben, indem eines jeden geistige Operation während sechs Stunden ausgeübt wurde. Die beiden ersten Arbeiten begründen die Hälfte der irdischen Tageszeit, und die beiden nachfolgenden bilden die andere Hälfte. Die einen gehören dem Tage an, die anderen der Nacht. Zusammen bilden sie die gerechte und vollkommene zeitliche Begrenzung, die der Schöpfer dem Tageslauf seiner universellen Schöpfung auferlegt hat. Obwohl die 4 ersten Weisen für ihre geistigen Operationen eine Zeit festgelegt haben und obwohl der gegenwärtige 24-Stunden-Tag in seinem Urzustand von Tag und Nacht von daher stammt, muss man sich wohl hüten zu glauben – wie ich schon sagte – diese 4 Weisen seien jener von ihnen bestimmten Zeit oder ihr Geist sei den von ihnen geschaffenen Grenzen und Intervallen unterworfen gewesen.

Es ist unmöglich, dem Geist einen Zeitraum zuzumessen. Somit können die von den Weisen für ihre Werke bezeichneten Zeitabstände auch nicht auf ihre Natur als denkende Wesen bezogen werden, denn der irdische Tag kann ihrem Geist, im Gegensatz zur körperlichen Natur, gar keine Begrenzung sein. Im Gegenteil, indem sie solcherart ihre geistigen Intervalle entwarfen, gaben sie zu verstehen, dass der Geist selbst die irdischen Zeitabstände vorgezeichnet hat. Die Völker, bei denen diese Weisen sich zeigten, verstanden aber nicht, diese geistige Zeiteinteilung von der gewöhnlichen Teilung, die sich gemäss der geschaffenen Natur vollzieht, zu trennen, was sie zu argen Berechnungsirrtümern geführt und verleitet hat, *einen* dieser geistigen Zwischenräume für *einen* irdischen Tag, wie wir ihn kennen, zu nehmen.

Die Gaben der drei Letztgeborenen

Aber bevor wir auf diese Einzelheiten eingehen, muss ich euch noch über die unterschiedlichen Begabungen ins Bild setzen, die den drei *Letztgeborenen* der *zweiten Nachkommenschaft Noahs* geworden sind. Dem *fünften* dieser Nachkommen wurde die Gabe *der Pflanzung, des Ackerbaus.* Der *sechste* erhielt die Gabe der *Erkenntnis himmlischer und irdischer geistiger Superior-, Major-, Inferior- und göttlicher Minor-Schriftzeichen und -Hieroglyphen.* Im Weiteren besass er ein vollständiges Wissen der hieroglyphischen Charaktere aller dämonischen geistigen Wesen. Dem *Siebenten* ward die Gabe, *geistige Bauwerke* zum Ruhme des Schöpferkultes zu errichten, gleichwie sie schon *Adam, Seth, Henoch* und *Noah* – die dem Herrn Altäre erbauten – erhalten hatten.

Mose hat uns gezeigt, dass ihm zur Erbauung der geheimnisvollen Bundeslade, des Altars und des Tabernakels dieselbe Begabung zu eigen war wie auch zum Umgang mit den Mineralien, den Hölzern und allen anderen Werkstoffen, die durch die Wirkung der geistigen Operationen von *Mose* und *Bezalel* gedrechselt und bearbeitet wurden. Mose zeichnete den Plan der Bauwerke und Bezalel führte sie aus. Die drei letzten Weisen, Kinder Noahs, von denen wir eben sprachen, vollzogen ihre jeweilige geistige Operation in derselben Weise, wie dies bereits die vier Ersten getan hatten. Da jedoch ihre Begabungen anders geartet waren, konnten ihre Absichten und ihre Worte nicht dieselben sein. Die ersten vier, die den Tag durch vier Intervalle ihrer Operationen geregelt hatten, nahmen sich, da sie voll und ganz dem

Kult des Schöpfers geweiht waren, keine Frauen. Sie bildeten den echten Typus jener, die der Schöpfer für die Offenbarung seiner Herrlichkeit und seiner Gerechtigkeit auserwählt. Sie stellen zudem die Gerechten der Vergangenheit und der Zukunft dar, wie schon *Henoch*, den die Schrift so sehr verehrt, *Melchisedek*, *Elias* und *Christus*. Zwei von ihnen wurden durch das geistige Feuer aus der Mitte der Erde hinweg erlöst, und die beiden anderen wurden in ihren eigenen geistigen göttlichen Leibern der Herrlichkeit von der Erde hinweggenommen, wie es Christus durch seine Auferstehung als Gottmensch offenkundig bestätigt.

Abavin 8

Wir haben früher gesehen, dass Noah seine drei Kinder – die die erste Nachkommenschaft ausmachten – aus seiner Fürsorge entlassen hatte, nämlich: *Sem*, *Cham* und *Japhet*. Diese drei Männer kümmerten sich vorwiegend darum, den ihnen zugefallenen Abschnitt der Erde in Besitz zu nehmen und zu bearbeiten, um ihren Bedürfnissen und jenen ihrer gegenwärtigen und zukünftigen Familien genüge zu tun. In der Folge verblieben sie einen recht langen Zeitraum, ohne über die geistigen Belehrungen zu meditieren, die Noah ihnen gegeben hatte. So befolgten sie nicht die Einteilung der Intervalle der Stunden, der Tage, der Wochen, der Monate und der Jahre. Ihr gesamter göttlicher Kultus beschränkte sich auf das Wissen, dass ein allmächtiges Wesen über allen geschaffenen Dingen existiere, das sie *Abavin 8* nannten, das heisst in *noachitischer* Sprache: *zweifach mächtiger Geist*, durch den der Schöpfer alles geschaffen hat. Dies bezeichnen wir philosophisch als den göttlichen Akt der Schöpfung. Dieses Wort, obwohl *noachitisch* oder *chinesisch*, ist dasselbe, das früher die Juden aussprachen und auch als aus ihrer Sprache herstammend betrachteten.

Die jüdische und die hebräische Sprache

Auch den Hebräern war dieses Wort einstmals bekannt, und noch heute kennen sie es, weil immer jemand unter ihnen weilt, der einen Teil des Wissens dieser Ursprache besitzt. Adam und seine

Nachkommen haben dieses Wort ausgesprochen, denn als erste redeten sie die jüdische Sprache, die die geistige göttliche Nation seit jeher seiner Minor-Kreatur vorbehalten hatte. Ich mache hier eine Unterscheidung zwischen dem Wort *Jude* und der *jüdischen Sprache* einerseits und dem Wort *Hebräer* und der *hebräischen Sprache* andererseits. Das Wort *Jude* bedeutet *gerecht,* und die *jüdische Sprache* bedeutet *Sprache der Heiligkeit* des göttlichen Geistes, der das Werk dieser gerechten Menschen leitet. Das Wort *Hebräer* bedeutet die *Nachkommenschaft eines Weisen Mannes,* den die Schrift *Eber* nennt, und die *hebräische Sprache* bedeutet demzufolge *die Sprache der Nachkommen Ebers.* Diese Sprache ist jedoch von der jüdischen sehr verschieden, denn unter den Nachkommen Ebers gibt es keinen jener gerechten Männer oder Juden. Seit diesen vergangenen Zeiten ward keiner vom Ewigen hervorgerufen, um diese Nachkommen vollständig in dieser Sprache zu unterrichten, einer Sprache, die sie verloren haben, obzwar sie glauben, diese zu besitzen und ihr sorgfältigst zu entsprechen. Die jüdische Sprache ist sehr einfach und ohne jene Zeichensetzung menschlicher Vereinbarung, wie sie in die Sprache der Hebräer eingeführt wurde. Die wahren Juden anerkennen, dass der alphabethische Ursprung ihrer Sprache dem himmlischen Teil entstammt und nicht der Konvention der Menschen. In der Anordnung der Sterne sehen sie alle Zeichen dieser Sprache deutlich geschrieben, und von daher stammen sie auch. Wohl benutzen die Hebräer dieselben Schriftzeichen wie die Juden, aber die verschiedenen Punktierungen, die Akzente und Zirkumflexe, die sie diesen Zeichen beifügen, erzwingen eine ihrer reinen, schlichten Natur entgegengesetzte Aussprache. Ich bediene mich hier des Wortes *Israelit,* auch wenn der Name *Israel* in jener Zeit, von der ich spreche, noch unbekannt war. *Israel* bedeutet *stark gegen Gott,* und *Israelit* bedeutet *stark in Gott.* Deswegen gebe ich den weisen Noachiten der Nachkommenschaft Noahs diesen Namen. Dies alles zeigt uns also, dass das Wort *Hebräer Konfusion* bedeutet, wie dies unmissverständlich bezeugt wird durch den Namen *Israel,* der diesem Volk auf Anordnung des Schöpfers verliehen wurde und der bedeutet: *stark gegen den Ewigen.* Nichts in der Welt ist angenehmer und kraftvoller gegenüber dem Schöpfer als *das Gebet* und *die Anrufung* der Juden. Und nichts ist gleichgültiger und besudelter als *das Herz* des Hebräers. Dies ist nicht weiter erstaunlich, da dieses Volk nicht mehr im Besitze der göttlichen Gesetze ist und sich mit dem Zeremoniell eines Gesetzes begnügt, das ihm schmählich entrissen wurde.

Betrachten wir nun weiter die Einzelheiten der Geschehnisse der Nachkommenschaft Noahs.

Die ersten vier Söhne

Noah verbrachte das erste Jahrhundert mit seiner zweiten Nachkommenschaft und unterrichtete während 130 Jahren vermittels seiner zeitlichen und geistigen Fürsorge. Er erzog die sieben männlichen Kinder dieser Nachkommenschaft gemäss dem Gesetz des Schöpfers. Die vier Erstgeborenen der wirklich Denkenden bestimmte er einzig zum Dienste der Gottheit. Diese vier Weisen verrichteten nur den göttlichen Kultus und hatten keinerlei Anteil am irdischen Kult. Die drei anderen hatten zwei Kulte auszuüben: der eine zeitlich irdisch, der andere rein geistig. Das bedeutet, dass sie nicht am Werk des grossen göttlichen Kultus, der den vier älteren Brüdern vorbehalten war, teilnahmen. In der Tat repräsentierte der *Erstgeborene* dieser Nachkommenschaft den Typus der *kommenden Hohepriester* und Opferpriester. Er war der erste Mensch aus dieser Zeit, der an das erste Opfer Adams erinnerte, das dessen erster Sohn Kain an seinem Bruder Abel vollzogen hatte. Der Erstgeborene Noahs war in seiner Eigenschaft als geistiger Dolmetscher das erste Oberhaupt aller göttlichen Operationen. Auch war er es, der allein mit leiser Stimme die grosse Anrufung für den Niederstieg des Geistes vollzog, indem er das Opfer der Wiedergutmachung und der Versöhnung darbrachte. Allein war er am Opfer-Altar, seine drei Brüder aber befanden sich als Hauptassistenten bei der grossen Operation des göttlichen Kultes in gerader Linie direkt hinter ihm.

Dies wurde durch *Mose* in seinen von *Aaron, Ur* und *Bezalel unterstützten* Operationen wiederholt. Auch Aaron wiederholte dasselbe, als er seine Kinder als Helfer zu seiner Arbeit beizog. Zum Dienste im *Tempel Salomos* wurde dieselbe Anordnung befolgt. Die *Kirche Christi* zeigt dies noch heute, und zwar durch das Opfer, das sie auf dem Altar der Reinigung durch die Hand, die Absicht und die Worte des Ausführenden darbringt, unterstützt durch den ersten, den zweiten und den dritten Diakon. Ihr müsst erkennen, dass alle solcherart gearteten Dinge wahrhaftig durch die Überlieferung der Zeiten bis zu uns gekommen sind und dass diese Art geistiger göttlicher Operationen nicht der Einbildung der Menschen, sondern – mit äusserster Gewissheit – dem ewigen Schöpfer entstammt.

Die letzten drei Söhne

Jetzt muss ich euch über jene Pflichten belehren, die den drei letzten Söhnen dieser zweiten Nachkommenschaft Noahs von ihrem Vater auferlegt worden sind. Es ward ihnen der Besuch der drei irdischen Regionen aufgetragen, aufgeteilt in Westen, Süden und Norden und seit 141 Jahren von der ersten Nachkommenschaft Noahs bewohnt, nämlich von *Sem*, *Cham* und *Japhet*. Sobald sie die notwendigen Instruktionen zu ihrer Mission erhalten und sich durch ihre geistigen göttlichen Operationen des Schöpferwillens versichert hatten, machten sie sich mit ihren Schwestern, die sie als Weiber genommen und von denen sie Nachkommen hatten, auf den Weg. Sie brauchten keinerlei Vorräte mitzutragen, da sie auf der Erde all das fanden, dessen sie zur Nahrung und zur Befriedigung ihrer leiblichen Bedürfnisse bedurften.

Die Kulte

Der *Älteste* der drei Söhne liess sich mit seiner Frau und seinen Nachkommen im Teile des *Südens* nieder, der *Zweite* mit seiner Frau und seinen Nachkommen im Teile des *Westens*, und ebenso bewohnte der *Dritte* mit seiner Frau und seinen Nachkommen den Teil des *Nordens* oder des Nordwindes, gemäss der Ursprache: *Aquilon*. Sie gingen ein jeder in seinen Erdteil, um bei ihren Brüdern und deren Nachkommen das Zeremoniell des göttlichen Kultes zu stiften, auf dass diese Völker jenen Kultus nicht gänzlich aus den Augen verlören, den der Schöpfer – im Verhältnis zu den unermesslichen Gnaden und Vergebungen, die sie vom Ewigen erhalten hatten – von ihnen verlangte. Unter diesen Völkern wirkten sie so viele geistige Wunderwerke, dass diese keine Mühe hatten, sich den Anweisungen, den Ratschlüssen und den geistigen göttlichen Belehrungen zu unterziehen, die diese drei weisen Männer, jeder in seiner Religion und entsprechend dem Auftrag und dem erhaltenen Befehl verbreiteten. Indessen musste man damit beginnen, diesen Nationen eine rein irdische Doktrin zu predigen, um dergestalt auf ihre Verständnisebene zu gelangen und sie davon ausgehend vom irdischen zum geistigen Kultus heranzubilden. Dies wahrlich taten sie, wie ich euch noch zeigen werde.

Die Zeiten

Diese Völker hatten unter sich die Stunden, die Tage, die Monate, die Jahre und die Jahreszeiten nicht geregelt. Sie lebten mehr oder weniger wie die Tiere, ausser dass sie – wie ich schon sagte – ein ihnen übergeordnetes Wesen anerkannten. Ihre ganze irdische und geistige Wissenschaft beschränkte sich darauf, den elementaren Tag von der Finsternis zu unterscheiden, die wir Nacht nennen, und zu begreifen, dass diese Nacht ihnen die Ruhe verkündete und der Tag ihnen zur Ausübung ihrer gewöhnlichen zeitlichen Handlungen, bezogen auf ihre irdischen Werke, dienen sollte.

Die drei zu ihrer Belehrung hergereisten weisen Männer begannen mit der Errichtung einer Zeiteinteilung. Diese regelten sie nach der geistigen Unterteilung, die ihre vier ersten Brüder für ihre vier Operationen des grossen göttlichen Kultes bestimmt hatten. Das heisst, sie etablierten bei diesen Völkern dieselben Regeln, die sie selbst befolgen sahen und bei ihrem Vater auch selbst vollzogen hatten. Dieses Gesetz war zur Einsetzung des göttlichen Kultes unter den Nationen unerlässlich. Hernach beriefen diese drei geistigen Meister einige Bewohner dieser Regionen in ihren Dienst. Einen jeden von ihnen erzogen sie zu der Wissenschaft, die sie selber ausübten. Sie gaben ihnen zu verstehen, dass, wenn auch die Nacht der Finsternis zur Ruhe des menschlichen Körpers geschaffen war, dies doch nicht für den geistigen göttlichen Minor gemeint sei, da dieses Wesen, bezogen auf seine geistige Natur, nicht ohne Tätigkeit sein könne. Daraus folgernd – so lehrten sie weiter – konnte der Schöpfer aus seinem Schosse keine Minores – ihre Mitmenschen – emanieren, die, wie ihre körperlichen Formen, stumpf und sich selbst vernichtend waren. Diese Formen nämlich waren lediglich passive und sichtbare Wesen, dazu bestimmt, der göttlichen Imagination beigemischt zu sein, die sie so, wie sie waren, in Erscheinung rief.

Vier Schüler

Als diese Weisen ihre Schüler in rechter Weise vorbereitet hatten, beabsichtigten sie, dieselben zur Arbeit des geistigen Kultes beizuziehen. Dazu trugen sie ihnen auf, die Meditationen, die Gebete und das entsprechende Zeremoniell zu beachten und sich damit auf die verschiedenen Operationen, die sie auszuführen hatten, vorzubereiten. Unter diesen Schülern erwählten sie die vier Fähigsten und Gelehrtesten, denen die grösste Sehnsucht zur Erlangung jener göttlichen Wissenschaften innewohnte, zu denen ihre Meister sich bekannten. Diese drei Weisen, geistige Meister, stellten jeder seine vier Individuen in den geheimnisvollen Kreis ihrer Handlungen. Darin verblieben sie während jenes Zeitraumes, dessen sie bedurften, um die ihnen aufgetragene geistige Arbeit ohne Hast zu vollenden.

Der erste Schüler ward in diesem mysteriösen Kreis an den Ort gestellt, wo die Sonne aufgeht. Hier verblieb er während sechs Stunden unseres gewöhnlichen Tages. Danach nahm der zweite den Platz des ersten ein und blieb daselbst während derselben Zeitspanne. Der dritte und der vierte Schüler folgten der von den ersten beiden eingehaltenen Reihenfolge. Auf diese Weise nahmen die vier Operationen dieser Jünger ihren Anfang bei aufgehender Sonne, um beim darauf folgenden Sonnenaufgang zu endigen.

Die Chinesen und Japaner

Aus dieser ersten Operation entstand auch die erste Berechnung der Kinder Noahs, die man *Noachiten* oder *Chinesen* nennt; dies deshalb, weil das Volk der Chinesen und der Japaner unmittelbar aus der Nachkommenschaft der Kinder Noahs hervorging, das heisst, aus der ersten Nachkommenschaft *Sems, Chams* und *Japhets,* von denen jeder einen Winkel jener Region Chinas bewohnte, von wo alle Völker der Erde ausgegangen sind, sowie aus den drei letzten der sieben männlichen Nachkommen, die zusammen mit den drei weiblichen die zweite Nachkommenschaft Noahs ausmachten. Ich habe bereits darauf hingewiesen, dass die zweite Nachkommenschaft von der Schrift nicht erwähnt wird. Das Stillschweigen der Texte zu diesem Thema soll uns aber nicht erstaunen, hat die Heilige Schrift doch einige höchst aufschlussreiche Themen für den von *Gott Geliebten* allein übrig gelassen. Vielleicht haben berechtigte Gründe sie dazu bewogen, vielleicht auch haben die Übersetzer die Unterweisung dieser Einzelheiten als unnötig für den in seiner Neugierde unersättlichen Menschen erachtet.

Aber davon, wie auch von den Namen der sieben männlichen Kinder dieser Nachkommenschaft, werde ich im Folgenden reden.

Die durch die vier Schüler durchgeführte Operation - von der ich schon sprach - ward zum Beginn ihrer Tages-Berechnung. Ihrem geheimnisvollen Abkommen gemäss, geistig und zeitlich, bildete tatsächlich jede ihrer in einem sechsstündigen Rhythmus vollzogenen Operationen einen Tag; dies entsprechend dem geistig göttlichen Kultus, den diese Weisen zum Ruhme Gottes lehrten.

Die vier Zeiten

Wie wir soeben sahen, hatten diese Urvölker unter sich die *Arbeitstage des Geistes*, die der Weise kraft seines Werkes begründete und die sich keineswegs wie die irdischen Arbeitstage berechnen lassen, nicht geregelt. Vier Abschnitte geistigen Wirkens bestimmen eine ganze Zeit für den Geist, und zwar zu Gunsten dessen, der mit ihm arbeitet und ihn anruft. So wurden durch die vier Operationen dieser ersten Schüler die gewöhnlichen uns bekannten Tage in vier gleiche Teile aufgeteilt, gleichwie wir sie übrigens nach unseren menschlichen Konventionen selbst in 4 x 6 Stunden unterteilen. Auf diese Art gestalteten diese Weisen *vier Tage* aus einem herkömmlichen Tag.

Die Chinesen haben diese geistige Berechnung des Vollzuges

des göttlichen Kultes, den die Menschen – nach dem geheimnisvollen Beispiel, das die Weisen, ein jeder seinem Volke, gegeben hatten – in der Folge werden ausüben müssen, in ihre zeitliche Tageseinteilung einbezogen. Damit legten sie gleichzeitig auch jene Zeit fest, die zur Bestimmung der Jahre dienen sollte.

Dies zeigt uns die Zeiteinteilung des Zeremoniells des gottesdienstlichen Gebetes, das *Abraham, Ismael, Isaak* und *Jakob* in ihrer wahren israelitischen Nachkommenschaft befolgten. Sehen wir, nebenbei bemerkt, nicht auch heute noch in unseren Kirchen die Einhaltung der gebräuchlichen 4 Gebetszeiten? Dies ist uns Beweis dafür, dass der Ursprung des Zeremoniells der verschiedenen Kulte, die ausgeführt wurden und die täglich auf unserer Erde ausgeführt werden, von den 4 Erstgeborenen der zweiten Nachkommenschaft Noahs herstammen, die das, was sie diesbezüglich vom Schöpfer erhalten hatten, weitergaben und an die Nachkommen ihrer ersten Brüder *Sem, Cham, Japhet* überliefern liessen.

Drei weitere Schüler

Nachdem ihr nun über die Vorschrift und die Begründung der *geistigen Tage,* die die *Noachiten* oder *Chinesen* einhielten und die sie in ihrer bürgerlichen Geschichte als gewöhnliche irdische Tage der universellen Natur verstanden, unterrichtet worden seid, belehre ich euch nun über die Art und Weise der Ermittlung ihrer Monate. Über ihre Wochen vermag ich nichts zu sagen, da sie die ihnen überlieferte geistige Berechnung nicht festgehalten haben. Die 3 von ihrem Vater Noah abstammenden weisen, geistigen Meister erachteten es als angebracht, den 4 Schülern – die dieselbe Operation vollzogen und die irdischen Tage in vier Abschnitte aufgeteilt hatten – 3 weitere hinzuzufügen. Die 3 Letzteren wurden ausschliesslich in der Ausführung der unterschiedlichen, ihnen von den Weisen zugewiesenen göttlichen Kulten ausgebildet und vervollkommnet. So verfügte nun jeder Weise über 7 Schüler, auf die er sich, was die Sorgfalt, den Eifer und die Entschlossenheit zum Vollzug all dessen betraf, was für die verschiedenen geistigen Operationen des göttlichen Kultes richtig und notwendig war, verlassen konnte.

Die Zahl 7

Auch legten sie, wie die zweite, siebenköpfige Nachkommenschaft ihres Vaters Noah, die Siebenzahl – in der sie selbst beschlossen waren – unter ihren Schülern fest. Sie beriefen sich auf diese Siebenzahl, weil der Ewige 6 göttliche Gedanken für die universelle Schöpfung wirkte und weil er am siebenten Tage 7 geistige Gaben schenkte und seiner gesamten Schöpfung 7 Hauptgeister verband, um diese Schöpfung in ihrem gesamten zeitlichen Wirken – während der Dauer der Siebenheit, die er ihr festgelegt hatte – zu unterstützen.

An diesem Vorbild orientierte sich das Betragen der sieben Urweisen der Nachkommenschaft Noahs, um den zukünftigen Menschen das Wissen und die Entsprechung dieser 7 erhabenen Geister zu vermitteln, die der Schöpfer seinem Universum verbunden hatte, um der Inferioren- und der Minoren-Kreatur hiermit seinen Willen mitzuteilen und sie durch die geistige Intelligenz zur vollkommenen Kenntnis der göttlichen Werke zu erziehen. Die Heilige Schrift belehrt uns darüber durch die 7 Engel, die 7 Erzengel, die 7 Seraphim, die 7 Cherubim, die 7 geistigen Stätten, die 7 Throne, die 7 Mächte, die 7 Kräfte, die 7 Richter Israels, die 7 Oberhäupter unter Mose und Aaron, die 7 Söhne Aarons und Bezalels, die 70 Jahre der Gefangenschaft Israels, die 7 Wochen Daniels, die 7 Tage der irdischen Woche, die 7 Gaben, die Christus seinen Jüngern gab, woraus die 7 hauptsächlichen Urväter der christlichen Kirche hervorgingen, die die 7 geistigen Anordnungen unter ihren Schülern ausführten, und schliesslich der siebenarmige Leuchter, der im Tempel Salomos aufgestellt wurde und der noch in der Kirche des Heiligen Petrus in Rom dargestellt ist.

Bezogen auf das Zeitliche und auf die Dauer berechnet sich die Siebenzahl philosophisch nach siebentausend Jahren. Wenn aber die Schrift sagt, dass Gott am siebenten Tage sein eigenes Werk weihte, indem er die universelle Schöpfung segnete, muss man unter dieser Segnung die Verbindung der 7 hauptsächlichen göttlichen Geister verstehen, die der Schöpfer jeder seiner universellen Schöpfung inbegriffenen oder in ihr enthaltenen Kreatur verband. Diese Verbindung der 7 erhabenen Geister wird uns durch die Operation der 7 Planeten angezeigt, die die Tätigkeit des Universums fördern und die Veränderung und die Temperatur bewirken.

Da nun schliesslich das Universum in seiner ganzen Vollkommenheit durch die Zahl der Siebenheit erschaffen wurde, so wird dieses letztendlich durch diese selbe Zahl wieder mit der Idee dessen, der es erzeugt hat, vereint werden.

Der geistige Monat

Fahren wir nun fort mit der Erklärung, wie die Noachiten ihre Monate bestimmten, nachdem die Weisen die Siebenzahl ihrer Schüler vollendet hatten. Für jeden dieser Jünger legten sie die 4 aufeinanderfolgenden Tage der geistigen göttlichen Operationen fest, in der Art nämlich, dass jeder von ihnen von einem Sonnenaufgang zum anderen ausschliesslich dem Kultus des Schöpfers geweiht war, um solcherart den göttlichen Geist bei sich zu halten. So ward der göttliche Kultus aus dem Zentrum der Stille dieser 7 geistigen Minores, wahren *Israeliten*, vollzogen. Ich gebrauche hier das Wort *Israeliten*, obschon der Name Israel zu dieser Zeit noch unbekannt war. *Israel* bedeutet *stark gegen Gott*, aber *Israelit* bedeutet: *stark in Gott*. Deshalb gebe ich diesen Namen den weisen *Noachiten*, der Nachkommenschaft Noahs. Durch die solcherart getroffene Anordnung verfügte nun jeder der 7 Jünger über 6 gewöhnliche, ganze zeitliche und aufeinanderfolgende körperliche Ruhetage. Sie konnten nicht in Abrede stellen, dass der göttliche Dienst weniger beschwerlich, weniger ermüdend und viel angenehmer war als der irdische Dienst. Als diese 7 Schüler den ihnen von ihren geistigen Lehrern aufgetragenen Weisungen gemäss gewirkt hatten, zählten sie ihre Operationen. Dabei kamen sie auf 28 Intervalle und sannen darüber nach, dass der Mond seinen irdischen Einfluss mit derselben Zahl 28 ausübte. Auf Grund dieser ihnen anhand der lunaren Wirkungen und ihrer eigenen Handlungen aufgefallenen Übereinstimmung liessen sie die Zahl 28 ihrer Operationen in 28 spirituellen Tagen als einen *geistigen Monat* benennen, wie sie dies in Form der gewöhnlichen irdischen Monate auch in die Geschichte ihres Volkes eingeführt haben.

Das Jahr

Nachdem die weisen Noachiten tiefgründig über den Lauf der verschiedenen Wirkungen, die der Mond auf die Erde und auf sie selbst ausübte, nachgedacht und sie eine vollständige Übereinstimmung derselben mit ihren geistigen Operationen festgestellt hatten, erachteten sie es als richtig, die Zahl der 28 Operationen des Mondes oder die 28 gewöhnlichen, zeitlichen Tage des Mondes zu nehmen, um ihre *geistigen Jahre* zu berechnen, die sie – wie bereits die Monate – in ihre Volksgeschichte einführten. Dementsprechend berechneten die Noachiten oder Chinesen 13 Jahre für eines unserer gewöhnlichen Jahre, und diese Rechnung befolgten sie während der vier ersten Jahre der Grundlegung ihrer geistigen Handlungen.

Ich verberge euch nicht, dass die lunare die ursprüngliche, dem Menschen vom Schöpfer verliehene Berechnung ist und dass die solare Berechnung fast nur von den Christen übernommen wurde.

Der Mond

So also wurde von den Weisen, von denen wir soeben sprachen, die lunare Berechnung eingeführt und diese ist es, die den Menschen zur allerhöchsten Erkenntnis der universellen Natur und ihrer Verwandlungen führt. Ohne den Rechnungsfehler der Chinesen zu berücksichtigen, ist es für den geistigen oder irdisch zeitlichen *von Gott Geliebten* unerlässlich, unterrichtet zu sein über die vier unterschiedlichen Arten der Berechnung der verschiedenen Tage, die der Mond im gesamten elementaren Universum durch seine Erneuerung, sein erstes volles Viertel und sein letztes Viertel, wirkt. Darauf werde ich, sobald ich über die unterschiedlichen planetarischen Körper berichte, näher eingehen.

Die zweite Zeitrechnung

Ich rede nun über das von den Chinesen beschlossene zweite Verfahren ihrer Zeitrechnung. Da die Nachkommenschaft der 3 ersten Söhne Noahs und jene der 3 geistigen Lehrer überaus zahlreich geworden war und sich auch die Zahl der Jünger beträchtlich vermehrt hatte, wurden aus jedem Stamm unter den leiblichen Kindern jeweils ein Lehrer erweckt, der – auf Befehl des Schöpfers – die Nachfolge seines zeitlichen und geistigen irdischen Vaters antreten sollte.

Von ihrem Vater erhielten diese 3 Oberhäupter die notwendige geistige göttliche Instruktion zur Ausführung der verschiedenen Kulte, für die sie durch den Geist der Wahrheit ausersehen waren. Nachdem sie die letzte Weihe und die geistige Segnung erhalten hatten, stellten sie sich dienstbereit vor die ihrer Obhut anvertrauten Schüler. Sie gaben die ihnen vom Ewigen verliehenen Kräfte und Mächte offen zu erkennen, und, da es zu Pflicht und Recht dieser Anführer gehörte, eine geistige Auswahl zu treffen, wählten sie – dem Beispiel ihrer Vorgänger folgend – unter den neuen Schülern die 7 strebsamsten und gelehrtesten Subjekte aus, um sie hernach bei den Operationen des göttlichen Kultes einzusetzen.

Nach dieser Wahl hielten sie es für angebracht, die Zeit ihrer Operationen zu verändern und bloss noch einmal pro Woche zu arbeiten, so dass sie ihre Jahre um 7 Tage verlängerten und, indem sie diese auf 7 Wochen festlegten, während denen jeder der erwählten Schüler einmal arbeitete, übertrugen sie diese Berechnung auf ihre irdische Zeitgeschichte und behielten sie während anderthalb Jahrhunderten unserer Zeitrechnung bei.

Nach dieser Zeitepoche erstanden andere geistige Lehrer als Nachfolger, die wie ihre Vorfahren von Gott erweckt wurden. Ihre Nachkommenschaft aber vermehrte sich zusehends in allen 3 Teilen der Erde. Die 3 neuen Führer sahen sich verpflichtet eine zahlenmässig grössere Auswahl von Schülern zu treffen als ihre Vorgänger. Sie erhöhten diese Zahl auf 21 Subjekte, was nunmehr einem Gesamt von 63 entsprach. Die sieben obersten Operanden waren beiderseits für die hohen Kulte vorgesehen, während die 14 verbleibenden zum geistigen Unterricht des Volkes bestimmt waren.

Die dritte und vierte Zeitrechnung

Diese letzten Nachfolger, von denen wir sprechen, wechselten noch einmal die Zeiten ihrer Operationen und legten sie auf zwei Wochen fest, so dass bei diesen Völkern bloss noch zwei Operationen pro Monat zur Ausführung gelangten. Diese Handlungen vollzogen sich zu Beginn und am Ende des zunehmenden Mondes, das heisst: bei der Erneuerung und kurz vor Vollmond. Da jeder der Hauptoperanden nur einmal arbeitete, belief sich die Zeitdauer ihrer Operationen auf etwa drei Monate nach unserer gewöhnlichen Berechnung. Dies war nun eine neue Reglementierung ihres geistigen Jahres, die sie noch während anderthalb Jahrhunderten der uns bekannten Zeit beibehielten. Nachdem der erste dieser Nachfolger, der den westlichen Teil bewohnte, verstarb, vollzog jener, der ihn ersetzte den grossen Kultus bloss noch einmal während der vier Jahreszeiten, nämlich am Aequinoktium des März eines jeden Jahres. Den Rest der Zeit widmete er ebenfalls dem Unterricht.

Aber der zweite Nachfolger oder jener, der den südlichen Teil bewohnte, wie auch jene, die nach ihm kamen, entschied sich, die Art der Berechnung niemals zu verändern. Beharrlich ersuchte er die von ihm unterrichtete Nation des Cham, die Anordnungen, die er im Namen der göttlichen Autorität zur Festlegung der Tage, der Monate und der Jahre für sie erstellt hatte, unverändert beizubehalten. Er bedrohte diese Völker mit dem Fluche des Schöpfers, falls sie dem Beispiel der beiden anderen Nationen folgen würden, nämlich jener des Sem und jener des Japhet.

So beriefen sich diese drei Nationen eine jede auf das Brauchtum ihrer letzten geistigen Berechung. Cham indem er die vier Jahreszeiten für vier Jahre rechnete; Japhet bezog sich von einem März Aequinoktium zum nachfolgenden; Sem hielt sich an die zwei Aequinoktien, und nahm sie als zwei Jahre. Diese Rechnungsweise haben diese drei Nationen ebenfalls in ihre zivile Geschichte eingeführt und mit Hartnäckigkeit haben sie auch nach der Untat des Nemrod in Babylon darauf bestanden, bis sie schliesslich schändlich vom göttlichen Kultus getrennt und in alle Völker zerstreut wurden. Davon spreche ich später. Diesen Nationen entstammen bei allen Völkern der Erde die Kenntisse der Astronomie und der Eigenschaften der Kräfte der Planeten auf die allgemeine und besondere Schöpfung.

Die Noachiten

Durch all das, was ich über die von den Noachiten festgelegte Aufteilung ihrer Tage, ihrer Monate und ihrer Jahre erzählt habe, sieht man, weshalb sie sich als 15 000 bis 20 000 Jahre älter denn Adam und 25 000 Jahre älter als wir bezeichnen. Es darf uns nicht erstaunen, wenn die Völker die Sintflut nicht als universell betrachten und sogar behaupten, diese niemals gesehen zu haben. Die 3 Männer, aus denen die 3 Nachkommenschaften hervorgingen, die die 3 Nationen bildeten, waren die einzigen unter all diesen Völkern, die Zeugen der Sintflut gewesen sind.

Die Erinnerung an die Sintflut

Nicht ohne Schaudern konnten sie an diese Plage zurückdenken und nichts liessen sie unversucht, dieses Geschehnis aus ihrem Gedächtnis zu löschen. Nie erwähnten sie bei ihren Nachkommen irgendetwas, das einen Bezug zu diesen fürchterlichen und schrecklichen Dingen, die sie gesehen hatten, haben könnte und dies, weil sie die von ihnen stammenden Menschen nicht erschrecken und ihnen den näheren Umstand der Übel, die der Sünder wegen auf die Erde gefallen sind, nicht nahe bringen wollten. Dieses Verhalten war umso unverzeihlicher, da ihnen doch Noah aufgetragen hatte, die Nachkommen über die Offenbarung des göttlichen Gerichtes zu unterrichten, und sie selbst ihm eidlich versprochen hatten, diese von ihrem Vater im Namen des Schöpfers erhaltenen Instruktionen genau zu befolgen.

Die Schwäche dieser 3 Männer zeigte sich in ihren noachitischen oder chinesischen Geschlechtern, die in schrecklicher Furcht vor den abscheulichen Wesen leben und den Tieren – um die sie sich in ärgstem Aberglauben kümmern – einen Kultus weihen, in der Hoffnung nämlich, die Übel abzuwenden, die sie von diesen Ungeheuern befürchten und die sie als Götter oder als Dämonen betrachten. Das lehren diese Zusammenhänge, und ich konnte sie nicht ausser acht lassen, da ich all dies selber gesehen habe und es wohl kenne. Ich werde nicht auf die Einzelheiten der Konfusion eingehen, die unter diesen Nachkommen eingetreten ist, da diese nichts mit den wundervollen Dingen der geistigen göttlichen Natur und der geschaffenen universellen Natur gemein haben, über die ich euch unterweisen will.

Die Zeiten und die Kulte

Denkt wohl nach über die von mir erwähnten und von den 3 Urvölkern für die Operationen des göttlichen Kultes etablierten, unterschiedlichen Zeiteinteilungen. Ist es nicht so, dass die Weisen Ägyptens sich in den Kenntnissen der Astronomie auszeichneten, und dass das, was sie wirkten, bedeutender war als jenes, das die Chinesen wirkten? War der von Adam ausgeübte göttliche Kultus nicht erhaben über jenen, den die Weisen Ägyptens ausführten? Hat nicht Mose durch seine Werke auch noch Abraham überragt und die Weisen Ägyptens? Der Kultus, der sich im Tempel Salomos vollzog, ist er nicht höher als alle vorhergegangenen? Hat nicht schliesslich Christus einen Kultus gewirkt, unendlich viel grösser als alle andern, von denen ich sprach? Es ist dieser letzte, der uns klares Zeugnis dafür ist, dass alle Kulte der Vergangenheit lediglich Gestaltungen dessen waren, was *Er* vollbrachte. Ich werde auf keine anderen Einzelheiten dieses Themas eingehen. Ich habe genug gesagt, um euch zu überzeugen, dass sowohl das Zeremoniell als auch die den Operationen des göttlichen Kultes gemässen Zeiten von Anbeginn unter den Menschen geregelt und festgelegt waren und dass all diese Dinge durch den göttlichen Geist übermittelt und nicht menschlicher Herkunft sind.

Der christliche Kult

In der Tat hat Christus für seine geistige Institution seinen Jüngern das Gebet und die tägliche Anrufung von 6 Stunden hinterlassen, die den normalen Tag von 24 Stunden vollzählig machen. Die Jünger, die die christliche Kirche ausmachen, vollziehen noch heute ihre Gebete und Anrufungen 4 x pro Tag. Dies erinnert an die erste durch die weisen Kinder Noahs bei den ersten noachitischen Nationen erstellte Anordnung des göttlichen Kultes.

Zweitens hat Christus seinen Jüngern die Zeit der Ausübung der 4 grossen göttlichen Kulte vorgegeben, und die christliche Kirche hält treu diese Vorgabe ein, und zwar durch ihre 4 grossen Jahresfeste, deren je zwei an den Solstitien und den Aequinoktien gefeiert werden müssen. Dies wiederum erinnert an die zweite geistige Anordnung des bei den Urvölkern eingeführten göttlichen Kultes. Damit haben wir uns lange genug aufgehalten.

Abraham

Ich will euch nun über den Typus aufklären, den *Abraham* in diesem Universum darstellt. Ihr wisst, dass der Name *Abram* in jenen *Abrahams* verwandelt worden ist. Der erste Name deutet auf einen leiblichen, irdischen Vater, erhaben über die gewöhnlichen Väter der materiell irdischen Nachkommen. Aber es hat unter den besonderen irdischen Vätern niemals einen Menschen mit mehr *leiblichen* Nachkommen gegeben als Abram. Deshalb nennt ihn die Schrift *Abram, erhabener Vater,* und nicht *Abraham, über die zahlreichen Nachkommen in Gott erhabener Vater,* so nämlich, wie es durch Adam in seinem Zustand der Herrlichkeit hätte gewirkt werden müssen, der jedoch durch seine Untreue zum Vater einer zahlreichen *materiell irdischen* Nachkommenschaft geworden ist. Darin – das ist wahr – ist Abraham dem Fehler Adams nachgefolgt, dennoch ist aus Abraham wahrlich eine Nachkommenschaft Gottes hervorgegangen. Tatsächlich hat der Schöpfer seine allgemeine und besondere Erwählung aus der Gemeinschaft Abrahams getroffen; die erste um seine Gerechtigkeit, und die andere, um seine Herrlichkeit zu offenbaren.

Ismael und Hagar

Die Schrift nennt *Abraham* auch noch: *erhabener Vater der Menge.* Diese drei unterschiedlichen Erklärungen leiten sich von den 3 ersten Nachkommen Abrahams her, nämlich *Ismael, Isaak* und *Jakob.* Ismael, den ich euch früher schon als einen Typus des göttlichen Erbarmens aufgeführt habe, repräsentiert hier ebenfalls den Typus der physischen Operation Adams zur Fortpflanzung seiner fleischlichen Nachkommen – eine Operation, die

Abraham zusammen mit seiner Konkubine wiederholt ausführte. Ihr Sohn Ismael, hervorgegangen aus der Gier ihrer materiellen Sinne, ward deshalb vom väterlichen Hause ausgeschlossen, weil er ohne Teilnahme des göttlichen Willens, allein durch die Begierde der irdischen Sinne gezeugt worden war.

Das Brot und das Wasser, das Ismael und seine Mutter Hagar von Abraham erhielten und mit dem sie an jenen Ort gelangten, wo das Schicksal sie hinführen musste, stellte die letzte geistige und zeitliche Nahrung dar, die sie von diesem Patriarchen erhielten. Dieses Bild wiederholt auch jene letzte geistige Nahrung, die Kain, als er den Mord an Abel erwog, noch zuteil wurde.

Kain und seine Schwestern

Nachdem wir den Typus der Schwestern Kains, seinen noch schuldigeren Gehilfinnen, beschrieben haben, erkennet, dass der irdische Nahrungsmangel, den Hagar mit ihrem Sohn litt und der sie dazu führte, den Schöpfer anzurufen, den Schmerz und die Bestürzung versinnbildlicht, in der sich Kain und seine Schwestern nach der Bekanntwerdung des Mordes an ihrem Bruder befanden, durch den sie nunmehr von jeglicher Teilnahme an den Wissenschaften und geistigen göttlichen Speisen ausgeschlossen waren. Der Engel, der Hagar und Ismael erschien, ihren Hunger und Durst stillte und ihnen die Stätte wies, die ihnen der Ewige zur Wohnstatt zugewiesen hatte, erinnert an jene Gnade, die der Ewige Kain und seinen Schwestern zuteil werden liess, als er ihnen durch seinen Engel das unbesiegbare Siegel der Gottheit auf die Stirn zeichnen liess. Dies kündigte dem einen wie dem anderen an, dass sie Gnade vor dem Schöpfer gefunden hatten und die geistige göttliche Nahrung, an der sie als Folge ihres Verbrechens nicht mehr teilhatten, dereinst wieder würden geniessen dürfen. Der Aufenthaltsort Hagars und Ismaels war mit jenem identisch, an den Kain und seine Schwestern verbannt worden sind.

Die zwölf Stämme

Hieraus ergeben sich *Abraham* und *Ismael* als Abbilder *Adams* und *Kains* in ihren irdischen Operationen. Abraham wurde durch seinen Sohn Ismael über eine irdische Nachkommenschaft gesetzt und ebenso Adam, wie wir dies im Vorhergesagten wiederholt erwähnt haben. Abraham wird durch seinen Sohn Ismael der Vater von 12 Stämmen, wie der Engel dies Hagar verkündet hatte. Auch in Adam waren 12 Stämme, wenn wir ihn und seine 3 Kinder zählen und die 8 Patriarchen, die sich von Seth bis Noah finden lassen. Die 12 Stämme Ismaels sind das Urbild der Herkunft der Stämme Israels wie auch derjenigen Christi. Sie waren für sich selbst und hatten keinerlei Verbindung mit jenen Israels, weil Ismael – Vater dieser 12 Stämme –, indem er den Typus Kains wiederholte, gleichzeitig den Typus der Sünde und der Versöhnung wiederholt hat.

Die Ismaeliten

Die Stämme der Ismaeliten erhielten sich solange unter dem göttlichen Schutze, wie sie den Kultus, den der Schöpfer ihnen durch seinen Engel vorgezeichnet hatte, beibehielten. Später jedoch, als sie sich mit den Nachkommen *Chams* und *Kanaans* verbündeten, verliess sie der Schöpfer, und durch ihre Sünde wurden sie der Nachkommenschaft Henochs gleich, die sich ja mit den Nachkommen Kains verbunden hatte, die vom Schöpfer aus der Gemeinschaft der Kinder Gottes ausgeschlossen worden waren. Durch diese Verkettung erkennt ihr, wie sich alle Epochen und ersten Berufungen unter den Menschen wiederholen und sich bis ans Ende der Zeiten wiederholen werden.

Die Fortsetzung dieser Abhandlung wird dies noch besser zum Ausdruck bringen, dann nämlich, wenn ich euch aufzeige, dass am Ende alles wieder wird, wie es am Anfang war.

Gehen wir nun weiter zur zweiten Nachkommenschaft Abrahams.

Die zweite Nachkommenschaft Abrahams

Nachdem *Abraham* teilweise mit dem Schöpfer ausgesöhnt war, erhielt er vermittels göttlicher Autorität von seiner Frau *Sara,* obwohl deren fortgeschrittenes Alter eigentlich jede Empfängnis verunmöglichte, einen Sohn. Dieses jenseits der Leidenschaft irdischer Sinne gezeugte Kind erhielt den Namen *Isaak* und wiederholt damit akkurat die Geburt der 2. Nachkommenschaft Adams in seinem Sohn *Abel.* Isaak befolgte die ihm von seinem Vater Abraham übertragenen geistigen Instruktionen bezüglich der Kulte, zu deren Ausführung er bestimmt war. Auch das ist eine Wiederholung des Typus Abels unter der geistigen Führung Adams.

Isaak

In den geistigen Wissenschaften vollkommen ausgebildet, bat der nunmehr 30-jährige Isaak seinen Vater, den erhabenen göttlichen Kultus zum Ruhme des Schöpfers ausführen zu dürfen. Gemäss der inneren Anweisung, die er darüber vom geistigen göttlichen Intellekt empfangen hatte, gab er zu bedenken, dass es nun an der Zeit sei, all die göttlichen Wissenschaften, in denen er unterwiesen war, zu nutzen und dass er dem Ewigen ein Opfer darbringen wolle. Abraham antwortete: *„Es sei, mein Sohn, wie du es wünschst, und möge das Opfer, das du dem Schöpfer darzubringen bereit bist, zur Sühne der Menschen auf Erden dienen, auf dass sie der Gnade wieder teilhaftig werden, dass sie zurückfinden zu ihren Urkräften und dass sie den göttlichen Kultus, zu dem sie erschaffen wurden, kraftvoll zu wirken vermögen."*

Der Berg Morija

Nachdem Abraham dem Wunsch seines Sohnes Isaak entsprochen hatte, ging er mit ihm der aufgehenden Sonne entgegen, um auf den Berg Morija zu gelangen. Dieses Wort teilt sich in zwei Teile: *Mor* bedeutet *Zerstörung der körperlichen sichtbaren Formen*, und *ija* heisst: *Vision des Schöpfers*. Die beiden Diener waren weit vom Berg entfernt, um uns vor Augen zu führen, wie diese beiden Nationen – jene Ismaels und jene Israels – sich in zukünftigen Zeiten vom göttlichen Kulte entfernen und lossagen und wie sie dadurch der geistigen göttlichen Entbehrung anheimfallen werden, was seither auch geschehen ist.

Der Esel

Den *Esel* behielten Abraham und Isaak bei sich, um den *Zustand des Unwissens,* in dem sich diese Nationen eines Tages befinden würden, sowie auch jenes Licht darzustellen, das - zu ihrem Nachteil - mitten in die Finsternis und zu den heidnischen Völker getragen werden würde. Dies hat uns Christus, als er auf einem Esel in Jerusalem einzog, in Wirklichkeit vergegenständlicht.

Die Opferung Isaaks

Nachdem Abraham und Isaak auf dem Gipfel des Berges angekommen waren und alles zum Opfer vorbereitet hatten, vollzog Abraham seine Invokation zum Schöpfer, damit dieser in seiner göttlichen Natur dem Brandopfer beiwohne, durch das er ihm das, was ihm in der Welt am liebsten war, darbrachte. Aus tiefstem Seelengrund und unter völliger Hingabe bot er ihm seinen Sohn dar, den gerechten Isaak, aus dem jedoch eine göttliche Nachkommenschaft hervorgehen sollte, aus der dann die geistige göttliche Berufung hervorgehen wird. Nach der Anrufung blickte Abraham zu seinem Sohn Isaak. Der Sohn, wissend, dass er selbst von seinem Vater zum Opfer ausersehen war, bot sich hochherzig dar und begab sich allsogleich in die dem Opfertode angemessene Stellung. Abraham ergriff das Messer und war bereit, seinen Sohn zu schlachten. Aber der Geist des Herrn, der wahrhaftig bei dieser Handlung zugegen war und der die Reinheit der Gesinnung dieser beiden Menschen erkannte, übte eine so starke Anziehungskraft auf Abraham aus, dass er ihn niederwarf und ausserstande setzte, seine Opferung zu vollenden. Hernach sprach dieser Geist zu ihm und teilte ihm mit, dass der Schöpfer an der edlen Absicht von ihm selbst und seinem Sohne Wohlgefallen gefunden hätte und dass auch er selbst dem Ewigen ein gutes Zeugnis ihres Werkes vorlegen würde.

Die Rede Abrahams und Isaaks

Abraham band seinen Sohn vom Scheiterhaufen los und sagte: *„Bedenke, mein liebes Kind, dass das allergrösste Opfer, das man* *dem Schöpfer darbringen kann, das Wort* (la parole) *und die damit verbundene Absicht sind. Vollkommen bekannt sind dem Ewigen das gute und das schlechte Betragen wie auch alle Handlungen des geistigen Minor. Der gute Gedanke des Minor verbreitet die Herrlichkeit des Ewigen, und der böse Gedanke erzwingt die Offenbarung seines Gerichtes über die Verruchten.*" Isaak wandte sich seinem Vater zu und sprach: „*Der Herr, da er deiner und deines Sohnes unerschütterlicher Entschlossenheit gewahr geworden ist, hat dich in den höchsten Stand seiner Herrlichkeit erhoben und dich zum Vater erwählt, erhaben über allen Verstand irdischen Wesens. Lass uns den Herrn lobpreisen, denn er hat den Vater der Vielzahl der Menschen der Erde wieder eingesetzt in die Gnade und seine Nachkommen erhöht.*" Hierauf bemerkten sie einen Widder aus einem Gebüsch hervortreten, ergriffen diesen und brachten ihn als Opfer dar, um dergestalt ihr Werk zu vollenden. Da ward ihnen vollkommene Erkenntnis des Schöpferwillens betreffs der verschiedenen allgemeinen und besonderen Kulte, die sie und ihre Nachkommen auf Erden zu vollziehen hatten, wie auch der unterschiedlichen Tiere, deren sie sich als Opfer für die verschiedenen Operationen des göttlichen Kultes bedienen sollten. Dies ist uns Beweis dafür, dass der wahre Kultus des Schöpfers immer unter den Menschen fortbestanden hat.

Abel und Isaak

Obschon das Opfer *Abrahams* das Abbild desjenigen ist, das an der Person *Abels* vollzogen wurde, gibt es dennoch einen grossen Unterschied, denn *Abel* ist *in Wirklichkeit* um der vollständigen Versöhnung seines Vaters *Adam* willen geopfert worden. Demgegenüber wurde *Isaak* nur in *Gedanken* und in der *Absicht* seines Vaters *Abraham* geopfert. Diese Absicht und dieser Gedanke genügten zur vollständigen Versöhnung Abrahams mit dem Schöpfer. Dies soll euch nicht wundern, überstieg doch das Verbrechen Adams jenes Abrahams bei weitem und erforderte eine bedeutendere Sühne.

Der Berg und das Holz

Nun muss ich euch auch den Typus des Berges erklären, auf den Abraham und Isaak gestiegen sind, wie auch den des Holzes, das sie zu ihrem geistigen Opfer benutzten, sowie jenen des Aktes, womit Abraham seinen Sohn vom Scheiterhaufen befreite. Der Berg verkörpert den geistigen Zufluchtsort, den die in dieser Welt verstorbenen Minores aufsuchen werden, um gemäss der Verordnung des Schöpfers und unter göttlicher Entbehrung den Rest ihrer einfachen geistigen Operationen zu vollenden. Dieser Ort wird gemeinhin *das Purgatorium* genannt. Auch stellt dieser Berg den *Empfindungskreis* dar – von dem ich schon gesprochen habe –, und dies ist, was Abraham uns veranschaulicht hat, indem er mit seinem Sohne auf diesen am höchsten über den irdischen Sinnen gelegene Berg gestiegen ist. Das Holz, auf dem Isaak lag, lässt uns die Holzart erkennen, mit der man in Zukunft das Brandopfer entflammen und den für die Operationen der unterschiedlichen Kulte benötigten Wohlgeruch erzeugen und darbringen wird.

Die verschiedenen Kulte

Diese Kulte sind: 1. der Kultus der Sühne; 2. der Kultus der allgemeinen besonderen Gnade; 3. der Kultus gegen die Dämonen; 4. der Kultus der Sünde und der Schonung; 5. der Kultus gegen den Krieg; 6. der Kultus, um sich den Feinden des göttlichen Gesetzes zu widersetzen; 7. der Kultus, um das Herabkommen des göttlichen Geistes zu erwirken; 8. der Kultus des Glaubens und der Ausdauer in der geistigen göttlichen Tugend; 9. der Kultus, um sich dem göttlichen Vermittler-Geist zu verbinden; 10. der jährliche Kultus oder Kultus der Weihe, wobei alle Kulte dem Schöpfer geweiht werden.

All diese Kulte waren in jene zwei zusammengefasst, die durch Mose bei Israel und durch Salomo im Tempel gefeiert wurden. Dabei kamen die verschiedenen geweihten Hölzer und Wohlgerüche zur Anwendung. Die Zeit, in der diese Kulte vollzogen wurden, war jene der *Erneuerung des Mondes,* und seit die Menschen existieren, ward dieser Kultus unter ihnen gefeiert.

Der Akt der Befreiung vom Scheiterhaufen

Abraham, der seinen Sohn vom Holzstoss zurückzieht, stellt jenen Geist dar, den der Schöpfer zu den Minores entsendet, während diese durch die verschiedenen Handlungsweisen in den drei Kreisen – die ich mit den Namen *Empfindung, Gesicht* und *Verstand* bezeichnet habe – der göttlichen Gerechtigkeit ihren Tribut entrichten. In diesen drei Kreisen ist die Verwandlung der geistigen Tätigkeiten der Minores durch den Austausch der körperlichen Materie des Individuums Isaak gegen ein tierisches passives Opfer versinnbildlicht. Dieses Letztere durfte nur der Schatten und das Abbild desjenigen sein, das später in Wirklichkeit geopfert werden wird, wie es die Darbringung Isaaks durch seinen Vater vorausgesagt hatte. Dies also ist *der erste Typus,* den Abraham und Isaak in dieser unteren Welt ausmachen.

Der göttliche Bund

Der zweite Typus ist jener des göttlichen Bundes mit dem Menschen. Nachdem Abraham durch die Gnaden, die er vom Schöpfer erhalten hatte, den Typus der ersten Versöhnung Adams erwirkt hatte – als er nämlich aus dem väterlichen Hause, in dem man einem dämonischen Kulte frönte, ausgezogen war –, liess ihn der Schöpfer seinen Willen erkennen, schenkte ihm die vollkommene Erkenntnis des göttlichen Gesetzes und belehrte ihn, wie schon den ersten Menschen, über seine geistige Wandlung. Abraham, aus den Fängen der Dämonen befreit, bekundete dem Schöpfer die Freude seiner göttlichen Versöhnung und als Zeichen seines Glaubens und seiner Beharrlichkeit bat er ihn, ein Bündnis mit ihm zu schliessen. Da wurde ihm vom göttlichen Geiste gesagt: *„Abraham, beschneide dein Fleisch und das Blut, das du vor dem Herrn auf die Erde vergiessen wirst, soll der sichere Beweis des Bundes sein, den der Schöpfer mit dir schliesst."* Das ist, was man gewöhnlich die *Bluttaufe* nennt.

Die Beschneidung

Dieses Bündnis des Schöpfers mit Abraham ist deutlicher Ausdruck jenes Bundes, den der Schöpfer immer mit seiner Minor-

Kreatur einzugehen bereit ist, vorausgesetzt, diese Kreatur wünscht es und erweist sich dessen würdig. Die Beschneidung ward unter den Nachkommen Abrahams befolgt und auch Christus selbst hat uns in seiner Eigenschaft als Gott-Mensch und göttlicher Mensch durch die Beschneidung, die er erlitten hat, Zeugnis von dem Bündnis des Schöpfers mit Adam, Noah, Abraham und seiner gesamten Kreatur abgelegt. Damit beweist uns der zweite Typus Abrahams die Gnade, die Güte und die Barmherzigkeit des Schöpfers seiner Kreatur gegenüber.

Abraham und Isaak

Wie ihr gesehen habt, stellt *Isaak* den *Typus Christi* dar, denn Abraham – zur Belohnung seines mächtigen Glaubens – ward vom Schöpfer mit all den hohen Tugenden beschenkt, deren auch Adam im Zustand seiner Herrlichkeit teilhaftig war. Durch den Geist erhielt er den Namen: *Vollkommener Gott-Mensch der Erde*, und zwar, weil aus ihm ein wahrhaftiges Geschlecht Gottes in einer körperlichen, irdischen sichtbaren Form hervorgehen würde. Auch war *Abraham* der *Typus des Schöpfers*. Demgemäss ward aus ihm ein Reiner, Gerechter und Heiliger geboren, der – wie ich schon sagte – *Isaak* genannt wurde. Dieser Name bedeutet: *Lachen* oder *Fröhlichkeit*. Noch einmal bildete Abraham den Typus des Schöpfers ab, indem er bereit war, seinen eigenen Sohn zu opfern, und dieser Sohn – ich sagte es schon – war der wahre Typus desjenigen, den der Schöpfer in die Welt senden wird, um das wirkliche Opfer zu wirken. Das also ist der zweite Typus, den Abraham und Isaak in diesem Universum darstellen.

Jakob und Esau

Der dritte Typus findet sich in der Nachkommenschaft Isaaks. Ihr wisst, dass er zwei Zwillingskinder hatte, wovon der eine *Jakob* und der andere *Esau* hiess. *Jakob* war der *Erstgezeugte*, Esau der Zweite. Diese beiden einem so gerechten Vater entstammenden Söhne waren dazu bestimmt, den Erdenmenschen einen wesentlichen und sehr lehrreichen Typus zu vergegenwärtigen. Ich werde nicht auf die Einzelheiten der Usurpation Jakobs an seinem

Bruder Esau eingehen. Die Schrift erwähnt dies genügend, hat sie doch auch Jakob den Namen *Verdränger (Betrüger)* gegeben. Dieser Tatbestand ist umso nachvollziehbarer, als er sich alltäglich vor unseren Augen unter den Menschen, die nur darauf aus sind einander zu betrügen, abspielt. Ich sage euch also, dass *Abraham* dem Typus des *göttlichen Vaters* und *Isaak* jenem des *Sohnes der Gottheit* entsprechen. Desgleichen bilden diese beiden Kinder Isaaks die Abbilder der ersten und zweiten durch den Schöpfer hervorgebrachten geistigen Emanation sowie jener Geister, die gesündigt haben. *Jakob*, obschon der *Zweitgeborene*, war der von Isaak *Erstgezeugte*. Die zweite Emanation, die nach der Untreue der ersten Geister erfolgte, ist jene des geistigen Minor, den wir *réaux*, *den Roten* oder *Adam* nennen. *Esau*, wenn auch der *Erstgeborene*, war der *zweite* von Isaak *gezeugte Sohn*. Die ersten Geister wurden, indem sie gegen den Schöpfer sündigten, vom Minor oder dem Urmenschen geistig verdrängt, und dieser ward dadurch ihr *Älterer*. *Jakob* – wie ihr eben deutlich gehört habt – ist durch seinen Rang der Zeugung der Typus der *untreuen Geister*, und *Esau* stellt als Zweitgezeugter den Typus des *Minor* dar.

Die Sünde Jakobs

Aber die wahre Sünde Jakobs bestand darin, die Arglosigkeit seines Vaters getäuscht und all seine Fähigkeiten und verfügbaren geistigen und irdischen Möglichkeiten dazu benutzt zu haben, die Absicht seines Bruders Esau zu durchschauen, sich der edlen Tat und dieser für seinen Bruder vorteilhaften Absicht zu widersetzen, ihn dadurch seiner geistigen Rechte beraubt und zusammen mit all seinen Nachkommen in die Unterwerfung und göttliche Entbehrung gedrängt zu haben.

In *Jakob* begegnen wir übrigens der *zweifachen Sünde* der *Dämonen*, jener nämlich, die sie gegen den *Schöpfer*, und jener, die sie gegen die *Kreatur* und ihre Nachkommen ausgeübt haben. In der Tat, hat nicht Jakob erstens gegen seinen Vater und zweitens gegen seinen jüngeren Bruder Esau gesündigt, so wie der Dämon gegen seinen göttlichen Vater und gegen den Minor, seinen geistigen Vater, gesündigt hat? Vollziehen nicht auch die Menschen durch ihr verlogenes Verhalten gegenüber dem Schöpfer und gegenüber ihren Brüdern täglich dieselbe Sünde? Übrigens soll euch die Art, in der sich Jakob gegen seinen Bruder Esau benahm, nicht verwundern, zog doch *Esau* den irdischen Kult jenem des Schöpfers vor. Er beschäftigte sich vorwiegend mit der Jagd und der Vernichtung der wilden Tiere, anstatt den dämonischen Intellekt, der sich seines Bruders *Jakob* bemächtigt hatte, zu bekämpfen. Auch hatte ihm seine Abkehr vom geistigen Kultus und die ausschliessliche Hinwendung zu rein irdischen Neigungen die verdiente Strafe zugezogen und ihn all seiner geistigen Rechte beraubt. Indessen fand *Esau* aus seiner Verirrung zurück. Durch die Barmherzigkeit Gottes erkannte er die Tragweite seiner Sünden und er fiel, als er sich all seiner geistigen, göttlichen und zeitlichen Rechte enthoben sah, in die allertiefste Bestürzung. Er konnte sich nicht zurückhalten, sich bei seinem Vater über die Entrechtung durch seinen Bruder Jakob zu beklagen. Er gab ihm zu verstehen, welchen Schmerz es für ihn bedeute, als erster zur Welt gekommen, bezogen auf die geistigen Güter aber der letzte sein zu müssen. Dies stellte bereits ein wirkliches Abbild dessen dar, was sich in der Folge mit Israel ereignen wird, das sich nämlich als geistig Erstgeborener in der Welt und erster Erbe des göttlichen Gesetzes durch jene, die nach ihm kommen sollten, verdrängt sehen wird. Dadurch bewahrheitet sich die Weissagung der Schrift: *die Letzten werden die Ersten sein.*

Esau

Nachdem Esau seinem Vater all diese Vorhaltungen gemacht hatte, ohne ihn jedoch damit berühren zu können, fragte er in ungestümen Worten: „*Habt ihr mir selbst keine Segnung vorbehalten?*“ Da sich Esau ausserstande sah, einen göttlichen Kultus zum Ruhme des Schöpfers zu vollziehen, erhoffte er im Namen dieser Segnung eine gewisse Kraft oder geistige Fähigkeit zu erhalten. Dies zeigt uns, dass Gott seinen Auserwählten zu jeder Zeit die Erkenntnis seiner geistigen Gaben zum Heile der Menschen dieser Erde verleihen kann und wie er diesen Auserwählten aufträgt, ihre Gaben und geistigen Kräfte nur an jene weiterzugeben, die eines solchen Erbes würdig sein. Als Esau erkannte, dass er keinen Einfluss auf den Geist seines Vaters auszuüben vermochte, redete er ihn ein zweites Mal an und sprach: „*Da dir keine geistige Fähigkeit mehr verbleibt, über die du zu meinen Gunsten verfügen kannst, beschwöre ich dich mit allem, was ich bin, mich zumindest im Namen des Ewigen zu segnen.*" Isaak antwortete: „*Ich habe deinen Bruder zum Herrn der Menschen dieser Erde erhoben; ich habe alle seine Brüder seiner Herrschaft unterstellt; ich habe ihn in der Befugnis der geistigen und zeitlichen Operationen wie auch der geistigen göttlichen Operationen bestätigt. Für dich verbleibt nichts mehr in meiner Macht.*" Esau schrie auf. Er weinte bitterlich und vergoss viele Tränen. Seinem Vater, den er jene Schwelle betreten sah, von der er vom Schöpfer aus diesem Leben ins andere gerufen ward, gab er keine Antwort mehr. Isaak aber, von dem traurigen Zustand seines Sohnes betroffen, bat ihn näher zu sich und sprach: „*Esau, höre aufmerksam zu, was ich dir zu sagen habe. Die Weihen, die du von mir erbittest, sind der Sünde wegen im Fett der Erde.*" Hernach segnete er ihn und sprach: „*Der Segen, den ich über dich breite, kommt vom Ewigen, wie der Tau von oben kommt, der sich auf die Pflanzen legt, um sie zu nähren.*" Glücklicher als er zuvor gewesen, zog sich Esau von seinem Vater zurück.

Das ist, was ich euch im Hinblick auf den Typus des Esau zu sagen hatte. Beachtet nun, ob das Verhalten seines Vaters nicht analog dem wahrhaftigen Typus der Unwandelbarkeit des Schöpfers in seinem Gerechtigkeitsbeschluss gegenüber all den Schuldigen dieses Jahrhunderts und der vergangenen ist. Seht weiter, ob die von Isaak gegenüber seinem Sohn Esau ausgeübte Barmherzigkeit nicht ganz der Barmherzigkeit des göttlichen Vaters entspricht, sobald sich dieser Sohn direkt an ihn wendet. Dies weist uns auf die zukünftige Aussöhnung hin, über die ich im späteren Verlauf meiner Ausführungen reden werde. Zuerst aber muss ich euch über den Typus des Jakob aufklären.

Jakob

Jakob hatte zahlreiche Nachkommen, die er in allen irdischen Belangen wohl gedeihen sah. Leicht fiel es ihm, das Streben nach irdischen Dingen in ihnen anzuregen. Indem sie sich aber dieser sündigen Begehren hingaben, geriet der göttliche Kult bei ihnen allen in Vergessenheit. Es ging so weit, dass nicht einmal mehr die geringste Spur davon im Gedächtnis des Jakob oder seiner Nachkommen zurückblieb. So liess sich Jakob durch den dämonischen Geist überzeugen, dass das, was er von den Gütern der Erde erhielt, vom Grossfürsten der Dämonen herstamme und dass er entsprechend dem Kultus, den er und seine Nachkommen diesem Grossfürsten darbrachten, belohnt werden würden. Den irdischen Gütern gierig sich zuwendend, hatte Jakob dieser Einflüsterung widerstandslos stattgegeben.

Er hatte seinen geistigen göttlichen Ursprung – der Schöpfer hatte ihm die Erinnerung entzogen – aus den Augen verloren. Er verleugnete seine eigene Emanation und den Schöpfer selbst, indem er sich und seinen Nachkommen bloss noch als passive Auserwählte betrachtete. In diesem Zustand gab er sich gänzlich den materiellen dämonischen Wissenschaften hin, und da er diese alsbald alle kannte, nahm er sich vor, diese nun auch in die Praxis umzusetzen und auszuüben. In der Folge entschied er sich, in das Land *Haran* zu gehen. Auf diesem Weg überraschte ihn die Nacht auf dem *Berg Morija* oder *Mahanajim*, dieses Wort bedeutet: *die zwei Lager*, jenes der Dämonen und jenes des Schöpfers. Daselbst bereitete er sich darauf vor, den Plan zu wirken, den er gegen den Schöpfer ersonnen hatte. Es war gegen die sechste Stunde des Tages, die Sonne schickte sich an zum Untergang, da tat er seine Anrufung.

Jakob und der Engel

Nach Abschluss seiner Invokation sandte ihm der Herr einen Engel in der Form eines Menschen. Ihr wisst, dass der irdische Mensch die Ansicht des reinen Geistes nicht ertragen könnte, ohne zu sterben oder ohne dass seine körperliche Form augenblicklich verbrennen würde. Die Gegenwart dieses Geistes übte einen so starken Eindruck oder eine Elektrisierung auf die körperlichen und die animalischen geistigen Essenzen Jakobs aus, dass er zu Boden geschleudert wurde.

Da berief sich Jakob auf den Schöpfer. Vor ihm schwor er nun ein für allemal all dem ab, was er vom dämonischen Bereich übernommen hatte. Da sprach der Engel zu ihm und tadelte sein abscheuliches, vergangenes und gegenwärtiges Benehmen gegen den Schöpfer, gegen seinen Vater, seinen Bruder, seine Nachkommen und gegen sich selbst. Entsetzt und wie aufgepeitscht durch die fürchterlichen Drohungen des Engels, warf sich Jakob auf ihn und kämpfte mit ihm die ganze Nacht, bis die Morgenröte aufstieg. Als aber der Kampf zu Ende war, fragte ihn der Engel nach seinem Namen. Jakob gab ihm stets dieselbe Antwort. Nachdem aber der Engel Jakob zum letzten Male nach dem Namen gefragt hatte, antwortete dieser, dass er Jakob heisse. Da der Engel seinen Namen vernommen, sprach er zu ihm: *„Jakob, Empörer gegen den Schöpfer, verleugnend den Geist des Herrn, Du nennst dich Jakob, wohlan denn, von nun an wirst du 'Israel' heissen oder 'stark gegen den Geist des Schöpfers'.“* Am Schluss dieser Rede erwirkte der Geist eine so starke Anziehungskraft auf die Person des Jakob, dass er ihm die Achilles-Sehne verkümmerte. Da trennten sie sich voneinander. Jakob war völlig verwirrt, von dem Geist, den er selbst verleugnet hatte, derart gezeichnet zu sein.

Dieses Zeichen Jakobs ist seiner Nachkommenschaft für undenkliche Zeiten ein Beweis der Untreue Israels. Seit dieser Zeit ist es vom Ewigen verboten, sei es in der Zeit des Mose oder der Zeit des Salomo, eine Person, die von Geburt an mit dem Buchstaben *B* gezeichnet ist, je und unter welchen Umständen auch immer zum göttlichen Kultus zuzulassen. Dieses unter Androhung der stärksten Strafen erlassene Gesetz hat Christus bestätigt, damit all jene, die beauftragt sind, für den Vollzug des göttlichen Kultes in seinem geistigen Tempel zu sorgen, diese Verordnung mit der grössten Sorgfalt beachteten.

Die Reue Jakobs

Durchdrungen vom Schmerz, ward sich Jakob in seinem Geiste der Abscheulichkeit seines Betragens bewusst. Er erinnerte sich daran, dass er, als er im Begriffe stand, seinen Bruder Esau seiner Rechte zu berauben, seinen Vater Isaak küsste, um ihn in seiner Arglosigkeit besser überlisten zu können. Schliesslich liess er all seine gegen den Schöpfer und gegen die Gesetze der Natur verübten Sünden an sich vorüberziehen, und diese Erinnerung versetzte ihn in einen Zustand grösster Untröstlichkeit, so dass er glaubte, niemals mehr Gnade vor dem Schöpfer finden zu können oder zu jener Zahl Sterblicher gehören zu dürfen, die der göttlichen Barmherzigkeit teilhaftig werden. Es waren vor allem die Worte des Engels und das ihm aus seiner dämonischen Operation gewordene, unerwartete Ergebnis, die ihn dermassen erschüttert hatten. Indessen erzeugte Jakob trotz seiner Niedergeschlagenheit und der Traurigkeit seiner Gedanken eine wahrhaftige Sehnsucht nach der Gnade des Schöpfers. Unaufhörlich erbat er seine vollständige Versöhnung.

Die Vision Jakobs

Eine natürliche Vision, die sich ihm in menschlicher Form darbot, kündete ihm die Erfüllung seiner Sehnsucht. Derjenige, der ihm erschien, war derselbe Geist, der ihn an der Sehne des Rechten Beines gezeichnet hatte. Er wies Jakob die Mittel, deren es bedurfte, um das Ersehnte vom Schöpfer zu erlangen. Zu diesem Zwecke segnete ihn der Engel wahrhaftig und weihte ihn von neuem. Dadurch ward Jakob wieder in die geistige göttliche Kraft eingesetzt, um vierzig Jahre nach seiner Weihe die verschiedenen göttlichen Kulte zu vollziehen. Dies tat er nun wirklich nach Ablauf der vierzig Jahre auf dem Gipfel desselben Berges, wo er beim ersten Male schon gewesen: dem Berg Morija.

Der Kult der Versöhnung

Um die sechste Stunde begab er sich auf diesen Berg. Wohl bereitet zu seinem Werk und – wie er es gewohnt war – wiederholte er sein Gebet von der sechsten Stunde an bis etwa zur Hälfte der Nacht. Dann vollzog er die notwendigen Anrufungen mit dem Ziele, die Auswirkungen des Gerichtes, das ihm der Schöpfer vermittels des Engels angedroht hatte, definitiv abzuwehren. Dies gelang ihm wunschgemäss und es erschienen vier Engel, die ihn über das noch Auszuführende unterwiesen, dessen es bedurfte, um vom Schöpfer die vollständige Versöhnung zu erhalten. Diese ward ihm auch wirklich zuteil, wie ich noch ausführen werde. Am achten Tag nach dieser letzten Operation machte sich Jakob erneut auf den Weg zurück auf den Gipfel des Berges. Sobald er zur Zeit des Sonnenuntergangs gegen Ende des neunten Tages angekommen war, bereitete er sich nach seiner Gewohnheit vor, das Werk seiner letztendlichen Versöhnung zu wirken. Um Mitternacht des neunten Tages und auf den zehnten übergehend erhielt Jakob die Gewissheit seiner vollkommenen Versöhnung. Das Ergebnis seiner Operation hatte ihn so stark mitgenommen, dass es ihm nicht mehr möglich war, sich aufrecht zu halten.

Jakobs Schau

So legte er sich auf die linke Seite, und indem er seinen Kopf auf einen gewöhnlichen Stein stützte, betrachtete er in dieser Stellung all das, was ihm aus seiner geistigen göttlichen Arbeit geworden war. Über sich sah er sieben Geister auf- und niedersteigen. Unter diesen erkannte er auch denjenigen, der ihn verletzt hatte. Auch jene vier Engel erkannte er, die ihm erschienen waren, ihn über das noch Fehlende zu unterrichten, dessen es bedurfte, um der Gnade des Schöpfers restlos teilhaftig zu werden. Zudem erblickte er die Herrlichkeit Gottes an jenem Ort, wo die Engel ein- und ausgingen. Da sprach Jakob: „*Dies ist der Ort der vollkommenen Schau, denn ich habe den Ewigen von Angesicht zu Angesicht gesehen. Hier ist das Zentrum des Universums und der Erde, die dem Schöpfer gegenüber ist, und hier ist auch die Stätte, die ich für das Haus bestimme, das man dem Schöpfer erbauen wird.*“ Durch drei in Dreiecksform ausgelegte Steine kennzeichnete er die festgesetzte Stelle, wo man den Tempel des Herrn auf dem Berge Morija errichten wird. Dies ist dann durch *Salomo*, *Chiram* oder *Hiram*, König von Tyrus, ausgeführt worden.

Der Tempel

Die Stelle, die Jakob mit den Steinen im Dreieck ausgelegt hatte, stellte die körperliche Form der Erde dar. Er selbst blieb in der Mitte des Dreiecks um anzuzeigen, dass der Schöpfer den Gott-Menschen ins Zentrum des Universums gesetzt hatte, um über alle emanierten und geschaffenen Wesen zu herrschen und zu regieren. Auch zeigte er dadurch an, dass dies die wahre Stätte sei, an der der Schöpfer sich tatsächlich dem ersten Minor mitteilte und seine Herrlichkeit offenbarte, solange dieser in der Gerechtigkeit verblieb.

Deshalb wurde Jakob durch den Geist dazu veranlasst, diesen Ort als denjenigen zu bezeichnen, an dem der Tempel errichtet werden würde, somit den Typus jenes Ortes bildend, an dem Adams Verklärungsleib, der den Namen *geistiger Tempel der Gottheit* trug, erschaffen ward. Dieser geistige Tempel enthielt wahrlich einen göttlichen Geist. Dasselbe ereignete sich übrigens in natura bei der Erbauung des Tempels des Salomo, als der Geist in Form einer Wolke hernieder stieg.

Jakob, seiner Versöhnung vollständig gewiss, unterwarf sich nun der Pflicht, den göttlichen Kultus künftighin getreulich auszuführen.

Der Kultus

Er legte die Zeit fest, in der er und seine Nachkommen den Kultus wirken würden. Zu diesem Zwecke vollzog er an einem gewöhnlichen Tage 4 göttliche Operationen in 4 Intervallen von je sechs Stunden. Danach vollzog er während 6 aufeinanderfolgenden Tagen eine Operation geistiger göttlicher Wachen. Dies ergibt im Ganzen 10 Operationen in 7 Tagen. Das Gesamt dieser Operationen beinhaltet die der Gottheit geweihte Zehnzahl sowie die dem Geist geweihte Siebenheit. In den 4 ersten Operationen berief sich Jakob ausschliesslich auf den Schöpfer, indem er ihn mit seinem unaussprechlichen Namen anrief. Danach sprach er: „*Zu mir, der Gott Abrahams!*“ Er rief den Schöpfer mit seinem zweiten unaussprechlichen Namen und sprach: „*Zu mir, der Gott Isaaks!*“ Er rief ihn schliesslich mit seinem dritten unaussprechlichen Namen an und sprach: „*Zu mir, der Gott Jakobs, der derselbe ist wie jener Abrahams und Isaaks, der göttlich in uns Dreien wirkt, wie wir drei in unserer Einheit geistiger göttlicher Macht in ihm wirken!*“

Abraham, Isaak und Jakob

Durch diese Anrufung anerkennt Jakob wahrhaftig *Abraham* als

Typus des Schöpfers, und zwar durch die Vielzahl geistiger Kräfte, die diesem verliehen wurden. Er erkennt *Isaak* als *Typus des göttlichen Sohnes* oder der göttlichen Tat in der aus ihm stammenden grossen Nachkommenschaft Gottes, in der sich die Auserwählung und die Offenbarung des göttlichen Ruhmes vollzogen haben. Durch die grossen Wunder, die der Schöpfer für ihn wirkte, als er ihm die göttliche Herrlichkeit unverhüllt zeigte, erkennt *Jakob* in sich selbst den wahren *Typus des Geistes*. Dieser letzte Typus wiederholt denjenigen der *Barmherzigkeit*, die der Schöpfer bis ans Ende der Zeiten seiner Kreatur gegenüber ausüben wird, gleichwie uns dies Jakob durch seine letzte Operation gezeigt hat, als er den Schöpfer anrief, sich seiner – wie er selbst entarteten – Nachkommenschaft zu offenbaren und sie dadurch aus der Knechtschaft der Dämonen zu befreien. Dies hat der Heilige Geist vermittels der Worte des Mose tatsächlich gewirkt.

Gott in 3 Personen

Von daher ward uns die Lehre Gottes in 3 Personen, weil Gott 3 göttliche Aktionen gewirkt hat, eine jede von der anderen unterschieden, zum Heile der 3 Minores, von denen wir eben sprachen, und gemäss dem Typus, den sie im Universum darstellen. Diese 3 Personen sind nur in Bezug auf ihre göttlichen Werke in Gott, und anders sind sie nicht zu begreifen, ohne die Gottheit zu erniedrigen, die *unteilbar* ist und die nicht und in keiner Weise geeignet sein kann, verschiedene und unter sich unähnliche Persönlichkeiten in sich zu enthalten. Wäre dies möglich, müsste man 4 anstatt 3 annehmen, gemäss der vierfachen göttlichen Essenz, die euch bekannt sein müsste, nämlich: der göttliche Geist 10, der Geist Major 7, der Geist Inferior 3 und der Geist Minor 4. Hierin erkennen wir die Unmöglichkeit eines in 3 *persönliche* Naturen aufgeteilten Schöpfers. Mögen diejenigen, die den Schöpfer in seiner Essenz zerlegen wollen, wenigstens darauf achten, ihn in der Substanz seiner Unendlichkeit zu teilen.

Die 3 Urbilder

Wenn ihr die Typen, die *Abraham, Isaak* und *Jakob* ausmachen, verbindlich betrachtet, werdet ihr feststellen, dass diese drei Minores gegenüber dem Schöpfer die wahre Figur *Adams, Abels* und *Seths* darstellten. Die drei ersten wie auch die drei letzten hatten die Herrlichkeit des Schöpfers gesehen. *Noah, Seth* und *Japhet* hatten denselben Vorzug. *Esau*, der ohne besondere Erbschaft verblieb, repräsentiert den Typus des *Kain bei Adam*, jenen des *Cham bei Noah* und *seinen eigenen* bei *Abraham, Isaak und Jakob*. Nicht nur bei den vergangenen und gegenwärtigen Minores sind Abraham, Isaak und Jakob die Urbilder der durch den göttlichen Geist gewirkten göttlichen Tat gewesen, sondern auch bei den kommenden. Adam und Noah hatten all diese Urbilder durch ihre Nachkommen angekündigt und *Christus, Mose* und *Elias* haben sie durch ihre Operationen auf dem Berg Tabor, wo sie allesamt zusammen die Herrlichkeit des Schöpfers sahen, bestätigt.

Der Kuss des Judas

Der Kuss, den Jakob Isaak gab, als er seinen Bruder betrog, nahm den Verrat vorweg, den der Gott-Mensch von Seiten eines seiner Brüder und Jünger Namens *Judas Iskariot* wird ertragen müssen. Der eine ist ein Betrüger am Irdischen, der andere am Geistigen. Hütet euch, auf dass nicht materielle Habsucht euch dazu bringt, einen solch ungerechten Typus nachzuahmen.

Das ist das Interessanteste, das ich euch über die Personen Abraham, Isaak und Jakob zu berichten hatte. Auf die Einzelheiten ihres zeitlichen Wirkens in dieser Welt brauche ich nicht einzugehen, da die Schrift genug zu diesem Thema sagt.

Mose

Nun werde ich euch über die gewaltigen Urbilder belehren, die Mose im Universum verkörpert. Dabei werdet ihr den wahren Zusammenhang aller vergangenen Typen erkennen und den doppelten Typus des Schöpfers sehen und auch denjenigen aller Geister, deren er sich zur Offenbarung seiner Gerechtigkeit bedient.

Martinès de Pasqually

Ihr werdet sehen, ob man an der Wahrheit der geistigen Tatsachen, die sich seit dem Weltenanfang ereignet haben und sich bis ans Ende der Zeiten fortsetzen werden, zweifeln kann oder an der Wahrheit derjenigen, die sich von der Untreue der ersten Geister bis hin zu jenen des ersten Minor vollzogen haben. Ihr werdet beurteilen können, ob ich die Wahrheit sage oder ob ich Ausflüchte und Trugschlüsse benutze, um die Gutgläubigkeit des von Gott Geliebten zu täuschen. Dies entspräche weder meinem Wesen noch meinem Geschmack. Seit meiner Kindheit sind mir die Lüge und der Stolz ein Greuel. Ich habe ihnen abgeschworen, um mich allein zur Wahrheit geistiger göttlicher und geistiger zeitlicher Dinge zu bekennen. So braucht ihr meinerseits nicht zu befürchten, dass ich in der Sprache des Irrtums zu euch rede.

Ägypten

Ich beginne damit, euch die Interpretation des Wortes *Ägypten* auszulegen, wo Mose geboren wurde, wie ihr wisst. Dieses Wort bedeutet *Stätte der göttlichen Entbehrung* oder *Land des Fluches.* Hierhin wurden die Feinde des göttlichen Willens zusammen mit ihren Anhängern verstossen. Die in diesem Lande lebenden und die Erde ihrem Willen gemäss bearbeitenden Nationen stellen die ersten sündigen Geister dar, die allein ihrem eigenen Willen folgten und noch heute nur diesem eigenen Willen gemäss handeln, unabhängig von jenem des Schöpfers. Die *ersten Geister* wurden in den *südlichen* Teil verbannt, und dieser Teil liegt in *Ägypten.* Die Nachkommen Abrahams, Isaaks und Jakobs fielen, nachdem sie gesündigt hatten, unter die Herrschaft der Bewohner Ägyptens und blieben dort während 430 Jahren.

Tupz und Maha

Tupz aus dem Stamme Levi, den die Schrift *Amram* nennt, und *Maha* seine Frau, die die Schrift *Jochebed* nennt, auch aus dem Hause Levi, wurden – obschon sie als Sklaven im Ägypterlande lebten – auserwählt, eine Nachkommenschaft Gottes zu gebären und das Geschlecht Adams zu erneuern. *Tupz* bedeutet *Höchstmass göttlicher Güte* und trägt die Zahl der *Sieben*heit. *Maha* bedeutet *göttliche geistige Fruchtbarkeit* und trägt die Zahl *Vier*. Beide hatten sie ihre Nachkommen erst in fortgeschrittenem Alter, es waren dies zwei männliche Kinder und ein einziges weibliches, das der Vater im Alter von 66 Jahren hatte: *Merian* (3) (Mirjam, Anm. d. Ü), was *jungfräuliche Erde* bedeutet. Dieses Mädchen ward weise in allen geistigen göttlichen Wissenschaften und brachte ihre Jungfräulichkeit dem Dienst des wahren, und ihrem Geschlecht erlaubten und aufgetragenen Kultes zum Opfer. Tupz hatte danach im Alter von 79 Jahren *Aaron* (7) und im Alter von 82 Jahren *Mose* (10). *Maha* gebar *Merian* im Alter von 48 Jahren (3), *Aaron* im Alter von 61 Jahren (7) und *Mose* im Alter von 64 Jahren (10). Tupz und Maha starben einige Zeit vor dem Auszug Mose aus Ägypten. Ich will mich nicht mit dem Datum ihres Todes aufhalten, da dies bezogen auf die Geschehnisse, die ich euch nun erzählen werde, vollkommen unnötig ist.

Mose

Mose kam am 14. des Mondes von Nisan oder März zur Welt. Er wurde in eine Art *Wiege* oder *Arche* gelegt, in der er einige Zeit auf den Wellen des *Nil* schwamm. Dieses Wort bedeutet: *Prinzip der Aktion und der geistigen zeitlichen Operationen.* Das Kommen des Mose in das Land Ägyptens, wo alle möglichen Völker in der Vermengung und der Finsternis lebten, stellte die *Niederkunft des göttlichen Geistes ins Chaos* dar. Hier bestimmte er alle sich darin befindlichen Dinge, die Gesetze, die Handlungen und die ihnen entsprechenden geistigen Anordnungen. Es sei euch gesagt, dass die Finsternis das göttliche Licht nicht begriffen hat.

Ägypten

Desgleichen begriffen auch das chaotische Ägypten und seine Bewohner der Finsternis keineswegs die Geburt und die Ankunft des Mose in ihrer Mitte. Diese Völker besassen keinerlei Kenntnis des wahren Kultes. All ihre Handlungen und Sorgen beschränkten sich auf die Befriedigung der Begehren ihrer irdischen Sinne, und sie klammerten sich lediglich an den jedem passiven Wesen eingeborenen tierischen Instinkt.

Wenngleich die vernünftigen Tiere durch den ihnen in allen leiblichen Formen eingeborenen, tierischen Instinkt denselben Gesetzen unterstehen wie die unvernünftigen, kann man doch nicht übersehen, dass es für sie eine zusätzliche Pein bedeutet, sich von diesen loszusagen. Ein eindeutiger Beweis dafür sind die sich an das zeitliche Leben festhaltenden Menschen.

Der irdische Mensch

Wenn irgendein natürliches Ereignis als eine Behinderung des Menschen Form befällt und deren Ordnungsgesetze stört, beschimpfen sie das Phänomen, sind ganz entsetzt und liefern sich aus Unwissenheit der Pflege und dem Instinkt eines Mitmenschen aus, der – meist ebenso unwissend wie sie selber – in grösserer Not wäre als der Betroffene selbst, wenn dieselbe Unbill ihn getroffen hätte.

Dieses Benehmen ist bei all jenen kaum verwunderlich, die sich in solchem Falle nicht auf ihr geistiges göttliches Urprinzip, den einzigen Arzt der vollkommen heilt, zurückbesinnen können. Darüber spreche ich ausgiebiger, wenn ich die verschiedenen Israel betreffenden Geschehnisse auslege.

Mose

Der auf den Wassern schwimmende Mose stellt wahrhaftig den Typus des Geistes des Schöpfers dar, der auf dem ursächlichen Fluidium schwimmt, um das Chaos zu entwirren.

Ihr wisst, dass das, was allen in der chaotischen Masse enthaltenen Dingen gegeben wurde, nichts anderes als *die Gesetze der Ordnung* und *der Handlungen* war. Bereits Noah, der ja Zeuge der Offenbarung der göttlichen Gerechtigkeit und Herrlichkeit gewesen ist, stellte den Typus der Herrlichkeit des universellen Schöpfers dar. Ich werde euch nun zu beachten geben, dass alle durch diesen Patriarchen repräsentierten Typen durch die geistigen Vorgänge des Mose wiederholt wurden.

Mose und Noah

Beide sind sie auf den Wassern geschwommen. Noah hat die übriggebliebenen Sterblichen mit dem Schöpfer versöhnt. Mose versöhnte die Nachkommen Abrahams, Isaaks und Jakobs mit der Gottheit. Noah hat den göttlichen Kultus in der Nachkommenschaft Seths wiederhergestellt. Noah führt und geleitet die durch ihn mit dem Schöpfer versöhnten Menschen während 40 Jahren. Während derselben Zeitspanne führte Mose das jüdische Volk. Noah brachte dem Schöpfer ein Dankopfer dar. Mose hat zusammen mit seinem ausgesöhnten Volke ebenfalls Opfer dargebracht. Ich würde kaum mehr aufhören, wollte ich euch jene Urbilder einzeln beschreiben, die Mose wiederholt hat, sowohl diejenigen Noahs als auch jene der gewesenen und zukünftigen Patriarchen. Ich gebe mich damit zufrieden, euch zu ermuntern, tiefsinnige Betrachtungen über die Erhabenheit des Typus des Mose anzustellen.

Der Typus Mose

Ihr werdet erkennen lernen, dass dieser Auserwählte durch seine Werke in vollkommener Weise die dreifache Essenz Gottes in ihrer universellen, allgemeinen und besonderen Schöpfung verkörpert. 1. *Die Geburt* des Mose repräsentiert die eigentliche Tat des Schöpfers. 2. Die von Mose vollzogene *Versöhnung* stellt die Operation des göttlichen Menschen oder des Sohnes des Schöpfers dar. 3. *Die Führung* des Volkes, das der Fürsorge des Mose anvertraut war, verkörpert den göttlichen Geist, der alle ihm unterstellten zeitlichen und geistigen Wesen führt, regiert und leitet.

Die ersten Lebensjahre des Mose

Die Schrift lehrt uns, wie eine Tochter des Königs von Ägypten den jungen Mose von der Oberfläche der Wasser des Nils rettete und wie sie ihn im geheimen aufzog, um ihn vor den Verfolgungen des Pharao und seiner Höflinge, die beschlossen hatten, alle männlichen Kinder des hebräischen Volkes umzubringen, zu schützen. Diese Prinzessin empfand eine starke Freundschaft für den jungen Mose, der von grosser Schönheit war. Berührt war sie von dem besonnenen Ausdruck, der sich in so zartem Alter in seinem Wesen kundtat und der sämtliche Kenntnisse sowie reifes Urteilsvermögen verhiess, wie dies der junge Mose tatsächlich von seinem zweiten Altersjahr an zum Ausdruck brachte. Die Mutter des Kindes ward von der Prinzessin zur Amme ausersehen. Um sich zu vergewissern, dass all ihre Anordnungen zur sorgfältigsten Pflege genauestens befolgt würden, verlangte sie, dass die Amme ihr das Kind täglich präsentierte. Dies kündigte bereits das *Bündnis* an, das die Götzendiener in der Zukunft mit den göttlichen Gesetzen eingehen würden, wie dies durch den Überrest der Ägypter, der sich nach der Vernichtung des Pharao und seiner Armee den Gesetzen des Mose unterzog, auch geschehen ist. Die Amme führte alle Befehle pünktlich aus, und das Kind gedieh zusehends in seiner Schönheit.

Eines Tages bezauberte Mose die Prinzessin dermassen mit seiner Gegenwart, dass sie sich, nachdem sie ihn in die Arme genommen, zu dem Wagnis entschloss, ihn ihrem Vater, dem Pharao, zu präsentieren. Zu diesem Zwecke begab sie sich in einen Audienzsaal, in dem sich mehrere Tische befanden. Auf einem dieser Tische befand sich ein grosses Viereck, auf dem die Krone und das Szepter des Königs lagen. Unter dem Edelgestein, das die Königskrone schmückte, befand sich ein Karfunkel, von dem ein gewaltiges Feuer ausging. Zu diesem Tisch nun brachte sie Mose und stellte ihn aufrecht auf diesen hin, um zu beobachten, welchen Eindruck diese Kostbarkeiten auf ihn ausüben würden, war ihr doch der Einfluss wohlbekannt, den solche Werte auf gestandene Menschen ausübten.

Angesichts des Glanzes all dieser Schmuckstücke entfuhr Mose ein Freudenschrei, und wie die meisten Kinder seines Alters, begann er zu hüpfen. Die Prinzessin trieb ihre Neugierde noch weiter, indem sie nämlich dem Wunsch des Kindes entsprach und ihn die Kostbarkeiten ergreifen liess. Sie schaute sich im Saale um, und als sie niemanden sah, der sie beobachtete, beugte sie Mose zur Krone hinab und zum Szepter. Das Kind griff gierig danach, und da es diese nicht hochzuheben vermochte, half ihm die Prinzessin und setzte ihm die Krone auf das Haupt. In diesem Moment liess Mose das Szepter zu Füssen der Prinzessin fallen und nahm die Krone von seinem Kopfe. Er liess sie auf den Tisch fallen und setzte seinen Fuss darauf.

Nun hatte aber, während sich die Prinzessin mit dem jungen Mose vergnügte, ein Kämmerer des Königs aus einem Versteck alles beobachtet. Alsbald begab sich dieser zum König und erstattete Meldung über das Gesehene. Dabei erliess er einen gehässigen Bericht gegen Mose, damit ihn der König – gemäss dem Beschluss den er gegen alle Neugeborenen in Israel verfügt hatte – zum Tode verurteile. Nachdem die Prinzessin Krone und Szepter an ihren Platz zurückgelegt hatte, nahm sie Mose auf den Arm und begab sich ins Gemach ihres Vaters, um ihm das Kind vorzustellen. Aber der von seinem Kämmerer benachrichtigte Pharao bereitete seiner Tochter einen äusserst kalten und sehr abweisenden Empfang.

Die abgewiesene Prinzessin verlangte eine Einzelaudienz beim König, um von ihm selbst den Grund seiner Kühle zu erfahren. Der König bewilligte ihr diese Bitte. Sobald er jedoch mit ihr alleine war, schnitt er ihr das Wort ab und verkündete unverzüglich das Todesurteil gegen Mose. Die Prinzessin, noch bestürzter als vorher, setzte alles in Gang, um von ihrem Vater das Motiv seiner strengen Verfügung zu erfahren, indem sie ihm darlegte, dass dieses Kind niemals eine Gefahr für ihn sein werde. Durch ihre Reden und ihre Tränen rührte sie den König dermassen, dass er sich nicht zurückhalten konnte, ihr zu gestehen, was der Kämmerer ihm zugetragen hatte. „*Ist es nur dies?*“, sagte die Prinzessin, „*es ist wahr, dass das Kind eure Krone und euer Szepter ergriffen hat, aber dem liegt bestimmt keine schlechte Absicht zu Grunde, und wenn es sie auch fallen liess, so geschah dies weder aus Verachtung noch aus Bosheit. Da jedoch euer Urteil gesprochen ist, bleibt mir nur die Gnade zu erbitten, nämlich solange mit der Vollstreckung zu warten, bis man vor euch eine Feuerprobe mit diesem Kinde gemacht hat.*“

Die Feuerprobe

Da der König seine Einwilligung gegeben hatte, veranlasste die Prinzessin – in Gegenwart der Amme des Mose –, dass ein grosses Feuerbecken vor ihn gebracht würde. Man stellte dieses zusammen mit Szepter und Krone des Königs auf den Tisch. Danach stellte die Prinzessin – wie sie dies schon beim ersten Mal getan hatte – das Kind auf den Tisch. Sobald der junge Mose das Feuer erblickte, stürzte er sich, ohne die Krone und das Szepter zu beachten, auf dieses. Mit seiner rechten Hand ergriff er eine brennende Kohle und steckte sie in seinen Mund, wo sie – nachdem sie ihm ein Stück Zunge verbrannt hatte – erlosch.

Nach diesem Vorfall plädierte die Prinzessin, die der Schöpfer zur zeitlichen Beschützerin des Mose erweckt hatte, gegen den voreiligen Bericht des Kämmerers und sprach zum König: *„Hätte der Bericht, den man dir gegen dieses Kind erstattet hat, der Wahrheit entsprochen und hätte es unter der Anregung des Gottes Israels, den du bei dir gefangen hältst, gehandelt, so würde sich diese Inspiration auch in diesem Moment manifestiert haben. Aber du siehst, es hat weder deiner Krone noch deinem Szepter die geringste Beachtung geschenkt und hat ihnen das Feuer vorgezogen, trotz all dem Schmerz, den es durch dieses hätte empfinden können und tatsächlich auch empfunden hat. So erkennst du nun die Begründung des Anreizes deines Kämmerers, der dich verführen wollte, auf dass du dich einsetztest, dieses Kind umzubringen. Deinem Ruhme und deiner Gerechtigkeit entspricht es, dass dieser Mensch nicht ungestraft bleibt.“*

Allsogleich verbannte der König seinen Kämmerer für immer aus dem Ägypterland und zwang ihn damit, bei anderen Völkern umherzuirren. Die Prinzessin dankte dem König und veranlasste alle möglichen Fürsorglichkeiten zu Gunsten des Mose.

Das Stottern des Mose

In diesem Ereignis liegt die Ursache des Stotterns des Mose und von daher führte er in der Folge die Beschneidung der Lippen ein. Ich strebe hier nicht danach auf die Einzelheiten der Urbilder einzugehen, die alle hier von mir erwähnten Geschehnisse darstellen. Es mag genug sein, über all die Plagen nachzudenken, die seit dieser Zeit über den Pharao und sein Volk gekommen sind.

Mose und Christus

Studiert achtsam die Schrift, und ihr werdet in diesen Ereignissen deutlich die *Ankunft Christi in diese Welt* erkennen. Ihr werdet erkennen, dass die *Prinzessin* die *Mutter Christi* verkörperte oder jenes schöne jungfräuliche Mädchen, von dem gesagt ist: *Ich bin schwarz, ich bin schön.*

Der Kämmerer

Was nun den Kämmerer anbelangt, so hatte dieser nicht unrecht, den König zu benachrichtigen und zu behaupten, der junge Mose hätte unter dem Einfluss des Gottes der Hebräer gehandelt. Dieser Mann gehörte zur Gruppe der *unreinen Magier* Ägyptens. Er lehrte die diabolische Wissenschaft, die es ihm ermöglichte, den in Mose und in der Prinzessin wirkenden göttlichen Geist zu erkennen. Es ist ein offensichtlicher *Typus der Gegen-Aktion*, die der dämonische Intellekt gegen den geistigen göttlichen Intellekt wirkt.

Mose

Mose, der mit 7 Jahren die Prinzessin, seine Wohltäterin, verloren hatte, verblieb bis zu seinem 20. Lebensjahr unter dem Schutz des Königs und, gemeinsam mit seinem älteren Bruder Aaron, unter der Führung seines Vaters und seiner Mutter. Ich habe euch keine Erklärung des Namens des Mose gegeben. Es genügt das, was die Schrift euch diesbezüglich lehrt, nämlich, dass ihm der Name Mose von der Tochter des Pharao gegeben wurde, weil sie ihn aus den Wassern gerettet hatte. Mose lebte, gestützt auf die Gunst des Pharao, in völliger Freiheit unter seinen hebräischen Brüdern und unter dem Volk der Ägypter. Aber als er eines Tages an einem etwas entfernteren Orte einherging, sah er, wie ein Ägypter einen seiner hebräischen Brüder misshandelte und nahe daran war, diesen umzubringen. Mose stürzte sich in seiner Länge von sechs Fuss und mit seiner dieser Grösse entsprechenden Kraft auf den Ägypter und tötete ihn mit einem Schlag.

Die Flucht des Mose

Nun war er gezwungen, aus Ägypten zu fliehen. Diese Flucht stellte keinen geistigen Typus dar, hingegen kündigte der Totschlag gegen den Ägypter die Kraft und die Macht an, die der Schöpfer dem Mose zur Befreiung seines Volkes verleihen wird. Deutlich waren dadurch diese Befreiung wie auch die Bedrängnis der Ägypter dargestellt.

Das ist alles, was bezogen auf die Herkunft und die ersten Lebensjahre des Mose von Interesse ist. Immerhin könnt ihr daran erkennen, dass seine ersten Werke denjenigen aller früheren Auserwählten einwandfrei entsprechen.

Die Bestimmung des Mose

Am Ende der 40 Jahre, die Mose ausserhalb Ägyptens verblieben war, brachte er dem Schöpfer seinen Leib und seine Seele zur Befreiung seiner hebräischen Brüder zum Opfer dar. Danach rief er den Schöpfer an, um zu vernehmen, ob das von ihm dargereichte Opfer angenommen worden war. Der Schöpfer entsandte einen Engel zu Mose, um ihm in Anbetracht seiner Hingabe, Entschlossenheit und Liebe für seine Brüder seine Bestimmung aufzutragen. Der Engel sprach zu Mose: *„Führe deine Herde in die Tiefe der Wüste von Midian, daselbst wird der Schöpfer dir seinen Willen kundtun."*

Das zweite Opfer

Mose führte zwischen der Wüste von *Midian* und dem Berg *Horeb* eine zweite Operation durch. Dabei bot er dem Schöpfer seinen Körper und seine Seele ein zweites Mal zum Opfer dar. Er sprach: *„O Ewiger, allmächtiger Schöpfer, nimm an das Opfer, das ich dir in aller Heiligkeit darbringe und in der Reinheit der göttlichen Kraft, die du mir nach deinem Gefallen in deiner Barmherzigkeit und zu deiner allergrössten Glorie verliehen hast! Ganz und gar unterwerfe ich mich deiner unendlichen Erhabenheit! Nach deinem Willen verfüge über mich! Empfange das Opfer meiner Seele, meines Herzens und meines Leibes und von al-*

lem, was mir geistig und irdisch zugehört. Empfange es zur Wiedergutmachung der Sünden des Vaters der Menschen und der Sünden all seiner Nachkommen. So, wie alles von dir gekommen ist, wird alles zu dir zurückkehren." Nachdem Mose zum zweiten Male das Opfer seiner selbst in drei unterschiedlichen Teilen – was er beim ersten Male nicht getan – erbracht hatte, spürte er, dass sein Werk dem Schöpfer wohlgefiel. Zum *ersten* hatte er seine *Seele* geopfert, weil dem Schöpfer nichts Vollkommeneres geschenkt werden kann als der dem göttlichen Geiste ähnliche *Minor-Geist. Zweitens* opferte er sein *Herz* oder die *geistige Kraft*, die die Seele zum Zeitpunkt ihrer Emanation erhält. Diese Kraft wird durch die im Herzen des Menschen eingeschriebenen Zeichen veranschaulicht. Die Anatomen kennen sie, da sie aber ausserstande sind, sie zu inerpretieren, belassen sie sie unerklärt. Davon werde ich reden, wenn ich das Thema der Materie behandle. Als Ausdruck der *drei geistischen Essenzen*, von denen alle im Universum enthaltenen Formen stammen, opferte Mose schliesslich, *drittens*, seinen *Körper*.

Der brennende Dornbusch

Nach dieser *zweiten Operation* gab ihm der göttliche Geist den *Namen Mose*, denselben Namen also, den er bereits von der Tochter des Pharao erhalten hatte. Dies bestätigte ihn im Glauben der Gunst, die ihm der Schöpfer vorzugsweise vor seinen Brüdern verliehen hatte. Der Geist wies ihm die Art und Weise, durch die er in das Zentrum des Glanzes des Geistfeuers, das den Berg Horeb umgab, würde eintreten können. Dieser Berg trägt den geheimnisvollen Namen *brennender Dornbusch*. Nachdem Mose – aller Metalle und aller unreinen Materie entledigt – eingetreten war, warf er sich, den Körper in seiner ganzen Länge ausgestreckt, mit dem Gesicht zur Erde nieder; solcherart die Ruhe der durch die Gegenwart des göttlichen Geistes niedergeschlagene Materie versinnbildlichend wie auch jene natürliche Ruhe, die allen Formen im Anschluss an ihre irdischen Werke zugestanden wird. Diese Gesinnung zeigt auch noch die notwendige Wiedereingliederung aller leiblichen, besonderen Formen in die allgemeine Form wie auch die schwebende Trennung, die die Seele erlebt, wenn sie den Geist betrachtet. Dies ist so, weil der *materielle Körper* an all dem, was sich zwischen *dem Minor und dem göttlichen Geist* abspielt, *keinerlei Anteil* haben kann. Solches haben uns die Weisen und mächtigen Auserwählten des Schöpfers in ihren Ekstasen göttlicher Schau bezeugt, und Christus selbst hat es uns deutlich kundgetan.

Die Kontemplation

Der Einfluss auf den Körper, während sich die Seele in Kontemplation befindet, ist für euch einfach nachzuvollziehen. Betrachtet einen Menschen im Schlaf. Kann man während dieser Zeit nicht über seine Form verfügen, sie sogar zerstören, ohne dass der schlafende Mensch diese verteidigen könnte? Man wird wohl kaum einwenden, dies sei bloss deshalb so, weil der Mensch seine Augen geschlossen hielte, gibt es doch mehrere Menschen, die offenen Auges schlafen und die dennoch nicht geschützter sind. Es ist also einzig deshalb, weil die Seele ihre Tätigkeit, die sie gewöhnlich zur Verbindung der geistigen Funktionen mit den leiblichen Funktionen der Form benutzt, vorläufig eingestellt hat und der Körper nun der Anleitung des körperlichen Mittlers anheim gestellt ist. Dieser aber kann, wenn die Seele es ihm nicht mitteilt, keinerlei Kenntnis von dem haben, was ihm an Verhängnisvollem oder Vorteilhaftem zustossen könnte. Dasselbe trifft für die Kontemplation zu. Der Körper fällt in eine Art Inaktion, er ist keinem Eindruck des Verstandes mehr zugänglich, den die Seele nun ganz auf den Gegenstand ihrer geistigen Betrachtung ausrichtet. Deshalb braucht man jedoch nicht zu glauben, die Seele sei vom Leibe getrennt. Sie ist es lediglich in ihrer geistigen Tätigkeit, nicht aber in natura. Beweise für diese körperliche Unempfindlichkeit während des seelischen Zustandes der Kontemplation finden wir in den Qualen, denen man den Leib Jesu Christi und die Körper vieler Märtyrer unterworfen hat. In all der Pein, der man den Leib Christi aussetzte, litt er keinen Schmerz. Wenn sich dieser Körper zuweilen bewegt hat, so war dies bloss eine Folge der diesem Vehikel – dem man entgegen dem Gesetz seiner Natur Gewalt antat – eingeborenen Tätigkeit. All jene, die sich dem Beispiel Christi folgend den fürchterlichen Martern aussetzten, waren – gemäss ihrer nur nach der Verherrlichung des Schöpfers trachtenden Mission – derselben Gnade teilhaftig. Christus befand sich in Kontemplation mit dem Geiste des Vaters, und die ihn nachahmenden, glücklichen Sterblichen befanden sich in Kontemplation mit dem Geiste des göttlichen Sohnes. Dies alles erlaubt uns, den Unterbruch der Tätigkeit der Seele und die Ausgeschlossenheit oder Unwissenheit zu verstehen, in der der Körper bezüglich all dessen, was um ihn herum geschieht, verbleibt.

Aber kehren wir nun zu Mose zurück.

Aaron und Ur

Während Mose sich in seiner Anbetung befand, erhielt er vom Schöpfer die *vier Mächte,* deren er notwendigerweise bedurfte, um sein Werk gegen die *vier dämonischen Regionen,* deren Oberhäupter im Ägypterland all ihre Bosheit gegen Israel ausübten, auszuführen. Durch diesen Gesandten sollte der Schöpfer seine Herrlichkeit und seine Gerechtigkeit offenbaren. Demzufolge übertrug er ihm *dieselben Kräfte,* mit denen schon *Adam* im Zustand seiner Herrlichkeit ausgestattet worden war. Dies beweist, dass jeder von Gott Geliebte, auch wenn er mit einem materiellen Körper bekleidet ist, ganz bestimmt vom Schöpfer diese vierfache Macht erhalten kann. Wenn Mose dem Willen des Schöpfers einen gewissen Widerstand entgegensetzte, geschah dies nicht aus Ungehorsam oder Starrsinn, sondern lediglich, weil er sich als unfähig erachtete, dem vom Schöpfer empfangenen Auftrag gerecht werden zu können, oder auch des Sprachfehlers wegen, der ihm seit dem Experiment geblieben war, das die Prinzessin, seine Beschützerin, in seiner Kindheit mit ihm angestellt hatte.

Diese Furcht und dieser Mangel an Vertrauen beweist, dass das vollkommene Gesetz niemals in uns sein kann, ausser es ist uns von oben zuteil geworden. Der Schöpfer liess Mose benachrichtigen, dass er seinen Bruder *Aaron* als Interpreten seiner Worte mitnehmen sollte und dass er – im übrigen – zur Ausführung seiner geistigen Werke von *Ur* assistiert sein würde. Der Name *Aaron* bedeutet *zur göttlichen Gnade erhobener* Mensch oder *göttlicher Prophet,* und der Name *Ur* bedeutet *Feuer des Herrn* oder *der Geist der Gottheit.* So sprach Mose: „*Es vollziehe sich der Wille Gottes so, wie er ihn zur Befreiung seines Volkes und zur Bedrängnis der Ägypter befohlen hat.*“

Vor dem Pharao

Sogleich begab er sich mit seinen beiden Helfern ins Land der Ägypter und trat hin vor den Pharao. Im Namen des Ewigen befahl er ihm, den Hebräern die Freiheit zu schenken. Der Pharao widersetzte sich. Mose wiederholte den Befehl ein zweites Mal und erhielt auch nach einem dritten Male dieselbe abweisende Antwort. Nachdem Mose dieses Starrsinns gewahr geworden, zog er sich ins Zentrum Ägyptens zurück, um daselbst von all der Macht Gebrauch zu machen, mit der er vom Schöpfer ausgestattet worden war. Er schlug Ägypten und seine Bewohner mit jenen sieben schrecklichen Plagen, die den Höhepunkt der Trostlosigkeit an diesen Ort der Finsternis brachten. Hierbei kann man sich an all das halten, was die Schrift zu diesem Thema überliefert.

Der Auszug

Anschliessend erliess Mose eine allgemeine Verordnung an die Kinder Israels, sich zur Mitternachtsstunde des 14. auf den 15. *Nisan* oder März bereitzuhalten. Dies entsprach dem Zeitpunkt, an dem die Hebräer aus ihrer Knechtschaft befreit würden und sich auf den Weg in das Land machen sollten, das der Schöpfer ihren Vätern versprochen hatte. Das Volk führte die erhaltenen Befehle aus, und Mose seinerseits bereitete sich zu derselben Zeit darauf vor, sein grosses Werk zu verwirklichen.

Das Lammopfer

Zu diesem Zwecke liess er ein einjähriges weisses, innen wie aussen unbeflecktes Lamm einfangen. Das Lamm, Symbol des Opfers, das in der Folge für das Heil der Menschenrasse dargebracht werden sollte, verkörpert auch die Reinheit des Leibes und der Seele der Kinder Israels. Von diesem zum Sühneopfer dienenden und von Aaron geschlachteten Lamm nahm Mose das Blut, mit dem er die vier Winkel der Stätte kennzeichnete[38], da er sein grosses Werk, die vier Teile Ägyptens zu schlagen, vollbringen sollte. Danach liess er den Rest des Blutes auf die Erde giessen. Mose hatte auch allen Kindern Israels befohlen, ein dem seinen gleichartiges Lamm auszuwählen. Die Familienoberhäupter mussten dieses Lamm schlachten und mit seinem Blut die Türen ihrer Häuser markieren. Dies war das Zeichen des Bundes des Schöpfers mit Israel und der gänzlichen Ausrottung der Ägypter.

Das Blutzeichen

Dieses Zeichen erteilte den Israeliten eine zweifache Lehre. Erstens stellte dieses irdische Blut als Symbol der *Macht* ihre *geistige Seele* dar. Zweitens versinnbildlichte dieses selbe Blut den *Stamm und den Sitz*, von wo diese Seele das allgemeine der besonderen Form, die sie bewohnt, leitet und in Gang setzt. Diese Form verkörpert auch die vier himmlischen Regionen, aus denen Mose durch die vier göttlichen Mächte die vier Racheengel hervorgehen liess, um die Ägypter zu bedrängen und während des Auszuges aus Ägypten schützend über das Volk Israels zu wachen.

Die Zubereitung des Lammes

Mose hatte den Israeliten aufgetragen, das ausgesuchte Lamm zu schlachten und ihm die Haut abzuziehen. Hernach mussten sie es kochen und davon alles Fleisch vom Kopf bis zur Hälfte des Körpers essen, den Rest aber vom Feuer verzehren lassen. Durch das

38 L.C. de Saint-Martin spricht in einer Unterweisung vom 21.7.1776 über jene Zeichen, welche die verschiedenen Grade darstellen, die der heimkehrende Mensch zu durchlaufen hat. *Alle Versöhnungen sind durch Blutvergiessen gekennzeichnet. Die Beschneidung unter Abraham, die Besprengung der vier Ecken oder Hörner des Altars unter Moses, das Thau durch den Engel in der Vision Ezechiels und schliesslich das Rezeptakulum des sterbenden Christus. Der Kreis, die vier Punkte, das Thau, das Kreuz und schliesslich die untrennbare Einheit, der Punkt.* Das Blutzeichen an der Tür, das hier als *en forme de receptacle* beschrieben ist, erinnert an die Besprengung des Altars. („Les leçons de Lyon", op. cit., S. 315)

Kochen des Lammes führte Mose den Israeliten die *Reinigung ihrer leiblichen Form* vor Augen, durch die sie sich zur Verbindung des geistigen göttlichen Intellektes bereiten sollten. Indem er den Rest des Lammes zu *verbrennen* befahl, wollte er ihnen die *Reintegration* der geistischen Essenzen in die Zentralachse, aus der sie alle stammen, verdeutlichen. Denn so, wie das elementare Feuer die Eigenschaft hat, alles, was es entflammt, in Asche zu verwandeln, so ist es der Zentralachse eigen, alles, was sich ihr vereinigt, gänzlich zu verschlingen und zu beseitigen, ohne dass davon irgend eine Form oder Substanz zurückbliebe, die geeignet wäre, von einem Geist bewohnt zu werden. Weiter befahl Mose, dass sich jene Familien, die keine Lämmer bei sich hätten, denjenigen zugesellen, die solche besässen. Hiermit kündigte er das *Bündnis* an, das die übriggebliebenen Götzendiener Ägyptens mit dem göttlichen Gesetze eingehen würden; wie dies dann auch geschah.

Die Operationen des Mose

Um euch ausführlich über alle Ereignisse zu unterrichten, die der Befreiung des hebräischen Volkes aus seiner Knechtschaft vorangingen, unterrichte ich euch nun über die geistigen Operationen, die Mose gezwungen war, jenen der ägyptischen Magier und den Weisen Ismaels – die er unter den Ägyptern traf – entgegenzustellen. Diese Magier und diese Weisen lehrten in Ägypten im geheimen und von Geschlecht zu Geschlecht die göttliche Wissenschaft. Nachdem Mose sie erkannt hatte, redete er wie folgt zu ihnen: „*Ich aber sage euch, Magier Ägyptens und Weise Ismaels, dass ich hier bin im Namen des Ewigen, um meine Macht der euren gegenüberzustellen; dies zur Verherrlichung meines Gottes, dem alles zugehört, und zur Befreiung seines auserwählten Volkes. Weshalb wandelt ihr entgegen dem Willen des Schöpfers, indem ihr die Seele des Pharao verhärtet und ihn dazu verleitet, das Bittgesuch, das ich zum Heil Israels vorbringe, zurückzuweisen?*" Die Weisen und die Magier gaben ihm zur Antwort: „*Wenn der Gott, dem du dienst, so mächtig ist, wie du sagst, warum wirkt er denn nicht selbst und vermittels seines eigenen Willens und ohne die Unterstützung eines Wesens, wie du es bist? Geh, dein Gott war niemals das, was du sagst, und deine Macht ist nichts anderes als eine Täuschung."*

Die Schlangen

Betroffen von dieser Beschimpfung warf Mose seinen Stab, seine geheimnisvolle Rute, die er in der rechten Hand trug, zu Boden, und diese verwandelte sich sogleich in eine Schlange. Aber auch einer der Weisen warf seinen Stab, der wie jener des Mose zu einer Schlange ward. Während der ganzen Zeit, da Mose den Magiern Ägyptens den Typus dieser Metamorphose auseinandersetzte, verharrten die beiden Schlangen einander gegenüber. Da sprach Mose: „Magier Ägyptens und Weise Ismaels, ich kenne diese Macht und die Wirkungen, die sie hervorbringen kann. Der meinen verglichen ist sie dasselbe, wie meine Macht im Vergleich zu derjenigen des lebendigen Gottes Israels. Diese Schlangen, die du auf der Erde kriechen siehst, zeigen dir die Niederwerfung und den Zusammensturz der eitlen Macht der Dämonen und jener Menschen, die sie sich gleich gemacht haben. Die Schlange meines Stabes, die danach verlangt, die deinige zu verschlingen, verkündigt dir, dass der Mensch nicht ewiglich auf der Erde kriechen, dass er vielmehr eines Tages wieder mit seiner ersten Macht bekleidet sein wird und dass er dann aufrechten Wesens gegen diejenigen ziehen wird, die ihn zu Fall gebracht haben. Weiter sage ich dir, dass die von diesen Stäben erlittene Verwandlung in solch widerliche Formen die Vergegenständlichung des wirklichen Wandels jener glorreichen Formen der dämonischen Superioren- Geister und der geistigen göttlichen Minores in die Form minderwertiger, irdischer Materie ist, die sie in der Entbehrung festhält." Und sich zum Schöpfer wendend, fügte er hinzu: „Herr, erhebe dich und wandle vor mir her, auf dass deine Herrlichkeit sich vor deinem gewaltigen Auserwählten offenbare!"

Nach dieser Anrufung ergriff Mose die neben ihm sich befindliche Schlange beim Schwanz. Sobald sich diese in seiner Hand befand, ward daraus wieder der Stab. Der ägyptische Magier tat unverzüglich dasselbe. Danach spricht Mose zu ihm: *„Diese Schlangen, die du vor deinen Augen verschwinden und wieder in ihrer ersten Form als Stab erstehen sahst, zeigen dir,* *dass alle in diesem Universum tätigen Arten von Formen weder in natura noch aus sich selbst, sondern nur aus Kraft des Wesens, das sie beseelt, existieren. Alles, was zu existieren scheint, wird sich so rasch auflösen wie diese beiden Schlangen, die sich förmlich vor dir bewegten. Lerne weiter, dass die Vernichtung der Formen dieser zwei Schlangen dir deutlich die Zerstörung der von dir bewohnten Erde und ihrer Bewohner zeigt.*" Der Weise verbeugte sich vor Mose, und da er es nicht mehr wagte, in seiner Gegenwart zu operieren, zog er sich zum Pharao zurück. Er erstattete diesem aber keinerlei Kunde über die Wissenschaften, die Mose besass.

Die 4 Weisen und die 3 Magier

Auf die Einzelheiten all der besonderen Operationen, die Mose ausführte, um zur Befreiung seiner Brüder beizutragen, brauchen wir nicht einzugehen, da die Schrift in genügender Klarheit darüber berichtet. Hingegen darf ich euch über die Belehrung der 4 Weisen Ismaels und die 3 Magier Ägyptens - von denen ich zu euch gesprochen habe - nicht im Unklaren lassen. Die 4 Weisen lehren uns, dass der wahre Kultus des Schöpfers - wie auch dessen Zeremoniell - immer unter den Menschen der Erde verblieben ist und auch bis ans Ende der Zeiten verbleiben wird. Die Schwäche aber und die Sünde der Menschen haben sie immer wieder dazu getrieben, diese göttlichen Kenntnisse zu vernachlässigen, um sich ausschliesslich denjenigen der Materie hinzugeben. Solches verkörpern die 3 Magier Ägyptens. Diese huldigten nur den dämonischen Operationen und lebten in voller Freiheit im Schosse der Materie. Somit zählten auch sie zu jenen Unglücklichen, die dem Gericht, das der Ewige über Ägypten verhängte, anheim fielen.

Diese 3 Magier bekämpften unablässig die geistige Macht des Mose und hörten nicht auf, sich seiner geistigen Arbeit zu widersetzen bis hin zur neunten Operation, die Mose zur Verherrlichung des Schöpfers ausführte. Es blieb nun nicht aus, dass die wiederholte Tätigkeit der Magier Mose zu beunruhigen begann und gar seinen grossen Glauben in den Schöpfer ins Wanken brachte. Da schrie er auf und sprach mit tränenden Augen: „*O*

Ewiger, Gott Israels! Wo denn liegt meine Schuld in der Sendung, die du mir aufgetragen hast? Warum, Herr, hat man mich nicht in Kenntnis gesetzt, dass ich nicht der Einzige im Land der Ägypter bin, der in deinem Dienste steht? Erbarme dich deines Dieners, denn er wird ohne deinen Beistand wirken." Nach diesem Gebet verspürte Mose in seiner Seele den allerlebendigsten Glauben neu erstehen. Es war der zehnte Tag, an dem er all seine Operationen beschliessen sollte.

Die letzte Operation in Ägypten

Er berief die 4 Weisen und die 3 Magier vor den Pharao, damit sie Zeugen würden seiner zehnten und letzten Operation. Nachdem alle versammelt waren, redete er sie folgendermassen an: *„Der Gott Israels ist jener, der alles hört und alles sieht. Er hat die Weisen Ismaels gesehen, er hat die drei sündigen Magier Ägyptens gehört und einer dieser letztgenannten wird allen anderen zum Beispiel werden.*" Zusammen mit Aaron und Ur vollzog nun Mose seine Operation. Aber einer der Magier, kühner und verwegener als die anderen, trat in den Kreis. Sogleich stiess ihn Mose zurück indem er ihm zwei Finger der rechten Hand auf die Brust setzte. Rückwärts schreitend verliess dieser Magier den Kreis, jedoch ohne seine Augen von Mose abzuwenden, dies um besser verstehen zu können, was jener gegen ihn vorbrachte, und um besser zu sehen, was durch die von Mose in folgenden Worten gesprochene Invokation geschehen würde: *„Der Schöpfer hat alle Macht in seinen Diener Mose gelegt. Er zahlt seinem Diener Tribut durch das grosse Vertrauen, das er in ihn gesetzt hat. Weshalb entrichtet der von diesem Magier verehrte Gott dem Eifer seines Dieners nicht ebenfalls Tribut? Weshalb lässt er ihn vor den Augen Israels und ganz Ägyptens zu einem unvergesslichen Beispiel der göttlichen Gerechtigkeit werden?*" Sobald diese Rede zu Ende war, vollzog sich auf dem Leib des Magiers eine Veränderung, die alle Zuschauer in Erstaunen setzte. Dies war die letzte göttliche Operation im Lande Ägyptens.

Anhand all dessen, was ich eben sagte, könnt ihr euch in der Gewissheit bestärken, dass die Macht der Dämonen niemals gegen jene des göttlichen Geistes zu bestehen vermag. Auch seht ihr, wie im Universum alles durch Wirkung und Gegenwirkung Bestand hat. Ohne diese gäbe es weder Bewegung noch Leben, und ohne Leben gäbe es keine körperlichen Formen. Desgleichen bestünde ohne dämonische Reaktion kein spirituelles Leben ausserhalb der göttlichen Sphäre.

Die Reichtümer der Ägypter

Der Pharao, entsetzt über die Plagen, die Mose über Ägypten gebracht hatte, sah sich gezwungen, das Joch der Kinder Israels zu lockern und sie, damit sie ihrem Gott ein Opfer darbringen konnten, der Führung des Mose zu überlassen. Er erlaubte ihnen sogar, goldene und silberne Gefässe von den Ägyptern zu entlehnen sowie verschiedene Gegenstände aus Edelmetallen und alles notwendige Räucherwerk für die den grossen Kultus betreffenden Operationen, die Mose inmitten seines Volkes ausführte. Der Pharao hatte den Kindern Israels eine bestimmte Zeit zur Darreichung ihrer Opfer vorgegeben.

Als er nach Ablauf dieser Zeit feststellte, dass die Hebräer nicht zurückkehrten, entschloss er sich, diese zu verfogen. Dabei ging es ihm nicht so sehr darum, sie in ihre anfängliche Gefangenschaft zurückzuführen, als vielmehr, ihnen all die Reichtümer der Ägypter wieder abzunehmen, die sie mitgenommen hatten. Da die meisten Menschen kaum über die geistigen im Universum wirkenden Typen unterrichtet waren, behandelten sie die Kinder Israels – bezogen auf ihre Ausleihung – als Diebe und Treuelose. Aber auf welcher Grundlage haben diese unwissenden Menschen ihr Urteil fällen können? Wussten sie denn, was diese den Ägyptern von den Israeliten entlehnten Reichtümer bedeuteten? Kannten sie den Gebrauch, den diese davon machten? Wussten sie denn, ob dieses angeblich offensichtliche Böse durch den alleinigen Willen des Volkes Israels vollzogen ward oder ob dieses Volk nicht – wie in allen anderen seiner geistigen Operationen – im Auftrag dessen handelte, der gekommen war, sie aus der Knechtschaft zu befreien?

Um euch von der Unwissenheit dieser sogenannten Weisen zu überzeugen, belehre ich euch nun darüber, dass alle diese in Frage stehenden *Reichtümer* nichts anderes waren als die *materiel-*

len Abgötter der Ägypter. Die Entwendung derselben durch die Hand Israels – indem sie eben die Ägypter der wertvollsten Gegenstände des Götzendienstes beraubten – war eine durch die göttliche Gerechtigkeit verfügte, wirkliche Bestrafung. Dies ist das Schicksal all jener, die sich gänzlich der Materie hingeben. Der Fürst dieser Materie begünstigt seine Neubekehrten einen Moment lang, um sie mittels ihrer Gedanken oder Taten von ihrem einen geistigen göttlichen Prinzip zu entfernen. Hat er sie aber einmal auf den Gipfel ihrer Befriedigung gebracht, lässt er sie inmitten der von ihm gestellten Fallen stehen und stürzt sie in den Abgrund.

Die ägyptischen Reichtümer in der Wüste

Man kann keinesfalls sagen, Israel hätte sich durch diese den Ägyptern entrissenen Güter bereichert. Man schätzt die Summe auf ungefähr eine Million unseres Geldes. Würde dies genügen, etwa hundertundzwanzigtausend Menschen reich zu machen, sie während vierzig Jahren, die sie in der Wüste blieben, zu ernähren sowie die gewaltigen Kriege zu unterhalten, die sie zu führen hatten? Weit davon entfernt dies zu glauben, anerkennen wir, dass Israel auf eine himmlische Weise in der Wüste gelebt hat, dass der Krieg, den sie gegen die Feinde Gottes führten, ein *geistiger Krieg* war und keines Geldes bedurfte und dass die Israeliten kein Geld von Gold oder Silber benutzten – auch keine anderen Metalle, um sich mit all dem zu versorgen, das sie zum Leben brauchten. Im weiteren sehen wir, dass sie weder in der Wüste noch nach ihrer Ankunft im versprochenen Land irgendwelche Art von Tausch oder Handel materieller Güter mit den aus Ägypten mitgebrachten Reichtümern betrieben.

Dies zeigt uns die Ungerechtigkeit derjenigen, die es wagten, die Treue der Israeliten in Zweifel zu ziehen und sie als Diebe zu bezeichnen. Solche Vorwürfe vermögen bloss die Unwissenheit und der Stolz einzugeben. Nun war es für all jene, die indiskret genug waren, diese Beschuldigungen vorzubringen, ein Leichtes, die anderen Menschen durch ihr Gerede zu verführen und scheinbar zu überzeugen. Diejenigen, die schwach genug waren sich überreden zu lassen, weil sie es ablehnten, sich – wenn auch nur in geringstem Masse ihres Verstandes – des wahren Lichtes zu bedienen, das sie sich erworben hatten, sind die zuerst zu Verurteilenden.

Um aber Mose und sein Volk von diesen schändlichen Mutmassungen rein zu waschen, mag es genügen, wenn ich euch nun mitteile, welchem *Nutzen* sie all diese *Hüllen der Ägypter* zuführten. Nehmt zur Kenntnis, dass all diese Gefässe, all diese Metalle und diese Gegenstände aus Gold und Silber von den Israeliten zu nichts anderem gebraucht wurden als zur Verzierung der Bundeslade und des Tempels, den Mose zur Verherrlichung des Schöpfers errichtete, um darinnen die verschiedenen göttlichen Kulte zu feiern.

Fahren wir nun weiter in unserem Bericht.

Die ungesäuerten Brote

Mose wusste, dass er, um der Verfolgung des Pharaos zu entgehen, lange Fussmärsche vor sich hatte. So befahl er den Israeliten, einen genügend grossen Vorrat an ungesäuertem Brot anzulegen, um ihre Ernähung bis zum Einzug in die Wüsten von *Kanaan* sicherzustellen. Erst nach diesem Einzug erklärte ihnen Mose die Bedeutung dieses Brotes ohne Gärstoff, über das sie sehr verwundert waren: „*Lerne, Israel, dass das geistige Leben mit diesem ungesäuerten Brot, das du zusammen mit dem Lamm im Lande Ägypten während der letzten acht Tage, die du daselbst verbliebest, gegessen hast, dir die Speise ankündigt, die dir der Schöpfer während der gesamten Zeit zu geben bereit ist, in der du in Kanaan Krieg führen wirst. Es kündigt dir auch die Versöhnung mit dem Schöpfer an und die Befreiung aus der Knechtschaft – dargestellt durch die Umstellung der Speise, wodurch es dir möglich wurde, den Ägyptern, die der Schöpfer vernichten musste, die profanen Nahrungsmittel zu überlassen.*“

Was Mose gemeint hatte, verstand Israel nach dem Durchzug durch das Rote Meer, als nämlich das Manna vom Himmel in ihr Lager zu fallen begann.

Darüber werde ich an geeigneter Stelle reden.

Die Wanderungen

Die verschiedenen Märsche, die der Pharao zur Verfolgung der Israeliten ins Werk setzte, zeigen uns die Listen und die Umwege, deren sich der dämonische Geist bedient, um seinen schändlichen Intellekt dem Menschen zu verbinden und dadurch dessen Kräfte zu vernichten. Dies war lediglich die Wiederholung der Fallen, die die Dämonen in früheren Zeiten den Israeliten gestellt und durch die sie die Ägypter unterworfen hatten. Wie sich jedoch der göttliche Geist, Beschirmer und Verteidiger des Menschen, derselben Mittel bedient, um den dämonischen Geist zu belästigen, so benutzte er auch Israel, um die Zerstörung Ägyptens zu bewirken. Die Wanderungen, die Israel vor und nach dem Durchzug durch das Rote Meer durchführte, waren nichts anderes als die geistigen Mittel, deren sich der Geist des Schöpfers zur Bestrafung seiner Feinde und der Befreiung seines auserwählten Volkes bediente. Der göttliche Schutz offenbarte sich Israel in der Wüste von *Phiahizoth* zwischen *Migdol* (Magdal) und *dem Roten Meer.* Der erste Name bedeutet *Wiederherstellung der Tat,* der zweite *Anblick des Abscheus* und das Rote Meer *abgrundtiefe Bitternis.*

Die Wolkensäule

Als Mose mit Israel in der Wüste war, erblickte er die Vorhut der gegen ihn marschierenden, ägyptischen Armee. Da er nicht glaubte, dass seine Kraft ausreichen würde, Israel vor all dem drohenden Unheil und dem Verderben zu bewahren, vollzog er eine letzte Anrufung, um Israel vollständig der Führung des Schöpfers anheimzustellen. Sein Gebet ward erhört. Das im Anblick seiner Feinde von Furcht und Schrecken ergriffene Volk Israels wurde von einem unerschütterlichen Vertrauen in den Schöpfer und seinen Diener Mose erfüllt. Dieser Glaube erhielt Bestätigung durch eine Wolkensäule, die herankam und eine Trennwand bildete zwischen der Armee Israels und jener Ägyptens. Ihretwegen konnten sie einander nun nicht mehr sehen, obschon sie in derselben Wüste lagerten. Angesichts dieser Säule schrie Israel: „*Es lebe der Gott der Kinder Israels, der uns errettet hat vor dem Zorn unserer Feinde.*“ Einige Tage noch verblieb

Israel von der Wolkensäule verborgen in der Wüste. Aber als der Zeitpunkt zur Durchquerung des Roten Meeres herangerückt war, hob der Schöpfer die Wolkensäule hinweg, damit Israel unverhüllt die Offenbarung des göttlichen Gerichtes gegen seine Feinde zu sehen vermöge. Angesichts der ägyptischen Armee ward Israel von neuer Bestürzung und unfassbarem Schrecken erfasst. Jedoch beruhigte sich das Volk, und indem es sich im Glauben stärkte, anvertraute es sich dem Willen des Schöpfers und jenem des Mose.

Der Durchzug durch das Rote Meer

Mose hatte all die zum Kriege Bestimmten aufgeteilt. Den Stammesgesetzen gemäss, hatte er die Frauen, die Kinder und die Greise ausgesondert. Da diese seinem Plan gemäss als erste das Rote Meer durchqueren sollten, stellte er sich selbst an deren Spitze. Desgleichen verfügte er seinen Bruder *Aaron* an die Spitze der zur Schlacht Auserwählten, *Ur* in deren Mitte und *Josua* an deren Ende. In dieser Aufstellung setzte sich Mose in Marsch, und zwar im Anblick der ägyptischen Armee, damit diese verleitet würden, die Israeliten bis zu jener vom Schöpfer zur Ausrottung des Pharaos und seiner Armee vorgesehenen Stätte zu verfolgen. In der Nacht des 14. auf den 15. Tag des Nisan oder März gelangte Mose mit seiner ganzen Armee an die Gestade des Roten Meeres. Als er angekommen war, begab er sich ans Ufer des Meeres und an die Spitze jener, die als erste hindurchmarschieren sollten, nämlich die Frauen, die Kinder und die Greise. Er breitete seine Hände über die Wasser und tauchte seinen Stab ein. Sofort teilten sich die Wasser nach links und nach rechts und gewährten dergestalt den Israeliten einen freien Durchgang.

Die Feuersäule

Auf dem von Mose bereiteten Pfade ging eine Feuersäule vor dem Volke her. Diese wandelte im Angesicht des Mose und seines Volkes, um ihnen selbst als Licht zu dienen, ihre Feinde aber in grosser Finsternis zu halten. Mit seiner Abteilung zog Mose bis hin zur Mitte des Roten Meeres. Daselbst erwartete er die Ankunft der nachfolgenden Abteilungen. Dann zog er weiter und führte die Kinder Israels auf die andere Seite des Meeres, um sie von da an wieder auf Landpfade zu führen, die sie ja verlassen hatten.

Die Vernichtung der Ägypter

Als der Pharao bemerkt hatte, dass die Israeliten in Richtung des Roten Meeres zogen, versuchte er, diese durch Verdoppelung seiner Marschgeschwindigkeit einzuholen. Da er sie alsbald aus den Augen verlor, befahl er seiner Armee, Fackeln zu entflammen, um dem Feinde zu folgen und seine Fussspuren ausfindig zu machen. Diese Massnahme erwies sich eher als verhängnisvoll denn als vorteilhaft, weil des Pharaos Armee – damit beschäftigt, den Spuren des Feindes zu folgen – nicht bemerkte, dass sie das Ufer des Meeres verlassen hatte und nunmehr inmitten der geteilten, beidseitig zurückgehaltenen Wasser marschierte. In der Tat war der bereitete Pfad so beträchtlich, dass sie sich der Gefahr, besonders in einer so dunklen Nacht, nicht bewusst zu werden vermochten. Nachdem der Pharao schliesslich mit seiner gesamten Armee in der Mitte des Meer-Durchganges – den Israel bereits verlassen hatte – angekommen war, schlossen sich die Wasser zusammen und verschlangen alle Ägypter. Dieses Zentrum war die Stätte, die Mose den Racheengeln zur vollkommenen Vernichtung seiner Feinde angezeigt hatte.

Das Manna

Die Israeliten lagerten bereits auf der anderen Seite des Meeres, und dies – um ehrlich zu sein – ohne Ordnung und besondere Aufteilung. Nachdem sie etwa zwei Stunden geschlafen hatten, rief sie Mose aus dem Schlaf, damit sie über die unendliche Güte des Schöpfers, deren Zeuge sie soeben geworden waren, meditierten. Er liess sie dem Ewigen danken, und der 15. Tag des Mondes dämmerte am Himmel herauf, als die Danksagung zu Ende ging. In diesem Moment sahen sie zum ersten Mal das Manna vom Himmel fallen. Mose gab ihnen zu verstehen, dass der Schöpfer, der ihnen diese Nahrung sandte, durch diese Gunst ihre Begnadigung und ihre Versöhnung bekräftigte.

Die ersten Vorschriften

Er teilte ihnen mit, dass ein jeder eine Portion dieses Manna für seine tägliche Nahrung sammeln dürfe, dass es ihm aber nicht erlaubt sei, davon etwas für den morgigen Tag zurückzubehalten, und dass das zurückbehaltene Manna faulen würde und für sie verloren wäre, wenn sie diesem Gesetz zuwiderhandelten. Weiter sagte er ihnen, dass alles, was sie sich zusätzlich zur erlaubten Ration aneigneten, das den andern Israeliten Zustehende verringern würde. So konnte also niemand mehr als seinen Teil nehmen, ohne dass die Gesetzesübertreter sich selbst, aber auch ihre Brüder schädigten. Damit die volle Strafe die Schuldigen treffe, würden diese mit Lepra geschlagen und müssten während sieben Tagen fasten und im Arrest verbleiben. Desweiteren wurde festgelegt, dass während der Tage ihrer Busse die ihnen zukommende Ration des Manna an diejenigen ihrer Brüder verteilt würde, die demselben Stamme angehörten, den sie durch ihre Gier benachteiligt hatten; dies, damit dieser Stamm erkenne, dass es Sünder unter ihnen gäbe, die der Ewige ihrem Verbrechen gemäss bestrafe.

Dies sind die *ersten Vorschriften*, die Israel nach seinem Durchzug durch das Rote Meer erhalten hatte; Vorschriften, die uns darüber belehren, dass die Sorge um unser Wohlergehen – sei es des zeitlichen oder des geistigen – mehr der Macht Gottes als der unsrigen und jener unseres dämonischen Fleisses zugehöre. Im Anschluss an diese Vorschrift verbot Mose den Israeliten, sich im Wasser des Roten Meeres zu waschen oder dieses zu irgendeinem anderen Nutzen zu verwenden, und zwar, weil dieses Wasser vom Blut der Schande beschmutzt und weil die Sünde Ägyptens und seiner Bewohner für eine Ewigkeit in dessen Abgründe gestürzt worden war. Danach redete Mose zum Volk und sprach: *„Israel, was ich dir von der Offenbarung der göttlichen Herrlichkeit und Gerechtigkeit gesagt habe, übersteigt alles, was dir zu denken möglich ist. Die Erinnerung an diesen Ruhm des Schöpfers möge sich niemals, nicht von Geschlecht zu Geschlecht und bis ans Ende der Zeiten aus deinem Gedächtnis löschen, und mögen die Plagen, deren sich der Schöpfer zur Offenbarung seiner Gerechtigkeit bediente, stets im Gedächtnis der Himmels- und der*

Erdbewohner gegenwärtig sein. Wende deine Augen, Israel, denn der Tag erhellt dir den Strand des Meeres, das du trockenen Fusses durchquert hast, und erkenne das Wunder, das der Schöpfer zu deiner Befreiung und deiner Versöhnung gewirkt hat." Israel blickte zum Meer und da es dieses mit allen Menschen, die einst die ägyptische Armee ausmachten, bedeckt sah, darunter auch den Leib des Pharao, warf es sich nieder zu Füssen des Mose und rief: „*Mose, möge dich der Gott unserer Väter, der dich zur Stütze der Kinder Israels auserwählt hat, immerdar erhören. Im Namen Gottes, der uns hierher führen liess, flehen wir dich an, ihm unsere Seelen als Opfer und als Danksagung für all seine Wohltaten darzubringen, auf dass er uns für immer vor der schrecklichen Geissel seines Gerichtes bewahre.*"

Den ganzen Tag des 15. des Mondes von Nisan trieben die Leichen der Ägypter auf dem Meer. Bald drifteten sie nach der Seite des Ägypterlandes, bald wieder dorthin zurück, wo sich Israel befand. Mehrere Male trieben die Leichen hin und her, damit der Rest der unseligen Ägypter Zeuge werde der Herrlichkeit des Schöpfers und des Gerichtes, das er zu Gunsten Israels gegen die Ägypter vollzogen hatte. Nachdem alle Leichen bereits verschwunden waren, sank als letzter der Körper des Pharao, nachdem er noch einen ganzen Tag allein herumgetrieben war.

Der göttliche Kultus

Von da an begann Mose, den göttlichen Kultus bei Israel einzusetzen. Von neuem führte er die 4 täglichen Wachen oder die 4 Gebete von 6 zu 6 Stunden und auch die 4 jährlichen Operationen ein, deren letzte die grosse Operation des Mose zur Danksagung für jene Wohltaten war, die er als Antwort auf seine in den jährlichen und täglichen Arbeiten an den Schöpfer gerichteten Bitten erhalten hatte.

In einem Zeitraum von 49 Tagen erneuerte Mose all die verschiedenen Kulte und erklärte am 50. Tage den Israeliten all die Wunder, die ihre Befreiung begleitet hatten: „*Wahrlich ich sage dir, Israel, der Schöpfer hat deine geistige Versöhnung angeordnet. Er hat eine Macht der anderen gegenübergestellt, wie ich es dir durch meine Operationen gegen die Weisen Ismaels und die*

Magier Ägyptens zu verstehen gab. All dies ist ebenso zu deinem eigenen Wohlgefallen wie auch zur Verherrlichung des Schöpfers und der Offenbarung seiner Gerechtigkeit gewirkt worden. Dieses erhabene Wesen ist zugleich dein Schöpfer, dein Befreier, dein Führer und dein Beschützer.

Die vier Typen

Du siehst den Typus dieses Schöpfers *in deinem Diener* Mose, *der die Herrlichkeit des Ewigen von Angesicht zu Angesicht geschaut hat und in die er eingetreten ist im Geiste, um von dieser grossen Gottheit die Befehle zu deiner Befreiung entgegenzunehmen. Du erkennst den Typus deines* Befreiers *in* Aaron, *der die* Tat des Schöpfers *verkörpert. In* Ur *siehst du den Typus deines* Anführers *und den Typus deines* Beschützers *in* Josua. *Solcherart machen die vier Personen, die gemeinsam zu deiner Befreiung beigetragen haben, jeder für sich einen Typus der vierfachen göttlichen Essenz aus, die der Schöpfer zu deiner Versöhnung eingesetzt hat.*

Die drei Kräfte und Mächte

Höre nun, was ich dir im Hinblick auf die Geschehnisse zu sagen habe, die sich zu deinem Heil im Lande Ägyptens vollzogen haben. Sie weisen auf drei grosse Kräfte und Mächte hin, die der Schöpfer treu seinem Gesetze zum Heil der Kinder Israels und zur Vernichtung all seiner Feinde offenbart hat.

Die erste Kraft

Die erste Kraft zeigte sich schon in der ersten Kindheit deines Dieners Mose. Vom Gebrauch all seiner leiblichen Sinne ausgeschlossen, trieb er unter der alleinigen Führung des Schöpfers auf den Wassern. Solcherart schwebte auch der göttliche Geist, bevor er das Licht von der Finsternis schied und jedes universelle Ding (chose catholique) *– dem Gesetz gemäss – seinen natürlichen Platz gefunden hatte. So auch trieb Noah mit dem verbliebenen Teil des versöhnten Volkes. Noah war es, den der Schöpfer zum Zeugen der Offenbarung des göttlichen Gerichtes wie auch zur*

Wiederherstellung des göttlichen Kultes auf Erden auserkoren hatte. Auch Mose wurde auserwählt, um dich daran zu erinnern, dass der Herr der alleinige Schöpfer ist von allem, was Leben hat und handelt in diesem Universum. Als Mose auf den Wassern trieb, warst du noch weit von deiner geistigen Auserwählung entfernt und der Typus, den der Schöpfer ihn zu deinem Heile wirken liess, war dir noch unbekannt.

Die zweite Kraft

Durch alle Operationen, die ich mit den vier Weisen Ismaels und den drei Magiern Ägyptens durchgeführt habe, manifestierte sich die zweite Kraft. Die vier Weisen haben meine Macht angefochten. Sie haben dieselben Dinge gewirkt wie ich in meinen vier ersten Operationen, und ich vermochte den durch sie wirkenden Geist erst zu erkennen, nachdem ich dem Willen des Schöpfers entsprochen hatte. Dies soll dir beweisen, dass es dem Menschen unmöglich ist, von sich aus die unterschiedlichen Werke der Gottheit zu durchschauen.

Die drei Zeiten

Die hässliche Veränderung, die sich an der körperlichen Form des ersten Magiers des Pharao vollzog, deutet auf die Veränderung der geistigen Kraft, die die Minores in den drei Kreisen – Empfindungs-, Gesichts- und Vernunftskreis – erleiden, in denen sie während einer Zeit, zwei Zeiten und einer halben Zeit zu handeln genötigt sein werden. Die erste Zeit ist im Empfindenden, sie ist der irdischen Materie am nächsten. Die zweite ist im Sichtlichen, der verdünnten Materie am nächsten, und die halbe Zeit ist das Verstandesmässige, das dem Überhimmlischen am nächsten ist. Dies ist gewisslich, was dich das am ersten Magier erwirkte Zeichen lehrt.

Die drei Gattungen der ersten Abteilung

Die erste israelitische Abteilung, die das Rote Meer durchzog, verkörpert den Austritt des Menschen aus den drei Teilen der Erde, sobald sie der Schöpfer aus der Finsternis, die sie bewohnen, befreien wird. Dies wird durch den Weg des Messias geschehen. Die drei unterschiedlichen Personen-Gattungen, die diese erste Abteilung ausmachten, verkörperten die drei Winkel der Erde; die Greise *den* westlichen *Winkel, die* Frauen *den Winkel des* Südens *und die* Kinder *den* nördlichen *Winkel. Einmal mehr stellt dies die wahre Form der Erde dar, wie sie Adam am Anfang durch die Aufteilung derselben schuf, indem er* Kain *in den* südlichen *und* Seth *– den Jüngsten seiner Nachkommen – in den* nördlichen *Winkel setzte.* Adam *selbst verblieb* anstelle Abels *im* Westen.

Die Abteilung der Krieger

Die verbleibenden, zum Krieg bestimmten und hinter der ersten Abteilung marschierenden Israeliten – gleicherweise von jener Säule erleuchtet, die erst verschwand, nachdem die gesamte Armee Israels durchgezogen war – stellten durch ihr Auserwähltsein diejenigen dar, die der Schöpfer aus einer Anzahl von Majores-Geistern *gebildet hatte, um Führer und Beschützer zu sein, während du den geistigen Krieg gegen deine Feinde durchführen wirst. Diese Auserwählten sind nichts anderes als der Schatten und die Werkzeuge der Majores-Geister, die der Schöpfer Israel beigegeben hat. Beachte sorgfältig die Erwählung, die der Schöpfer bei dir selbst getroffen hat, und befolge gewissenhaft alles, was sich daraus ergibt, wenn du vor ihm gerechtfertigt sein willst.*

Die dritte Kraft

Die dritte Kraft ist durch die verschiedenen Wege dargestellt, die ich dich in den Wüsten des Ägypterlandes wandern liess, sowie durch die verschiedenen geistigen göttlichen Operationen, die ich in den vier Teilen dieser Erde vollzogen habe, damit ihr lebendes Wesen – den Befehlen gemäss, die ich diesbezüglich erhalten hatte – vollständig aufgeteilt werde und ewiglich in einer Operation der Kontraktion gegen die gewöhnlichen, dem allgemeinen irdischen Körper gegebenen Gesetze verbleibe. Vermittels dieser sich im Gegensatz zur wahren Natur befindlichen Aktion wird die Erde nur noch ein unreines Wachstum haben und kaum mehr fähig sein, die schrecklichsten Tiere, deren Schlupfwinkel sie werden wird, zu ernähren. Diese Bestrafung hat sich deshalb in deiner Gegenwart abgespielt, damit du erkennest, dass Ägypten zum dritten Male vor dem Schöpfer sündig geworden ist, und zwar durch die Abscheulichkeiten, die die Menschen in ihrem Schosse begingen und die alle Plagen des göttlichen Gerichtes auf Ägypten und seine Bewohner hinabzogen.

Die zeitlichen Güter

Die letzte der Armee der Ägypter vor deinen Augen zugestossene Plage fand ihre Voraussage in der durch die von dir gemachte Entlehnung der goldenen und silbernen Gegenstände der Ägypter, die ja den Zweck hatte, sie an weiteren Kulten an ihre falsche Gottheit zu hindern.

Diese verdorbenen Völker jedoch verstanden in dem Augenblick den durch diese Entlehnung dargestellten Typus nicht. Ganz im Gegenteil, sie fühlten sich geschmeichelt in dem Glauben, dass diese Gegenstände dem Kultus des Gottes Israels dienlich sein könnten. Nun war es die göttliche Gerechtigkeit selbst, die sie all dieser zeitlichen Güter beraubte, von denen sie keinerlei Gebrauch mehr machen sollten, wurden sie doch durch die Verfügung des Ewigen unter alle Nationen zerstreut und schmählich zerstört. Ja, Israel, indem ich das Lebewesen dieser sündigen Erde teilte, habe ich dich vollkommen der Herrschaft der Dämonen ausgesetzt und verfügt, dass die Erde in sich selbst bloss noch eine Vielzahl dämonischer Intellekte enthalte.

Möge dieses Beispiel dich lehren, die zeitlichen Güter nicht zu missbrauchen, die der Ewige dir in dieser deinen Vätern versprochenen und deinen Händen zu übergebenden Erde zu sammeln erlauben wird. Vor allem missbrauche nicht die geistige Macht, die der Schöpfer dir zugesprochen hat, und denke nach über die fürchterlichen Strafen, die dafür auf Adam und seine Nachkommen gefallen sind, dass sie diese Macht – mit der ihre Seele bekleidet war – profaniert haben. Vergiss nie, dass all das, was sich in deiner Gegenwart im Lande Ägyptens abgespielt hat, eine präzise Wiederholung all der Plagen ist, die der Schöpfer zur Busse der Sünde des ersten Menschen und seiner Nachkommen über die Erde verfügt hat.

Die Strafe Adams

Die Strafe, die durch die Sünde Adams über die Erde hereinbrach, war nicht dieselbe, die zu Lebzeiten Noahs über seine Nachkommen herabkam, denn das Verbrechen Adams war nicht dasjenige seiner Nachfahren. Adam überhob sich in seinem Stolze bis hin zu dem Begehren, selber Schöpfer zu sein. Er verband seine göttliche Macht jener des Fürsten der Dämonen und erschuf eine Schöpfung der Verdammnis. Nach diesem Frevel entartete er aus seinem Zustand der Herrlichkeit und ward zur Schande der Erde, er ward dem göttlichen Gericht unterworfen und der Unbeständigkeit zeitlicher Ereignisse und jener Planetenkörper, die ihm einst untertan gewesen. So verblieben er selbst und seine ganze Nachkommenschaft in einem irdischen Kreise und unter göttlicher Entbehrung. Dies ist die Strafe Adams. Seine Nachkommen ihrerseits veruntreuten und prostituierten ihre Macht, indem sie sich mit den Dämonen verbündeten, um unabhängig inmitten ihrer irdischen Leidenschaften leben zu können. Diese Nachkommenschaft verwarf ganz und gar die göttlichen Gesetze, die sie zur Bewährung der von ihren Vätern vollzogenen Versöhnung erhalten hatte. Mit schrecklichen Untaten beleidigten sie die Gottheit. Dadurch wurde die Nachkommenschaft durch die grausamsten und schändlichsten Plagen heimgesucht. Sie verschwand in den Fluten; sie ward unterschiedslos mit dem Rest der Tiere vermischt, und die Erde ward zum abscheulichen Leichenbehältnis aller ungerechten und sündigen Minores aus dieser Nachkommenschaft. Du kannst diese Geschehnisse nicht bezweifeln nach all den Unterweisungen, die dir von deinen Vätern – denen sie vom Schöpfer mitgeteilt worden sind – gegeben wurden.

Kommen wir nun aber zur Sünde und zur Bestrafung der Ägypter.

Die Sünde und Bestrafung der Ägypter

Der Pharao, *Typus des* ersten Fürsten der Dämonen, *verhärtete das Herz seines Volkes gegen Israel. Er widersetzte sich all dem, was der Gesandte Gottes zum Heile seiner Auserwählten wirken wollte. Aber sich solcherart gegen Israel zu rüsten, hiess sich gegen Gott selber rüsten, hiess die Gotteslästerungen, die grauenhaften Ruchlosigkeiten und alle Laster der Materie bezeugen, mit denen sich die Ägypter seit langem befleckten, hiess schliesslich aller göttlichen Macht abschwören und den Geist des lebendigen Gottes unmittelbar angreifen. Also wurden diese Völker von den Fluten des Roten Meeres verschlungen, nachdem sie während langer Zeit als unvergessliches Zeichen des Schreckens vor den Augen des Himmels und der Erde und vor den Augen Israels auf dem Wasser umhertrieben. Derart also wurden diese Völker, die gegen den Geist des Schöpfers gesündigt hatten, bestraft. Möge all das, was ich dir, Israel, gesagt habe über die drei Gattungen der Sünde, die die Erdenmenschen gegen den Schöpfer verbrochen haben, wie auch über die unterschiedlichen Taten der Gerechtigkeit, die der Gott Israels gegen all diese Schuldigen verfügt hat, niemals aus deinem und deiner Nachkommen Gedächtnis – von Geschlecht zu Geschlecht – gelöscht werden. Erbebe vor all diesen Ereignissen und fürchte selbst das vierte Beispiel dieser verhängnisvollen Offenbarung göttlichen Gerichtes, denn die Geissel, die die göttliche Gerechtigkeit auf dich werfen würde, wäre ohne Mass und ohne Grenzen. Unverzüglich würdest du des dir vom Schöpfer anvertrauten göttlichen Gesetzes beraubt, gleich wie dies den Ägyptern mit ihren materiellen Gütern geschehen ist.*

Die heutige Zeit

Das Gesetz, das dir der Schöpfer vor allen anderen Völkern auferlegt hat, ist ein offensichtlicher Beweis des Vertrauens, das er Israel schenkt. Vergisst sich aber Israel vor dem Schöpfer, wird ihm derjenige, der ihm das Gesetz gegeben hat, dieses – ohne dass Israel es merkt – wieder entziehen; ohne Lärm, ohne Aufsehen, ohne die Zuhilfenahme von zeitlichen Kriegen, wie sie unter den Menschen gebräuchlich sind. Es wird also nicht mehr die Rede sein von Schlachten, die Mächte gegen Mächte führen, sondern nur noch vom Wirken der Gerechtigkeit gegen die Ungerechtigkeit, und dann wird Israel in die Konfusion fallen. Sein Gedächtnis wird so verdunkelt sein, dass es von all dem zum göttlichen Kultus Gehörenden nichts mehr behalten wird. Der Name des Herrn wird ihm genommen und wird für eine Ewigkeit in die Fremde gehen. Unter diese fremden Nationen wird Israel zerstreut sein, um daselbst in Knechtschaft und göttlicher Entbehrung bis ans Ende der Zeiten zu leben. Israel wird dann die Schande der Menschen und des ganzen Universums sein.

Das ist es, Israel, was ich dir im Namen des Ewigen kundtun muss."

Dies sind die Geschehnisse, die der Schöpfer vermittels *Mose*, *Aaron*, *Ur* und *Josua* zur Offenbarung seines Ruhmes und seiner Gerechtigkeit im Universum gewirkt hat. Solcherart wird er immerdar für oder gegen seine superiore, inferiore und minore geistige Kreatur wirken. Ich will mich nicht damit aufhalten, euch jedes einzelne Ereignis aufzuzählen, das sich bei den Israeliten seit ihrem Auszug aus Ägypten zugetragen hat. Die Schrift spricht ausführlich über Israels unterschiedliche Wanderungen und verschiedene Lager.

Der Berg Sinai

Ich möchte nun auf das eingehen, was sich auf dem Berg Sinai zugetragen hat. *Sinai* bedeutet *Erhabenheit* und *Erhöhung der göttlichen Herrlichkeit.* Seine zeitlichen und geistigen Anordnungen erteilte Mose seinem Bruder Aaron, dem er während seiner Abwesenheit auch alle Kinder Israels anvertraute. Diese versprachen all das, was Aaron ihnen auftragen wird, getreulich auszuführen.

Nachdem Mose alles dergestalt geregelt hatte, trat er – begleitet von Josua – seine Wanderung zum Berge an. Auf halbem Weg erblickten die beiden die Herrlichkeit Gottes unverhüllt vor sich. Da sprach Mose zu Josua: „*Bleibe hier, denn der Schöpfer ruft mich zu sich.*" In dem Moment senkte sich eine Wolke bis zur Hälfte des Berges und trennte Mose von Josua, der ihn erst 40 Tage später wiedersah, dann nämlich, als Mose hinunterstieg, die beiden Tafeln, die der Schöpfer in seinem allerheiligsten Geiste graviert hatte, im rechten Arm. Als dann Mose Josua wiedergetroffen hatte, begaben sie sich gemeinsam zum Lager. Josua ging an der rechten Seite des Mose, jener Seite, auf der die Gesetzestafeln getragen wurden. Noch hatten sie aber – von da, wo Josua alleine zurückgeblieben war – kein Drittel des Weges zurückgelegt, als ihnen grosses Jubelgeschrei aus dem Lager entgegentönte.

Das goldene Kalb

Dann redete eine Stimme zu Mose: „*Komm und sieh dein Volk, das mich beleidigt; es ist dein Volk, nicht das meine.*“ Mose und Josua beschleunigten ihre Schritte, und als sie beide am Eingang des am Fusse des Berges gelegenen Lagers ankamen, erblickten sie die Kinder Israels zusammen mit Aaron um ein goldenes Kalb herumtanzen. Mose ward dermassen erzürnt, dass er die Tafeln zerbrach, die er vom Berge mit sich brachte. Darauf wandte er sich zu Aaron: „*Warum*“, sprach er zu ihm, „*hat dieses Volk vor einem falschen Gotte getanzt und warum hast du es nicht in den geistigen Grenzen zurückgehalten, die ich ihm vorgeschrieben hatte, als ich es deiner Obhut anempfahl? Was! Du selbst hast die Materie, aus der diese falsche Gottheit geformt ist, in den Schmelzofen geworfen und hast dieses Volk derselben Schandtat preisgegeben, für die die Ägypter vernichtet worden sind.*“

Aaron antwortete: „*Ich habe, Herr, den Zorn und die Wut der Kinder Israels gefürchtet. In deiner Abwesenheit haben sie den Stein gegen mich erhoben und ich war gezwungen, ihren Wünschen zuzustimmen, um sie vor einem noch grösseren Unglück zu bewahren.*“ Mose, noch ergrimmter durch die Antwort seines Bruders Aaron, sprach zu ihm: „*Steige sogleich hinunter ins Lager Israels gen Westen und daselbst wirst du die gerechte Strafe sehen, die der Schöpfer der Sünde der Israeliten vorbehalten hat.*“

Die Bestrafung

Hernach vollzog Mose seine Operation und Anrufung zum Schöpfer, um von ihm die geistige Erwählung der Anzahl der auserkorenen Rächer für die dem Ewigen zugefügten Kränkungen zu erhalten. Es ward ihm befohlen, fünfzehn Männer aus dem Stamme Levi zu bestimmen. Er teilte sie auf in drei Gruppen zu je 5 Mann und sprach: „*Mögen jene, die den Schöpfer lieben, das flache Messer zur Hand nehmen, das auf dem linken Schenkel aufliegt.*" Die 15 Auserwählten ergriffen unverzüglich das Messer mit der rechten Hand. Mose sprach den Segen, dann redete er zu ihnen: „*Der erste Trupp, in dem Simeon und Levi sind, marschiert von der aufgehenden Sonne nach Westen, der zweite von der aufgehenden Sonne nach Süden, der dritte von der aufgehenden Sonne nach Norden. So werden die 3 Trupps das Lager Israels dreimal hin und zurück durchqueren. Sie werden alle, die sie treffen, ohne Rücksicht auf Alter oder Verwandtschaft töten und dann in Begleitung Aarons wieder zu mir zurückkehren.*"

Der Befehl des Mose wurde ausgeführt, und es kamen eine Menge Israeliten und viele zum Gesetz des Mose Neubekehrte um. Durch dieses Mittel ward das Lager Israels gereinigt, und der Schuldigen Blutvergiessen gewährte den Israeliten Gnade vor dem Ewigen.

Es ist euch ein Leichtes, den Zusammenhang zu erkennen zwischen diesen letzten Vorkommnissen und jenen, die sich seit Adam und bis zu Noah, von Noah zu Abraham, von Abraham bis zum Auszug der Kinder Israels aus dem Ägypterland und seit diesem Auszug bis zu Christus zugetragen haben, sowie auch mit jenen Ereignissen, die seit Christus geschehen sind und dauern werden bis an der Zeiten Ende.

DIE GROSSE REDE DES MOSE

Mose versammelte den Rest der Kinder Israels, das heisst all jene, die von dem durch die 15 Erwählten des Stammes Levi vollzogenen, göttlichen Gericht verschont geblieben sind. Bevor er nun zum zweiten Male zum Berg aufstieg, um neue Gesetzestafeln zu holen, unterwies er das Volk über das Geschehene.

„*Höre, Israel! Immer wieder habe ich dich über die unermessliche Barmherzigkeit belehrt, die dir der Schöpfer – der Liebe gleich, die er für deine Väter hegte, die gerecht vor ihm gewesen sind – ent-*

gegenbringt. Dieselbe Barmherzigkeit hat der Herr seinem Diener Mose geschenkt und hat ihn befähigt, in den Rang der Väter Israels einzutreten. Ja, ich bin der zeitliche Vater der geistigen Kinder Israels, nicht aber der Vater seiner fleischlichen und irdischen Kinder. Du bist – durch die Kraft meiner Operationen – Zeuge gewesen der zu deinem Heile vollzogenen Offenbarung der göttlichen Herrlichkeit und Gerechtigkeit. Deutlich hast du in all dem, was ich für dich gewirkt habe, gesehen, wie sich die Tat und der Wille des Schöpfers kundgetan haben. So hast du in mir die Ebenbildlichkeit des Gedankens des Ewigen gesehen, denn in seiner Herrlichkeit habe ich ihn gelesen und von Angesicht zu Angesicht habe ich ihn geschaut. Dieser geistige Berg, den du mich ersteigen sahst, verkündete dir die Entfernung, die zwischen dem Schöpfer-Wesen und der allgemeinen Schöpfung oder der Erde besteht.

Die Himmel und die Überhimmel

Über diesem Berg sind 4 dem gewöhnlichen Sterblichen nicht wahrnehmbare Kreise, die den geistigen göttlichen Hof von der universellen Schöpfung sondern. Dieser Berg ist das wirkliche Abbild des gesamten Universums. Er unterteilt sich in 7 Abschnitte, bekannt unter dem Namen der 7 universellen himmlischen *Himmel, und die 4 Kreise, von denen ich eben sprach, werden* überhimmlisch *genannt, weil sie die Aktion der 7 Hauptagenten der universellen Schöpfung begrenzen und leiten. Im Überhimmlischen erwirken sich der göttliche Gedanke und der göttliche Wille. Von hier stammen die Ordnung, die Kraft und die Macht der Aktion aller im Universum handelnden Geister. Vom Überhimmlischen erhalten die 7 Himmel ihre Kräfte und ihre Befugnisse, die sie anschliessend dem allgemeinen irdischen Leib mitteilen.*

Dies ist die zwischen diesen 3 Welten herrschende Ordnung.

Die materielle Wolke

Als ich hinaufstieg auf den geistigen göttlichen Berg, liess ich Josua deshalb in beträchtlicher Entfernung zurück, weil er noch nicht im Stande war, gemeinsam mit mir im Angesicht des

Schöpfers zu wandeln. Die Wolke, die mich mit ihrem Schatten bedeckte und mich vor Josua und dir, Israel, verhüllte, ist dieselbe, die dich in der Wüste von Phiahizoth vor den Ägyptern verbarg. Begreife, dass diese Wolke nichts anderes ist als der Schatten des Geistes des Schöpfers, der der dämonischen Armee Ägyptens und seinem König Pharao den Gebrauch ihrer körperlichen und geistigen Sinne verwehrte. Dadurch wirkten sie bloss Werke der Schande, und durch die dichte Finsternis, die sie umgab, war alles, was sie taten, dem Verderben geweiht.

Wenn dir diese Wolke auch als undurchsichtig erschien, war sie doch ganz ungleich den materiellen und elementaren Wolken, die jenen Gesetzen unterworfen sind, die den gewöhnlichen Lauf der Natur leiten. Die irdischen Wolken sind zusammengesetzt aus einem groben und feinen, dem allgemeinen irdischen Leib entstammenden Gemisch. Sie bilden sich durch die Aktion der Mittler der unterschiedlichen Planetenkörper, unter denen die Mittler der Sonne die wichtigsten sind und ganz besonders auf die ebengenannten Wolken einwirken. Durch ihre starke Anziehung ziehen diese Art Mittler die groben und feinen Feuchtigkeiten in die Nähe ihrer Kreise und verbinden sie miteinander, bis sie einen für den irdischen Menschen undurchdringlichen Körper bilden. Diese Wolke verwehrt dem irdischen Menschen die Sicht dessen, was oberhalb derselben geschieht, und schliesst ihn aus von der Wonne der solaren Aktion.

Der Nutzen dieser Wolke im Universum ist es, die Kraft der planetaren Einflüsse zu verändern und zu mildern, damit sie sich dem allgemeinen irdischen Körper und all seinen Bewohnern in Gutartigkeit mitteile. Im weiteren ist jeder wie auch immer geartete Leib aus einer Anzahl vollständiger und vollkommener Kügelchen (globules) gebildet. Auch kann kein Körper existieren, ohne dass sich in ihm ein Vehikel des Zentralfeuers befände. Die Bewohner dieser Achse wirken fortwährend auf dieses von ihnen selbst stammende Vehikel ein. Nun vollzieht sich aber auf dem Vehikel dieser Wolkenkörper die kräftigste Aktion und Reaktion, und zwar deshalb, weil alle Kügelchen vollkommen zerteilt sein müssen, damit der solcherart aufgelöste Wolkenkörper sich in der ganzen Weite des Kreises, den er auf der Erde beschreibt, besser ausbreiten kann. Derart, Israel, bilden sich die Wolken, woher das Manna oder der Regen dieses allgemeinen irdischen Leibes stammt.

Die geistige Wolke

Nicht so steht es aber mit der Wolke, die dich vor den Augen deiner Feinde verbarg. Diese berühmte Wolke, die dir als Schutzwall in der ägyptischen Wüste gedient hat, war ein scheinbarer Körper, hervorgerufen durch die Aktion einer unendlichen Vielzahl reiner, einfacher Geister, die ein vom Ewigen dem Kreis der Zehnheit entnommener Aspekt des göttlichen Schöpfer-Geistes waren. Dieser göttliche Geist wandelte als Feuersäule vor Israel, und die Wolkensäule folgte sorgfältig und genauestens seiner Spur, gemäss den Gesetzen der Ordnung – der Aktion und der Reaktion, der Schöpfung und der Anziehung –, die der göttliche Geist entsprechend dem Willen des Schöpfers zum Heile Israels und zum Schaden der Dämonen auf all diese Geister ausübte. Diese durch die Macht der Geister ohne Beihilfe irgendeiner Materie gebildete Wolke war ein wirklicher Leib der Verklärung. Die Mittler der Zentral-Achse vermochten nicht gleicherart auf diese Wolke einzuwirken, wie sie dies auf die groben und materiellen Wolken zu tun im Stande sind, und obwohl diese Art Leib der Herrlichkeit den körperlichen Augen der gewöhnlichen Menschen noch undurchdringlicher ist als die elementaren Wolken, hat diese geistige Wolke – im Gegensatz zu den irdischen – Israel niemals von der Wonne der solaren Aktion ausgeschlossen. Deshalb fand sich Israel während all der Zeit, da der Schöpfer sein Gericht gegen Ägypten ausübte, niemals des zeitlichen Lichtes beraubt. Nicht so die Ägypter, die in eine dichte Finsternis gehüllt waren, die sie verführte und für undenkliche Zeiten in die Abgründe des Roten Meeres stürzen liess.

Im Zentrum des Sinai

Dieser Leib der Wolke der Verklärung hat mich von Josua und von Israel getrennt, als ich eintrat zum Gipfel des geistigen Berges Sinai. Im Zentrum dieses Berges warf ich mich nieder, und während dieser Hinwerfung hat meine Seele ihre Verbindung mit dem Kör-

per unterbrochen und ist ein wahrhaftiges denkendes Wesen geworden. In diesem Zustand hat mein geistiges Wesen die Befehle, die der Schöpfer ihm von Angesicht zu Angesicht erteilte, empfangen. Ich werde dich lehren, Israel, dass du unter dem Gipfel des geistigen Berges den Typus des Verstandes-Kreises (cercle rationnel) verstehen musst, der der allerhöchste aller himmlischen *Kreise ist. Dieser Verstandes-Kreis wird Kreis des Saturn genannt oder Saturnal 1. Dieser obere Planetenkreis trennt alle* himmlischen *Planetenkreise von den 4* überhimmlischen *Kreisen. Die Entfernung vom Gipfel des Berges, wo ich mich befand, bis hin zur Stätte, wo Josua zurückgeblieben war, repräsentiert den solaren Planetenkreis, genannt Gesichts-Kreis 2 (cercle visuel), und alle anderen unteren Planetenkreise sind inbegriffen in der Unermesslichkeit des Sinnen-Kreises 3 (cercle sensuel). Diese unteren Sphären sind: Merkur, Mars, Jupiter, Venus und der Mond. Und dies ist die Anordnung dieser Planetenkreise: Saturn 1. Kreis; die Sonne 2. Kreis; Merkur 3. Kreis; Mars 4. Kreis; Jupiter 5. Kreis; Venus 6. Kreis und der Mond 7. Kreis.*

Der geistige Berg

Dieser erhabene geistige Berg lehrt dich demnach die Distanz vom geistigen göttlichen Hofe *zum* himmlischen *Abschnitt und jene vom himmlischen zum* irdischen *Teil. Du siehst, man kann diesen Berg auf zwei Arten teilen. Erstens in 3 Teile und zweitens in 7 andere Teile. Die erste Unterteilung ist jene der 3 unterschiedlichen Kreise, wo die Minores-Geister gemäss den unwandelbaren Anordnungen, die sie vom Schöpfer erhalten haben, ihre einfachen und geistigen Operationen vollziehen, um dadurch zu ihrer Versöhnung und ihrer Wiedereingliederung in das Überhimmlische zu gelangen.*

Der irdische Kreis

Hast du nicht bemerkt, wie ich dir deine Stätte bezeichnet und deinem Lager Grenzen gesetzt habe? Dieser materielle irdische Kreis, den du bewohnst, ist der wirkliche Typus des Empfindungs-Kreises (cercle sensible), in dem alle Minores der Gerech-

tigkeit des Ewigen Tribut zahlen, und die unterschiedlichen Plätze, die Josua und ich auf dem Berg einnahmen, erklären dir deutlich jene verschiedenen Operationen, denen die Minores während ihres zeitlichen Lebens in den 3 Kreisen, d. h. Empfindungs-, Gesichts- und Verstandes-Kreis, unterworfen sind.

Die Vierheit

Ich habe dir gesagt, dass dieser von dir bewohnte Leib den Typus des Empfindungs-Kreises darstellt, denn er ist tatsächlich unmittelbar mit ihm verhaftet. Dieser Empfindungskreis ist dem Gesichtskreis verbunden, dieser wiederum dem Verstandeskreis und dieser dem Überhimmlischen. Dies mag nun bereits einen Schimmer der Universalität der bekannten Zahl der Vierheit leuchten lassen, die alle Dinge beherrscht, regiert und leitet.

Die Siebenheit

Die zweite Unterteilung des Berges in 7 Teile ist jene der 7 Planetensphären, die die 7 hauptsächlichen Mittler der universellen Natur beinhalten.

Die Zehnheit

Weiter lehre ich dich: wenn du den Teil der Dreizahl dem Teil der Siebenzahl hinzufügst, so wirst du die Zahl der Zehnheit des Schöpfers finden, aus der alle geschaffenen Dinge hervorgegangen sind.

Die Erde

Auch wirst du erkennen, dass dieser geistige Berg, der die Zehnzahl trägt oder ①, das Zentrum des allgemeinen Gefässes einnimmt und, da die Erde eine Dreiecksform hat, dieser Berg für die Erde das sein muss, was der Punkt oder die Mitte dem Dreieck ist. Du weisst, dass sich dieser Berg auf den allgemeinen irdischen Körper stützt; zeigt dir dies nicht, dass diese Erde ein lebendiges Wesen in sich trägt, hervorgegangen aus dem Schöpfer und demjenigen vergleichbar, das in der sichtbaren Form aller Minores eingeschlossen ist? Das von mir Gesagte bezeugt dir die Gesetzmässigkeit und die unendliche Ordnung von allem, was auf diesem allgemeinen irdischen Körper geschieht.

Die Kräfte und Gewalten des Ewigen vollziehen sich und werden sich bis ans Ende der Zeiten auf dem geistigen Berg – von dem ich dir gesprochen habe – vollziehen. Von da her dehnen sie sich auf den allgemeinen irdischen Körper aus, damit diese von den 3 Abschnitten dieser Erde und von den Formen ihrer Bewohner – sei es im Allgemeinen, sei es im Besonderen – empfunden werden können. Hier ist das Wort allgemein *mit den unvernünftigen Tieren verbunden und das Wort* besonders *mit denjenigen, die von einem geistigen göttlichen Wesen – himmlisch oder überhimmlisch – beseelt sind.*

Die unwandelbaren Gesetze

Nach diesen erhabenen Dingen, an denen ich dich teilnehmen liess und die jedem geistigen Minores-Wesen begreiflich sein sollten, unterweise ich dich nun über die unwandelbaren Gesetze, die dieses Universum regieren. Es gibt kein Wesen – sei es geschaffen oder emaniert –, das in diesem universellen Kreise existieren kann, ohne diesen Gesetzen untertan zu sein. Damit du mich besser verstehst, werde ich dich selbst zum Beispiel nehmen und ich frage dich: Als du im Schosse Ägyptens lebtest, warst du da von keinem Gesetz geführt, und wenn es eines gab, war es ein göttliches Gesetzes oder das alleinige Gesetz der Tiere, das du befolgtest? Ich weiss, dass du meine Frage nicht eindeutig beantworten kannst, denn unbekannt ist dir der Zustand, in dem du dich während deines Aufenthaltes in diesem schändlichen Lande befandest.

Der Mensch

So erfahre denn von mir, dass du hinein vermischt warst in den Bereich des dämonischen Kreises mit dem Fürsten der Dämonen und seiner Anhänger. Du existiertest nicht durch deinen eigenen Willen. Du hattest keinerlei eigenes Leben oder Handeln in dir. Du konntest nicht durch die göttlichen Gesetze geleitet werden, warst du doch gerade dadurch in den Abgrund Ägyptens geworfen worden, weil du dich von diesen abgewandt hattest. Auch benahmst du dich keineswegs einzig und allein nach dem Gesetze des wilden Tieres, denn während dieser Zeit lebten und handelten die wilden Tiere in völliger Freiheit und mit der ganzen Verfügbarkeit der Fähigkeiten ihres Instinktes. Sie werden sich nicht und können sich niemals von diesen unveränderlichen natürlichen Gesetzen, die sie leiten, entfernen. Damals also warst du sogar unterhalb des wilden Tieres und dennoch besassest du Gesetze. Aber jene, die dich leiteten, waren ausschliesslich materielle und gänzlich dämonische Gesetze. Sie waren jenen göttlichen geistigen Gesetzen des Minores-Wesens völlig entgegengesetzt. Sie waren sogar den natürlichen menschlichen Gesetzen entgegengesetzt. Es waren Gesetze der Entbehrung und äusserst schädlich für all jene, die sich für sie entschieden hatten. Durch all das, was der Schöpfer gegen diese und gegen ihre Anführer und Anhänger verfügt hat, kannst du nun selber die Gefährlichkeit dieser abscheulichen Gesetze beurteilen.

Die Dämonen

Wenn ich dir auch diesbezöglich nichts gesagt habe, was du nicht mit eigenen Augen geschaut hättest, so lerne doch von mir, dass die Fürsten der Dämonen, trotzdem sie die Oberhäupter ihrer eigenen Gesetze schändlicher Vereinbarungen sind, dennoch dem unwandelbaren Gesetz des Schöpfers – da ja alles aus ihm hervorgegangen ist – unterworfen sind.

Ohne dieses göttliche Gesetz existierten sie nicht, ohne dieses Prinzip des geistigen Wesens hätten sie weder Gedanke noch Wille noch Tat, und weil sie sich dem göttlichen Gesetz ihrer Emanation nicht entziehen können, vermögen sie auch nicht, das diesem Gesetz wesentlich eingeborene Gericht zu verhindern.

Der Mensch

Diesem göttlichen Gericht warst auch du während deiner Gefangenschaft in Ägypten ausgesetzt. Aber die Barmherzigkeit des

Schöpfers hat dich wieder in dein Urprinzip eingesetzt, auf deine erste Stufe der Herrlichkeit, und der Schöpfer gibt dir dieses erhabene göttliche Gesetz, das du abgelehnt hattest und das dir entzogen worden war, wieder zurück.

Du hast all das gesehen, was ich tat, um vom Schöpfer zu erlangen, dass er dich wieder einsetze in deine Rechte.

Der Typus des Mose und des Josua

Du weisst, Israel, dass ich ein Gesandter bin des Ewigen zur Offenbarung seines Ruhmes und seiner Gerechtigkeit. Du kannst mich als Typus des Willens des Schöpfers *betrachten. Indem ich Josua – der gemäss dem Befehl, den er vom Ewigen erhielt, mein Nachfolger sein wird – mitgeführt habe auf den Berg, habe ich dir den Typus des* göttlichen Major-Geistes *gezeigt, damit du verstehst, dass jedes Minor-Wesen durch seinen besonderen Geist in dieser Weise vor den Schöpfer geführt werden wird. Dadurch dass ich ihn mit mir führte, veranschaulichte ich noch den Major-Geist, den der Schöpfer aus seinem geistigen göttlichen Kreise loslöst, auf dass er der Wegweiser sei, die Stütze, der Führer, der Ratgeber und der Gefährte des Minor, der aus der Unermesslichkeit emaniert und herniedersteigt, um sich im Kreis der elementaren Materie einzukörpern. Und da Josua mit mir von diesem Berg hinunterstieg, stellte er vollkommen den Typus des* geistigen Minor *dar, den der Ewige aus seiner Unendlichkeit emanzipiert, um seinem freien Willen folgend im irdischen Kreise zu wirken.*

Die Gesetzestafeln

Was aber die göttliche Barmherzigkeit am augenfälligsten zu deinem Heile getan hat, ist, dir durch mich die beiden Gesetzestafeln gesandt zu haben, die ich vom geistigen Berge hinuntertrug. Diese Tafeln, auf denen das Gesetz geschrieben stand, waren das Abbild des menschlichen Körpers, in den die Schriftzeichen des Gesetzes des Schöpfers eingeprägt gewesen sind. Der Geist des Ewigen selber hatte die Zeichen dieses Gesetzes in die Tafeln eingegraben. In gleicher Weise zeichnet der geistige Minor die Schriftzeichen des gewaltigen Gesetzes, das er vom Schöpfer bei seiner göttlichen Emanation erhalten hat, in das Herz seiner leiblichen Form. Aber all dem Vorteil zum Trotz, den du von diesen auf die beiden Tafeln eingeprägten Gesetzen hättest ziehen sollen, hat mich deine Sünde gezwungen, sie in deiner Gegenwart zu zerbrechen, und es verblieben nicht mehr Trümmer als Überreste bleiben werden von der universellen Schöpfung, nachdem diese wieder in den Urgrund ihrer Emanation integriert sein wird.

Des Menschen Verfehlung

O Israel! Wird deine Seele dem Schöpfer gegenüber immer verstockt bleiben? Wird sie sich immer wieder verhärten nach den Wohltaten, mit der der Schöpfer sie überhäuft? Kaum trittst du heraus aus der Knechtschaft und der Sklaverei der Dämonen, scheust du keine Anstrengung, dich ihrem Gesetze wieder zu beugen; du suchst dir einen Gott zu erschaffen, der dich nach seinem Willen und deinen Launen leitet und regiert. Zu diesem Zwecke hast du dich einer unreinen und vom Ewigen verbotenen Materie bedient. Du hast Gott gebeten, zum Nutzen deines Frevels zu wirken, du hast Aaron verführt, dem doch die Sorge deiner geistigen Führung anvertraut worden war. Ganz Israel hat den Stein gegen Aaron erhoben und ihn mit dem Tode bedroht, falls er die Metalle, die du zu deinem unrechten Werke bestimmt hattest, nicht selbst in den Feuerofen werfe.

Aber welchen Gewinn erhofftest du dir, und welchen Erfolg hast du erhalten? Du glaubtest, dadurch eine dem Menschen ähnliche Gestalt zu schaffen und sie hernach Gott gleich zu machen! Wusstest du nicht, dass keine körperliche Form, welcher Art auch immer, jemals werden oder existieren kann, ausser sie entstamme den Gesetzen der Fortpflanzung, die der Ewige der Natur verliehen hat? Das hat dich ja nun die unerwartete Frucht deiner Sünde gelehrt. Du zähltest darauf, die Geburt einer Form nach dem Bildnis Gottes zu sehen, da du diese dir selbst ähnlich werden sahest. Nun aber erhieltest du bloss die unbelebte Form eines Tieres ohne Wirksubstanz (substance d'action), und da ward dein Stolz erniedrigt.

Dies, Israel, ist alles, was du jemals vom dämonischen Intellekt und dem Fürsten der Dämonen erwarten kannst. Trotzdem suchst du immer wieder, dich mit ihnen zu verbünden, um ewiglich unter abscheulichen Gesetzen im Widerspruch mit denjenigen des Schöpfers und der geistigen göttlichen Menschheit zu leben.

Das Opfer des Kalbes

Die aus deinem Werke hervorgegangene Körperform des Kalbes zeigt dir das Tier, das du zukünftig dem Schöpfer zur Sühnung deiner Sünde als Opfer darbringen wirst, denn diese ist gross vor dem Ewigen. Das Blut dieses Tieres sei vergossen über Israel und dann über die Erde, auf dass Israel von seinem Makel reingewaschen und die Erde geläutert werde von der Befleckung, die Israel ihr zugefügt hat.

Der Fürst der Dämonen

Ich muss dich nun über die Fähigkeiten und über die Macht des grossen Fürsten der Dämonen, unter dessen Knechtschaft du in Ägypten gestanden hast, ins Bild setzen. Die Sünde des Oberfürsten der Dämonen liess ihn in eine so tiefe Entbehrung fallen, dass er ausserstande ist, einen göttlichen Intellekt zu empfangen. Es bleibt ihm aber und wird ihm immer die Fähigkeit des Gedankens bleiben, und der Wille, der diesem Gedanken entspricht, bildet seinen allgemeinen dämonischen Intellekt. Durch sein Herrscherwort, das als seine Tat betrachtet werden muss, flüstert er diesen bösen Geist seinen ihm verbündeten Geistern ein. Diese teilen ihn dann den Minores mit, die der Fürst der Dämonen unaufhörlich zu verführen und seinen Gesetzen zu unterwerfen trachtet.

Zwei Kräfte der bösen Geister

Diese anhänglichen bösen Geister haben, obwohl sie tiefer stehen, dieselbe Fähigkeit wie der Fürst der Dämonen selbst und dies, weil sie denkende Wesen wie er und aller materiellen Form ledig sind. Infolgedessen haben sie ihren eigenen Intellekt, der unmittelbar aus ihnen selbst hervorgeht, wie auch den allgemeinen bösen, vom grossen Fürsten der Dämonen – ihrem Oberhaupt – emanierenden Intellekt. Dadurch erkennst du, dass der böse Geist lediglich zwei Kräfte in seiner Gewalt hat: erstens die ihm selbst zugehörige und zweitens jene der unteren Geister seiner Gefolgschaft. Du siehst, dass der allgemeine geistige, böse Intellekt dem Herrschaftsbereich des dämonischen Fürsten angehört. Ebenso verfügen aber auch die ihm verbündeten dämonischen Geister über ihren eigenen bösen Intellekt.

Das gefährdete Minor-Wesen

Lerne, Israel, dass es dieser besondere Intellekt ist, der alle Wesen geschaffener Körper und jedes Minor-Wesen, sobald es aus dem Kreis der Gottheit herausgetreten ist, bedrängt. Er ist es, der die geistigen Minores versucht, angreift, bekämpft und sie – seinem verdorbenen Gelüste entsprechend – meist auch bezwingt. Dies vermagst du anhand des letzten Vorkommnisses selbst beurteilen. Lerne weiter: unabhängig der Fallen, die die verdorbenen unteren Geister den Minores stellen, sind diese Minores in nicht geringerem Masse auch jenen Hinterhalten ausgesetzt, die ihnen der oberste Führer des gesamten dämonischen Hofes unaufhörlich bereitet, so dass du im Hinblick auf die zahllosen, dich umgebenden Gefahren niemals genug auf der Hut sein kannst.

Die guten Majores-Geister

Die guten geistigen Majores-Geister besitzen ebenfalls die den guten geistigen Intellekt ausmachende Fähigkeit des Gedankens und des Willens. Auch ist ihnen die Fähigkeit eigen, diesen Intellekt auf gute geistige Menschen zu übertragen, die ihn dann ihrerseits den Minores mitteilen. Da nun diese göttlichen Majores-Geister eine ewige Verbindung mit den Superiores-Geistern und diese wiederum mit der Gottheit haben, gibt es keinen einzigen möglichen Vergleich zwischen den Fähigkeiten dieser guten Majores und den beschränkten Gewalten des Fürsten der Dämonen. Um dich aber vollständig über diese unter allen guten geistigen Wesen herrschende Verbindung zu unterrichten, werde ich nun auf die vier überhimmlischen Kreise zurückkommen, von denen ich bereits gesprochen habe.

Die vier überhimmlischen Kreise

Diese vier Kreise werden auch geistig göttlich genannt, weil sie dem Kreis der Gottheit anhaften; dies, weil sie ausschliesslich geistige, materiell körperlose Wesen enthalten. Nicht alle diese Geister gehören der Zehnheit an, doch jedes in diesen Kreisen wohnende geistige Wesen hat zum Zeitpunkt seiner Emanation die besonderen geistigen Gesetze erhalten, durch die es seine Macht wirken muss. Somit wirkt kein einen dieser Kreise bewohnendes Wesen dieselben Taten oder dieselbe Macht wie die Bewohner der anderen Kreise.

Die Gottheit

Beachte, Israel, das Bild[39]*, das ich dir vorlege. Du wirst darin jene Dinge erkennen, die den Hof der Gottheit ausmachen. Du wirst klar erkennen, wie die vierfache Essenz des Schöpfers nicht nur bei allen aus ihm hervorgegangenen geistigen Wesen wirkt, sondern auch in seiner gesamten universellen Schöpfung. Du wirst hieraus zur Kenntnis nehmen, dass der Ewige alles erschaffen und emaniert hat und dass er in jedem Augenblick alle Dinge gemäss festgelegter und unwandelbarer Regeln schafft und aus sich hervorkommen lässt, das heisst nach Gewicht, Zahl und Mass.*

Gewicht, Zahl und Mass

Diese drei Dinge bedeuten das Gesetz, *die* Vorschrift *und das* Gebot, *die den geistigen göttlichen Wesen zuteil geworden sind. Sie bedeuten auch die* Kraft, *die* Fähigkeit *und die* Macht, *die der Schöpfer in seinen Minor gelegt hat, und zwar zum Zeitpunkt seiner Emanation, damit dieser entsprechend seinen* Gedanken, *seiner* Absicht *und seinem* Wort *[parole] in den vier himmlischen und den drei irdischen Regionen wirke. Dies alles wird durch dieses selbe Bild gelehrt.*

---

39 siehe das vom Übersetzer erstellte Schema im Anhang am Ende des Buches.

Der Mensch

Du wirst dich selbst davon überzeugen können, dass du bis anhin nichts anderes warst als ein Wesen der Finsternis, dem der Schöpfer das geistige Licht, das du gänzlich verloren hattest, zurückgeben wollte. Du wirst dich weiter überzeugen können, dass deine geistige Emanation wie auch deine Macht unendlich viel gewaltiger sind als jene aller vor *dir hervorgegangenen geistigen Wesen. Höre also, Israel, mit grosser Achtsamkeit meine Darlegung und Erläuterung dieser verschiedenen Kreise und verschiedenen Teile, die dieses universelle Bild ausmachen, das ich dir nun vor Augen führe.*

Der Hof der Gottheit

Von der göttlichen Unberührbarkeit werde ich wenig sprechen. Man müsste die Gottheit selbst sein, um an dieser Stätte leben zu können, da auch die allervollkommensten geistigen Wesen dort nicht einzudringen vermögen, sondern nur Gott allein. Der erste Teil dieses Bildes ist aus vier Kreisen zusammengestellt. Der erste Kreis, der die Zehnzahl 10 trägt, ist der geistige göttliche Kreis. Das Zentrum dieses Kreises ist der Typus oder die Gestalt der Gottheit, woraus alle Emanation und alle Schöpfung hervorgehen. Von der Mitte siehst du eine Dreiecksform ausgehen, an deren unteren Endpunkten sich zwei Kreise befinden. Weiter siehst du diesem Kreis der Zehnheit gegenüber einen vierten Kreis, aus dessen Zentrum ebenfalls eine Dreiecksform heraustritt. Es sind diese vier Kreise, die den wahrhaftigen Typus der vierfachen göttlichen Essenz darstellen. Der erste Kreis stellt durch seine Zahl der Zehnheit 10 die absolute Einheit der Gottheit dar. Aus dieser Einheit trat jeder Gedanke geistiger Emanation und der Schöpfung geistiger zeitlicher Macht hervor wie auch das Aktionsprinzip jeder Form sichtbarer materieller Körper.

*Der zweite Kreis, der die Zahl 7 trägt, ist jener der Major-Geister. Es ist die erste geistige Emanation, die der Schöpfer aus dem Kreis der Gottheit emanzipiert hat.**

* *A. d. Ü.: Hier fehlt im Text der Hinweis auf den dem zweiten Kreis sich gegenüber befindlichen dritten Kreis. Dieser trägt die Zahl 3 und ist die*

zweite geistige Emanation aus dem Kreis der Gottheit. Hier sind die Inferiores-Geister; sie enthalten die göttlichen Vorschriften.

Der vierte Kreis schliesslich, der die Zahl 4 trägt und der sich gegenüber der Zehnzahl befindet, ist jener der Minor-Geister. Es ist die dritte Emanation, die aus dem Kreis der Gottheit emanzipierte. Diese Geister sind auch die Verwahrer des geistigen göttlichen Gebotes. Sie besitzen alle Macht über die durch den Schöpfer in die himmlische Unendlichkeit entlassenen geistigen Wesen.

Es wird dir nicht schwer fallen, Israel, zu erkennen, wie viel höherstehend die Macht dieses Minor-Geistes verglichen mit der Macht aller vor ihm emanierten und emanzipierten Geister ist – sei es jener in der überhimmlischen Unermesslichkeit, sei es derjenigen, die in der Unermesslichkeit der universellen Schöpfung wirken. Beachte dazu die Lage der beiden Winkel, von denen ich dir eben sprach. Du siehst: Aus der Mitte des Kreises der Vierheit oder Minor-Kreises tritt ein Dreieck hervor, deren zwei Seiten bis an die Endpunkte der Grundlinie des ersten Dreiecks reichen. Du siehst, dass an den Endpunkten dieser Grundlinie zwei Kreise sind, nämlich jener der Majores-Geister 7 und jener der Inferiores-Geister 3. Dies beweist dir klar die Macht des Wortes des Gebotes (parole du commandement), das dem Minor über die Bewohner dieser beiden Kreise verliehen ist. Weiter siehst du die Unterwerfung dieser beiden Kreise unter das geistige Minor-Wesen, und zwar durch die intime Bindung, die zwischen der Grundlinie des oberen mit der Grundlinie des unteren Dreiecks besteht. Dieser Zusammenschluss ermöglicht die Erkenntnis der ewigen Verbindung, die alle diese geistigen Wesen mit dem Schöpfer haben, aus dem sie hervorgegangen sind.

Die Sünde der Majores-Geister

Im übrigen wird dich diese Überlegenheit der Macht des Minor kaum überraschen, wenn du darüber nachdenkst, für welchen Geist sie ihm vom Schöpfer geschenkt wurde. Die beiden Kreise, über die der Minor herrscht, wurden durch die Gesetzesübertretung der Majores-Geister befleckt, die daraufhin aus ihrem Kreise vertrieben wurden und eine grosse Anzahl Geister der beiden Kreise Major 7 und Inferior 3 mit sich fortrissen. Sie wurden aus ihrem geistigen Wohnsitz ausgestossen, weil sie durch die Sünden, die sie daselbst auszuüben suchten, eine schreckliche Entzweiung verursacht hatten, und weil sie durch ihre sündige Absicht den Grossteil der Bewohner dieser beiden Kreise dazu verführt hatten, dem Willen der obersten dämonischen Geister zuzustimmen.

Der sündige Minor

Die Verderbtheit war jedoch nicht bis zum Kreise der Vierheit des Minor durchgedrungen. Deswegen verlieh der Schöpfer diesem Minor-Wesen eine uneingeschränkte Macht über die beiden anderen Kreise und auch, weil er ihn dazu bestimmte, die göttliche Herrlichkeit und Gerechtigkeit gegen die sündigen Geister kundzutun. Aber der Schöpfer fand an dem seinem Minor gegebenen Vorzug keinen grösseren Gefallen als er an jener Macht gefunden, mit der er die ersten perversen Geister ausgestattet hatte. Im Gegenteil, der erste Minor machte sich unendlich viel schuldiger als die Dämonen. Der Schöpfer hatte die Aktion und die Operation des Gedankens der Dämonen aufgehalten, doch hemmte er weder die ungerechte Tat noch die Operation des ersten Minor. Dieser Minor hat all das ausgeführt und vollbracht, was sein böser Gedanke ersonnen hatte. Das ist es, was ihn vor dem Schöpfer dermassen zum Sünder machte. Hier nun sind die Minores Untertanen jener Untertanen geworden, die einst ihrer Macht und ihrer Herrschaft als geistige Minor-Wesen unterworfen waren. Dies wäre dem ersten Minor keineswegs zugestossen – auch nicht seinen Nachkommen –, hätte er seinen ungerechten und im Gegensatz zum Schöpferwillen stehenden Gedanken nicht zur Ausführung gebracht.

Ja, Israel, es ist der reine Wille, der zu dir spricht! In deinem Urprinzip als Minor-Wesen hattest du eine Macht, die sich bis in die allerhöchste Region der Herrlichkeit des Schöpfers erhob und die du für und gegen jedes geistige Wesen einsetzen konntest, das im Überhimmel und im Universum wohnt. Denn dein Platz war der Gottheit gegenüber gemäss der Stellung des Minor-Kreises, der sich gegenüber dem Kreise der Zehnheit oder des göttlichen Kreises befindet.

Es ist kaum erstaunlich, dass der noch unbefleckte Minor-Kreis so hoch in der Macht erhaben war. Durch des Urmenschen Sünde erst ward er befleckt. Lerne von mir, dass dieser Raum in seiner ewigen Beschaffenheit fortbesteht und fortbestehen wird. Durch Adams Sünde ward er befleckt, durch den Schöpfer – wie des Urmenschen Sünde dir versichert – ist er geläutert worden.

Das Werden durch die Sünde

Ja, in diese heilige Stätte muss die geistige Minor-Nachkommenschaft Adams dereinst wieder aufgenommen werden. Es ist der erste Haupt-Ort, den der Minor gleich nach seiner göttlichen Emanation bewohnt hat. Die Sünde des Urmenschen hat ihn zwar ausgeschlossen, aber bloss für die gesamte Dauer der Zeit. Beachtet also hier, dass es die Emanzipation aus diesem Minor-Kreise ist, der die vierfache göttliche Essenz – ohne die der Minor keinerlei vollkommene Kenntnis der Gottheit hätte – kenntlich macht und vervollständigt. Die Emanation aus diesem Kreis hätte ohne die Sünde der Dämonen nicht stattgefunden. Ohne diese Sünde hätte es keine materielle zeitliche Schöpfung gegeben – sei sie irdisch oder himmlisch. Hätte es aber weder das eine noch das andere gegeben, so hätte es auch keine überhimmlische Unendlichkeit gegeben. Jede Aktion geistiger Emanation wie auch jede Schöpfung der Kraft für die aus dieser Unendlichkeit hervorgegangenen Geister hätten in der göttlichen Unermesslichkeit stattgefunden.

Das Zentralfeuer und das Geschaffene

Betrachte also, was die Untreue der bösen Geister verursacht hat. Denke über diese Schöpfung nach. Denke nach über deine Emanation, und du wirst die Notwendigkeit aller geschaffenen Dinge wie auch aller emanierten und emanzipierten Wesen kennenlernen. Du wirst sehen, wie all diese Dinge durch den Schöpfer angeordnet sind, um in einer intimen Übereinstimmung zu sein und zu handeln, wie dich die direkte Linie aus dem Zentrum des Kreises der Zehnheit lehrt, die sehr genau vom Überhimmlischen zum Himmlischen führt bis zum allgemeinen irdischen Leib und zum

Zentrum der Achse – Zentralfeuer –; Feuer, das das Lebensprinzip aller körperlich geschaffenen Wesen ist; Feuer, das alle Formen – seien es die allgemeinen, seien es die besonderen – im Gleichgewicht erhält. Ohne dieses Feuer kann kein Wesen Leben und Bewegung haben; Feuer auch, das die Unendlichkeit des Universums und den Lauf der Bewegung und der Aktion aller in der universellen Schöpfung enthaltenen Wesen begrenzt.

Die Planeten

Nun muss ich dir berichten, wie alles, was in dieser unteren Welt existiert, dieser vierfachen göttlichen Macht entstammt. Beobachte die Übereinstimmung und die innige Verbindung, die zwischen dem saturnalen *Kreis und jenem der* Sonne, *des* Merkur *und des* Mars *bestehen, und sieh, wie sie gemeinsam die wahre Gestalt des Überhimmlischen nachahmen.*

Diese 4 Kreise werden auch genannt: himmlische Majores-Kreise. In der Aktion und der Reaktion sind sie kräftiger als die sich unter ihnen befindlichen 3 Planetenkreise. Dies ergibt sich aus der unmittelbaren Nähe der 4 Majores-Planeten zum Überhimmel. Es ist daher nicht erstaunlich, dass diese durch ihre gewaltige Kraft die 3 unteren Planeten – die an den 3 Winkeln des letzten himmlischen Dreiecks haften – beeinflussen und beherrschen.

Durch diese 3 letzten Planeten, die gemeinhin Jupiter, Venus und Mond genannt werden, wird der allgemeine irdische Leib gebildet, damit er seiner Natur gemäss wirken kann. Auch wird dieser durch diese 3 unteren Planeten in der eigenen Bewegung und Aktion erhalten entsprechend des ihm gemässen, natürlichen Wachstums. Jupiter als Oberhaupt der beiden anderen Planeten trägt bei zur Verwesung, gibt es doch keine Erzeugung ohne Fäulnis. Venus beteiligt sich an der Befruchtung, bleibt doch der Same der Fortpflanzung jedes Formenwesens ohne Empfängnis wirkungslos. Und der Mond, Kreis der Empfindung oder feuchte Hülle, wirkt durch seine Flüssigkeit mit an der Veränderung und Milderung der Aktion und der Reaktion der beiden Hauptprinzipien des körperlichen zeitlichen Lebens, welche die zentrale Achse und der solare Körper sind. Durch deren Verbindung und innige Übe-

reinstimmung sind es diese beiden Führer, die als erste an der Aktion aller dieses Universum schmückenden Körper mitwirken.

Das unerschaffene Feuer und die Sonne

Die Hauptfigur dieser beiden Anführer ist immer die Achse, *unerschaffenes Feuer, das jeder Körpergattung Leben und Bewegung gibt. Die* Sonne *als der zweite Führer ist für Aktion, Reaktion und Belebung des Wachstums aller besonderen Körper sowie des allgemeinen irdischen Körpers zuständig. Die Sonne wird in diesem Universum als der oberste Stern bezeichnet, erhaben über alle Sterne; dies weil sie der geeignete Stern für die Erscheinung des Feuers der unerschaffenen Achse ist. Hier kann man nun sagen: Der Schöpfer hat sein Tabernakel in der Sonne errichtet. Dies ist kaum verwunderlich, da die Sonne jener Stern ist, der – wie du sehen kannst – die Entfernung zwischen dem göttlichen Kreise oder Zehnheit und dem untersten Planeten, dem Mond teilt. Befindet sie sich nicht unterhalb aller geistigen überhimmlischen Kreise? Ist sie nicht auch noch unterhalb des saturnalen Kreises? Trägt sie nicht die Zahl 6 durch den Rang, den sie einnimmt beginnend beim Überhimmlischen? Wenn du beim lunaren Kreis zu zählen anfangen willst, findest du danach nicht auch die Sonne mit der Zahl 6? Durch diesen Standort und diesen Rang vervollständigt die Sonne die 6 Gedanken, die der Ewige zu seiner universellen Schöpfung benutzt hat. Du hast bereits gelernt, dass der Schöpfer all seine Werke innerhalb von 6 Tagen beendet hat und dass die Schöpfung am 7. Tage ihre Vollendung fand. So veredelt auch die Sonne die vom irdischen Kreise herkommende Vegetation, denn, indem sie sich den 6 anderen Planetenkreisen verbindet, befindet sie sich in einer Aktion, die Typus und Gestalt der Siebenheit ist und deren sich der Schöpfer zur Vollendung aller zeitlichen Dinge bedient hat.*

Die 6 Tage der Schöpfung und der 7. Tag

Die Tagesnamen, *die ich den 6 Operationen der Schöpfung zuordne, können nicht dem Ewigen zugehören, da dieser ein unendliches Wesen ist, ohne Zeit, ohne Grenzen, ohne Raum. Aber die-*

se 6 Tage verkünden die Dauer und die Grenzen des irdischen Bestehens. Das heisst, die Materie wird während sechstausend Jahren in ihrer ganzen Vollkommenheit vorhanden sein. Im siebenten Jahrtausend aber wird sie in einen grauenhaften Zerfall eintreten, worin sie bis zu ihrer völligen Auflösung verbleiben wird. Empfange also nach dem soeben Gesagten, dass die Zahl der Siebenheit die allen geschaffenen Wesen die Vollendung gebracht hat, auch die Zahl ist, die alle Dinge zerstören und aufheben wird. Wie sie im Anfang zum Bestehen all dessen gewirkt hat, was in diesem materiellen Universum ist, so wird sie am Ende auch für die Zerstörung ihres Werkes wirken. Erinnere dich daran, dass die sechstausend Jahre, die ich als Dauer der universellen Schöpfung bezeichnet habe, sehr kurz sind vor dir, und noch kürzer vor dem Ewigen. Denn vor ihm sind tausend Jahre wie ein Tag. Aber – ich wiederhole es – betrachte diesen Tag nicht als eine Zeit, auch nicht wie einen dieser zeitlichen Tage, denen ja der Schöpfer niemals unterworfen werden kann. Jeder dieser Tage oder jedes dieser tausend Jahre darf nur als Werkdauer der 6 göttlichen Gedanken betrachtet werden. Sobald die Wirkung oder die Operation eines jeden dieser 6 Gedanken vollendet ist, wird sie der Schöpfer mit ebensolcher Geschwindigkeit und Leichtigkeit, wie er sie zur Schöpfung seines Werkes erzeugt hat, wieder zurücknehmen. Wenn also alles in einer – nach göttlicher Verordnung – stufenweise gewordenen Aufeinanderfolge bestanden haben wird, so wird sich alles stufenweise wieder seinem Ende zuneigen und in sein Urprinzip zurückkehren.

12 und 3

Ich habe dir gezeigt, dass die Sonne, vom göttlichen Kreise an gezählt, die Zahl 6 trägt. Zähle nun vom irdischen Kreis aufwärts zurück bis zu Merkur und du wirst wiederum die Zahl 6 finden. Zähle diese beiden Zahlen zusammen und du erhältst 12. Diese Zahl wird dich die Zeitabstände unserer Tage, unserer Wochen, unserer Monate, unserer Jahreszeiten und unserer Jahre lehren, deren Beschaffenheit seit jeher so war, wie wir sie kennen – das wird im Folgenden ausgeführt. Davon ausgehend haben Adam und seine Nachkommen die Zeiten und die Jahreszeiten für den göttlichen Kultus geregelt. Die Zahl 12 ergibt 3, die Zahl des Prinzips allen körperlichen Lebens, wie dies durch das Bild des letzten Dreiecks, gestützt auf die Zentral-Achse, dargestellt ist.

Sonne, Saturn und Zentral-Feuerachse

Mit Recht gilt die Sonne – als Aspekt des Zentral-Feuers – auch als hauptsächlichster Vermittler der Vollendung allen Wachstums. Ihretwegen vermögen wir die Früchte unserer Erde zu sammeln und zu geniessen. Im weiteren ist sie es, die das Prinzip des passiven Lebens aller besonderen Körper der ihr untergeordneten Sphären erhält. Dank ihrer gewaltigen Wirkung erkennen wir auch die höchst gelegenen Körper des Firmaments, und ohne diese Wirkung wäre alles vom elementaren Lichte ausgeschlossen. Um dich aber zu überzeugen, dass diese Achse – nach der Achse des Zentral-Feuers – der hauptsächlichste Mittler dieses Universums ist, wisse, dass die Sonne *selbst zusammen mit* Saturn *und der* Achse des Zentral-Feuers *den Lauf aller Sterne regiert und lenkt. Es ist vor allem dank dieser drei Agenten, dass alle Gesetze, die der Schöpfer für die Dauer der universellen Schöpfung erlassen hat, zur Ausführung gelangen. Lerne hierbei erkennen, wie sehr diese Harmonie mit der unseren übereinstimmt, denn da diese Wesen eine Verbindung mit der Gottheit haben, weshalb wolltest du da nicht, dass unsere geistige Seele ebenso geeignet ist, mit dem Schöpfer verbunden zu sein? In der Tat besitzen alle Wesen untereinander verschiedene Fähigkeiten und Eigenschaften. Sie haben je ein anderes Gesetz erhalten, damit jedes Wesen gemäss den unterschiedlichen, ihm vom Schöpfer bestimmten Aufgaben zu wirken vermag. Aber das Lebensprinzip von allem, was existieren kann, sei es körperlich oder geistig, entstammt immer demselben Schöpfer. Die Zentral-Feuerachse bringt diese Wahrheit am besten zum Ausdruck. Die* Zentralachse *ist als der allgemeine, besondere und universelle Mittler den überhimmlischen Kreisen verbunden und ist Organ der inferioren Geister, die sie bewohnen und die in ihr auf das Prinzip der körperlichen sichtbaren Materie einwirken. Schliesst dieser Körper nicht ein Vehikel dieser unerschaffenen Feuerachse ein, die das Prinzip des materiellen Lebens ausmacht? Er muss demnach dieselbe organi-*

sche Fähigkeit besitzen wie die Zentralachse, aus der dieses passive Leben entstanden ist.

Der Körper, die Seele, die 4 und die 10

Damit wird der Körper *zu einem für deine geistige* Seele *notwendigen Organ, gleichwie die Zentralachse dasjenige der sie bewohnenden inferioren Geister ist. Nun ist deine Seele auch das Organ des Major-Geistes und der Major-Geist das der Gottheit. So findest du in dir die Wiederholung dieser Zahl der Vierheit, die dich mit deinem Schöpfer verbindet. Demnach hast du dieselbe Fähigkeit und dieselbe Eigenschaft wie diese universelle Zentralachse und euch beiden ist die Zahl 4 eigen, nämlich:* die Zentralachse (1), das Organ der Inferiores-Geister (2), Organe der Majores-Geister (3), diese wiederum Organe der Gottheit (4)*; desgleichen, Israel,* dein Leib (1), Organ deiner Seele (2), diese Organ des Major-Geistes (3), und dieser wiederum Organ der Gottheit (4).

10, 3 und 12

Zähle nun diese Zahlen von 1 bis 4 (1+2+3+4=10) zusammen und du wirst deutlich erkennen, dass alles aus der erhabenen göttlichen Zahl kommt und durch diese existiert: der Zahl der Zehnheit. Es ist kaum ein Augenblick vergangen, seit ich dir gesagt habe, dass du vom irdischen Kreis zum göttlichen Kreise vordringend die Zahl 12 findest – die am Anfang der Zeiteinteilung stand – sowie die Zahl 3 (1+2=3), die dem Prinzip aller körperlichen Formen entspricht. Wenn du die Zahl 3 mit der Vierzahl 4, von der ich eben sprach und die sich in den irdischen, himmlischen und überhimmlischen Welten findet, multiplizierst, erhältst du als Produkt dieselbe Zahl 12 oder 3, die dir bezeugt, dass die leibliche Form aller in diesen 3 Welten existierenden Wesen aus den 3 Prinzipien Schwefel, Salz *und* Merkur *kommt – über die ich bereits gesprochen habe.*

Die Körperhülle

Nun kann sich kein Wesen mit der Substanz einer sichtbaren

Form bekleiden, es sei denn, diese setze sich aus den 3 Prinzipien zusammen. Es mag dich wundern, dass ich dir betreffs der Bewohner des Überhimmlischen von körperlichen Formen rede. Indessen musst du wissen, dass sich jedes emanzipierte Wesen, um für eine gewisse Zeit den Willen des Schöpfers auszuführen, eine seiner geistigen zeitlichen Operation als Schleier dienende, körperliche Hülle schafft. Ohne diese Hülle vermöchte es keinerlei Wirkung auf die anderen zeitlichen Wesen auszuüben, denn diese würden durch die dem reinen Geiste innewohnende Fähigkeit, alles aufzulösen, dem er nahe kommt, verbrennen. Diese leibliche Hülle der Herrlichkeit, mit der sich die geistigen Bewohner des Überhimmlischen und des Irdischen bekleiden, ist nichts anderes als das Erzeugnis ihres eigenen Feuers.

Die 3 Gattungen von Geistern

Diese geistigen Wesen haben diesbezüglich dieselben Eigenschaften wie die Geister der Zentralen Achse, die in sich die Macht haben, aus ihrem Feuer die 3 grundlegenden Essenzen ihres eigenen Leibes oder ihrer glorreichen Form zu emanieren. In dieser Hinsicht ist die Operation der einen wie der anderen durchaus dieselbe; trotzdem gibt es einen gewaltigen Unterschied, was die Aktion dieser 3 Arten von Geistern anbelangt. Die Geister der Achse *haben jeder in sich bloss* eine *Aktion; somit können sie nur* eine *Art Form schaffen und dies erst im Nachvollzug der unmittelbaren Operation eines höheren Wesens, das ihnen gebietet und nach Belieben und dem Willen des Schöpfers über sie verfügt. Die* geistigen Wesen, *Bewohner der 3 Welten, können sich aber, da sie grössere und weitreichendere Aktionen zu wirken haben,* jederzeit neue Formen *erschaffen und diese entsprechend ihrem Bedürfnis und der zu erfüllenden Aufgabe unendlich variieren. Es ist hingegen wahr, dass diese geistigen Wesen nicht handeln können, ohne einen Befehl des Schöpfers erhalten zu haben. Haben sie diesen aber erhalten, finden sie in sich alles Notwendige, um diesen Befehl auch eigenständig auszuführen, während die Geister der Achse, die – weil sie keine Intelligenz besitzen – einfache Subjekte sind und nur insofern handeln können, als sie geführt werden.*

Dies sollte dir zeigen, dass die Essenzen und die körperlichen Formen der geistigen Wesen – Bewohner der 3 Welten – reiner und feinstofflicher sind als jene, die von den Geistern der Achse herrühren. Du könntest mich noch fragen, ob diese selben geistischen Essenzen nicht auch in der göttlichen Unermesslichkeit existieren, wo doch eine unendliche Zahl von Geistern ihren Wohnsitz hat? Darauf antworte ich dir, dass die 4 Gattungen der Superiores, Majores, Inferiores und irdischen Minores-Geister, die in der göttlichen Unermesslichkeit wohnen, *in dieser Stätte niemals etwas anderes zu wirken haben als Aktionen und geistige göttliche Operationen ohne jedwelche Beimischung irgendwelcher materieller Werke. Deshalb konnte in dieser göttlichen Stätte, die die Wohnstatt der reinen Geister ist, in der sich jede geistige Emanation erwirkt und von wo jede Emanations-Gattung ihren Ausgang nimmt, niemals eine geistische Essenz existieren und wird niemals eine solche existieren können.*

Die vier Klassen reiner Geister

Von diesen vier Klassen reiner Geister tragen die Superiores und Majores kein Gesetz der Erschaffung geistischer Essenzen in sich. Deshalb auch ist der Name dieser Wesen: göttliche und reine Superiores *und* Majores, *und ihr Werk ist, wie es ihre Bezeichnung lehrt, unendlich gewaltiger als jenes der beiden anderen Klassen. Im Gegensatz dazu besassen die Geister der beiden letzten Klassen das Gesetz der Fortpflanzung zeitlicher geistischer Essenzen, doch erhielten sie bloss die Macht, diese in der Zeit ihrer Emanzipation zu benutzen, und zwar zum Zweck der Bildung der zeitlichen Welt, die zur Belästigung der sündigen Geister dienen sollte.*

Dies werde ich dir erklären, sobald ich dich über die verschiedenen Gesetze und Mächte unterrichtet habe, die der Schöpfer den verschiedenen aus seiner Unermesslichkeit emanzipierten Geistern verliehen hat. Du weisst, dass die erste Klasse dieser Geister die Superiore *ist. Sie trägt den Namen* Zehnheit*; die zweite ist die* Majore, *ihre Zahl ist die* Siebenheit*; die dritte ist die* Inferiore, *ihre Zahl ist die* Dreiheit *und die vierte ist die* Minore, *sie trägt die Zahl der* Vierheit. *Zusammen lehren dich diese vier, dass die Vierheit unmittelbar dem Schöpfer zugehört und dass* *alle emanierten und emanzipierten Wesen wie auch ihre Gesetze und Kräfte von dieser selben Vierzahl oder der vierfachen Essenz der Gottheit, die alles in sich schliesst, herrühren.*

4, 12, 16 und 7

Wenn du nun diese letzte Zahl der Vierheit mit der Zahl 12, dem Produkt von 4x3, verbindest, wirst du die Zahl 16 finden, oder 7 (1+6=7), ein geistiges Produkt, das dir beweist, dass nichts existiert oder existieren kann, es sei denn durch den Geist. Auch ist es dir Beweis dafür, dass deine Emanation eine geistige ist!

Du hast gesehen, dass die in der göttlichen Unendlichkeit wohnenden Geister rein geistige Aktionen und Kräfte in sich haben. Dies kann nicht anders sein, können doch die im Angesicht der Gottheit handelnden und schaffenden Geister keiner Zeitlichkeit unterworfen sein. Die Geister hingegen, die im Überhimmlischen, im Himmlischen und im Irdischen wirken und handeln, besitzen, da sie dazu bestimmt sind, die zeitliche Offenbarung der Gerechtigkeit und Herrlichkeit des Schöpfers zu verwirklichen, durch ihre zeitliche Gebundenheit begrenzte geistige zeitliche Kräfte und Wirkungsweisen. Wenn aber die Zeit vorbei sein wird, so werden diese Geister dennoch nicht vergangen sein. Sie werden lediglich Tätigkeit und Wirkungsweise wechseln, das heisst, sie werden ihrem reinen geistigen göttlichen operativen Urprinzip wieder geeint, jenen Geistern gleich, die zur Zeit die göttliche Unendlichkeit bewohnen.

Orte der Geister

Man muss nun nicht glauben, dass der Ort, den die zeitgebundenen Geister vor der Erschaffung der Zeit in der göttlichen Unermesslichkeit bewohnten, leer geblieben sei, nachdem sie durch ihre geistigen zeitlichen Operationen emanzipiert worden sind. Weder beim Schöpfer noch in seiner Unendlichkeit kann es Leere geben. Da diese Unendlichkeit grenzenlos ist, finden alle Geister, sobald sie aus dem Schoss des Schöpfers hervorgegangen sind, mit Leichtigkeit ihren Platz. Auch dehnt sich diese Unermesslichkeit in dem Masse aus, wie der Schöpfer aus seinem Schosse

Geister emaniert. Deshalb ist es dir auch nicht möglich, in der göttlichen Unendlichkeit Fülle oder Leere anzunehmen, da diese – durch die unendliche Emanzipation, die der Schöpfer schafft und unablässig schaffen wird – wächst und immer wachsen wird. Man muss auch nicht glauben, dass sich die Geister, die der Schöpfer unaufhörlich aus seinem Schosse hervorbringt, wirr und ungeordnet, ohne Umsicht und einer nach Lust und Laune zerstreuten Herde von Menschen oder Tieren gleich irgendwo niederlassen. Zusammen mit ihrer Emanation erhalten diese göttlichen Wesen, ihrem geistigen göttlichen Wirkvermögen gemäss, Gesetze und Kräfte. Demzufolge nehmen sie auch in den entsprechenden unterschiedlichen geistigen Klassen, von denen ich dir sprach, ihre Plätze ein, wo sie dann – jeder für sich – ihre unterschiedlichen Werke vollbringen. Das also macht diese erhabene göttliche Unermesslichkeit aus, unfassbar nicht nur den Sterblichen, sondern ebenso allen emanierten Geistern. Dieses Wissen gehört dem Schöpfer allein.

Die Wandlung der Minores- und Inferiores-Geister

Es gilt zu bedenken, Israel, dass unter diesen vor aller Zeit in der göttlichen Unendlichkeit begründeten geistigen Klassen die Klasse der Minores der Dreizahl damals nicht jene der geistigen göttlichen Minores der Vierheit oder des Menschen war. Tatsächlich musst du diesbezüglich unterrichtet sein, um zu wissen, dass der Minor noch nicht hervorgegangen war und dass die Emanation der geistigen Minores erst nach *der Sünde und dem Fall der verdorbenen Geister eingesetzt hat. Um dir diese geistige Emanation wie auch die Wandlung, die das Verbrechen der Dämonen in den Aktionen und Operationen der Bewohner der Unendlichkeit bewirkte, nahe zu bringen, werde ich dir wahrhaftig im Namen des Ewigen folgendes berichten: Kaum waren die verdorbenen Geister aus der Gegenwart des Schöpfers verbannt, da erhielten die Inferiores- und Minores-Geister der Dreizahl die Macht, das ihnen innewohnende Gesetz der Erschaffung geistischer Essenzen zu wirken, um die Sünder in den finsteren Schranken göttlicher Entbehrung festzuhalten.*

In demselben Augenblick, als sie diese Macht erhielten, wur-

den sie emanzipiert. Ihre Aktion, die rein geistig göttlich gewesen war, wurde in dem Moment, da die Geister gesündigt hatten, verändert; sie waren von nun an bloss noch geistige zeitliche Wesen, dazu bestimmt, die ihnen vom Schöpfer vorgeschriebenen, verschiedenen Gesetze zur gänzlichen Erfüllung seines Willens (ses volontés) zu verwirklichen. Da war es, dass die geistigen Minores der Vierzahl aus dem Schosse der Gottheit hervorgebracht wurden und in der göttlichen Unermesslichkeit den Platz einnahmen, von dem die Minores-Geister der Dreizahl soeben emanzipiert worden waren, um in der Zeit zu wirken.

Die Macht der Minores

Du musst wissen, Israel, dass die durch die verdorbenen Geister bewirkte Veränderung so stark war, dass der Schöpfer nicht nur gegen diese Ungetreuen, sondern auch in den unterschiedlichen geistigen Klassen der göttlichen Unendlichkeit seine Autorität durchsetzte. Dies erkennst du anhand deines wirren Lebens in dieser Welt wie auch an der Erschaffung der Zeit und den verschiedenen Operationen, die sich im Überhimmlischen, Himmlischen und Irdischen vollziehen. All dies belehrt dich über die durch die Sünde veranlasste, universelle Wandlung. Da indessen diese Sünde vor *der Emanation der Minores geschehen ist, konnten sie davon weder eine Befleckung noch eine Mitteilung empfangen. Deswegen vollzog sich in diesem Falle in ihrer Klasse* keine Veränderung *und deswegen wurden sie die Bewahrer der gewaltigen Macht der Gottheit. Ja, Israel, die fürchterliche Macht der Vierzahl wurde ihnen anvertraut. Dies konnte nicht anders sein, waren doch diese reinen und unbefleckten Geister aus dem Schosse der Gerechtigkeit und der Heiligkeit selbst hervorgegangen, um die Herrlichkeit und die Kraft des Schöpfers zu offenbaren. Sie besassen keinerlei Kenntnis des Bösen, weder direkt noch indirekt, und so war es angebracht, dass der Schöpfer solch gerechte Wesen mit all seinen Gaben überhäufte und dass er ihnen Kräfte verlieh, die der Reinheit ihrer geistigen Natur wie auch der Bestimmung entsprachen, die er verfolgte, als er sie aus seinem Schosse entliess. Von hier also kommt die Erhabenheit der Macht und der Kraft des Minor, und deshalb auch vollzog sich in diesen*

Gesetzen der Aktion und der Operation keinerlei Störung durch jene Veränderung, die die Untreue der verdorbenen Geister in den anderen Klassen der göttlichen Unermesslichkeit verursacht hatte. Diese Macht des Menschen war so gewaltig, dass sie trotz seiner eigenen Sünde noch bedeutender ist als die aller anderen emanierten oder emanzipierten geistigen Geister.

Dem Bild [siehe Schema im Anhang] *kannst du entnehmen, dass kein geistiges Wesen die direkte und wesentliche Verbindung mit dem Schöpfer so deutlich bewahrt hat wie der Minor-Geist. Betrachte die senkrechte Linie, die vom Zentrum des ersten überhimmlischen Kreises hinunterführt ins Zentrum des durch die Dreiecksform dargestellten, allgemeinen irdischen Körpers. Diese Senkrechte bezeichnet die Erhabenheit über alle Wesen.*

Die unterschiedliche Kraft des Gesetzes

Derart wollte der Schöpfer die mächtige Autorität des Minor bewahren, dass er – trotz der Untreue dieses Minor – die gegen diesen gerichtete Kraft des Gesetzes von derjenigen unterschied, die er gegen die ersten sündigen Geister einsetzte. Diese sind durch einen Beschluss des Ewigen dazu verdammt, während einer ganzen zeitlichen Ewigkeit unter göttlicher Entbehrung zu handeln, ohne je eine Mitteilung des Schöpfers oder seiner Intelligenzen zu erhalten. Dem Minor dagegen ist diese Verbindung keineswegs verloren gegangen; er hat das Urvermögen und die Urkraft bewahrt, die er beim Zeitpunkt seiner Emanation in den universellen Körper empfangen hat. Da jedoch der Schöpfer den Verstoss des Menschen nicht ungestraft lassen konnte, hat er die Gesetze der geistigen Aktion und Operation, die die Minores in diesem Universum zu erwirken haben, verändert.

In dieser Art hat der Schöpfer seinen Minor gezüchtigt.

Der sündige Minor

Wenn du nun nach der Veränderung der Gesetze von Aktion und Operation des Minor fragst, so antworte ich, dass darunter zu verstehen ist, dass der Minor seit seiner Sünde dazu gezwungen ist, wie ein rein geistiges zeitliches Wesen *zu wirken, der Zeit und der Zeiten Mühen unterworfen. In seinem Urzustand, da er Gott-Mensch der Erde und der gesamten Schöpfung war, konnte er nicht der Zeit und der Mühsal der Zeit unterworfen sein. Seit seiner Sünde jedoch sind materiell körperliche Formen aus ihm hervorgegangen, die wie die seine den zeitlichen Leiden unterstehen. Wäre er hingegen in seinem Zustand der Herrlichkeit verblieben, so wären allein geistige körperliche und impassive Formen der Schöpfung aus ihm hervorgegangen, Formen nämlich, deren Wort [Verbe] in ihm war.*

Das ist der sich in den Gesetzen von Aktion und Wirkung des ersten Minor vollzogene Wandel.

Die Fortpflanzung

In seinem Zustand der Herrlichkeit besass er die Macht seine glorreiche Form vermittels der rein geistigen Essenzen *zu vermehren. Seit seiner Sünde ist er nun dazu verurteilt, sich materiell fortzupflanzen, und dazu kann er nur von den* geistischen materiellen Essenzen *Gebrauch machen. Ich habe dir bereits gesagt, dass Adam das mächtige Schöpfungswort [Verbe] seiner überirdischen geistigen Form in sich trug. Dies kannst du leicht nachvollziehen, wenn du überlegst, dass du, um heutigen Tags die Fortpflanzung der materiellen Form zu erzeugen, ein Wort [Verbe] in dir haben musst, das dem geistigen zeitlichen Naturgesetz gemäss geistische Essenzen in dir aktiviert, aus dir hervorbringt und emanzipiert. Denn um deine körperliche Gleichartigkeit zu erzeugen, hast du keine Verbindung zu anderen Prinzipien geistischer Essenzen als den dir eingeborenen. Wolltest du aber eigenmächtig Prinzipien verwenden, die deiner eigenen Substanz geistiger göttlicher zeitlicher Aktion und Operation entgegenstehen, so ergäbe sich keine Fortpflanzung, denn sie bliebe ohne die Teilnahme göttlichen Wirkens. Sie würde auf den Rang der Biester verwiesen, sie würde daselbst als ein übernatürliches Wesen angesehen und wäre allen Bewohnern der zeitlichen Natur widerwärtig.*

Zweifle nicht, Israel, dass, wie du selbst ein Wort [Verbe] der materiellen Fortpflanzung in dir trägst, so auch dein Urvater ein Wort [Verbe] der geistigen und glorreichen Fortpflanzung in sich getragen hat.

Der Gesetzeswandel

Dieser furchtbare Wandel, dem Adam durch den Schöpfer unterzogen wurde, war die geringste Strafe, die dieser seinem sündigen Minor auferlegen konnte, denn das Verbrechen dieses Minor war so gewaltig und heftig, dass der Abscheu und die Schande seiner ungerechten Operation bis in den göttlichen Hof durchgedrungen waren. Bereits die Untreue der ersten Geister hatte diesen göttlichen Hof befleckt – wie ich dies vorgängig schon sagte –, und diese Befleckung hatte allen geistigen, die verschiedenen Klassen dieses Hofes bewohnenden Wesen einen Wandel ihres Aktions- und Wirkegesetzes aufgezwungen. Doch da die Sünde unendlich viel grösser war als jene der Dämonen, empfanden diese die Unermesslichkeit bewohnenden Geister eine noch intensivere Anziehung als beim ersten Mal, und diese verfluchte Operation des Menschen auferlegte ihnen eine neuerliche Veränderung ihrer Aktions- und Wirkegesetze, das heisst: im Augenblick der Sünde Adams verfügte der Schöpfer solcherart über die geistigen Wesen seiner Unermesslichkeit, dass ihre Aktions- und Operationsgesetze von nun an nicht mehr dieselben waren, die sie vor *der Sünde der ersten Geister und zur Zeit der Emanation des Urmenschen, gewesen sind.*

Erkenne also die schrecklichen Folgen dieser Sünde.

Die Kraft des Gesetzes

Masse dir niemals an, Israel, die Kraft des von den Menschen unter sich benutzten Gesetzes mit demjenigen zu vergleichen, das der Ewige gegen all seine geistige zeitliche Kreatur erlassen hat. Die Kraft des Gesetzes, das die Menschen unter sich festgelegt haben, ist gänzlich materiell und gründet auf menschlichen Konventionen. (Das erkennt man daran, dass dieses Gesetz ohne die Unterstützung einer Anzahl von Menschen, die der Absicht des zeitlichen Führers entsprechen – dem Gesetzgeber des Volkes, das er regiert – gar nie sein könnte.) Auch ist die Ausübung dieses zeitlichen Gesetzes nicht immer vollständig oder vollkommen. Die Kraft des göttlichen Gesetzes hingegen bedarf zu seinem Vollzug lediglich des alleinigen Willens des Schöpfers. Um irgend ein We-

sen der göttlichen Entbehrung auszusetzen, stützt sich der Schöpfer weder auf den Beistand seines göttlichen Hofstaates noch auf jenen der geistigen göttlichen zeitlichen Wesen und noch viel weniger auf die Anwendung dieser unter den Menschen im Gebrauch stehenden, groben Materie. Er bedarf bloss seines alleinigen Gedankens und alleinigen Willens, damit alles nach seinem Gefallen sich füge. Dies also ist der unendliche Unterschied der Kraft des ewigen göttlichen und unwandelbaren Gesetzes gegenüber der Kraft des menschlichen Gesetzes, das vorübergeht und ebenso rasch erlischt, wie die Körperform des Menschen vom Angesicht der Erde verschwindet, sobald sich der Geist des Minor von dieser Form trennt.

Zwei Gesetzesänderungen

Zweifelsohne, Israel, wirst du nun von mir verlangen, dich darüber zu unterrichten, worin denn die Veränderung der Aktions- und Operationsgesetze bestehe, die durch die Sünde der ersten Geister über die Bewohner der Unermesslichkeit und durch die Sünde des ersten Menschen über alle geistigen Wesen – seien sie göttlich oder zeitlich – gekommen ist. Darauf sage ich dir, dass es zwei Änderungen in den Aktions- und Wirkgesetzen der Bewohner der Unendlichkeit gegeben hat, weil es auch zwei Sünden gab. Die Veränderung besteht darin, dass die Wesen, die bis anhin rein geistige Funktionen ausübten, mehr oder weniger Subjekte der Zeitlichkeit geworden sind. Dies werde ich dir nun nahe bringen. Durch die Untreue der ersten Geister wurden die Zeit und das Universum geschaffen. Dadurch wurden die unterschiedlichen Klassen der Unendlichkeit nun dafür eingesetzt, zum Unterhalt des Universums *und seiner festgelegten Dauer beizutragen. Durch die Sünde des Menschen jedoch wurden dieselben Geister gezwungen, zur* Versöhnung *und zur* Läuterung der Minores *beizutragen. Zum Heile der Versöhnung wirken diese Minores auf die* geistige Seele *der Menschen und auf andere geistige Wesen, die du im Folgenden kennen lernen wirst. Vermittels dieser beiden Aktionsweisen sind die göttlichen Geister, obwohl sie nicht der Zeit unterstehen, teilweise zum Nutzen des Zeitlichen eingesetzt.*

Ohne Sünde

Ja, Israel, ich wiederhole es, ohne die Sünde des Menschen wären die göttlichen Geister dem Zeitlichen nur auf eine *Art untertan gewesen, ohne die Sünde der ersten Geister aber überhaupt nicht. Ohne diese erste Sünde wäre in der universellen Schöpfung gar kein Wandel eingetreten. Es hätte keine Emanzipation von Geistern aus der Unendlichkeit stattgefunden. Es hätte weder eine Erschaffung geistiger Begrenzung – sei sie überhimmlisch, himmlisch oder irdisch – noch Geister gegeben, die entsandt wurden, in den verschiedenen Teilen der Schöpfung zu wirken. An all dem kannst du nicht zweifeln, denn niemals hätten die Minores-Geister der Dreizahl jenen Platz verlassen, den sie in der göttlichen Unermesslichkeit innehatten, um die Gestaltung eines materiellen Universums zu schaffen. Infolgedessen, Israel, hätten die Minores- Menschen diesen Ort niemals in Besitz genommen, wären nie aus ihrer erste Wohnstätte emaniert worden oder hätten niemals, wenn es dem Schöpfer gefallen hätte, sie aus seinem Schosse zu emanieren, all die Aktionen und die mächtigen Eigenschaften empfangen, mit denen sie vorzugsweise vor allen vor ihnen hervorgegangenen geistigen göttlichen Wesen bekleidet worden sind.*

Der Gott-Mensch

Um dich zu überzeugen, dass das Vermögen und die Kraft des Menschen so sind, wie ich es dir sage, erinnere dich daran, Israel, dass der Minor vom Ewigen den Namen: Gott-Mensch, Befehlshaber über alle geistigen und zeitlichen Wesen *erhalten hat. Erinnere dich, dass der Ewige sein ganzes Wohlwollen und seine ganze Zuneigung vorbehaltlos in den Menschen gelegt, dass er ihn mit der ganzen geistigen göttlichen Macht ausgestattet hatte, als der Tat der vierfachen Essenz der Gottheit. Auch siehst du in dem Bild* [siehe das Schema im Anhang], *dass er sich genau gegenüber dem oberen Kreis der Zehnheit befindet, dessen Zentrum der Gottheit entspricht. Dies beweist, dass die Macht des ersten Minor viel gewaltiger war als jene aller anderen die verschiedenen Planetenkörper und den allgemeinen irdischen Körper bewohnenden Minores.*

Beachte nun wirklich die verschiedenen Stellen jener Körper, die die universelle Gestalt – in der die gesamte geistige Natur, Major, Minor und Inferior wirken – bilden.

Die Überlegenheit des Menschen

Du siehst, dass in Wahrheit in der himmlischen *wie auch in der* irdischen *Welt der Minor-Kreis gegenüber seinem Superior ist; keiner der beiden ist jedoch unmittelbar gegenüber dem Kreise der Zehnheit des* Überhimmlischen. *Allein dem* Menschen *oder dem* geistigen göttlichen Minor *ist dieser Platz durch die Gottheit vorbehalten. Auch siehst du, dass der Minor-Kreis den hervorspringenden Winkel des unteren, überhimmlischen Dreiecks bildet. Im weiteren siehst du, dass die beiden anderen – jener der Majores 7 und jener der Inferiores 3 – nur sich selbst gegenüberstehen, um sich gegenseitig die Anordnungen betreffs ihrer geistigen zeitlichen Aktionen mitzuteilen, die sie vom Schöpfer erhalten und bis ans Ende der Zeiten erhalten werden. Dies alles beweist dir die Überlegenheit des Menschen nicht nur über alle den Erden- und die Planetenkörper bewohnenden Minores, sondern auch über alle Klassen der Geister. Vor allem wirst du erkennen, welches, auf ihn bezogen, die Unterlegenheit der Majores und der Inferiores-Geister ist – von denen ich dir eben sprach –, wenn du beobachtest, wie sich ihre Tatkraft auswirkt.*

Majores, Inferiores und Minores

Diese zwei Klassen von Geistern sind vor allem mit der Bewahrung von Zeit und Materie beauftragt. Das bedeutet, dass sie nur auf universeller Breite (latitude) wirken können. Demgegenüber herrschte der Minor, der weder zur Erhaltung noch zum Unterhalt des Universums bestimmt war, auch über diese zwei Arten von Geistern, und seine Macht erstreckte sich in die Unendlichkeit der Länge (longitude). Deshalb sind diese beiden Majores- und Inferiores-Kreise jenseits der nur dem Minor-Kreis des Gott-Menschen zugehörenden Senkrechten gezogen. Aber um dir vollends die Unterlegenheit dieser beiden Kreise zu beweisen: sieh, wie sehr sie durch die beiden Zahlen der Siebenheit und der Dreiheit gezeichnet sind, und jeder für sich allein vermag es nicht, die vollkommene Zahl der Zehnheit des Schöpfers zu vollenden. Dazu muss man sie folgendermassen zusammenfügen: 7+3=10.

Demgegenüber kündet der Minor durch seine Zahl der Vierheit die Überlegenheit seiner Macht. Tatsächlich, da der Minor aus der vierfachen Essenz emanierte, trug er notwendigerweise die Zahl seiner Emanation, die ihn von allen vor ihm stattgefundenen Emanationen unterschied und ihn über *alle emanierten geistigen Wesen setzte. Er war das reinste, das vollkommenste Wesen – dabei beziehen wir uns weder auf die Aktion des Ewigen, die* Christus *ist, noch auf seine Operation, die der* Heilige Geist *ist, denn weder der eine noch der andere sind in irgendeiner Gattung der Emanationen oder Emanzipationen enthalten. Ihre Aktionen und ihre Operationen waren und werden immer rein geistig göttlich sein und nie, auch nicht im allergeringsten, der Zeit oder dem Irdischen unterworfen.*

Die Zahl 4

So, Israel, trug der erste Minor die mit der Gottheit ewige, furchterregende Zahl seines Ursprungs in sich, die ich dir hier in ihrer Figur darstelle: 4. Durch die drei miteinander verbundenen Linien (bases) und den Punkt im Zentrum bezeichnet diese Figur deutlich die Zahl der Vierheit. Zergliedere diese Zahl in die ihr innewohnenden Ziffern, und du wirst in ihr nicht bloss die Zahl der Zehnheit der Gottheit finden, sondern du wirst auch physisch erkennen, dass alle geistigen Majores-, Inferiores- und Minores-Wesen wie auch jedes Aktionsgesetz – sei es geistig oder geistisch – aus ihr hervorgehen. Die Addition der 4 in der Vierheit enthaltenen Zahlen ergibt: 10. Nämlich: 1+2+3+4=10. Und durch die verschiedenen Verbindungen dieser unterschiedlichen Zahlen wirst du den Ursprung aller Dinge kennenlernen. Die Zahl 1, die Einheit, *gehört dem* Schöpfer; *die Zahl 2 ist der* Konfusion *zugeteilt, da befinden sich* die verdorbenen Geister und die Menschen, die sich dem Intellekt dieser bösen Geister verbinden*; die Zahl 3 bezeichnet die* drei geistischen Essenzen, die alle Formen ausmachen. *Auch kennzeichnet sie – durch den Ursprung dieser Essenzen – die direkte Aktion dieser Inferioren, der Dreizahl zu-*

gehörenden Geister, da diese zur Struktur des Universums Merkur, Schwefel *und* Salz *aus sich heraus emaniert haben.*

Die Zahl 4 zeigt dir den Minor, seinen Ursprung und seine Macht.

Die Zahl 5

Zähle nun die Zahlen 2 und 3 zusammen und du erhältst die Zahl 5, der sich die Dämonen bedienen, um die Gegenaktion gegen die reine geistige göttliche Aktion zu wirken. Die Zahl der dämonischen Geister war zum Zeitpunkt ihrer Emanation, wie jene der Minores, eine Zahl der Vierheit, nämlich: Der Ewige Vater 1, der Sohn 2, der Heilige Geist 3 und die aus diesen drei Personen hervorgehende Emanation 4. Doch die verdorbenen Geister fügten der Vierheit ihrer Herkunft eigenmächtig und durch eigenen Willen eine willkürliche Einheit hinzu. Dadurch entartete ihre geistige Macht und wandelte sich unter der Leitung eines unter ihnen selbst erwählten Führers in eine beschränkte und rein materielle Macht. Deshalb gehört die Zahl der Vierheit nicht mehr zu ihnen und ist nun die Zahl der Fünfheit die Zahl der Dämonen.

Die Zahlen 6, 7 und 8

Zähle die Zahlen 2 und 4 zusammen, und du erhältst 6, die Zahl der göttlichen Gedanken, die die Ausführung der universellen zeitlichen Operation gewirkt haben. Die Zahl 3 der Zahl 4 verbunden ergibt die Zahl 7, die die Kraft der Aktion des Major-Geistes bildet, die zweifach ist, das heisst: durch die Zahl 3 *wirkt sie auf die* Formen *ein und durch die Zahl* 4 *auf die* Seele des Minor. *Zähle nun die Einheit zur Dreiheit und verbinde deren Summe mit der Vierheit: du erhältst die Zahl 8, die Zahl der zweifachen geistigen göttlichen Kraft, die dem ersten Minor anvertraut worden war, damit er den ungetreuen Geistern gegenüber die Herrlichkeit und die Gerechtigkeit des Ewigen offenbare. Es ist diese göttliche Macht, die deine Väter unter den Namen* Abraham, Isaak *und* Jakob *gekannt haben. Adam jedoch, der durch seine Sünde diese doppelte Macht verloren hatte, ward auf die einfache Macht des Minor herabgesetzt. Seine Nachkommen sind irrend geworden und verrucht wie er. Nun kann der Mensch diese zweifache Macht vom Schöpfer nicht mehr erhalten, es sei denn durch unzählige Arbeiten und das Ertragen der Mühen des Leibes, der Seele und des Geistes. Es ist diese Zahl, die der Schöpfer den geistig Auserwählten, die er fördern und mit der Offenbarung seiner Herrlichkeit beauftragen will, bestimmt.*

Die Zahl 9

Verbinde die Zahl der Fünfheit mit der Vierheit und du erhältst die Zahl der Unterteilung der geistischen Essenzen der Materie wie auch jene der geistigen göttlichen Essenzen, und dies durch die Verbindung der unvollkommenen und verderblichen Zahl der Fünfheit mit der vollkommenen und unverweslichen Zahl der Vierheit. Durch diesen Zusammenschluss erniedrigt der Mensch seine geistige göttliche Macht, indem er sie geistig dämonisch macht. Hieraus hat die Sünde Adams gewirkt – ein Verbrechen, das unter allen geistigen Wesen eine unvorstellbare Revolution verursacht hat. Urteile, Israel, nach dem, was du soeben gehört hast, wie gross die Macht des Minor gewesen, da er Besitzer der Vierheit war, von der alle zeitlichen Dinge und jede geistige Aktion ausgegangen sind. Du weisst, dass dieser erste Minor in seinem Zustand der Glorie keinerlei geistische und noch viel weniger materielle Aktionen oder Operationen in sich trug, sondern, ganz im Gegenteil, alle Arten geistiger Aktionen und Operationen herrlicher Formen. Im Weiteren weisst du auch, dass diese glorreichen Formen – wie Adam selbst – in keiner Weise der Zeit unterworfen waren, obgleich Adam und all seine Operationen zum Heile der Zeitlichkeit wirkten.

Vergiss nie, was ich dir soeben von der erhabenen Macht des ersten Menschen und von seiner Vierzahl mitgeteilt habe. Ich werde dir nun die Eigenschaften der verschiedenen Dinge aufzeigen, die dieser erhabenen Zahl entstammen.

Der Minor, die 4 und 10

Du kannst dieser Zahl umso mehr Glauben schenken, als sie dir selbst verliehen und du durch sie über die Tiere und alle Ge-

schöpfe erhaben bist. Erinnere dich weiter, Israel, dass kein Minor-Wesen weise sein kann, ohne ein vollkommenes Wissen dieser erhabenen Zahl der Zehnheit des Ewigen zu besitzen und ihren emanzipativen und schöpferischen Gehalt zu kennen.

$$1+2=3$$
$$1+2+3=6$$
$$1+2+3+4=10$$

Du musst beachten, Israel, dass sich die Einheit nur deshalb der Dreiheit verbindet, um gemeinsam mit der Vierheit die Zahl der zweifachen Macht zu bilden.

$$10+2+3+4+5+6=30$$
$$30+7+8+9+1=55=5+5=10$$

Die Zahl 55

Du siehst, durch die Addition aller einzelnen aus der Vierheit hervorgehenden Zahlen *ergibt sich die Zahl 55. Sie zeigt dir die Teilung der Zehnheit in zwei Zahlen der Fünfheit und des Dämonischen. In der Tat bestand die Sünde der ersten Geister darin, die vierfache göttliche Essenz vermittels ihrer eigenen Fähigkeiten teilen und zerteilen zu wollen. Durch ihren eigenen Willen ersannen sie eine Absicht und einen Gedankenakt, die im Gegensatz standen zu den ihnen bei ihrer Emanation vom Schöpfer festgesetzten Aktions- und Wirkgesetzen. Aber weit davon entfernt, diesen Akt erfolgreich ausführen zu können, fanden sie sich betrogen und in höchstem Masse überrascht, als sie mit Gewissheit die Unmöglichkeit für sich selbst und alle Geister erkannten, der Gottheit die ihr eingeborene vierfache Essenz und die erhabene Zehnheit jemals entwenden zu können. Vollständig aber erkannten sie diese Unmöglichkeit erst, als sie, jeder für sich, das Produkt der Teilung dieser erhabenen Zehnheit der Emanation und der geistigen göttlichen und geistigen zeitlichen Schöpfung herausnehmen wollten. Denn ihre Absicht war es, aus diesem ganzen Produkt nur eine einzige vierfache Einheit oder eine einzige zehnfache Einheit zusammenzustellen. Aber weit gefehlt, sie fanden nun weder die vierfache noch die zehnfache Einheit, sondern bloss zwei Zahlen der Fünfheit – anstatt und anstelle der göttlichen Zehnheit, die sie ihrer Macht und ihrem Besitz einverleiben wollten. Dadurch wurden sie ihres grausamen und unsinnigen Stolzes wie auch der Unmöglichkeit gewahr, dass irgendein Wesen die vierfache göttliche Essenz oder auch seine zehnfache Einheit zu zergliedern im Stande sein könnte, da dieses Recht nur dem Ewigen, der einzig ist und niemals Seinesgleichen haben wird, zustehen kann. Weil sie diese den unwandelbaren Gesetzen des Ewigen Schöpfers entgegenstehende Operation versucht haben, finden sich die Dämonen nunmehr ohne andere Macht als jener der beschämenden Fünfheit, und für eine Ewigkeit sind sie den Abgründen der göttlichen Entbehrung verfallen.*

Warnung an Israel

Erbebe aus Furcht, Israel, beim Bericht dieser fürchterlichen Operationen. Erzittere davor, den Regungen eines solchen Stolzes und eines solchen Ehrgeizes zu erliegen. Vor allem fliehe jeden, der dich verleiten will, dir durch die Macht der Zahl der Fünfheit die verschiedenen göttlichen Taten anzueignen. Erlägest du einer solchen Versuchung, würde deine dir eingeborene geistige göttliche Aktion vollständig materiell werden; dein Minor-Wesen würde zu einem Intellekt des Dämons, und all deine Kräfte würden vernichtet. Es würde dir bloss noch der Genuss der Macht der Fünfheit der verdorbenen Geister übrigbleiben. Derart, Israel, ist die Macht der Fünfheit der Dämonen entstanden. Diese Zahl wird sie in ihren geistigen zeitlichen materiellen Operationen für die Ewigkeit von allen geistigen Wesen unterscheiden. Dies ist auch die Zahl, durch die das Minor-Wesen – wie alle geistigen Wesen – die Sünde der verdorbenen Geister kennenlernt.

Die überhimmlische Unendlichkeit, der erste Kreis

Nun werde ich dich, Israel, über die Nützlichkeit der überhimmlischen Unendlichkeit unterrichten. Der Schöpfer hat sie so, wie sie ist, gegründet, um die Anordnungen und die zeremoniellen Gesetze festzulegen, die die emanzipierten Geister in der gesam-

ten Ausdehnung der drei zeitlichen Welten – in Übereinstimmung mit den emanierten Geistern in der göttlichen Unendlichkeit – vollziehen sollen. Der erste Kreis [siehe Schema im Anhang], *der der vorspringende Winkel des oberen Dreiecks ist, stellt das überhimmlische Oberhaupt und die Unermesslichkeit der Superiores-Geister der Zehnheit dar. Man stelle sich nun nicht vor, die diesen Kreis bewohnenden Geister wie auch jene, die auf den ersten Platz unmittelbar bei der Gottheit emaniert worden sind, seien den andern gleich. Nein, Israel, die Geister der göttlichen Zehnheit sind nie aus der Stätte, die sie in der göttlichen Unermesslichkeit bewohnen, herausgetreten. Die ganze Veränderung, die ihnen durch die Sünde der verdorbenen Geister und diejenige des ersten Minor zugestossen ist, besteht darin, der Zeitlichkeit unterworfen zu sein, obwohl sie keineswegs Subjekte der Zeit sind.*

Der Schöpfer hat also in den Kreis der Zehnheit dieses überhimmlischen Raumes nur Superiores-Geister emaniert, die er mit einer Macht der Zehnheit ausstattete, durch die sich deren Aktionen und Operationen von all jenen der drei anderen Klassen von Geistern dieser überhimmlischen Unendlichkeit unterscheiden.

Der zweite Kreis

Der zweite Kreis, der rechts ist [im Schema links], stellt die Unermesslichkeit der Majores-Geis*ter der Siebenheit dar, die durch ihre Aktionen und Operationen den Geistern der Zehnheit* untergeordnet *sind.*

Der dritte Kreis

Der dritte Kreis, links [im Schema rechts], stellt die Unermesslichkeit der Inferiores-Ge*ister* [der Dreiheit, Anm. d. Ü.] *dar; durch ihre Aktionen und Operationen sind sie den Geistern der Zehn- und der Siebenheit* untergeordnet. *Deshalb werden sie auch Inferiores genannt.*

Der Kreis der geistigen göttlichen Minores

Der Kreis, der sich beim hervorspringenden Winkel des unteren Dreiecks des Überhimmlischen befindet – in direkter Linie mit dem Kreis der Zehnheit –, stellt die Unermesslichkeit der geistigen göttlichen Minores dar. Ihre Aktionen und ihre Operationen stehen über denjenigen aller geistigen Wesen des Überhimmels, durch dessen Vermittlung sich die Vereinigung von Gott und Mensch vollzieht, und der dem einen wie dem anderen untersteht. Die geistige göttliche Ordnung und der geistige göttliche Beschluss, die in der göttlichen Unermesslichkeit regieren, sind jenen gleich, die in der überhimmlischen Unermesslickeit herrschen.

Durch diese Gleichartigkeit vermagst du nun zu beurteilen, dass diese überhimmlische Unermesslichkeit durch den Schöpfer, nicht aber durch den reinen Willen der Geister, in Kraft und Macht emanzipiert und gegründet worden ist. Dies soll dir auch dadurch bewiesen sein, dass sich dieselbe Anordnung im Himmlischen *wiederholt, und zwar durch die Kreise des Saturn, der Sonne, des Merkur und des Mars, durch deren Kreise die vier himmlischen Horizonte deutlich markiert sind.*

Nicht umsonst hat der Schöpfer in diesen verschiedenen Unendlichkeiten dieselbe Ordnung errichtet; sie steht nicht allein für die Erhaltung der Zeitlichkeit oder für die unterschiedlichen fortdauernden Körper des Universums oder für die Konservierung des Werkes und der geistigen zeitlichen Mittler und auch nicht um der Grösse und der Glorie der eben genannten Wesen willen. Einzig für den Menschen *sind all diese Dinge in eben der Weise hergerichtet worden, und da sie den verdorbenen Geistern als Schranken dienen müssen, sind sie dem Minor untertan, damit dieser seinem Willen gemäss und entsprechend den Ordnungsgesetzen seine Macht und seine Herrschaft über diese auszuüben vermöge.*

Die Vorrechte des Menschen

Sieh nun, welche Privilegien Gott den Menschen zugestanden hatte. Es sind diese drei Welten: die Göttliche, die Überhimmlische und die Himmlische, *die dir erlauben, die drei Reiche der Gottheit kennenzulernen. Das letzte dieser drei Reiche hätte die*

Wohnstätte des ersten Minor sein sollen. Hätte er nicht gesündigt, so hätte dieser Minor – als mächtigstes Wesen – immer das Zentrum der vier himmlischen Regionen bewohnt. Als reiner göttlicher Geist hätte er in dieser himmlischen Welt gewirkt und gehandelt. Jedes Wesen hätte seinem Gedanken und seinem Willen gehorcht. Ja, hätte dieser erste Minor nicht gesündigt, er wäre nie ein Bewohner der irdischen materiellen Welt geworden; nie hätte er seine göttliche Macht der Vierheit zertrennt und in eine einfache inferiore Macht der Dreiheit umgewandelt, wie dies das Empfindungs-Dreieck zeigt, dem die Planetenkörper Mond, Jupiter *und* Venus *zugehören. Nun aber hat die Sünde den Menschen von diesem Plane nach unten geführt und hat ihn in eine Welt gestürzt, die derjenigen, für die er eigentlich emanzipiert worden war, völlig entgegensteht. So siehst du tatsächlich, dass die himmlische Welt noch immer die Form ihres Ursprungs sowie die Gleichartigkeit mit der überhimmlischen und der göttlichen Welt beibehält. Die untere Welt aber besitzt nur eine materielle, von jenen der drei oberen Welten unterschiedene Form. Durch die Trennung, die du im doppelten Dreieck dieser Empfindungs-Welt dargestellt findest, kannst du die Entbehrung des ersten Minor und all jener erkennen, die in dieser Stätte der Finsternis wohnen – eine Entbehrung, die diese geistigen Minores den Leiden des Körpers und des Geistes unterwirft. Seit der Sünde des Menschen ist dieser Empfindungs-Kreis dem Minor dasselbe, was dem Dämon die himmlische Unermesslichkeit und der universelle Raum sind. Nichtsdestoweniger weisst du, dass der Vorteil der Menschen gegenüber den Dämonen darin liegt, ihre Grenzen nach eigenem Belieben und freiem Willen durchbrechen zu können und wie reine Geister zu handeln, obwohl sie Subjekte der Zeit sind.*

Dies ist also die Idee, die du hinsichtlich der gegenwärtigen Macht des Menschen begreifen musst.

Die Geister des Überhimmlischen

Was nun die Geister des Überhimmlischen angeht, ist dies der geeignete Zeitpunkt, dich über deren Emanzipation, ihre unterschiedlichen Fähigkeiten und ihre Macht zu unterrichten, damit dir das wahre Verhältnis und die Verbindung klar wird, die sie sowohl mit der göttlichen Unendlichkeit wie auch mit der himmlischen Welt und den diese irdische Sphäre bewohnenden Minores haben.

Lerne denn, Israel, dass die Emanzipation dieser Geister in demselben Moment stattfand, da die verdorbenen Geister ihre Sünde begingen. Es gab keinen anderen zeitlichen Abstand ausser jenem des Gedankens des Schöpfers, auf dessen Befehl diese Geister aus der göttlichen Unendlichkeit hervorgingen und die ihnen aufgetragenen Gesetze in der überhimmlischen Unermesslichkeit zur Ausführung brachten. Diese Gesetze bestanden in nichts anderem als darin, diese Geister in den Dienst der Verbindung des Menschen mit dem Schöpfer zu stellen und den Geschöpfen, die die himmlischen und materiellen Welten regieren – in denen die verdorbenen Geister eingeschlossen sind –, als doppelte Grenze zur Verfügung zu stehen.

Himmlische und irdische Räume und die Körper

Der Raum, der sich zwischen dem äussersten Punkt der materiellen Welt und dem Endpunkt der himmlischen Welt befindet, bildet die diesen verdorbenen Geistern festgesetzte Länge (longitude), worin diese, ihrem Willen gemäss, ihre Kräfte zum Einsatz bringen. Die Ausdehnung dieser Grenzen in der Breite bildet die horizontale Oberfläche der materiellen Welt, und die himmlische Welt ist die Hülle der materiellen Welt. Du musst erkennen, dass die Länge, die von einer dieser beiden Welten zur anderen führt, grösser und gewaltiger ist als auf der horizontalen Fläche der materiellen Welt; dies, weil die materielle Welt nur 3 erkennbare Horizonte hat: Norden, Süden *und* Westen, *die himmlische Welt aber 4 horizontlose Regionen besitzt. Ich sage: die himmlische Welt hat keinen Horizont, weil die Horizonte tatsächlich nur der materiellen Welt eigen sind, deren Bewohner den Veränderungen der Jahreszeiten ausgesetzt und gezwungen sind, durch die materiellen Elemente ernährt und gekräftigt zu werden. Die Bewohner der himmlischen Welt jedoch haben, da sie von anderer Beschaffenheit sind, auch andere Fähigkeiten als die Bewohner der materiellen Welt und unterliegen auch nicht denselben Zwängen. Weit davon entfernt, der materiellen Elemente zu bedürfen, sind sie es, die zur Wirksamkeit dieser Elemente beitragen. Unaufhörlich erfreuen sie sich derselben Temperaturen. Sie erhalten keine Nahrung der Erzeugnisse und des Pflanzenwuchses der Materie, denn ihre Körper sind nicht zu solcher Ernährung geschaffen.*

Die Körper der Bewohner dieser Welt bilden eine Sphäre, die unmittelbar durch das Feuer der Achse – woraus diese Leiber hervorgegangen sind – erhalten und gespeist wird. Deshalb ist ihre Dauer eine Anzahl von Zeiten festgesetzt, die, verglichen mit dem Bestehen der Körper der Bewohner der materiellen Welt, einer Ewigkeit gleich ist. Erkenne weiter, Israel, dass die irdische und die himmlische Ausdehnung, wo die materiellen und geistigen Bewohner leben, das sind, was du die Welt *nennst, und dass die Bewohner – von denen ich dir eben gesprochen – diese Welt nicht selber zu bilden vermögen. Du musst wissen, dass diese materiellen und geistigen Wesen bloss eine Gattung von Wesen sind und dass sich in den beiden von ihnen bewohnten Räumen noch andere einfache geistige Wesen befinden, die ebenfalls ihre Mission zu erfüllen haben, und zwar entsprechend den Gesetzen, die sie zum Vollzug ihrer Operationen zum Nutzen der geistigen Bewohner der himmlischen und der materiellen Bewohner der irdischen Welt erhalten haben.*

Dieselbe Differenzierung musst du auch zwischen der überhimmlischen Welt und ihren Bewohnern machen.

Die Operationen der überhimmlischen Welten

Die der überhimmlischen Welt verliehene Befähigung, den Bösen Geistern eine zweifache Schranke zu sein, wird dir, wenn du die dieser überhimmlischen Welt zugehörigen Operationen beachtest, noch verständlicher werden. Sie wirken nicht nur – wie ich dir schon sagte – auf die himmlische und materielle Welt, sondern auch auf den Kreis der universellen Achse. Du musst tatsächlich erkennen, wie notwendig es für jene ist, die Form geworden, und für jene, die der Erhaltung und der Dauer der universellen Form verbunden sind – wo die verdorbenen Geister in der Entbehrung gefangen gehalten werden –, dass alles durch die Superiores-Geister begrenzt wird. Deshalb musst du den überhimmlischen

Geistern das Vermögen einer doppelten Aktion zuerkennen. Doch ist es nicht nur vermittels dieser doppelten Aktion der überhimmlischen Geister auf die universelle Form, dass sich deren Befähigung zur zweifachen Aktion beweist, sondern auch, weil sie – durch ihren Rang und ihren Auftrag – den Akt der zweifachen Macht besitzen; dies, weil sie unter der Herrschaft und der Befehlsgewalt der unmittelbaren Aktion des Ewigen stehen und weil jede Aktion und Operation für oder gegen jedwelche Kreatur in dieser überhimmlischen Welt beheimatet ist, nämlich: die reine geistige, die geistige zeitliche göttliche und die geistige materielle. Ja, diese Bewohner des Überhimmlischen sind es, die als doppelte Schutzwehr gegen die Greuel der dämonischen Geister wirken. Wahrlich ich sage dir, weil sie geheiligt sind, besitzen sie das Vermögen der zweifachen Macht.

Im übrigen werden die Dämonen diese überhimmlische Welt niemals so beflecken können, wie sie die Bewohner der göttlichen Unendlichkeit befleckt haben. Daher kommt es, dass man sagt: niemals werden sich die Dämonen gegen den Gedanken, die Aktion und die Operation des Schöpfers durchsetzen können. Was ich dir hier mitteile, ward dir durch Abraham, Isaak und Jakob, die die zeitlichen Gestalten des Gedankens, der Aktion und der Operation der Gottheit sind, wahrhaftig dargestellt. Seit diese drei Minores ihre Versöhnung und ihre Heiligung erhalten haben, hat der Dämon keinen Einfluss mehr auf sie ausgeübt und konnte sich auch nicht mehr gegen die geistigen göttlichen Operationen durchsetzen, die sich in diesen drei Personen im Ewigen – seit sie geheiligt worden sind – vollzogen haben. Du siehst also, Israel, dass die Aktion der überhimmlischen Bewohner unendlich viel gewaltiger ist als die aller geistigen Wesen, die mit den Aktionen und Operationen der beiden unteren Welten beschäftigt sind. Du siehst es, sage ich, an den Feuerstrahlen, die aus den verschiedenen Kreisen, die die Unermesslichkeit des Überhimmels ausmachen, hervorgehen. Diese Überlegenheit der Aktion soll dich nicht erstaunen, ist doch der Raum der überhimmlischen Unendlichkeit viel weiter als der Raum der beiden unteren Welten die, auch wenn sie geeint würden, diesem keinesfalls nahe kämen.

Die Unterschiede

Noch eine Wahrheit muss ich dich lehren, Israel, deren Gewissheit und physischer Beweis dir vor Augen sind, nämlich: unter den Bewohnern der unterschiedlichen Welten gibt es nicht zwei, die sich in geistigem Vermögen und geistiger Macht gleich sind. Diesbezüglich sind sie alle voneinander unterschieden. Solches belehrt dich wahrhaftig der Unterschied, der zwischen den körperlichen Formen und den Aktionen, die diese unterschiedlichen Formen vollbringen, besteht. Diese Gewissheit ist nicht durch materielle Beobachtung zu meiner Kenntnis gelangt, sondern ist mir vom Schöpfer selbst geworden, der mir klar zu sehen erlaubte, dass diese Vielfalt der Fähigkeiten und Kräfte ebenfalls unter den geistigen Bewohnern der göttlichen Unendlichkeit existierte.

Durch göttliche Verfügung besassen die einen wie die anderen unterschiedliche und erhabene Aktionen und Operationen. Im weiteren sage ich dir, dieser göttliche Beschluss wird ewiglich und ohne Ende existieren, und mit gleicher Sorgfalt wird er während der Dauer der Zeiten unter den emanzipierten Geistern befolgt werden; dies, obwohl die Kräfte und Mächte dieser emanzipierten Geister nicht mehr dieselben sind wie jene, die sie vor *der Sünde der verdorbenen Geister in der göttlichen Unermesslichkeit besassen, waren sie doch durch diese Sünde gezwungen, ihre Aktion, die rein geistig sein sollte, zwischen dem Zeitlichen und dem Geistigen aufzuteilen, wie dich all das vor deinen Augen sich Abspielende belehren sollte.*

Um dir das zuvor über die Veränderung der Kräfte und Mächte der emanzipierten Geister der göttlichen Unendlichkeit Mitgeteilte noch näher zu bringen, sage ich dir, dass der Schöpfer eine ausreichende Anzahl Geister aus seinem göttlichen Kreis der Siebenheit hervorgehen lässt und einsetzt, um im Überhimmlischen geistige zeitliche Operationen zu wirken.

Die Zuteilung der Macht

Die auf diese Operationen bezogenen Gesetze der Macht wurden in dieser Anordnung den emanzipierten Geistern der Siebenheit zugeteilt; einem anderen Teil, die Fähigkeit der Macht der Sie-

benheit; einem anderen schliesslich, jene der inferioren Macht der Dreiheit. Diesen drei Klassen ward der Minor beigefügt. Dieser war ihnen durch seine Kraft und Macht unendlich überlegen, weil – wie ich dich schon lehrte – dieser Minor ein reines und von keiner geistigen Schande beflecktes Wesen war. Auch war er der einzige dieser Unendlichkeit, der über die Macht der Vierheit verfügte, und damit unterschied sich seine Aktion sehr von jener der drei anderen Klassen des Überhimmlischen.

Die zweifache Macht der Achtheit

Der Schöpfer setzte in diese überhimmlische Unendlichkeit keine besondere Klasse von Geistern der Achtheit, wie diese vormals in der göttlichen Unendlichkeit bestanden hatten. Diese Klasse befindet sich deshalb nicht mehr in der göttlichen Unermesslichkeit, weil der Schöpfer im Anschluss an die Sünde der ersten Geister – über all seine geistigen Geschöpfe verfügend – seine Aktion zweifacher Macht emanzipierte, *damit sie hingehe, seine Gerechtigkeit und seine Herrlichkeit unterschiedslos in den drei verschiedenen Unendlichkeiten zu offenbaren. Von hier stammt die dir gewordene Belehrung, dass der zweifach mächtige Geist bei dir ist, so du ihn verdienst, dass er sich aber von dir zurückzieht, sobald du dich seiner doppelt mächtigen Aktion unwürdig erweist. In Ägypten sahst du diese doppelte Macht zu deinem Heile und deiner Glorie operieren. In zwei Teile hat sie ihre Aktion aufgeteilt: den einen, um* deine Feinde zu vernichten *und den anderen, um über* deine geistige und körperliche Bewahrung zu wachen. *Dies sollten dir die beiden stets mit dir umherziehenden und dir in all deinen Siegen nachfolgenden Säulen vergegenwärtigen. Das also ist der Grund, weshalb sich dieser zweifach mächtige Geist nicht mehr in seinem festen Wohnsitz in der göttlichen Unendlichkeit befindet.*

Die Unendlichkeiten

Es ist dir nicht unbekannt, Israel, dass die überhimmlische Unendlichkeit der göttlichen Unendlichkeit gleicht und dass sich dieselben geistigen Fähigkeiten und Kräfte in der einen wie auch in der anderen Unendlichkeit finden. Doch gilt es folgende Unterscheidung zu kennen: Die geistigen göttlichen Mittler wirken in der unendlichen Unermesslichkeit des Schöpfers, wogegen die überhimmlischen Mittler lediglich in einer begrenzten *Unendlichkeit wirken. Auch ist diese überhimmlische Unendlichkeit, da sie der Zeitlichkeit untersteht, passiv. Sie kann aber keine andere Begrenzung haben als jene des Gedankens und der Macht des Schöpfers, und – nach dem, was ich dir über diese Unermesslichkeit gesagt habe – musst du wissen, dass sie lediglich aus jener Vielzahl von Geistern besteht, die der Schöpfer aus seinem Schosse gebiert. Durch die Fortdauer dieser geistigen Emanation ist diese göttliche Unermesslichkeit unendlich. Jeder Geist findet in dem Augenblick, da er aus dem Schöpfer hervorgeht, einen Platz und einen ihm angemessenen Raum, um seine vom Ewigen erhaltenen Kräfte in Tat und Werk umzusetzen. Tatsächlich kann der Schöpfer keinen Geist aus seinem Schosse emanieren, ohne ihm gleichzeitig eine von allen anderen unterschiedene Kraft zu verleihen, und diese Kraft vermöchte sich nicht in die Tat umzusetzen, wenn nicht jeder aus dem Schöpfer hervorgegangene Geist seinen besonderen Raum besässe; was dir zu erkennen ermöglicht, dass mit der Emanation auch die göttliche Unendlichkeit stetig zunehmen muss. Wenn dem nicht so wäre, würde die Macht all dieser Bewohner der göttlichen Unendlichkeit in der Konfusion wirken, so nämlich, wie die Bewohner der materiellen Welt ihre Macht wirken. Was nun aber die Konfusion unter den Bewohnern der materiellen Welten erzeugt, ist ihr begrenzter Raum, der bloss eine bestimmte Anzahl Bewohner fassen kann. Die Vielzahl der Bewohner der göttlichen Unendlichkeit aber wächst und wird unaufhörlich und unendlich wachsen, ohne jemals einer Begrenzung ausgesetzt zu sein. Keinerlei Zeit ist für die Emanation dieser Geister vonnöten – im Gegensatz zu jenen der zeitlichen Schöpfung –, weil die Geister, indem sie zusammen mit ihrer Emanation all das Notwendige erhalten, um gemäss ihren Gesetzen handeln zu können, keineswegs der Kraft der inferioren Geister bedürfen, wie dies den Minores der zeitlichen Welt notwendig ist.*

Die Ewigkeit

Du siehst also wohl, Israel, dass sich diese göttliche Unermesslichkeit niemals als endlich erachten kann. Zugleich beweise ich dir durch diese Unendlichkeit auch die Ewigkeit des Schöpfers, gleichwie sich auch die Ewigkeit der Geister durch ihre Emanation bestätigt. In der Ewigkeit der Geister sind indessen weder die Aktion noch die zeitliche Macht inbegriffen, die heutzutage vor deinen Augen wirkt. Nichts von all dem, was der Zeit untersteht, kann sich als ewig betrachten. Aber so, wie die geistigen reinen Kräfte durch die Sünde der ersten Geister und des Menschen zeitlich geworden sind, werden diese Kräfte im Anschluss an das Jüngste Gericht aufhören, in der Zeit zu wirken. Sie werden dann, dem ganzen Ausmass ihrer Urgesetze gemäss, in ihre Urkraft und ihre erste Macht zurückversetzt.

Heiligung und Versöhnung

Indessen, Israel, wird das Wesen der zweifachen göttlichen Macht nicht wieder in seinen vor der Schöpfung bestandenen Urzustand der Beständigkeit der göttlichen Unendlichkeit zurückkehren. Dieses Wesen wird ewiglich damit beschäftigt sein, seine zweifache Macht gegenüber jenen Klassen von Geistern auszuüben, die in der gesamten Ewigkeit erkennbar sein werden, nämlich: die gerechten Geister, die zuerst Geheiligten und jene Geister, die erst als letzte geheiligt und wiederversöhnt werden. Diese Unterscheidung wird immerwährend bestehen, auch dann, wenn alle geistigen Wesen sich wieder versöhnt haben werden, und die Heiligung der Ersten wird der Heiligung der Letzten immer überlegen sein. Die Minores, die am Ende der Zeiten noch zur Aussöhnung verbleiben, werden vom Ewigen als die Letzten *benannt werden. Und das Gericht, das er gegen sie ausüben wird, wird unendlich viel gewaltiger sein als jenes, das er gegen die Dämonen erlassen hat und erlassen wird, denn der Minor war ja mit einer den verdorbenen Geistern weit überlegenen Autorität und Macht begnadet.*

Je mehr der Minor erhalten hat, desto mehr wird von ihm verlangt werden. Dies soll dich lehren, Israel, wie sehr der göttliche Minor des Ewigen Gerechtigkeit fürchten soll. Erkenne demnach,

Israel, durch all das, was ich dir soeben mitgeteilt, dass es nicht das Gesetz des Wesens der zweifachen Macht ist, in seinen festen Urzustand der Unwandelbarkeit geistiger göttlicher Aktion zurückversetzt zu werden, da dieses Wesen seine mächtigen Fähigkeiten ewiglich in den verschiedenen Klassen wirken muss, wo die ersten und letzten Geheiligten und Versöhnten hinversetzt sein werden.

Das Gericht

Wenn du jemals das Unglück hättest, Israel, zur Anzahl jener letzten zu Versöhnenden zu gehören, es bliebe dir nicht mehr die Zeit umzukehren von deinen Schandtaten, und es läge nicht mehr in deiner Macht, dich deinem Schöpfer zuzuwenden und die Verkürzung deiner Leiden zu erflehen; denn wahrlich ich sage dir, unwandelbar ist der Schöpfer und niemals nimmt er seine Beschlüsse zurück. Darum: anders ist das Vermögen des Minor auf Erden, anders wiederum sein Vermögen, wenn er vom Ewigen zur Rechenschaft gezogen wird. Zweifelsohne weisst du, Israel, unmöglich ist es allen, diesem Höchsten Wesen zu verbergen, welchen Gebrauch sie von der ihnen zur Zeit ihrer Emanation und ihrer Emanzipation zur Verfügung stehenden Freiheit gemacht haben. Auf Grund dieser Freiheit wird der Ewige alle Minores richten, denn jedes geistige Wesen ist mächtig und doppelt mächtig emaniert worden.

Die Freiheit

Der Schöpfer, der kein schwaches Wesen ist, vermochte keine unreinen und in ihrer Kraft irgendeinem Akt der Schwäche zugängliche Wesen zu emanieren. Dieses Wort der Schwäche ist jenes, hinter dem sich der ruchlose und böse Mensch verbirgt, um sich nach seinen Lüsten den unrechten Gedanken des dämonischen Intellektes zu verbinden. Alle Leidenschaften jedoch und alle Laster des Menschen wirken in ihm lediglich im Nachvollzug der ihm eingeborenen, eigenen Freiheit. *Die Freiheit regiert den Willen, und der Wille nimmt den von ihm empfangenen guten oder bösen Gedanken an. Sobald ihm aber die daraus entstandene Frucht ge-*

worden ist, kommt der Minor zu sich selbst zurück und wird, indem er über das Produkt seines Wirkens meditiert, selbst zum Richter über das Gute oder das Böse, das er verursacht hat.

Der reine Mensch

Wirst du mir, um deine Sünde gegen den Schöpfer zu entschuldigen, nun sagen, dass deine Schwäche deren Ursache sei und dass diese Schwäche deiner leiblichen, stofflichen Form entstamme, die den Minor fernhält von der geistigen Macht? Darauf antworte ich dir: dies ist völlig falsch, denn alle Minores, die in ihre ersten geistigen göttlichen Mächte und Kräfte zurückversetzt wurden und Gnade gefunden haben vor dem Ewigen – wie Adam, Abraham, Isaak, Jakob und mehrere andere – haben nach ihrer Versöhnung, obwohl sie immer noch in körperlichen Formen lebten, nicht wieder gesündigt. Sobald diese Minores geheiligt und versöhnt worden waren, haben sie ihre Freiheit hingegeben an die Macht desjenigen, von dem sie diese erhalten hatten. Solcherart gebar diese Freiheit bloss noch reines Wollen; und der Wille dieser versöhnten Minores hat bloss noch reine geistige Gedanken angenommen, und diese ermöglichten es ihnen, erstaunliche und den sündigen Minores unglaublich scheinende Taten der Kraft zu vollbringen. Die derart versöhnten Minores waren nicht mehr empfänglich und nicht mehr gefährdet, den Hinterhalten des Dämons zu erliegen oder dessen Intellekt zu übernehmen; und dies, weil die Minores in den tiefsten Gedanken der dämonischen Wesen zu lesen vermochten und sie dadurch in ihren verbrecherischen Handlungen unterbrachen. Damit beraubten sie diese verdorbenen Wesen des ganzen Ruhmes, den sich diese von der Verfolgung der Minores versprachen.

Die Schwäche des Minor

Glaube also nicht, Israel, dass die Schwäche dem Menschen unmittelbar verliehen und dass es seine leibliche Form aus Materie sei, die ihn der Versuchung erliegen lasse. Diese Form ist keines-

wegs mit der Führung von sich selber betraut; sie ist lediglich das Organ des Minor. Sie vollzieht bloss die guten oder bösen Willensakte, die der Minor vom guten oder bösen Geist empfängt. Es soll der Mensch, wenn er unterliegt, seinen Fall nicht seiner körperlichen materiellen Form zur Last legen. Seinem Willen allein muss er ihn zuschreiben.

Trotzdem existiert indessen eine dem Minor eingeborene Art, ein Akt, den man als Schwäche bezeichnen kann. Da aber diese Schwachheit nur zum Guten hinzielt, kann sie dem Schöpfer nicht missfallen. Sie entstammt einer wahrhaftigen geistigen Menschlichkeit, die lehrt, das Böse, das die Dämonen durch unsere gestürzten Mitmenschen gegen uns wirken, mit Gutem zu vergelten.

Solcherart ist die dem Minor innewohnende Schwäche. Dies ist so wahr, dass du vor Scham erzittern würdest, wenn es mir erlaubt wäre, dich über all die göttliche Liebe und all die göttlichen Schwächen aufzuklären, die der Schöpfer zum Wohle seiner geistigen Kreatur einsetzt. Es wird aber die Zeit kommen, da du über das, was ich dir jetzt nicht sagen kann, unterrichtet werden wirst, und du wirst selber in der Lage sein, jene Dinge zu beurteilen, die dir zu sagen ich verpflichtet bin. Dann wirst du klar erkennen, dass dem Minor keine andere Schwachheit eingeboren ist als jene, von der ich soeben sprach, und die wohl eher den Namen Barmherzigkeit *verdiente. So fürchte denn unter Todesstrafe, den Minor als ein schwaches Wesen zu betrachten. Wäre er solcherart aus dem Schosse des Schöpfers hervorgegangen, es wäre unnötig gewesen, dass der Schöpfer ihm die Freiheit verliehen hätte. Wäre nicht die Kraft in ihm, von dieser Freiheit Gebrauch zu machen, er wäre nicht nur ein unreines und sich widersprechendes Wesen, sondern auch der Schöpfer selbst wäre es, da er ja an zwei sich widersprechenden Aktionen teilhätte. Doch gibt es beim Schöpfer nur* eine *Aktion, die sich zum Wohle und zum Heile seiner Kreatur unendlich aufteilt.*

Um dich jedoch davon zu überzeugen, dass das, was der böse Mensch die dem Minor eingeborene Schwachheit nennt, nicht seiner leiblich materiellen Form entstammt, frage ich dich, ob denn die ersten verdorbenen Geister körperlich materielle Formen besassen, als sie sündigten? So ist es denn keineswegs der Form die-

ser verdorbenen Geister, der du diese Schwäche – hinter der sich die verkörperten Minores verbergen – zuschreiben kannst. Im übrigen stand diese Art Schwachheit keinesfalls in ihrer Macht, waren doch diese ersten verdorbenen Geister ausserstande, irgendeine Verbindung mit dem guten oder bösen Intellekt einzugehen – den es in diesem Falle gar nicht gab – und vermochten doch diese ersten Geister, solange sie sich noch in ihrem Zustand der Gerechtigkeit befanden, den Gedanken des Schöpfers vollkommen zu lesen.

Freiheit und Wille

Es ist also niemals – ich wiederhole es – der Einfluss der körperlichen Schwachheit, noch irgendein Einfluss des guten oder bösen Intellekts, der die Sünde der ersten Geister verursacht hat. Es sind ihre eigene Freiheit *und* ihr alleiniger Wille, *die veranlasst haben, dieses schreckliche Verbrechen – weswegen sie nun in der geistigen göttlichen Entbehrung existieren – zu ersinnen. Sage also nicht, du könnest nicht verstehen, wie jene Dinge geschehen, die ich dir soeben hinsichtlich der dem geistigen Wesen eingeborenen Freiheit und innewohnenden Willen mitgeteilt habe. Solches entspräche einer Sprache, die den unvernünftigen Tieren zugehört, nicht aber einem Wesen, das in sich die Ebenbildlichkeit und Übereinstimmung der Tugenden und Kräfte der Gottheit trägt. Du kannst nicht daran zweifeln, dass du all diese Dinge* in dir *hast, da du doch wahrnimmst, dass all das, was du mich zur Herrlichkeit des Schöpfers und zum Nutzen seiner Minores-Kreatur wirken siehst, vom Schöpfer ausschliesslich dem Vermögen dieser Minores, nicht aber allen geistigen Wesen, verliehen ist.*

Minores und reine Geister

Ja, Israel, der Schöpfer empfindet mehr Befriedigung an den guten Taten und Werken seines in Entbehrung sich befindlichen Minor als an jenen der anderen geistigen Wesen, die ohne der Zeit unterworfen zu sein, zeitlich sind. Diese Unterscheidung kommt daher, dass die Minores deshalb emaniert und emanzipiert worden sind, damit sie der Gerechtigkeit und der Herrlichkeit des

Ewigen dienen, *wohingegen die reinen Geister bloss die Fähigkeit besitzen zu* betrachten *und dem Schöpfer all das* mitzuteilen, *was sich zwischen dem Minor und ihm abspielt. Auch sind die Minores im Besitz von Kräften und Mächten, die allen anderen Geistern überlegen sind. Konnte der Schöpfer, wirst du mich nun fragen, nicht alle anderen Geister der göttlichen Unendlichkeit – sei es jenen der Zehnheit, der Siebenheit oder der Dreiheit – dieselben Dinge wirken lassen und ihnen dieselben Kräfte verleihen? Damit du dich über die diesbezügliche Bevorzugung des Minor vor allen anderen Klassen der Geister nicht zu verwundern brauchst, erinnere dich daran, dass, obwohl die unerhörte Befleckung abgewaschen ist, die die reinen Geister durch die Sünde der verdorbenen Geister empfangen haben, und obwohl die derart befleckten Geister durch die unermessliche Güte und die Macht des Schöpfers geheiligt worden sind, sie dennoch der Zeitlichkeit unterstehen. Da sie nunmehr dieser Zeit unterworfen sind, gab der Schöpfer dem Minor als einem vollkommen reinen, unbefleckten Wesen – seine Emanation hatte ja erst nach der Sünde der perversen Geister stattgefunden – den Vorzug. Sei also nicht erstaunt, wenn ich dich darüber belehre, dass die Bewohner der göttlichen Welt immer noch die Ursünde nachempfinden und bis ans Ende der Zeit nachempfinden werden. Dann erst wird ihre Aktion aufhören an der Zeitlichkeit teilzunehmen, für die sie nicht emaniert worden sind und die nicht ihrer wahren Aufgabe entspricht.*

Entrichten des Tributes

Wahrlich, Israel, ich sage dir, es ist mit dieser göttlichen Welt wie mit den Bewohnern der allgemeinen irdischen Welt. So wie diese für die im Zentrum des zeitlichen Universums begangene Sünde der Gerechtigkeit des Ewigen Tribut entrichten, so zahlen die Bewohner der göttlichen Welt der Gerechtigkeit des Schöpfers für die Wiedergutmachung des Verbrechens der ersten Geister Tribut. Ich werde dir die reine Wahrheit bezüglich der unterschiedlichen Tribute mitteilen, die diese beiden Klassen geistiger Wesen dem Schöpfer entrichten und bis ans Ende der Zeiten entrichten werden. Noch mehr wird dich wohl wundern, dass alle Geister, die der Schöpfer seit dieser Sünde in die göttliche Welt entlassen hat, derselben Tributpflicht unterstehen. Um dich davon zu überzeugen, beachte die Emanzipation des Minor in diese untere Welt. Sicherlich: wenn er herniedersteigt, ist er weder befleckt noch unrein, aber sobald er mit einem materiellen Leib bekleidet ist, wird er ein dem Gesetz der Zeit unterworfenes Subjekt. Zweifelsohne besteht ein gehöriger Unterschied zwischen der Untertänigkeit, in der sich der Minor, und jener, in der sich die Bewohner der göttlichen Unermesslichkeit befinden. Der Minor untersteht einer weit grösseren Entbehrung und Busse, weil – wie dir nicht unbekannt ist – die Sünde des Urmenschen unendlich gewaltiger ist als jene der Dämonen. So unterstehen die Minores den Grenzen der Zeit, die göttlichen Geister aber nur der Zeitlichkeit. Der Mensch durchdringt die unterschiedlichen Unendlichkeiten bloss in Gedanken, die Geister jedoch vermögen wirklich und in natura die unendliche Ausdehnung der göttlichen Unermesslichkeit zu durchschreiten.

Das Wort

Trotz der Gebundenheit, in der sich die beiden Klassen von Geistern befinden, ermöglicht das Wort [parole] *doch dem Menschen die Überlegenheit über alle Bewohner der göttlichen Welt. Es ist stärker und mächtiger als das ihrige und die Ausdehnung, die es hat, übertrifft auch noch jene, die die göttlichen Geister durcheilen.*

Der perversen Geister Entbehrung

Derart, Israel, ist der gegenwärtige Zustand der göttlichen Geister und der Minores, doch dieser Zustand der Untertänigkeit, der die göttlichen Geister und die Minores unterworfen sind, ist nichts verglichen mit der schrecklichen Entbehrung, zu der die verdorbenen Geister verurteilt sind. Der Schöpfer hat sie dermassen gezüchtigt, dass ihre Last und ihre Qual jene aller anderen Geister unendlich übersteigt. Ihre Qual ist es, das Böse wirken zu müssen und durch den Beschluss des Ewigen verurteilt zu sein, für eine zeitliche Ewigkeit in ihrer Ungerechtigkeit zu leben, ohne ihre bösen und der göttlichen Aktion entgegengesetzten Aktionen verändern zu können. Dies wollte der Schöpfer zu verstehen geben, als er durch seine Gesandten verkündete, dass die Sünder durch ihre eigenen Verbrechen bestraft würden.

Der Minor hat demgegenüber, obwohl im Zustand der Unterwerfung, dennoch die völlige Freiheit *das Gute oder das Böse zu wirken und das Böse in Gutes zu verwandeln. Deshalb ist seine Entbehrung den Leiden der perversen Geister, die keine andere Macht besitzen als diejenige, das Böse zu wirken, nicht zu vergleichen.*"

Zweite Gesetzestafeln und Tabernakel

Als nun Mose dem Volk diese grossen Unterweisungen – die ihr soeben vernommen – erteilt hatte, begab er sich wieder auf den Berg Sinai, woher er alsdann die zweiten Gesetzestafeln zurückbrachte. Auf diesem Berg erhielt er auch vom Schöpfer den Auftrag zur Errichtung eines zur Aufbewahrung der neuen Tafeln bestimmten Tabernakels, und als er mit der Hilfe *Bezalels* alles so, wie es der Schöpfer vorgeschrieben, ausgeführt hatte, redete er nochmals zum Volk und gab ihm – in folgenden Worten – die Instruktionen betreffs der Form und der Proportionen des Tabernakels:

Das Tabernakel

„Höre, Israel, was ich dir über die verschiedenen Proportionen, die ich zur Erbauung des Tabernakels der geistigen göttlichen Macht berücksichtigt habe, und über die unterschiedlichen Entsprechungen zu sagen habe, die es zu all dem hat, was existiert. Das Tabernakel in seiner Vollkommenheit ergibt vier Arten geistiger Hinweise: den ersten auf die überhimmlische Welt, *den zweiten* auf die himmlische Welt, *den dritten* auf den menschlichen Körper *und den vierten* auf die Welt oder den universellen Kreis.

Der erste Hinweis – Das Überhimmlische

Der erste Hinweis tut sich dir kund, wenn du beachtest, dass das Innere *die wahre Gestalt des Überhimmlischen darstellt. In dieser* heiligen Stätte werde ich, ohne die Beimischung der Aktion eines anderen Geistes, einen Teil der Aktion der geistigen Bewohner des Überhimmlischen ausführen.

Auch hat mir der Schöpfer aufgetragen, diesen heiligen Ort immer dann, wenn ich eine direkte Verbindung mit dem göttlichen Willen aufnehmen muss, durch die östliche Pforte zu betreten. Jedesmal, wenn ich etwas zum Heile Israels zu erbeten habe, gehe ich dort ein. Aber auch meine Ehrfurcht und mein Wirken für diese Art Operation sind unendlich gewaltiger als für alle anderen, die ich für oder gegen das Heil Israels wirken könnte, weil ich – wie ich soeben sagte – eine unmittelbare Verbindung mit dem Ewigen und mit den reinen Geistern des Überhimmlischen aufnehmen muss.

Der zweite Hinweis – das Himmlische

Der zweite Hinweis oder jener des himmlischen Abschnittes ist dir durch die vier am Tabernakel angebrachten Pforten versinnbildlicht. Sie stellen die vier überhimmlischen Regionen dar. Von diesen vier Pforten schaut eine nach Osten, eine nach Westen, eine nach dem Mittag und eine nach Aquilon oder Norden. Sie sind die wahren Figuren der vier geistigen Mächte, die der Schöpfer seinem Minor verliehen hat und durch die er von den Mächten der vier regionalen Oberhäupter und allem, was von ihnen abhängig ist, Gebrauch machen kann.

Deshalb lasse ich, wenn ich im Tabernakel bin, um über die zeitlichen geistigen himmlischen Dinge unterwiesen zu werden, die Pforte offen, die nach jener himmlischen Region ausgerichtet ist, zu deren Oberhaupt ich mich hinwenden muss. Solcherart, Israel, unterscheiden sich die Anforderung und Operationen, die ich im himmlischen Abschnitt ausführe, von jenen, die ich im überhimmlischen Bereich zu vollziehen habe.

Die Bewohner des Überhimmlischen sind, indem sie auf alles geistig Existierende einwirken und handeln, nicht durch die Grenzen des Universums beschränkt. Da es für sie keinerlei materielle Begrenzung gibt, kann man sie keiner elementaren Region unterwerfen oder zuordnen. Deshalb lasse ich, wenn ich mit ihnen arbeite, keine der Pforten des Tabernakels offen, weil es in der

Macht dieser Gattung von Geistern steht, jede Art materieller Schranke zu überwinden, um zu erscheinen und sich den zur Offenbarung der göttlichen Herrlichkeit und Gerechtigkeit bestimmten Minores mitzuteilen.

Anders ist es mit den geistigen Bewohnern des himmlischen Abschnittes. Da sie elementare Regionen und Formen bewohnen, bin ich gezwungen, die Schranke, in der sie enthalten sind, zu öffnen. Dies ist also die wahre Beziehung des Tabernakels mit der himmlischen und der überhimmlischen Welt, von wo die entsprechenden Bewohner herkommen, von denen jeder mit Würde und Klarheit in Gegenwart desjenigen wirkt, der auf Anordnung des Schöpfers Macht und Wirkung über sie besitzt.

Der dritte Hinweis – der menschliche Körper

Der dritte Hinweis ist die Beziehung des Tabernakels zur besonderen Welt oder der kleinen Welt, die nichts anderes ist als der menschliche Körper. *Ja, Israel, das Tabernakel, das ich in deiner Gegenwart von Bezalel erbauen liess und in das ich das göttliche, mir von Angesicht zu Angesicht vom Schöpfer überreichte Gesetz eingeschlossen habe, ist der wahre Typus und das wahre Ebenbild des menschlichen Leibes oder der körperlichen Form aus sichtbarer Materie, in die der Minor eingeschlossen ist. Wie die Bewohner des Überhimmlischen, des Himmlischen und des universellen Kreises jeder seiner Art gemäss in dem ehrfurchtgebietenden Tabernakel wirken, so arbeiten und operieren diese verschiedenen geistigen Wesen auch im Körper des Menschen mit dem darin eingeschlossenen Minor.*

Der vierte Hinweis – der universelle Kreis

Viertens deutet dieses Tabernakel wahrhaftig auf den universellen Kreis, indem jedes geistige Wesen – Inferior, Major und Minor – in diesem Tabernakel dieselben Handlungen ausführt wie in der universellen Ausdehnung. Ja, Israel, dieses vor deinen Augen durch die Fähigkeit des Menschen erbaute Tabernakel zeigt dir mit Gewissheit das Vermögen und die Macht jener Geister, die an der Instandhaltung des Universums mitarbeiten, wie auch von je-

nen, die an seiner Gestaltung mitgewirkt haben, indem sie die Urmaterie – aus der alle Formen hervorgegangen sind – herrichteten, auf dass sie jenen Impuls zurückbehalte, der ihnen von den inferioren Geistern auf Anordnung des Schöpfers eingeprägt wurde. Beurteile selbst: ist es nicht so, dass ich, als ich vom Berg herniederstieg, keinerlei zur Erbauung dieses ehrfurchtgebietenden Tabernakels – in das die göttlichen Gesetze, die der Schöpfer seinem Diener Mose anvertraut hatte, eingeschlossen werden sollten – geeignete und notwendige Materie mit mir trug?

Doch nicht ich selbst wurde mit diesem Bauwerk beauftragt, ich war lediglich der Gesandte des Schöpfers, um erstens den Befehl der Gottheit an Bezalel zu übermitteln und ihm zweitens die sichtbare Form mitzuteilen, die er dem geistigen Tabernakel geben sollte.

Der Bau des Tabernakels und des Universums

Auch ist dir nicht aufgefallen, dass ich Hand angelegt hätte an diesen Bau. Dieses Recht war Bezalel vorbehalten und den beiden anderen Minores-Gehilfen. Im weiteren weisst du, dass sobald ich Bezalel den Befehl der Gottheit und den Plan des geistigen Tabernakels – dem Willen und dem Vorhaben des Schöpfers gemäss – überreicht hatte, es gut war, all das sich zur Zeit der Gestaltung des Universums Zugetragene zu schildern. Gleichwie ich Bezalel die Anordnungen des Schöpfers zur Erbauung des Tabernakels gab, teilte der Schöpfer den inferioren Geistern das Gesetz zur Erschaffung der geistischen Essenzen mit. Gleichwie ich Bezalel den Plan seines Bauwerks überbrachte, so erhielten die Superiores-Geister durch einen Superiores-Gesandten das Bild der sichtbaren Form des Universums; und schliesslich, wie Bezalel – nachdem er den Befehl zum Bau des Tabernakels und den Plan, nach dem er es bauen sollte, erhalten hatte – mühelos alle dazu notwendigen Materialien vorfand, so erschufen auch die Inferiores-Geister aus sich selbst – nachdem sie vom Schöpfer den Auftrag zur Erbauung des Universums sowie das Bild der sichtbaren Form, das dieses haben sollte, erhalten hatten – die drei Grundessenzen aller Körper, mit denen sie die universelle Zeit gestalteten.

Die unverweslichen Tempel

Durch diese Operation habe ich selbst also den Typus des Schöpfers und des Major-Geistes versinnbildlicht, und Bezalel stellte den Typus des Inferior-Geistes dar, in dessen Macht die Erschaffung der Formen steht. Deshalb wird Bezalel als der grosse Arbeiter vor dem Herrn *bezeichnet. Die unverwesliche Materie, aus der dieses Tabernakel erbaut ist, stellt den wahren Typus der Minores-Geister dar, die zur Betreuung und zur Stütze des Universums beitragen; und dieses Tabernakel ist deshalb unverweslich, weil es – wie das Universum – durch rein geistige Wesen betreut und erhalten wird. Deshalb werden diese beiden Tempel bis an der Zeiten Ende fortbestehen. Versuche, Israel, auch deine besondere Form unverweslich zu machen, indem du sie der Führung und der Macht dieser geistigen Wesen anvertraust, die sie – während der Dauer des ihr festgelegten Zeitenlaufes – in der ganzen Reinheit ihrer Gesetze bewahren werden. Du erkennst ohne Zweifel, dass die drei an der Erbauung des Tabernakels beteiligten* Personen, *nämlich Bezalel und seine beiden Gehilfen, wahrhaftig auf die Dreizahl hindeuten, die die gewaltige Fähigkeit der Inferiores-Geister ausmacht, der Erschaffer der drei geistischen Essenzen, woraus alle körperlichen Formen entstanden sind.*

Die Pforten im Menschen

Dies, Israel, sind die wichtigen Bilder, die du in all dem finden kannst, was das vor deinen Augen errichtete Tabernakel angeht. Vor allem vergiss nicht, dass dieses Tabernakel, wie ich dir schon sagte, das Bild der Körperform des Minor darstellt. Sieh nach, ob des Minor Tabernakel nicht vier Pforten in sich birgt, wie sie auch im Tabernakel des Bezalel vorhanden sind, und ob nicht eine vollkommene Entsprechung zwischen beiden besteht? Die östliche Pforte des Tabernakels Bezalels, durch die ich eintrete, um die Bewohner des Überhimmlischen anzurufen, *repräsentiert* das Herz *des Menschen. Durch das Herz empfängt der Minor die grössten Genugtuungen wie auch die grössten Gnaden, die der Schöpfer ihm direkt durch die Bewohner des Überhimmlischen zuschickt. Die Pforte des* Westens *des Tabernakels Bezalels bezieht sich auf die zweite Pforte des Körpers des Minor, nämlich das* Auge. *Die Pforte des* Mittags *weist auf das* Ohr. *(Die Pforte des Nordens ist der Mund* [steht nicht in der Vorlage von 1899, A.d.Ü.]). *Aber trotz der zwischen den vier Pforten dieser beiden unterschiedlichen Tabernakel bestehenden Beziehungen muss man nicht glauben, sie seien in ihren Kräften und Eigenschaften identisch. Nein, Israel, das Tabernakel Bezalels ist lediglich ein Typus des Tabernakels des Minor; in des Minor Tabernakel aber hat der Schöpfer seine ganze Liebe hineingelegt. So ist es denn nicht weiter erstaunlich, dass dieses Tabernakel demjenigen des Bezalel – das das göttliche Gesetz enthält, das der Schöpfer seinem Diener Mose ein zweites Mal anvertraut hatte – an Macht überlegen ist.*

Das Tabernakel des Minor

Aber existiert dieses heilige Gesetz nicht in natura in des Minor Tabernakel? Glaube nicht, Israel, das Tabernakel Bezalels sei ohne Anspielung auf das Tabernakel unseres sich im Zustand seiner Herrlichkeit befindlichen Urvaters Adam. Du weisst, Adam war in diesem Zustand ein rein geistiges, keinerlei materieller Form unterworfenes Wesen, denn es kann kein reiner Geist in einen materiellen Leib eingeschlossen sein, ausgenommen jene, die gesündigt haben. Im weiteren ist dir bekannt, dass Adam die Fähigkeit besass, seine körperliche glorreiche Form aufzubauen, sie aufzulösen und sie nach Belieben und den Aktionen gemäss zu verändern, die er den vom Schöpfer erhaltenen Befehlen entsprechend zu vollziehen hatte.

Daher konnte sich diese Form, sobald sie existierte, nicht mehr als Tabernakel des dem ersten Minor eingeborenen göttlichen Gesetzes bezeichnen; und es war dieser erste Minor, der als reiner Geist das wahre Tabernakel des göttlichen Gesetzes war, das er während seiner Emanation oder seiner Emanzipation erhalten hatte. Erkenne also, Israel, die Unmöglichkeit, dass ein Tabernakel aus grober Materie – wie jenes des Bezalels – hindeute auf das geistige Tabernakel des ersten Minor, der nichts anderes ist als ein reiner Geist.

Die Eigenschaften der vier Pforten

Nun unterweise ich dich über die Eigenschaften der vier Pforten des Tabernakels des eingekörperten Minor, von denen ich vorhin schon gesprochen und dir dabei bewiesen hatte, dass sie jenen des Tabernakels Bezalels überlegen sind.

Das Herz

Die erste dieser Pforten, das östliche Tor, ist – wie ich dir schon zu bedenken gab – das Herz des menschlichen Körpers. Durch dieses erhabene Tor tritt der Geist des passiven Lebens in das Tabernakel des Minor ein, um dieses bereit zu machen, alle Einwirkungen der geistigen göttlichen Operationen, die gemeinsam mit dem Minor darinnen wirken sollen, zu empfangen und zu ertragen. Durch diese selbe Pforte dringen die sublimsten Geister – gute wie böse – in den Menschen ein. Nachdem sie das Tabernakel – ihren Gesetzen gemäss – ordentlich hergerichtet haben, verbindet sich ihnen der Minor, um – seiner Freiheit gemäss – seinen guten oder bösen Willen zu verwirklichen. Die für die göttlichen Operationen mit dem Minor geeigneten Geister sind all jene, die die überhimmlische Welt bis hin zur äussersten Grenze aller zeitlichen Welten bewohnen. Hierdurch siehst du die unendliche Vielzahl geistiger Mitteilungen – seien sie gut oder böse –, die der Minor durch die östliche Pforte seines leiblichen Tabernakels zu empfangen fähig ist.

Auge, Ohr und Mund

Nicht weniger belangvoll sind die drei anderen Pforten des Tabernakels des Menschen. Auch sie sind jenen Toren, denen sie im Tabernakel des Bezalel entsprechen, überlegen. Es sind dies die Organe der hauptsächlichen Funktionen des Minor, nämlich: Das Auge *ist das Organ der* Betrachtungsweise *(conviction),* das Ohr *jenes der* Empfängnis *(conception) und* der Mund *jenes des* gewaltigen Wortes *(parole puissante) des Menschen. Diese drei letzten Pforten lehren dich zusammen mit der ersten, die vier verschiedenen Operationen zu erkennen, die der Minor kraft seiner Macht über die überhimmlische, die irdische und die universelle*

Welt auszuführen vermag. Dasselbe siehst du in Bezug auf das Tabernakel Bezalels, das die wahre Gestalt dieser vier Welten ist; denn jede dieser Welten ist selbst ein eigenes Tabernakel und deshalb muss auch jedes seine besonderen geistigen göttlichen Operationen haben. Und dies ist es, was dir die vier Pforten des Tabernakels Bezalels vergegenwärtigen.

Der Schlüssel

Wenn du mich nun fragst, welches denn der Schlüssel dieser Pforten sei, so antworte ich dir: Es gibt keinen anderen als den Geist, der an jeder Pforte wacht*; er ist der Einzige, der für oder gegen das Heil des Minor öffnen oder schliessen kann. Wenn der Minor selbst diese Tore nicht zu öffnen vermag, so kann er diese doch – wann immer es ihm beliebt – öffnen oder schliessen lassen. Dem wahrhaftigen geistigen Streben des Minor kommt es zu, wahrer Eigentümer dieses erhabenen Schlüssels und dadurch Treuhänder des geistigen Guten und Türhüter gegen die sündigen Geister der Gottheit zu sein.*

Du erkennst nun die Überlegenheit des Tabernakels des Minor über jenes, das ich in deiner Gegenwart erbauen liess. Auch war dieses Tabernakel das Erstgebaute, und nichts kann ihm gegenüber den Vorrang haben, wenn nicht der Minor sein Einverständnis dazu gibt.

Das vierte Ding des menschlichen Tabernakels

Dieses Tabernakel schliesslich ist der wahre Typus der Welt, *weil es in seiner geringen Ausdehnung all das enthält, was die grosse Welt in ihrem unendlichen Raum umfasst. Des Minor Tabernakel steht unvergleichlich über allen besonderen Tabernakeln. Jenes des Menschen begreift vier Dinge in sich, die anderen nur drei. Folgende drei Dinge enthalten die inferioren besonderen Tabernakel:* das Gesetz – *Zeremoniell des göttlichen Kultes,* die Vorschrift *und* die Operation. *Ausser diesen drei Dingen enthält das Tabernakel des Minor ein viertes:* die göttliche geistige Macht. *Dies also ist die Bedeutung des Tabernakels des Bezalel und jenes des Menschen sowie das Warum der Vorrangstellung des letzteren über alle anderen. Zu seiner Zeit soll dies – dem Willen des Schöpfers gemäss – noch eingehender erläutert werden.*

Der wahre Name Bezalels

Israel, ich habe dich über den wahren Namen des Erbauers dieses erhabenen Tabernakels bisher in Unkenntnis gelassen. Du kanntest ihn nur unter seinem zeitlichen Namen: Bezalel. Dies ist nur sein herkömmlicher Übername. Er kündigt lediglich den reproduktiven Ursprung der körperlichen Formen an, gibt aber keineswegs den Namen desjenigen oder derjenigen bekannt, die diese Formen bewohnen. Man muss dir also sagen, dass der wahre geistige Name dieses Arbeiters Beth *ist, was besagen will:* die Aktion des göttlichen Gedankens wirkend. *Dies wird durch den zweiten Buchstaben des hebräischen Alphabets angezeigt, denn der erste Buchstabe:* Aleph, *drückt den* göttlichen Gedanken *aus, und der zweite, der* Beth *heisst, bringt dessen* Aktion *zum Ausdruck.*

Der Name

Zu diesem Thema sage ich dir weiter, dass die irdischen Namen, weil sie durch den Menschen und nicht durch den Schöpfer verliehen werden, keinerlei Kraft und keinerlei geistige Macht besitzen. Auch hast du sicherlich niemals geistige zeitliche Werke durch den eigenen und privaten Namen der irdischen Körper oder durch irgendeine der Fähigkeiten des körperlichen Wesens vollbringen sehen. Wenn die Formen auch einige Tugenden ausüben, so geschieht dies nicht durch sie selber, sondern durch die Eigenschaft der Macht des geistigen Wesens, das in ihnen wohnt; das heisst: durch das seinem irdischen geistigen, göttlichen Namen *verbundene Vermögen. Dies werde ich dir nun erklären.*

Unbekannt sind dir weder der zeremonielle Akt des Bundes, den der Ewige mit dem Menschen, Gott der Erde, geschlossen hat, noch das Bündnis mit der Nachkommenschaft dieses ersten Menschen nach dessen ersten Versöhnung. Dieser Gott-Mensch hatte in seinem Zustand der Herrlichkeit seinen Eigennamen unmittelbar mit seinem geistigen Wesen verbunden. Durch die Kraft dieses Namens *verwirklichte er seinem Willen gemäss und zum Wohlgefallen des Schöpfers alle geistigen, göttlichen, zeitlichen Operationen im Universum. Gleich nach seiner Sünde verlor er jedoch die Erinnerung an seinen geistigen Namen und war bloss noch ein stoffliches zeitliches Wesen, dem Geistigen Zeitlichen – nicht dem Dämonischen – untertan.*

Die Wandlung seiner Form erwirkte die Veränderung seines Gesetzes, und die Wandlung seines Gesetzes erwirkte die Wandlung all seiner Operationen. Zeigt dir dies nicht, dass all diese Veränderungen den Eigennamen dieses ersten Menschen notwendigerweise mit sich fortreissen mussten? Tatsächlich war der Name, den der Schöpfer diesem Menschen gab, nachdem er ihm seine geistige zeitliche – nicht rein geistige – Versöhnung gewährt hatte, in Wahrheit sehr mächtig, und dennoch war er weniger mächtig als der erste Name seiner Emanation und seiner Emanzipation

O, du vom Geist geliebtes Volk, der Wandel, von dem ich dir rede, geschah um des ersten menschlichen Geschöpfes willen. Beachte denjenigen, der um des zeitlichen Vaters der Kinder Israels willen geschah. Im Anfang dieser zeitlichen materiellen Operationen hiess er Abram, *dies bedeutet:* in der Materie erzogener Vater. *Der Schöpfer dieses Namens ersetzte ihn durch:* Abraham, *das heisst:* Fruchtbarer Vater geistiger göttlicher Völker. *Tatsächlich hatten sich des Schöpfers Herrlichkeit und Gerechtigkeit – vor allen anderen Nationen bevorzugt – in der alleinigen Nachkommenschaft dieses Mannes offenbart.*

Aber nun, Israel, werde dieser Vorzüge wegen nicht überheblich, denn wie der Schöpfer das geistige minore und irdische Vermögen Abrahams in jenes geistige superiore verwandelt hat – indem er seinen Namen änderte – so kann er auch alle Kräfte dadurch aufheben, dass er diesen selben Menschen verlässt und auf jene untere Stufe zurückfallen lässt, von der er ihn heraufgeholt hatte. In diesem Zusammenhang musst du wissen, dass alle Minores-Geister oder alle geistigen Seelen wahrhaftig einen Namen haben, der sie in Bezug auf ihre zeitlichen Werke in ihren Mächten und Kräften voneinander unterscheidet. Seit der ersten Zeit des sündigen Menschen und bis zu seiner Versöhnung hatte der Schöpfer dessen ersten Namen ABA (4) in BIAN (6) umgeändert, dem der Beiname Adam gegeben wurde. Auch dieser Adam wandelte den Namen seiner dritten Nachkommenschaft um und gab ihr den Namen Seth. Dieser Name entstammte keineswegs dem einfachen Willen der Gewohnheit des Urmenschen, sondern ward seinen Gedanken eingegeben durch den Geist, wie du dies durch das Folgende begreifen wirst.

Die Verbindung der Seelen

Die Beschneidung oder das Blutvergiessen des Abraham versinnbildlichte einen wahrhaftigen Typus der Purifikation der irdischen Materie. Auch diente dieses Blutvergiessen dazu, das passive Leben zu reinigen und es bereit zu machen, den Eindruck der verschiedenen geistigen göttlichen Operationen aufzunehmen, die der Schöpfer seinem Diener Abraham von neuem auferlegt hatte, damit er sich abkehre vom falschen Kult, den er zum Nachteil desjenigen der Gottheit vollzog. Es ist unzweifelhaft, dass durch diese rein geistige Operation das passive Leben *oder* die Tierseele *vollständig mit dem* impassiven Leben *oder der* aktiven Geistseele *verbunden worden ist.*

Die passive und die impassive Seele

Indessen hatten die passive und die impassive Seele jede ihre besondere Zahl, die sie in ihren zeitlichen Kräften und Mächten deutlich kenntlich machte. Davon zeugt die Verscheidenheit ihrer Zahl. Die passive Seele *besitzt lediglich die unvollkommene Zahl der* Dreiheit 3, *die* impassive Seele *hingegen ist im Besitze der Zahl der* Vierheit 4. *Dies genügt zum Beweis ihrer Verschiedenheit und ihrer jeweiligen Eigenart. Damit du verstehst, dass diese beiden Leben – Inferior und Minor, passiv und impassiv – dem reinen Geist entstammen und dass ihre Verbindung vollkommen ist und inniglich, brauchst du bloss die beiden Zahlen aus denen sie in ihren geistigen zeitlichen Eigenschaften bestehen, zusammenzuzählen. Diese Addition ergibt die Zahl der Siebenheit 7 des Major-Geistes, aus dem sie hervorgehen.*

Die Namen der Patriarchen

Was nun die Namensänderung angeht, von der ich dir sagte, dass sie durch den alleinigen Willen des Geistes des Schöpfers, nicht aber durch des Menschen Willen vollzogen wurde, kannst du nun nimmer daran zweifeln, um so weniger, wenn du beachtest, dass keiner der Patriarchen den Namen seiner irdischen Herkunft trug und dass sie sich auch alle voneinander unterschieden. Es gibt zehn Patriarchen, es gibt zehn geistige Namen, die den Kultus der Gottheit durch die ihr eigene Zehnzahl vollziehen. Beachte weiter, ob du unter den Patriarchen seit Noah – sei es in der Nachkommenschaft des Noah, sei es in jener Ismaels oder jener des Eber – irgendeinen Namen irdischer Herkunft findest. Erkenne dann, dass die Vewandlung des herkömmlichen Namens des Menschen zum geistigen Namen von Gott kommt.

Das Gesetz der Nächstenliebe

Der der impassiven Seele verliehene geistige Name kündet und zeigt dir auch die Verbindung mit einem erhabenen und geistigen Wesen oder einem besonderen Geiste der Siebenzahl, den der Schöpfer der gewaltigen Kraft des Minor-Geistes der Vierzahl unterstellt hat, ganz so wie er lehrt, dass er sich seinem ersten Gott-Menschen – nach dessen Versöhnung – verbinden wird. Durch diese Verbindung gibt der Ewige Gott Israels seiner ganzen Kreatur jenes Gebot zu erkennen, dass man seinen Nächsten lieben solle wie sich selbst. *Diese Bindung, diese Freundschaft, diese Intelligenz versteht sich nur von Geist zu Geist, nicht aber zwischen der irdischen Materie und dem Geist. Dies also ist der wahre Nächste, den du ehren und lieben sollst wie dich selbst.*

Der Taufname

Wahrlich ich sage dir, Israel, dieses Werk der Erwählung oder des der Seele oder dem Minor verliehenen geistigen Namens wird durch den Ewigen bei den unter Entbehrung der Kenntnis des wahren Kultes der Gottheit leidenden, götzendienerischen Völkern fortgeführt. Dies wird heutzutage in der christlichen Kirche durch das Sakrament der Taufe deutlich zum Ausdruck gebracht, dann nämlich, wenn das Neugeborene einen geistigen Namen erhält, der von jenem völlig verschieden ist, den es seiner irdischen zeitlichen Herkunft gemäss trägt.

Der Name Seth

Nachdem ich dir, Israel, nunmehr den Ursprung des geistigen Namens, den der Ewige der Seele gegeben hat, wie auch die Wandlung des Herkunfts- in den geistigen Namen erklärt habe, wünschst du nun vielleicht, dass ich dir den Namen Seth auslege. Dieser Name, so sage ich dir in Wahrheit, bedeutet: zum wahren göttlichen Kultus zugelassen *oder* vollkommener Vollstrecker der Offenbarung der göttlichen Herrlichkeit und Gerechtigkeit. *So ward auch die Nachkommenschaft Seths* Kinder Gottes *und nicht* Kinder der Menschen *genannt. Dieser Name* Kinder der Menschen *war den weiblichen Nachkommen des Kain, die durch die Operation der Dämonen geboren worden sind, vorbehalten, weil ihre körperliche Urabstammung dem alleinigen Vermögen der Operation des Urmenschen – die der Grund seiner Sünde war – entstammt.*

Der Name Bezalel

Wenn du nun noch wissen willst, weshalb der Erbauer des erhabenen Tabernakels alle seine zeitlichen Werke unter seinem ursprünglichen Namen durchgeführt hat, so sage ich dir folgendes: der herkömmliche Name Bezalel ist diesem Menschen deshalb verblieben, um der gesamten Nachkommenschaft Adams das enge Verhältnis des Geistes mit der Materie – ohne jedoch eine Vermischung dieser beiden anzunehmen – zu zeigen.

Das Tabernakel

Dies erklärt dir die körperliche Form des Tabernakels, das dieser grosse Arbeiter nach dem in seiner Imagination geformten Plan errichtet hat, um Wohnsitz des Geistes der Heiligung, des Geistes der Versöhnung, des Geistes der Bewahrung, des allmächtigen Geistes sowie der Beschützer und Verteidiger der Kinder Israels zu sein. Ja, Israel, was ich dir bezüglich der Bewohner des Tabernakels mitteile, muss dir zu verstehen erlauben, dass der in seinem körperlichen Tabernakel wohnhafte geistige Minor nicht mehr mit der Materie vermischt ist, als es jene – von mir soeben aufgezählten – Geister mit dem geistigen, von Bezalel zur allerhöchsten Herrlichkeit des Ewigen und dem Wohlgefallen der Kinder Israels erbauten Tabernakels sind. Dies zeigt dir nun unmissverständlich, dass das Tabernakel des Bezalel *ein wahrhaftiger Typus des* Gott-Menschen auf Erden *ist.*

Ermahnung an den Minor

Alles was ich dir, Israel, über die erhabene Offenbarung der Herrlichkeit und der Gerechtigkeit, die der Schöpfer zu deinem Nutzen gegen deine und seine Feinde gewirkt hat, gesagt habe, zeigt dir deine Untreue wie auch deine geistige irdische Strafe, falls du all dem, was ich dir in seinem Namen gesagt und dich gelehrt habe, zuwiderhandeln würdest. Wenn sich dein Herz gegen den Ewigen und seine Auserwählten verhärtete, würde sich deine geistige Wahrnehmung (dénombrement spirituel) *ins Unendliche zerteilen und bliebe ohne Sammelpunkt. Dein Gedächtnis würde sich verdunkeln, deine Kraft und deine Macht würden gehemmt und dein Gesicht würde sich ebenso geschwind auflösen, wie das Licht die Finsternis zum Verschwinden bringt.*

Die Zukunft Israels

Wahrlich ich sage dir, Israel, zerknirschten und betrübten Herzens sehe ich der herannahenden Zeit entgegen. Es werden die vom Ewigen Geliebten nicht mehr mit dir leben, und all dein Schreien, deine Anrufungen oder Operationen werden vergeblich und unfruchtbar sein. Noch viel gewaltiger aber wird deine Geistesqual sein, wenn du nämlich sehen wirst, wie der Kultus des Herrn zu deinem Schaden und zu deiner Schande wegziehen wird zu anderen Völkern. Wahrlich ich sage dir, es wird allein kraft dieses Kultes sein, dass dich die unterschiedlichen Nationen unterdrücken und all deine Werke, deine Taten und deine Operationen ihrem Willen unterwerfen werden.

So wirst du ihnen tributpflichtig und untertan. Aber wie immer es sei, Israel, zweifle niemals an der Barmherzigkeit des Ewigen, erinnere dich stets daran, dass du das riesige Theater der Offenbarung der göttlichen Herrlichkeit und Gerechtigkeit gewesen bist, dass alle geistigen Dinge bei dir ihren Anfang nahmen und dass ein Tag kommen wird, an dem die Nachkommen Abrahams – Erben des Werkes des Ewigen – wieder in ihren Urzustand des Glanzes aufgenommen und mit Pracht und Herrlichkeit wieder in ihre Kultstätte eingesetzt werden. Wenn du unter die Völker zerstreut sein wirst, erinnere dich daran, dass diese geistige Ungnade das wahre Bild der kommenden Ereignisse ist, die hereinbrechen werden über die geistigen irdischen Nachfolger, die einen Moment lang von der süssen Erfüllung dieses selben Kultes erlabt worden sind.

Denn, wenn sie in der äusserst sorgfältigen, unbefleckten Bewahrung dieses erhabenen Erbes nicht gewissenhafter sind als du, Israel, so werden sie noch mehr bestraft und noch mehr zu bedauern sein. Der Schöpfer wird sie als unreine Wesen betrachten und ihr Erbgut wird ihnen von anderen Völkern entrissen. So werden diese unreinen Wesen als Werkzeug der Geissel des Gerichtes benutzt, das der Schöpfer, nachdem er sich dessen bedient hat, für eine Ewigkeit verwerfen wird.

Josua

Josua, Diener des Allerhöchsten, wird Erbe des grossen göttlichen Kultes sein und dem Befehl entsprechend, den ich erhalten habe, muss er durch mich die notwendigen Kräfte und Mächte in sich aufnehmen, um das Werk der göttlichen Herrlichkeit und Gerechtigkeit zu wirken.

Ist diese Übergabe, Israel, nicht ein neuerlicher Hinweis darauf, dass das Erbe des verheissenen Landes nicht immer bei dir bleiben wird?

Die Zerstreuung

Ja, dieses Beispiel soll dich für undenkliche Zeiten lehren, dass der wahre Kultus des Ewigen – zu deinem Schaden – auch frem-

den Völkern übertragen werden wird. Dann wird dein Gedächtnis so stark verdunkelt sein, dass du dich weder des Namens des Ewigen noch deines eigenen irdischen geistigen Namens erinnern wirst. Deine Zerstreuung wird vollständig und der ganzen Erde ein Beispiel sein. Ein zweites Mal wirst du versklavt und unfrei einkehren ins Land der Ägypter, von wo du bis ans Ende der Zeiten nicht herauskommen wirst. Dann wird sich die Kraft der Herrlichkeit und der Gerechtigkeit des höchsten Gottes kundtun, zum Wohlgefallen der Gerechten und zur Schande der bösen Dämonen und der schuldigen, unversöhnten Minores. Doch muss man wissen, dass während dieser Endzeiten eine gewaltige Konfusion in den Stämmen Israels sein wird. Die unter ihnen herrschende Verwüstung wird sie dazu zwingen, sich voneinander zu trennen. Die grössere Anzahl wird sich sehr weit von der geringeren Anzahl – die dann von ihrem Urerbe hinweg noch weiter zerstreut werden wird – zurückziehen, um ein eindrückliches Beispiel des Gerichtes zu sein, das der Ewige gegen die Kinder Israels gewirkt hat, und ihr verheissenes Land wird unbebaut bleiben und unfruchtbar.

Du weisst, Israel, dass die Zahl der Siebenheit eine geistige zeitliche Zahl ist, die Zahl der Fünfheit hingegen eine geistige materielle, voller Konfusion und geistiger göttlicher Veruntreuung. So ist es denn die Siebenzahl der Stämme, die sich von der geringeren Fünfzahl loslöst, und an eine Stätte in diesem sichtbaren Universum verwiesen wird, die die gewöhnlichen Sterblichen nie werden entdecken können. Hier nun vollenden diese gerechten Völker die Zahlung des Tributs, den die Sünde Israels der göttlichen Gerechtigkeit noch schuldig ist. Dadurch werden sie die gerechte Versöhnung der Kinder Israels erwirken. Die Bundeslade Israels wandelt zusammen mit dem Herrn – mit dieser Anzahl der Siebenheit und gemeinsam mit all den geistigen göttlichen Kräften und Mächten, die diese in sich trägt. Die anderen Stämme werden zu Wesen der Finsternis entarten.

Die Anführer

Weiter sage ich dir: nachdem du die Wirkung der göttlichen Gerechtigkeit erduldet und die hauptsächlichen geistigen Führer ver-

loren haben wirst, wirst du alles versuchen, neue zu finden. Doch wirst du nur gewöhnliche Gewählte antreffen, die bloss einfache zeitliche Führer – und mehr irdisch denn geistig – sind. Sie werden dich auf den finsteren und schrecklichen Pfad führen, von dem dich der Ewige zurückgezogen hatte, und sie werden dich im Schatten deiner Bosheit seufzen lassen. Bedenke und erbebe, Israel, vor all dem Unheil, das ich dir in des Ewigen Namen androhe. Vergeblich wirst du den Beistand des Mose und des Josua anrufen, denn je mehr du nach ihnen verlangen wirst, desto mehr wirst du sie von dir weisen. Solcherart wird das Gericht des Schöpfers gegen Israel noch viel strenger ausfallen, als es war, und hierdurch wird sich der unwandelbare Beschluss, den er gegen alle Ungetreuen seines Kultes und deren Gehilfen ausgesprochen hat, vollziehen.“

Das Vergangene

Auf Grund all dessen, was ihr nun bezüglich der guten und bösen Taten, Betrachtungen und Operationen Israels wie auch über die Rechtmässigkeit der Werke seiner wichtigsten Anführer vernommen habt, könnt ihr nun davon ausgehen, dass alles, was diesem Volk vorhergesagt worden war, auch eingetroffen ist. Nun will ich nicht auf jede Kleinigkeit der Plagen eingehen, die dieses Volk ertragen hat, gleichwie sie ihm durch Mose, bevor sich dieser von ihm trennte, angekündigt worden sind. Die heilige und die profane Geschichte gehen weitgehend auf diese Tatsachen ein; z.B. die verschollene Bundeslade, die Zerstreuung der Stämme unter *Roboam,* der sieben Stämme spurlos verloren hat und fünf andere ohne Hoffnung auf Befreiung der Knechtschaft und Sklaverei fremder Völker anheim fallen liess.

Die Zerstreuung der Stämme unter Roboam

Hingegen verdient die Zerstreuung der Stämme einige eingehende Überlegungen. Sieben dieser Stämme haben sich von Roboam, Sohn und Erbe Salomos, getrennt. Niemals ist der Ort ihres Aufenthaltes oder der Weg, den sie eingeschlagen, um dorthin zu gelangen, Roboam selbst oder den fünf in Sklaverei verfallenen

Stämmen oder irgendeiner Nation bekannt geworden. Denkt im Weiteren darüber nach, dass sich die Gesamtzahl der zwölf Stämme in zwei Teile getrennt hat. Die Zahl des Major oder der Siebenheit hat sich an einen Ort des Friedens und der Ruhe jenseits aller menschlichen und profanen Verbindungen zurückgezogen. Und die inferiore Zahl der Fünfheit ist weiterhin herumgeirrt und umhergeschweift. Bei allen Völkern in Knechtschaft festgehalten, sind diese unglücklichen Stämme von jeder geistigen göttlichen Aktion oder Operation ausgeschlossen.

Die auserwählten Minores

Was kann nun ein solches Ereignis für den irdischen Menschen anderes bedeuten als die echte Bekräftigung der Existenz des Guten und des Bösen, herstammend aus zwei Gattungen von Geistern, guten nämlich und bösen? Schaut nun, ob das, was ich euch zu diesem Thema sagte, nicht ganz eindeutig ist, da doch die Zahl 2 jene der Konfusion ist. Achtet darauf, dass durch die Zweiteilung der Stämme Israels die *Siebenheit* – die die irdischen Menschen aus den Augen verloren haben – zum Ausdruck kommt, die dem *wahren Typus der auserwählten Minores* entspricht, die der Ewige aus den Profanen und stets Unreinen der Erde aussondert und sie dadurch vor jeder intellektuellen Verbindung mit den gewöhnlich Sterblichen schützt. Ausserdem lässt es der Schöpfer zu, dass die gewöhnlichen Sterblichen die Erinnerung an diese seligen Wesen im Laufe der Zeit verlieren und dass sie, indem ihnen deren feste Wohnstätte und der Weg, den sie einschlugen, um dorthin zu gelangen, unbekannt sind, auch deren geistige zeitliche Werke, Aktionen und Operationen nicht kennen. Mehr noch, sie selbst wissen den Weg nicht mehr, den sie einhalten sollten, um zu jener Glückseligkeit zu gelangen, deren Erinnerung sie verloren und deren Vorhandensein sie vergessen haben.

Körper und Seele

Beachtet weiter, ob diese Trennung nicht auch das wahre Bild des natürlichen Todes darstellt, die Trennung der Seele vom Körper.

Die zwölf Stämme bildeten durch ihr inniges Verhältnis bloss einen Leib, als jedoch diese Einheit in zwei unterschiedliche Teile zerfiel, stürzte die eine, da sie die andere nunmehr entbehren musste, ins geistige Nichts und in die Unwissenheit. Desgleichen bildet die Seele in der Zeit, in der sie mit dem Körper verbunden ist, eine vollkommene Einheit mit diesem. Trennt sie sich aber von ihrem Körper, bildet sie zwei unterschiedliche Teile. Einer davon – der Major-Zahl der Siebenheit entsprechend – bleibt, wenn er gerecht ist, unter dem göttlichen Schutze und unter den Flügeln der Herrlichkeit des Ewigen. Der andere – die Zahl der Fünfheit der umherirrenden Stämme darstellend – bleibt unter Ausschluss aller geistigen Aktionen und bis zu seiner vollkommenen Versöhnung auf der Erde.

Die Urmaterie

Mittels dieser Betrachtung vermögt ihr euch nun die das gesamte Universum betreffende Umwälzung vorzustellen, die dann eintritt, wenn sich das dieses Universum Belebende von ihm trennen wird. Den besonderen Körpern gemäss wird diese Materie solange umherirren und in Inaktion verbleiben, bis sie vollständig aufgelöst ist. Dies ist das Gesetz, wonach alles Zeitliche sein Ende finden wird. Man muss euch nun davon überzeugen, dass die Urmaterie nur dazu vom guten Geist erschaffen wurde, *um die bösen Geister einzuschliessen und einem Zustand der Entbehrung zu unterwerfen.* Tatsächlich ward diese – durch den Geist ersonnene und geborene, nicht aber aus ihm emanierte – Urmaterie lediglich zur alleinigen Verfügung der Dämonen geschaffen. Erinnert euch in diesem Zusammenhang an die Erscheinung des Fürsten der Dämonen in der Gegenwart *Christi*, dem *Gott-Menschen der Erde.* Der Dämon, dieses verdorbene Wesen, wäre ihm nicht in menschlicher Gestalt erschienen und hätte ihn nicht versucht, wenn der Gott-Mensch nicht mit einem irdischen Leib bekleidet gewesen wäre, sondern sich stattdessen seiner ihm eingeborenen verklärten Form bedient hätte. In diesem Falle hätte nämlich die geistige dämonische Verdichtung gar nicht stattfinden können, denn es ist das Vorrecht des reinen Geistes, jedwelche Operation der unreinen Geister zu fesseln und aufzuhalten.

Die Versuchung Christi

Ihr werdet mich nun fragen, ob der Fürst der Dämonen, als er dem göttlichen Menschen erschien, die Absicht hatte, lediglich seinen materiellen Körper oder aber seinen Geist zu verführen und zu verderben? Darauf antworte ich, dass es seinem Vorsatz entsprach, den einen wie auch den anderen zu verführen. Vorerst wollte er mit seiner dämonischen Intelligenz die irdische Körperform dieses göttlichen Wesens derart verderben, dass diese für die Eindrücke der falschen Aktionen, die er ihm zukommen lassen wollte, empfänglich würde, und zwar vermittels der Operationen, die er dem dieser Körperform verbundenen Geist mitgeteilt hätte. Noch vielmehr wünschte er zweitens, das diesem Leibe innewohnende geistige Wesen zu verführen.

Nichts Grösseres konnte er sich vorstellen als diesen Sieg, denn gleichzeitig mit seiner Auflehnung gegen die Gebote und gegen den Willen des Schöpfers erkannte er, dass die gewaltigen Werke und Operationen, die der göttliche Mensch zur Verherrlichung des Versuchers gewirkt haben würde, eine unendliche Anzahl von Minores oder Seelen der Macht des dämonischen Gerichtes unterworfen hätte.

Die Unterwerfung des Dämons

Doch erlagen weder der Geist noch der Körper dieses *Wesens der Erneuerung* den Tücken des Dämons. Vielmehr nötigten sie ihn kraft ihrer Tugenden, an seinen Ort der Unterwerfung und der göttlichen Entbehrung zurückzukehren. Alles in diesem göttlichen Wesen war frei von Sünde und Befleckung, und so zwang es alsbald den Fürsten der Dämonen, sich aus seiner Gegenwart zurückzuziehen, um hinzugehen und jene Befehle auszuführen, die es ihm aufgetragen hatte. Zu dieser schmachvollen Zeit verstand der Dämon sehr wohl, dass er noch mehr gedemütigt und dem Gottmenschen und dem Göttlichen dieses Universums unterworfen sein würde, denn die Unerschütterlichkeit und die Reinheit dieses göttlichen Wesens unterbanden jedes schändliche Beispiel und jedes schändliche Tun. Keine diabolische Angewohnheit und keine diabolische Prägung obsiegten in den Augen der gewöhnlichen Menschen, und so verblieben der Friede und die Ruhe im Geiste dieses göttlichen Menschen.

Das Benehmen der Menschen

Dies, um euch zu zeigen, dass der grösste Teil der Tat, des Betragens und des Wirkens der irdischen Menschen lediglich von den unterschiedlichen Vorbildern und den verschiedenen Gebräuchen herstammt, denen sie sich hingeben und die ihnen im Verlauf ihres gewöhnlichen Lebens zur zweiten Natur werden, und zwar im Guten wie im Bösen. Die schändlichen Gepflogenheiten und Operationen verderben den Menschen, während die guten Taten hervorragende Sitten bescheren, die eine wunderbare geistige Wirkung erzeugen, und zwar sowohl zu Gunsten dessen, der sie empfängt, wie auch zum Heile desjenigen, der sie gibt.

Die Erwählung der geistigen Führer

Um nun auf das zurückzukommen, was Mose Israel vorausgesagt hatte, dass es nämlich keine so vollkommen geistigen Oberhäupter als Führer mehr finden werde wie jene, die es verlassen hat, sondern bloss noch zeitliche Führer – mehr irdisch als geistig –, so ist dies zweifelsohne auch eingetreten. In der Tat, als dieses Volk sein Vertrauen einem gewöhnlich Sterblichen schenkte, nämlich Saul, der durch die Hebräer zum König der Kinder Israels erwählt wurde, ist es gewisslich wahr, dass diese von Menschen vereinbarte Wahl – da sie keineswegs vom Schöpfer oder einem seiner Gesandten getroffen wurde – mehr irdisch als geistig war. Dies wird durch all das bewiesen, was diesem Volk unter Saul zugestossen ist.

Saul

Das von Saul erlittene, traurige Schicksal sollte nun vollends den Unterschied zu erkennen geben, der zwischen einer göttlichen und einer konventionell menschlichen Wahl besteht. Diese ist verderblich, jene aber unbesiegbar und keiner Gefahr ausgesetzt. *Saul* hatte seinen Wohnsitz im Stamme *Benjamin* gewählt. Diesem Stamme hatte er all sein Vertrauen geschenkt und teilte mit ihm alles, was er zum Heile Israels wirkte. Die Bevorzugung, die er diesem Stamme vor allen anderen erwies, hätte bestimmt nicht stattgefunden, wäre er vom Schöpfer und nicht von den Menschen auserwählt worden. Vom Geiste selbst wäre ihm dann die Belehrung zugekommen, dass nämlich der auserwählte Geliebte des Allerhöchsten alle geistigen Gerechten ohne Unterschied gleicherweise achtet. Dies hätte ihn davor bewahrt, den Stamm Benjamin - den er als seine einzige Stütze und sein Geleit betrachtete - anders als alle anderen zu bewerten.

Benjamin

Wäre übrigens diese Erwählung, wie ich schon sagte, vom Ewigen ausgegangen, so hätte Saul die geistige Bedeutung des Namens *Benjamin* wohl verstanden, der da besagen will: *Sohn* oder *Kind meines Elends*. Er hätte erkannt, dass dieser Stamm seit geraumer Zeit durch einen sündigen Stolz und eine sündige Habgier befleckt war. Anstatt sich mit diesem Stamme so innig zu verbinden, hätte ihn dies eher dazu gebracht, die ruchlosen Ratschläge zurückzuweisen, die dieser ihm erteilte und die so verhängnisvoll waren, dass sie sein unglückliches Los verursachten - ein Los, das ihn und seine Nachkommen in den Augen der Sterblichen zu einem schrecklichen und unvergessenen Beispiel werden liess.

Die Sünde Sauls

Ihr möchtet nun vielleicht die Art der Sünde kennenlernen, deren Saul, der zeitliche König Israels, sich schuldig machte. Ich werde sie euch ebenso klar erklären, wie sie mir die Wahrheit der Weisheit diktiert hat. Die Sünde des Königs besteht darin, dass er eine grosse Anzahl *Gibeoniter* elendiglich zugrunde gehen liess und seine ganze Kraft und seinen ganzen Hass gegen die unglücklichen Wesen dieses mit dem Ewigen versöhnten und - nachdem sie sich durch ihren Treueeid zum Kulte der Gottheit bekannten - durch Josua freigesprochenen Volkes richtete. Die Habgier des Stammes Benjamin verleitete diesen dazu, Saul zu bedrängen, Krieg zu führen gegen die unglücklichen Gibeoniter, um sie im

Anschluss an die Vernichtung durch die Armee Israels zu berauben. Im übrigen marschierte dieser Stamm, wenn auch dem Rang gemäss der Letzte, an der Spitze aller anderen. Dies wurde vom König angeordnet, da er diesen Stamm als das Fundament seiner Macht betrachtete und sich auf dessen Kraft wie auch auf dessen Ratschläge stützte.

Pythonissia

Nun hat der Mensch – um ihn von seinem Irrtum zu befreien – gewiss auch noch in seiner grössten Torheit zuweilen einige ihm vom guten Geist eingegebene Einflüsterungen guter Gedanken. So ergab sich auch für Saul ein Augenblick des Zweifels an der Güte und dem Wert seines geliebten Stammes. Dies erkannte Israel am Benehmen seines Königs, denn nach einigen Überlegungen drängte es diesen, seine Zweifel zu klären, und er entschied sich, *Pythonissia – Mann des Ewigen*, wenn auch eine Frau – um Rat zu fragen.

Er liess ihr den Befehl überbringen, sich bei ihm einzufinden, damit sie über die Aussichten seiner gegen die Gibeoniter geschmiedeten Vorhaben weissage. Er wollte von ihr wissen, ob er den Sieg über dieses Volk davontragen würde. *Pythonissia*, die einen *Typus des geistigen Guten* darstellte, widersetzte sich dem Befehl des Königs, denn sie wusste, dass sie dort nicht in Sicherheit sein würde und dass der König ihr auf Veranlassung des Stammes Benjamin nach dem Leben trachtete. Tatsächlich befürchtete dieser Stamm – hatte er doch zu Unrecht den Untergang der Gibeoniter heraufbeschworen –, dass Pythonissia ihre Verworfenheit aufdecken und die Geissel des Gerichtes auf sie herabziehen würde. Nachdem die Abgeordneten Sauls ihm die Antwort Pythonissias überbracht hatten, befahl der König, sie mit Gewalt zu ergreifen und vor ihn zu führen. Da ihr aber die bösen Absichten des Königs und des Stammes Benjamin bekannt waren, vereitelte sie diese Gefangennahme, indem sie sich eine Meile weit von der Stadt *Gilboa* in ein Haus zurückzog. Da die Gesandten sie nicht finden konnten, benachrichtigten sie Saul über deren Flucht, worüber dieser sehr aufgebracht war. Nach einigem Nachdenken liess er sie von anderen Personen mit grosser Sorgfalt erneut suchen. Er liess ihr auf *Königsehre* versprechen, dass er ihr keinerlei Unrecht zufügen würde, sowohl was ihre Person als auch was ihre Güter beträfe. Einer dieser Neueingesetzten, ein mit göttlicher Weisheit begabter Gesandter, erfuhr alsbald den Aufenthaltsort der Pythonissia und teilte ihr all das mit, was Saul zu ihrem Schutze versprochen hatte. Pythonissia antwortete dem Gesandten: *„Der Wille deines königlichen Herrn, deines Meisters, geschehe dem Willen des Ewigen gemäss. Sage deinem König, er solle sich an meine neue Zufluchtsstätte begeben. Daselbst werde ich seinen Wünschen willfahren.“*

Im Beisein der obersten Führer des Stammes Benjamin überbrachte der Gesandte dem König diesen Bericht. Da erkannten diese, dass die Fallen, die sie der vortrefflichen Tugend Pythonissias gestellt hatten, erfolglos waren und dass sie nun selbst das Opfer ihrer Verleumdungen und ihrer Betrügereien werden würden. Dies traf tatsächlich zu, denn das Böse zeitigt nur kurzfristigen Erfolg, und die Verleumdung wandelt sich zur Schande des Verleumders, und hierin eben erweist sich die Wahrheit als mächtiger und unbestechlicher.

Saul bei Pythonissia

Nachdem sich Saul zu Pythonissia hatte tragen lassen, sprach diese zu ihm: *„Herr, was willst du vom Ewigen erfahren und was willst du von mir hören?“* Der König antwortete: *„Man hat mir versichert, dass du eine Wahrsagerin seiest. Sage mir also, ob ich die Schlacht gegen die Philister und Gibeoniter, die sich gegen Israel verbündet haben, gewinne. Weissage mir, ob diese beiden Nationen meiner Gerichtsbarkeit unterworfen sein werden?“*

„Herr“, antwortet Pythonissia, *„erlaube deiner Dienerin für einen Augenblick zu dir zu reden, bevor sie auf dein Ansinnen eingeht. Wahrlich ich sage dir, vom Volke bist du zum König erwählt worden, nicht aber vom lebendigen Gott. So ist es denn nicht verwunderlich, dass du dich unablässig in Zweifel und Furcht befindest vor jenem Erfolg, den deine zeitlichen Taten und Werke dir bringen sollen. Die früheren Anführer Israels waren frei von solchen Zweifeln und Ungewissheiten. Weder stützten sie sich auf den Beistand der gewöhnlichen Erdenmenschen noch auf deren*

Ratschläge, denn da sie von dem lebendigen Gott und Beschützer Israels auserwählt worden waren, benötigten sie keinerlei anderen Rat als jenen des Ewigen und dadurch waren sie des Gelingens all ihrer zeitlichen Aktionen und Operationen – zu ihrem eigenen Heil und zum Heile Israels – sicher.

Weiter sage ich dir, königlicher Herr, dass deine Ratsversammlung, da sie aus bösen und unreinen Menschen besteht, falsch und ausschliesslich irdisch ist. Sie haben dich verführt, indem sie dich überzeugt haben, gegen das geistige Gut der Gerechten Israels und der anderen Völker zu handeln. Pythonissia, die zu dir spricht, kannte all die dämonischen Hinterhalte, die ihr gelegt wurden von den obersten Anführern des Stammes Benjamin, die seit deiner Regierung die Intellekte des Dämons geworden sind. Sie hatten dich davon überzeugt, mich zu töten; du hast sogar mein Todesurteil ausgesprochen.

Aber höre, königlicher Herr, der Gott Abrahams beschützt die Gerechten, und in die tiefen Abgründe stürzt er schmachvoll die Ruchlosen und die Verfolger der Gerechten. Empfange die Worte, die ich zu dir rede, im Namen des Geistes, der mich belebt, und im Namen desjenigen, der ihn beseelt. Die Anführer des Stammes Benjamin werden schändlich gestürzt werden. Dieser Stamm wird zerstreut und für eine undenkliche Zeit umherirrend verbleiben, umherschweifend und vermengt unter die Stämme Israels. Dieses Ereignis wird nach deiner Regierungszeit geschehen. Seine Banner, seine farbigen Sinnbilder und alle anderen Zeichen, die sie von den anderen Stämmen Israels unterscheiden, werden ihnen abgenommen werden. Durch das ägyptische Volk, das vor Israel flieht – seit jener für den Pharao und seine Armee so verhängnisvollen Epoche –, werden sie beschmutzt werden. Denn, königlicher Herr, die damals über dieses fremde Volk und seine Könige hereingebrochenen Vorkommnisse waren bloss getreues Abbild dessen, was den ersten zeitlichen König Israels treffen sollte.

Die schändliche Vernichtung des Pharao und des grössten Teiles seines Volkes wie auch die Knechtschaft und die Zerstreuung der kleinen davon noch übriggebliebenen Anzahl kündigen dir das Verhängnis, das dir, königlicher Herr, deinen Nachkommen und deinem geliebten Stamme droht, wenn du nicht Frieden schliesst mit dem Gott Israels. Dein geliebter Stamm Benjamin wird teil-

weise geopfert werden; seine unglücklichen Überreste werden umherirren ohne Führer und ohne besonderes Oberhaupt und wie der Rest der Ägypter, die sich nun durch das Gesetz Israels zum lebendigen Gott Abrahams bekannt haben, unter die Kinder Israels vermischt sein.

Dein Verbrechen, königlicher Herr, ist noch grösser vor Gott und den Menschen, weil du die mit dem Herrn, Gott Israels, eidlich versöhnten und von Josua im Namen des Ewigen gesegneten Gibeoniter ungerechterweise zu Tode gebracht hast. Ein Teil dieses Volkes war durch die Weisen Israels ausersehen, die Kenntnisse des göttlichen Kultes zu hüten, ihn lehrend weiterzugeben und durch das Volk ausführen zu lassen. Durch dein Verhalten diesem Volke gegenüber hast du nun gegen die Beschlüsse des Ewigen, der kein Verbrechen ungestraft lassen kann, verstossen. So vernimm denn durch den, der durch meinen Mund zu dir spricht, dass, wenn du nicht die Barmherzigkeit des Ewigen erflehst, wenn du in deinem Beschlusse beharrst, nämlich den Rest der unglücklichen, mit den Philistern verbündeten Gibeoniter vollends zu vernichten, alle Nationen unserer Region Zeugen deiner Qual sein werden. Alle Kinder Israels werden klagen über dein Los und ihr Schmerz wird unglaublich sein, denn sie selbst werden als Werkzeug gedient haben zu diesem ungerechten Leid, mit dem du die Neubekehrten geschlagen haben wirst.

Die Wahrsagerei

Auch muss ich dich noch darüber unterrichten, dass es in der ganzen Welt weder Wahrsager noch Wahrsagerinnen gibt. Niemand kann in der Vergangenheit lesen, es sei denn durch die Gegenwart, und wenn er solcherart eine vollkommene Kenntnis der einen wie der anderen besitzt, ist es dem Gott-Menschen ein leichtes, mehr oder weniger in der Zukunft zu lesen. Wisse weiter, königlicher Herr, dass, wenn es irgendeiner Arbeit bedarf, um lesen zu können in all den Operationen, Aktionen, Gegenaktionen, Vegetationen, Revolutionen und anderen zeitlichen geistigen Dingen, die sich durch den Geist oder den Menschen in diesem Universum vollziehen, sich derjenige, der dies vermag, dennoch nicht Wahrsager oder Wahrsagerin nennen darf; dies, weil er nur durch mühsame geistige und körperliche Anstrengungen – die den mit den Wundern der treibenden Kraft des Universums Arbeitenden die Mühsal der Seele, des Körpers und des Geistes empfinden lassen – seine Kenntnisse zu finden vermag. So glaube denn nicht mehr an diese sogenannten Wahrsager, Wahrsagerinnen, Magier, Magierinnen, Hexer und Hexen, deren Existenz dir das grobe Volk vorgetäuscht hat. Erkenne, dass kein Wesen dieser Art Vertrauen verdient, denn der Mensch kann in keiner Kenntnis der Operationen des Universums unterwiesen werden, es sei denn, er unterziehe sich mühseliger und gewaltiger Arbeiten. Beachte in diesem Zusammenhang die Arbeiten des Mose und jene der sieben Weisen Israels. Denke nach über die wunderbaren Früchte, die sie aus ihren Operationen zum Wohle Israels zu ernten vermochten. Sie haben die Feinde des wahren göttlichen Kultes bekämpft, besiegt und vernichtet.

Dies also, königlicher Herr, sind die gewaltigen Kräfte, geistige und zeitliche, die sich in den vom Schöpfer Auserwählten offenbaren. Auf die von Menschen Ausgewählten trifft dies nicht zu. Was nun all das angeht, was du von mir zu wissen verlangst, bereite dich vor, mir zuzuhören, mich zu verstehen und mich zu erfasssen (diese drei allegorischen Dinge zu den drei Worten: suche, klopfe an, bitte). Weder Menschenfurcht noch irdische Schwäche wirst du mehr empfinden, denn deine Seele wird stark sein, sobald sie nicht mehr dem Geiste göttlichen Widerspruchs unterworfen ist, und sie wird die Frucht der Operationen und der Arbeiten, die ich auf deine Bitte hin unternehme, geniessen."

Sauls Frage

Saul, betroffen von all dem, was Pythonissia ihm kundgetan hatte, erbat eine Zeit zum Nachdenken und verliess, wie auch Pythonissia, die zur Arbeit ausersehene Stätte. Nachdem seine Bedenkzeit verflossen war, begab er sich zurück an die Stätte, wo ihn Pythonissia, ganz wie sie es vereinbart hatten, wieder traf. Da Saul nach wie vor auf seinem irdischen Vorhaben bestand, sprach er zu ihr: „*Meine Überlegungen sind vollendet und ich frage dich: finde nun heraus, ob ich die Schlacht gegen unsere Feinde führen soll und ob sie meinem Gericht unterliegen werden? Beschwöre dazu den Geist des Propheten Samuel und veranlasse, dass mir durch seinen Mund Kunde werde von dem, was ich wissen will.“*

Pythonissisas Antwort

Pythonissia, empört über des Königs Stolz und Halsstarrigkeit, das Böse zu tun, sprach mit offener Stimme: „*Saul, ungerechter König Israels, du versuchst den Ewigen Gott, indem du seinen schwachen Diener aufreiben willst. Ja Herr, ich, der ich deinen schrecklichen Gedanken gegen die superiore, majore, inferiore und minore Kreatur kannte, bin der Diener des lebendigen Gottes. Ja, ich werde deine ungeordnete Leidenschaft erfüllen und anrufen den Geist des weisen Samuel, des Propheten des Friedens und der Versöhnung, du aber fürchte dich vor seinem Nahen.*“ Nach diesen Worten vertraute sie sich dem Ewigen an und begab sich an ihr Werk.

Die neuerliche Frage Sauls

In dem Moment aber, als sie sich anschickte, ihre Arbeit zu beginnen, sprach Saul: „*Pythonissia, halte an. Ich spüre, wie sich eine Unruhe in meiner Seele zu regen beginnt und sie bekümmert. Nicht weiss ich, woher das Feuer kommt, das mich umgibt, und die Furcht, die mich ergreift. Weissage mir diese Dinge vor jenen, über die ich dich zuerst befragte.*“

Die Antwort Pythonissisas

„*All dies*“, sprach Pythonissia, „*kommt von dem Hohn, den du in diesem Moment dem Schöpfer und seinen Dienern entgegenbringst. Ich habe dir wohl gesagt, dass das geistige Wissen des Ewigen nicht, wie du glaubst, die Kunst eines Wahrsagers ist. Daher kann sich diese sogenannte Kunst auch in keinem seiner Geschöpfe finden. Wenn es in der Macht des Königs Israels stünde, Wahrsager zu sein, würde er der treibende Beweger des Guten und des Bösen sein. In diesem Falle wäre er ein grausamer Tyrann, würde er doch seiner Kreatur das Böse erlauben und ausführen lassen, um sie hernach für etwas zu bestrafen, das er selbst hätte verhindern können. Nein, Herr, nicht so ist der König Israels. Vor dir und vor seinem gesamten göttlichen und zeitlichen Hofstaat wage ich, diesen allmächtigen Gott herauszufordern, die Tat und das Werk wie auch alle Ereignisse, die einem geistigen Minor-Wesen zustossen werden, zu durchschauen und zu kennen, wenn dieses Wesen dies nicht vorher selbst in seinen Gedanken ausgedacht hat.*

Damit will ich dir sagen, dass der Schöpfer im allertiefsten Gedanken *seiner Kreatur zu lesen vermag wie in einem offenen Buch. Wirklich, königlicher Herr, noch einmal sage ich dir: Ich fordere diesen allmächtigen Gott auf, irgendeinen Gedanken zu lesen, der* nicht *ersonnen worden ist. Stünde dies in seiner Macht, wahrhaftig, er wäre ungerecht, diese verhängnisvollen Ereignisse nicht aufzuhalten, von denen er wüsste, dass sie seiner Kreatur zustossen würden. Dann nämlich wäre er selbst dafür verantwortlich. Da er jedoch alles, was im Universum besteht, auf unwandelbaren Gesetzen aufgebaut und seiner Kreatur volle Freiheit zugestanden hat, so besitzt er in sich nicht* das Vorauswissen *und hat* keinen Anteil an den Zweitursachen in diesem Universum. *Wer immer dem Schöpfer oder seiner Kreatur den Namen Wahrsager gibt, beleidigt den einen wie den anderen, sündigt gegen den Geist und wird fürchterlich bestraft werden.*

Erkenne, königlicher Herr, da es einer mächtigen Operation und einer gewaltigen Arbeit bedurfte, damit der Ewige all das in seiner Macht sich befindliche und ihm innewohnende offenbaren konnte, so bedarf es – aus demselben Grunde – irgendeines vom zeitlichen Geiste gebildeten Gedankens, damit die diesem Gedanken entstammende gute oder böse Tat vom Ewigen erkannt werde. Ist sie gut, so empfängt er sie, ist sie schlecht, so verwirft er sie, niemals aber widersetzt er sich dem Willen seiner Kreatur.“

Die Uneinsichtigkeit Sauls

Saul war noch ergriffener von den Worten Pythonissias als beim ersten Mal und erkannte die unerschütterliche Kraft dieser Frau. Er sprach in untertänigem, aber prophetischem Ton zu ihr: „*Weib des Herrn, der König Israels ruft seinen Gott und hält ihn fest im*

Geiste Samuels, damit dieser mich über das unterrichte, was ich über jene Schlacht wissen muss, die ich meinen Feinden zu liefern gedenke.“

Pythonissia und Samuel

So handelte denn Pythonissia dem Willen Sauls entsprechend. Doch sobald dieser sie in der Ausführung ihrer Arbeit sah, begann er zu zittern und zu beben wie das Blatt eines Baumes. Pythonissia sprach, als sie ihn von der Kraft des Werkes überwältigt sah: *„Saul, König Israels, du fürchtest dich vor dem Herrn, deine Verbrechen machen dich erzittern vor dem Nahen der göttlichen Gerechtigkeit!“* Saul war dermassen erschüttert, dass er die Worte Pythonissias nicht verstand und sie bat, diese zu wiederholen. Pythonissia zeigte ihm den mit einem sichtbaren Leib der Verklärung bekleideten Geist Samuels und sprach zu ihm: *„Königlicher Herr, hier ist jener, der mehr weiss als ich und der dir das, was ich dir sagte und du nicht verstanden hast, auslegen wird.“*

Die Prophezeiung Samuels

Saul warf sich nieder vor Samuel, durchdrungen von Schmerz, denn der Geist des Propheten vertrieb den dämonischen Geist, von dem der König besessen war. In dieser Verfassung fragte er, ob er heute gegen seine Feinde in die Schlacht ziehen könne, worauf Samuel ihm zur Antwort gab: *„Ich sage dir, dass du und die deinen heute Abend bei mir sein werden, dass du erliegen wirst, dass viele elendiglich umkommen werden und dass der Stamm Benjamin den Kindern Israels ein denkwürdiges Beispiel sein wird.“*

Nachdem der Prophet solcherart zu ihm geredet hatte, erhob sich Saul, neigte sich vor Pythonissia – als wollte er ihr danken – und begab sich zu seiner Armee, um diese gegen seine Feinde in Marsch zu setzen.

Beachtet das Benehmen Sauls, jenes des ganzen Stammes Benjamin und jenes von Pythonissia und erkennet, dass all diese Geschehnisse den Typus der bösen Gegenaktion der guten Tat sowie der Untreue des Menschen darstellen, seines Leidens und seiner Versöhnung und auch den Typus der Weissagung aller gewesenen, gegenwärtigen und kommenden Ereignisse, die im gesamten Universum geschehen und noch geschehen werden.

ANHANG

J.B. Willermoz fasst die im *Traité de la Réintégration* ausführlich dargestellte Lehre folgendermassen zusammen:[40]

Die Göttliche Unermesslichkeit
Diese, die wir auch *die göttliche und unerschaffene Welt* nennen und die den Raum des Universums sowie die geschaffenen Welten regiert und trennt, ist eine grenzenlose Unendlichkeit, die unaufhörlich wächst und endlos wachsen wird, um die unendliche Vielzahl geistiger und intelligenter Wesen zu enthalten, die aus dem Schosse der Gottheit emanieren. Ihr Zentrum ist Gott, und dieses Zentrum erfüllt alles [...]; dieses göttliche Dreieck ist von einer unabsehbaren Menge aus ihm hervorgegangener, geistiger und intelligenter Wesen umgeben.

Der universelle Raum
Er ward erschaffen als Ort des Exils, der Trennung und der Bestrafung der schuldigen Wesen, die, da sie natürlicherweise unzerstörbar waren, nicht mehr vernichtet werden konnten.

Die Achse des Zentralfeuers
Der universelle Raum wird durch einen riesigen feurigen und undurchdringlichen Kreis – philosophisch als Achse des Zentralfeuers benannt – begrenzt und umfasst. Er besteht aus den treu gebliebenen Inferiores-Geistern. Sie haben vom Schöpfer den Befehl erhalten, den universellen Raum während der festgesetzten Zeit gegen jede dämonische Aktion zu verteidigen.

Die Explosion des Chaos
In diesem wunderbaren (universellen) Raum wurden mit der Explosion alle Teile des geschaffenen Universums in Aktion und Bewegung versetzt, die Himmel, die Sterne, die Planeten, die himm-

---

40 Auszug aus einer Beschreibung des Tableau universel von Jean Baptiste Willermoz, in: *Les Leçons des Élus Coëns*, herausgegeben von Robert Amadou unter Mitarbeit von Catherine Amadou, Edition Dervy, Paris 1999, S. 43-45

lischen und irdischen Körper und alle aktiven und passiven Wesen der Natur. All ihre Teile verrichten nun in diesem Raum – jeder seiner Art gemäss und entsprechend den vom Schöpfer erhaltenen Ordnungsgesetzen – mit bewundernswerter Sorgfalt ihre täglichen Werke

Das Irdische
Setzt sich aus zwei Hauptteilen zusammen: Im Zentrum des unteren Abschnitts, genannt *irdische Welt,* befindet sich der allgemeine irdische Körper der sogenannten Erde. Darüber befinden sich die drei unteren Planeten Jupiter, Venus und Mond. In Übereinstimmung mit den ihnen übergeordneten Planeten verbreiten sie ihren Einfluss und wirken mit ihren Aktionen direkt auf diese (irdische Welt) ein.

Das Himmlische
Der obere Teil des Raumes des Universums, genannt himmlische Welt, enthält die vier oberen Planeten: Saturn, Sonne, Merkur und Mars. Zusammen bilden sie die vier himmlischen Regionen. Sie dominieren das Universelle und sind in Verbindung mit den sich oberhalb befindlichen vier geistigen Kreisen der überhimmlischen Welt. Im Zentrum dieser vier himmlischen Regionen der zeitlichen Vierzahl, hat Mose zusammen mit dem Baum des Lebens das irdische Paradies errichtet, das die irdischen Landvermesser immer noch auf der Erde suchen. Ebenfalls in diese Region der Mitte hat er auch den emanzipierten Menschen gestellt, rein und heilig im Ebenbilde Gottes, und hier hat er den Sitz seiner Herrschaft über das Universum, alle Wesen und alle geschaffenen Dinge etabliert.

Das Überhimmlische
Über der himmlischen Welt und den vier Regionen der oberen Planeten, aus der sie besteht, existiert ein anderer unermesslicher Raum, genannt überhimmlische Welt und Unermesslichkeit. Sie ward zeitgleich mit den unteren Welten geschaffen. Diese Unendlichkeit umgibt, schützt und verteidigt machtvoll den feurigen Kreis der zentralen Feuerachse, die den universellen Raum auf immer begrenzt und beschränkt, gegen jegliche dämonische

Aktion. Die überhimmlische Welt trennt die göttliche, unerschaffene Unermesslichkeit von den drei unteren erschaffenen Welten. Sie ist erfüllt und bewohnt von jener Vielzahl geistiger Wesen, die der Schöpfer dem Gesetz der Zeit unterworfen hat. In Übereinstimmung mit der göttlichen Unendlichkeit bilden sie daselbst vier Klassen, die sich durch ihre Wirkezahl, ihre Kraft, ihre Eigenschaft und den Grad ihrer zeitlichen Macht – mit denen sie bekleidet sind – voneinander unterscheiden.

Die Minores oder Menschen
Der vierte Kreis, den die Weisen den Kreis der Minores-Geister der Vierzahl nannten, befindet sich gegenüber der göttlichen Mitte, dem er durch seine *senkrechte Linie* geeint ist. In diesem Zentrum hat es dem Schöpfer beliebt, durch den reinen sechsten Schöpfungsgedanken die allgemeine Klasse der menschlichen Intelligenzen, genannt Menschen, zu schaffen und aus seinem Schosse zu entlassen. Infolgedessen ward dieses Zentrum der Hauptort ihrer Emanation.

Adam
Aus diesem selben Kreis hat der Schöpfer hernach jenen ersten Menschen, den wir Adam nennen – obschon dies nicht sein wahrer Name ist – emanzipiert und hervortreten lassen. Rein und heilig hat er Adam entsandt, das Zentrum der vier oberen Regionen der himmlischen Welt zu bewohnen und daselbst den Sitz der universellen Herrschaft zu errichten, mit deren Macht er ihn über alle geschaffenen Dinge ausgestattet hatte. Aus dieser Mitte heraus sollten ihrerseits alle anderen Minores-Menschen seiner Klasse emanzipiert und hervorgebracht werden. Deren Emanzipation erbat er selbst vom Schöpfer, damit diese ihn in seiner erhabenen Funktion unterstützten, indem sie sich der Vielzahl der rebellischen Geister entgegenstellten, um gemeinsam deren perverse Aktionen zu vereiteln.

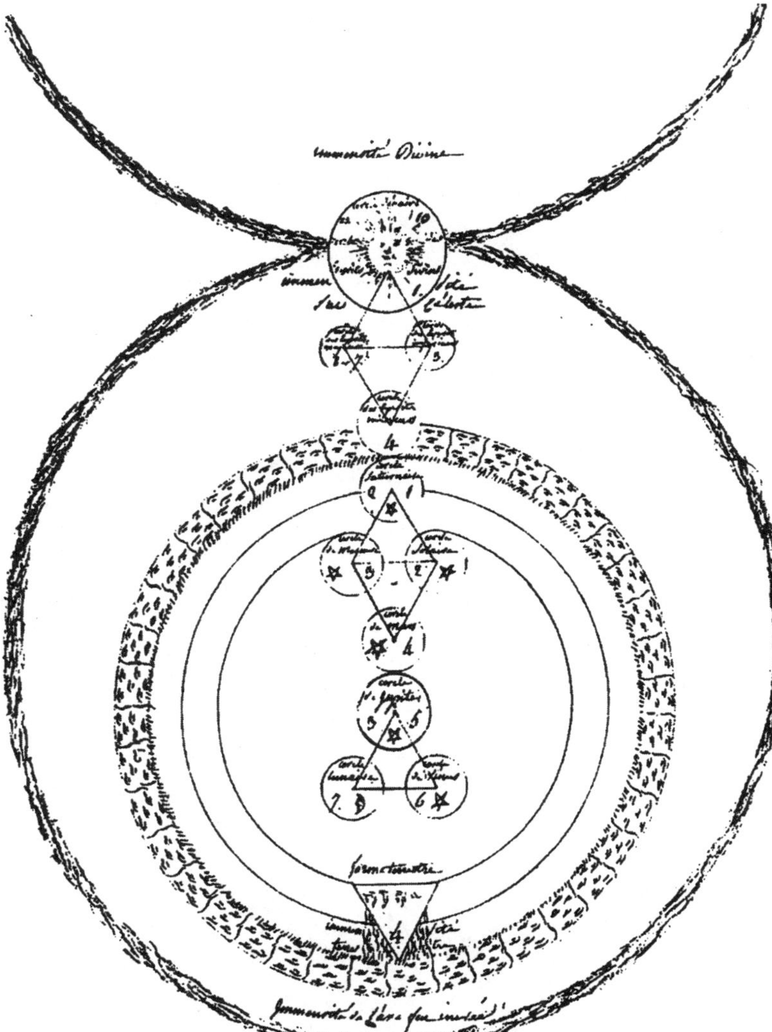

Tableau universel
Zeichnung von Louis-Claude de Saint-Martin
(aus: „Les Leçons de Lyon aux Élus Coëns, Un cours de Martinisme au XVIII Siècle (1774-1776) par L. C. de Saint-Martin, J.J. du Roy d'Hauterive et J.B. Willermoz. Herausgegeben und eingeführt: Robert Amadou und Catherine Amadou, Éditions Dervy, Paris 1999 S. 42)

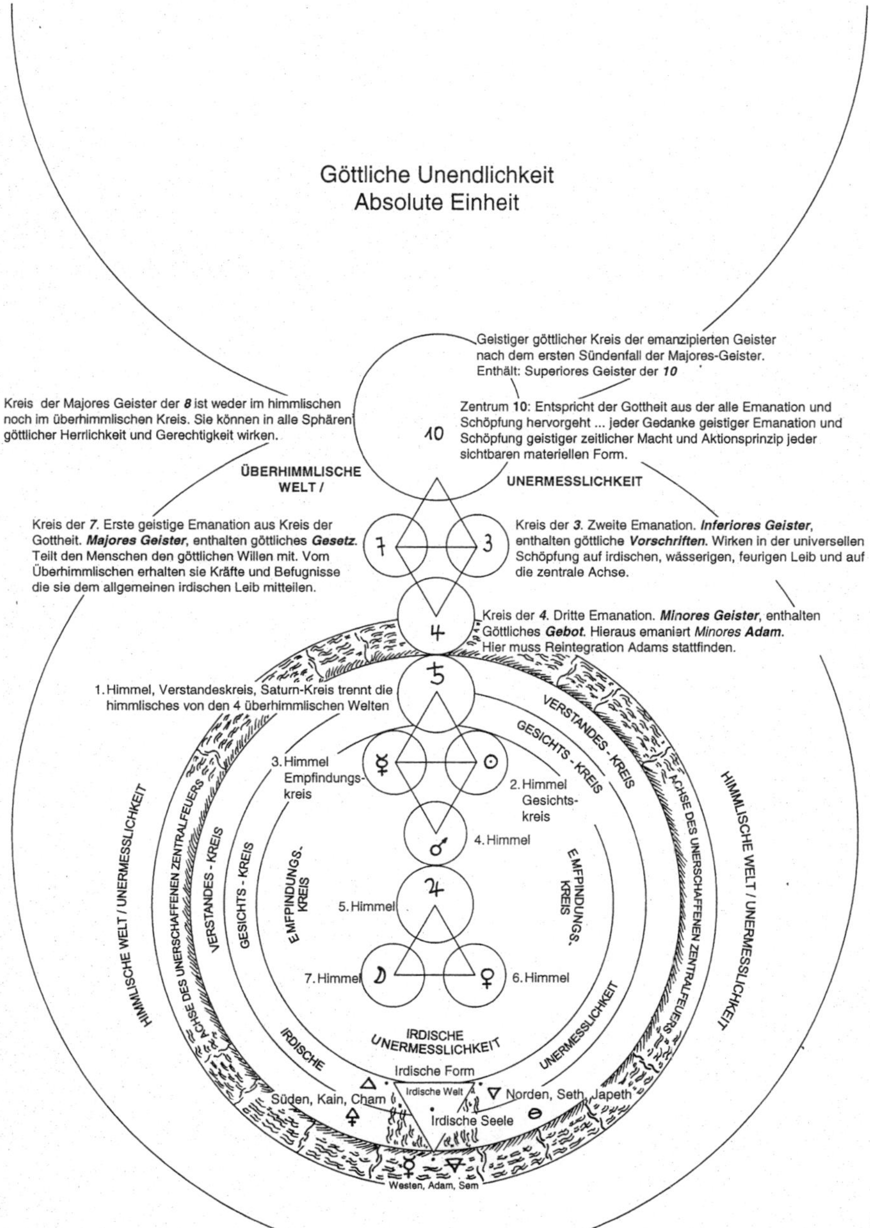

Das Schema nach dem Text vom Übersetzer erstellt